평신도를 위한

쉬운 창세기 3

평신도를 위한 쉬운 창세기 3

저자 양형주

초판 1쇄 발행 2018. 9. 6.
개정판 1쇄 발행 2025. 2. 7.

발행처 도서출판 브니엘
발행인 권혁선

책임교정 조은경
책임영업 기태훈
책임편집 브니엘 디자인실

등록번호 서울 제2006-50호
등록일자 2006. 9. 11.

서울특별시 송파구 백제고분로28길 25 B101호 (05590)
마케팅부 02)421-3436
편 집 부 02)421-3487
팩시밀리 02)421-3438

ISBN 979-11-93092-34-7 03230

독자의견 02)421-3487
이 메 일 editorkhs@empal.com

북카페주소 cafe.naver.com/penielpub.cafe
인스타그램 @peniel_books

도서출판 브니엘은 독자들의 원고를 설레는 마음으로 기다리고 있습니다.
위의 이메일로 간단한 기획 내용 및 원고, 연락처 등을 보내주십시오.

도서출판 브니엘은 갓구운 빵처럼 항상 신선한 책만을 고집합니다.

[평신도 눈높이에 딱 맞춘 정곡을 꿰뚫는 쉽고 바른 해설서]

평신도를 위한 쉬운 창세기

레아가 야곱에게 낳은 딸 디나가 그 땅의 딸들을 보러 나갔더니
히위 족속 중 하몰의 아들 그 땅의 추장 세겜이 그를 보고
끌어들여 강간하여 욕되게 하고
야곱이 가나안 땅 곧 그의 아버지가 거류하던 땅에 거주하였으니
요셉이 다시 꿈을 꾸고 그의 형들에게 말하여 이르되
내가 또 꿈을 꾼즉 해와 달과 열한 별이 내게 절하더이다 하니라
그때에 야곱이 애굽에 곡식이 있음을 보고
아들들에게 이르되 너희는 어찌하여 서로 바라보고만 있느냐
전능하신 하나님께서 그 사람 앞에서
너희에게 은혜를 베푸사 그 사람으로 너희 다른 형제와
베냐민을 돌려보내게 하시기를 원하노라.
요셉이 시종하는 자들 앞에서 그 정을 억제하지 못하여
소리 질러 모든 사람을 자기에게서 물러가라 하고 그 형제들에게
자기를 알리니 그때에 그와 함께 한 다른 사람이 없었더라.
요셉이 큰 소리로 우니 애굽 사람에게 들리며 바로의 궁중에
들리더라. 요셉이 그 형들에게 이르되 나는 요셉이라.
이스라엘이 이르되 족하도다. 내 아들 요셉이 지금까지 살아 있으니
내가 죽기 전에 가서 그를 보리라 하니라.

양형주 | 지음

브니엘

| **프롤로그** | 마침내 성취되는 하나님의 꿈

창세기는 재미있다. 흥미진진한 이야기가 많이 들어 있기 때문이다. 또한 성경 제일 처음에 자리 잡은 데다 쉽게 읽혀 사랑을 많이 받는 책이다. 하지만 심오하다. 쉽게 읽히지만 그 의미는 여전히 안개와 같을 때가 많다. 전에 브니엘 출판사에서 책을 출간하기에 앞서 〈평신도를 위한 쉬운 성경시리즈〉 중에서 가장 관심이 많고 먼저 출간을 희망하는 성경을 설문 조사했다. 1위가 바로 창세기였다. 이는 창세기가 많이 읽히지만 여전히 궁금한 책으로 남아 있음을 시사한다.

창세기에는 인류의 기원과 타락, 도시문명의 출발과 바벨탑, 노아의 홍수와 심판, 약속의 땅을 향한 족장 아브라함, 이삭, 야곱의 여정, 그리고 요셉의 모험에 이르기까지 인류의 기원을 비롯하여 신구약 성경 전체의 기초가 되는 다양한 이야기가 들어 있다. 고대 근동과 현대 사이의 문화적 간격에도 인간 내면을 향한 예리한 통찰의 말씀 앞에 우리는 거리감을 느낄 새도 없이 많은 내용에 공감하고 몰입할 수 있다.

하지만 창세기를 읽어가다 보면 아리송하게 느껴지는 부분들도 있다. 창세기 곳곳에 펼쳐지는 여러 족보(2:4, 5:1, 6:9, 10:1, 11:27, 25:12, 25:18, 36:1, 37:2)가 그것이다. 어찌 보면 친숙하지 않은 이름들을 지루하게 나열한 것 같다. 거추장스럽게 느껴지는 이런 족보들이 창세기를 이해하는 데 어떤 역할을 할까? 고대 근동지역의 지명과 지리도 생소하다. 믿음의 선조들이 어떻게 열방으로 흩어졌고, 또 어떻게 지리적인 이동을 했는지가 우리 머릿속에 생생하게 그려지지 않는다. 구성에서도 생소하다. 창세기라고 해서 세상의 창조에 관한 것인 줄 알았는데, 1장부터 흥미롭게 출발하던 인류기원의 역사가 갑자기 11장에서 멈추고, 12장부터는 한 사람 아브라함과 그의 아들 이삭, 그리고 손자 야곱에게로 이어지는 족장들의 이야기가 자세히 펼쳐진다.

본서는 창세기 전체의 흐름 가운데 이러한 궁금점을 해소하며, 창세기의 내용을 더 생생하게 이해하고, 이 안에 담긴 풍성한 의미를 깊이 있게 전달하기 위하여 집필되었다. 특히 창세기의 내용을 한 곳도 건너뛰지 않고 모든 단락을 꼼꼼히 다루려고 했다. 시중에 창세기에 관해 강해서 및 주석서가 여럿 나와 있지만, 주요한 부분만 다루고 족보와 같은 애매한 부분을 건너뛰는 경우가 종종 있다. 본서는 창세기에 나온 모든 내용을 진지하게 다루며, 이 안에 담긴 하나님의 뜻을 발견하고자 애썼다.

오늘날 이 시대를 향한 성도들의 자신감이 점점 줄어들고 있다. 젊은이들은 모든 것을 포기한 N포세대라 자처하며 삶의 의지를 잃어가고 있다. 좀처럼 의욕적으로 하고 싶은 것도 없다. 게다가 세상에 빛을 발해야 할 교회는 자꾸만 세상 속에서 지탄의 대상이 되어 가고 있다. 점점 자신은 그리스도인이라고 당당하게 밝히기를 두려워하는 이들이 늘어간다. 우리가 이렇게 의기소침한 것은 이런 현상적인 것들 때문만이 아니다. 보다 근본적으로는 세상의 거짓 프레임에 맞서 대응할 거대 담론(Macro Narrative), 즉 성도가 가져야 할 자신감의 근원이 되는 이야기가 없기 때문이다. 성도는 누구이며, 이 세상은 무엇이고, 우리는 무엇으로 부름을 받았는지에 대한 명확한 확신이 없기 때문이다. 확신이 없으면 공중의 권세를 잡은 자들이 퍼뜨리는 부정적이고 자조적인 이야기에 설득당하기 쉽다. 그래서 성도들에게는 붙들어야 할 명확한 이야기가 있어야 한다.

창세기는 바로 그런 이야기를 제공한다. 이 세상은 우연이 아니라 하나님의 전능하신 능력으로 창조되었고, 이런 세상은 인간이 하나님의 영광을 위하여 활동할 인생의 무대가 된다. 그렇다. 세상 무대의 주인공이 바로 인간이다. 또한 인간에게는 하나님의 형상이 담겨 있다. 생육하고 번성하라는 하나님의 축복 선언과 부르심이 있다. 그리고 세상 끝 날까지 변치 않고 우리를 붙드실 하나님의 언약이 있다. 이것의 기원과 실체가 무엇인지를 보여주는 책이 바로 창세기다.

기원을 알아야 목표가 명확해진다. 그래서 오스트리아의 언론인이자 풍자가인 칼 크라우스는 일찍이 "기원은 목표다"라고 말한 바 있다. 우리는 창세기를 통해 세상의 기원, 인간의 기원, 죄의 기원, 의의 기원, 이스라엘의 기원 등 다양한 기원을 발견하게 될 것이다. 이러한 이해는 창세기를 깊이 있게 이해할수록 우리가 어디로 가야 하는지를 보다 선명하게 보여줄 것이다. 부디 본서를 통하여 인생 무대 위에 당당하게 우뚝 서서 하나님을 나의 자신감으로 삼는 역사가 일어나길 바란다.

본서는 크게 3권 12부 99장으로 구성되어 있다. 1권 〈인생 무대 위에 우뚝 서라!〉는 창세기 1~16장까지의 내용을 다룬다. 이는 창세기의 원역사로 알려진 1~11장까지와 아브라함의 부르심의 일부 내용인 12~16장을 포함한다. 1~11장은 세상의 기원, 인류의 기원과 타락, 노아 때의 홍수 심판과 바벨탑 사건 등을 다룬다. 이는 창세기와 구약성경의 기초가 되는 거대 내러티브를 형성한다. 12~16장까지는 바벨탑에서의 심판 이후 하나님이 한 사람 아브라함을 택하셔서 새로운 언약의 민족을 형성하는 과정을 다룬다. 아브라함을 부르신 사건은 가슴 벅찼지만, 그 부르심을 지키기 버거운 상황들이 연속으로 아브라함 앞에 펼쳐진다. 약속의 땅에 찾아온 기근, 그리고 아브라함과 사라에게 찾아온 육체적 기근, 즉 불임으로 인하여 아브라함은 힘겨운 시기를 지내며 하갈을 통해 이스마엘을 낳기에 이른다.

2권 〈보이지 않는 부르심, 믿음으로 인내하다〉는 17~33장까지의 내용을 중심으로, 믿음의 조상 아브라함, 이삭, 야곱이 하나님의 약속을 믿음으로 바라며 보이지 않는 부르심을 묵묵히 인내하며 나아가는 여정을 다룬다. 3권 〈마침내 성취되는 하나님의 꿈〉은 34~50장까지를 중심으로 야곱이 온갖 어려움을 무릅쓰고 이스라엘의 기초가 되는 열두 아들과 함께 약속의 땅에 정착함과 동시에, 여기서부터 새롭게 시작하는 하나님의 구원역사를 다룬다. 이 역사는 야곱이 가장 애지중지하던 아들 요셉을 잃어버리면서 시작된다. 요셉은 어느 날 불쑥 찾아온 하나님의 꿈 이야기에 사로잡혀 형제들에게 이 꿈 이야기를 나누었다가 '꿈쟁이' 라는 조롱 섞인 말과 함께 애굽의 노예로 팔려간다. 이때부터 하나님의 꿈은 요셉을 인도하여 마침내 요셉에게 보여주셨던 꿈을 성취하는 동시에, 아브라함에게 주셨던 꿈, 즉 하나님의 언약을 성취하기에 이른다.

필자는 창세기를 다룰 기회가 여러 차례 있었다. 새벽기도 강해 때, 주일 대예배를 통하여, 그리고 2015년 4월부터 9월까지 넉 달에 걸쳐 〈큐티진〉에 창세기를 기고하는 특권을 가질 수 있었다. 또한 대전도안교회를 개척하고 약 2년에 걸쳐 본격적으로 선포한 말씀이 창세기였다. 이 말씀을 선포하는 기간 동안 교회는 큰 부흥을 맛보았다. 성도들이 창세기 말씀 안에서 성도의 정체성을 회복하고 당당하게 세상으로 나아가는 모습도 봤다.

본서는 많은 신학자와 설교자들의 연구물을 기초로 하였다. 주요한 신학적인 통찰을 일일이 각주로 표시하는 것이 도리겠지만, 너무 세세하게 인용하는 게 오히려 독자들의 자연스러운 읽기에 방해가 될 수 있을 것 같아 특별한 몇몇 부분을 제외하고는 각주를 생략하였다. 대신 참고도서를 궁금해하는 이들을 위해 3권 끝부분에 참고했던 창세기 관련 도서목록을 올려두었다. 그리고 시사성 있는 일반도서나 기사는 가능한 출처를 밝혀두었다.

이 책이 나오기까지 인내하며 배려해 준 사랑하는 아내에게 감사드린다. 또한 하나님의 말씀으로 씨름하는 부족한 종을 격려하고 중보해 준 대전도안교회의 몸 된 성도들에게도 깊이 감사드린다. 또한 필자가 집필했던 〈큐티진〉의 내용을 기꺼이 사용하도록 허락하신 서재석 대표에게도 감사드린다. 비록 창세기 안에 담긴 풍성한 의미를 담기에는 너무나도 부족하지만 말씀에 목마른 이들에게 조금이나마 도움이 되길 바라는 마음으로 본서를 내놓는다. 끝으로 이 책이 나올 수 있도록 인도하고 붙들어주신 하나님께 감사드린다. 이 책이 오직 하나님의 나라에 기여하고 그분의 영광을 위하여 쓰임 받는다면 더 이상 바랄 게 없다. 모든 영광을 나의 반석이시요 전부이신 하나님께 올려드린다.

글쓴이 양형주

C·O·N·T·E·N·T·S

차 례

Part 10.
꿈꾸는 요셉, 먼저 보내심을 받다

Part 11.
잊었던 꿈, 하나님의 방식으로 해석되다

Part 12.
마침내 성취되는 하나님의 꿈

【 일러두기 】

1. 이 책에 인용된 성경은 대한성서공회에서 발행한 「개역개정판」입니다.
2. 이 책에 사용된 외래어는 1987년 개정된 외래어 표기법에 따랐습니다.
3. 헬라어나 히브리어를 병행 사용했을 경우 헬. 히. 형태로 축약 표기합니다.

[P·A·R·T·9]

약속의 땅으로 귀환하는 이스라엘

견고한 가정을 세워야 한다

견고한 공동체를 세워야 한다

'작은 나'를 주목하라

아버지는 누구인가?

우리 집 '에서'는 누구인가?

66 Chapter 66. Genesis 34:1-14

견고한 가정을 세워야 한다

1레아가 야곱에게 낳은 딸 디나가 그 땅의 딸들을 보러 나갔더니 2히
위 족속 중 하몰의 아들 그 땅의 추장 세겜이 그를 보고 끌어들여 강
간하여 욕되게 하고 3그 마음이 깊이 야곱의 딸 디나에게 연연하며
그 소녀를 사랑하여 그의 마음을 말로 위로하고 4그의 아버지 하몰에
게 청하여 이르되 이 소녀를 내 아내로 얻게 하여 주소서 하였더라. 5
야곱이 그 딸 디나를 그가 더럽혔다 함을 들었으나 자기의 아들들이
들에서 목축하므로 그들이 돌아오기까지 잠잠하였고 6세겜의 아버
지 하몰은 야곱에게 말하러 왔으며 7야곱의 아들들은 들에서 이를 듣
고 돌아와서 그들 모두가 근심하고 심히 노하였으니 이는 세겜이 야
곱의 딸을 강간하여 이스라엘에게 부끄러운 일 곧 행하지 못할 일을

행하였음이더라. 8하몰이 그들에게 이르되 내 아들 세겜이 마음으로
너희 딸을 연연하여 하니 원하건대 그를 세겜에게 주어 아내로 삼게
하라. 9너희가 우리와 통혼하여 너희 딸을 우리에게 주며 우리 딸을
너희가 데려가고 10너희가 우리와 함께 거주하되 땅이 너희 앞에 있
으니 여기 머물러 매매하며 여기서 기업을 얻으라 하고 11세겜도 디
나의 아버지와 그의 남자 형제들에게 이르되 나로 너희에게 은혜를
입게 하라. 너희가 내게 말하는 것은 내가 다 주리니 12이 소녀만 내게
주어 아내가 되게 하라. 아무리 큰 혼수와 예물을 청할지라도 너희가
내게 말한 대로 주리라. 13야곱의 아들들이 세겜과 그의 아버지 하몰
에게 속여 대답하였으니 이는 세겜이 그 누이 디나를 더럽혔음이라.
14야곱의 아들들이 그들에게 말하되 우리는 그리하지 못하겠노라. 할
례 받지 아니한 사람에게 우리 누이를 줄 수 없노니 이는 우리의 수
치가 됨이니라.

결혼을 앞둔 한 자매가 목사님께 전화로 상담을 요청했다. 이야기를 들어보니 결혼할 상대는 가정이 좋고 집안도 부유하며 세상에서 잘나가는 사람이었다. 평소에 자매가 생각했던 배우자의 조건에 꽤 많이 들어맞는 사람이었다. 그런데 망설여진다고 했다. 첫째, 자신이 그다지 좋아하는 감정이 생기지 않는다는 거였다. 그냥 이만하면 편하게 살만하겠다는 생각이 드니까 결혼한다는 것이다. 아니, 어떻게 이런 감정을 갖고 결혼할 수 있나 싶었다. 게다가 신앙이 맞지 않았다. 이 자매는 모태신앙으로 오랫동안 신앙생활을 해왔는데 형제에게는 이런 신앙이 없었다. 그런데 말하는 것을 가만히 들어보니 신앙의 문제는 자매가 결혼을 망설이는 데 그다지 중요한 요소로 고려하지 않는 듯했다. 이것 말고도 무엇인가 말 못 할 깊은 사정이 있는 것처럼 보였다.

그래서 정말 결혼하기 망설여지는 이유가 무엇인가를 물었다. 그러자 자매가 한동안 말을 잇지 못하면서 눈물을 흘렸다. 들어보니 이 형제가 자매를 성적으로 강제 폭행했다는 것이다. 사정을 알게 된 목사님은 조심스럽게 말했다.

"이것은 첫 단추부터 잘못 끼워진 관계입니다. 그러니 잠시 결혼 진행을 멈추는 게 좋을 것 같습니다."

그러자 자매는 이미 양가 인사를 마치고, 청첩장도 돌렸고, 이제 다음 주면 결혼이라고 했다. 게다가 시댁 어르신 될 분들이 얼마나 사회적으로 명망 있는 분들인데, 그러면 그분들 얼굴에 먹칠하는 것이니 어렵다고 했다.

그래서 목사님은 더 단호하게 말했다.

"지금 그것이 중요한 게 아닙니다. 이런 상태로 결혼하면 평생 후회하고 고통 가운데 살아가게 될 텐데 결혼생활이, 결혼생활이 아닐 겁니다!"

그러자 한동안 훌쩍거리며 울더니 전화를 끊었다. 2주 후 그 자매는 결혼식을 아주 성대하게 올렸다. 그러고는 교회에서 모습이 잘 보이지 않았다.

그런데 한 1년이 채 지나지 않은 어느 날, 그 자매가 교회에 나타났다. 목사님이 반갑게 안부를 물었다.

"그동안 어떻게 지냈어요?"

그러자 애써 격한 감정을 참으며 대답했다.

"목사님, 저 이혼했어요."

때로 첫 단추가 의도하지 않게 잘못 끼워질 수 있다. 그러나 그때라도 깨달았으면 재빨리 돌이켜야 한다. 그렇지 않으면 그 이후에 이어지는 과정이 계속 어긋나게 되어, 결국에는 돌이킬 수 없는 후회를 부르게 된다.

본문은 야곱의 유일한 딸 디나가 성적 폭행을 당하면서 야곱 가정이 결혼이란 대의명분 앞에 갈등의 소용돌이로 말려들어 가는 내용을 다룬다. 야곱의 가정이 세겜에 머물고 있을 때였다. 야곱의 딸 디나가 가나안 땅에 사는 여자들에 관심을 갖고 그 땅을 찾아갔다. 그런데 그 가운데 그 땅의 추장인 세겜이 디나를 보고 디나를 끌어들여 욕보였다(여기서 땅 이름과 사람 이름이 똑같다). 얼마나 황망한 사건인가? 그런데 이렇게 디나를 욕보였던 세겜이 그녀를 좋아하고 사모하는 마음을 품게 되었다. 그러자 세겜이 아버지 하몰에게 디나를 아내로 얻게 해달라고 간청한다(4절). 아버지는 아들의 청을 받아들여 가족 대표로 야곱의 가족을 찾아와 요청한다.

"하몰이 그들에게 이르되 내 아들 세겜이 마음으로 너희 딸을 연연하여 하니 원하건대 그를 세겜에게 주어 아내로 삼게 하라"(8절).

여기서 '연연하다' (히. 하솨크)는 단어의 의미는 '달라붙었다' 는 뜻이다. 세겜이 디나에게 푹 빠져 있다는 의미다. 그런데 하몰의 제안은 단순히 디나를 결혼시키는 것에서 머물지 않는다. 그는 부족 간의 통혼과 세겜 지역에서의 경제활동을 허락하여 부를 축적할 기회까지 제안한다(9-10절). 그러면서 파격적인 조건을 내건다. 아무리 큰 혼수와 예물을 요구하더라도 다 들어주겠다는 것이다(12절). 결국 하몰의 제안은 디나를 강제로 끌어들인 것은 유감이지만 이왕 이렇게 된 것 아들이 디나를 좋아하니 서로 결혼시켜 관계를 맺으며 한 부족처럼 살아가자는 것이다.

본문을 가만히 살펴보면 상당히 파격적인 제안 가운데서도 야곱 가족에게는 사과 한마디도 하지 않는 것을 볼 수 있다. 강제로 관계를 맺었다기보다 서로 어느 정도 눈이 맞아 호감 있어 관계를 맺은 것으로 포장하여 이 부분에 대해서는 어떤 유감도 표명하지 않는다. 하몰은 자기 아들의 죄 문제를 덮고 현재 상황을 정당화시키려고 했다. 내 아들이 당신의 딸에 확 반해서 연연해 한다. 딱 달라붙어 있다. 그러니 우리 서로 결혼시키자. 그러면서 상대가 기꺼이 찬성할 만한 좋은 조건들을 내건다.

생각해보라. 당시 고대 근동의 사회적인 관행을 배경으로 볼 때 디나가 억지로 성폭력을 당했다는 부분만 잠시 뒤로 유보해두면 이 조건은 그다지 나쁘지 않다. 하몰 가문은 그 지역의 권력 있는 부호이다. 게다가 세겜은 잔정도 많아 디나를 이렇게 좋아하는 걸 보면 야곱 가정을 잘 보호해 줄 수 있을 것 같다. 결혼조건이 그다지 나쁘지는 않다.

다른 한편 세겜의 입장에서 볼 때도 이들의 결혼조건이 그다지 나쁘지는 않았을 것이다. 디나도 예쁘고(아마도 레아보다는 빼어난 리브가의 외모를 물려받은 야곱을 닮았을 것이다), 또 집도 부자이다. 그러니 괜찮게 살 수 있을 것 같다. 이 정도면 디나뿐 아니라 디나의 아버지인 야곱도 결혼으로 인해 행복하게 살 수 있을 것이다.

많은 이들이 행복하기 위해 결혼한다. 그러나 행복을 위해 결혼하면 역설적으로 행복하지 않을 가능성이 크다. 행복의 역설인 셈이다. 왜 그럴까? 행복을 목표로 한 결혼일수록 그 배후에 다른 욕심이 들어 있을 가능성이 크기 때문이다. 파격적인 결혼조건을 제안하는 하몰의 본심을 보라.

> "그들의 가축과 재산과 그들의 모든 짐승이 우리의 소유가 되지 않겠느냐. 다만 그들의 말대로 하자. 그러면 그들이 우리와 함께 거주하리라"(23절).

하몰의 파격적인 제안 배후에는 야곱 가문의 재산에 탐욕이 있었다. 당시 재산은 어디에 숨겨놓고 없는 척하기가 어려웠다. 재산 대부분이 양과 소와 같은 가축들이었기에 한번 장막 부근을 돌고 나면 그 집안의 부를 가늠할 수 있었다. 이렇게 볼 때 하몰 가문은 야곱이 부자라는 사실을 금세 알아차렸다. 일단 결혼만 성사시키면 야곱의 재산을 차지할 수 있을 것이라는 계산이 섰다.

우리는 결혼할 때 조건을 많이 본다. 또 아들딸을 결혼시킬 때가 되면 이런 조건을 많이 따진다. 그런데 이런 조건들은 종종 신기루처럼 우리를 착각하게 만들 때가 잦다. 통계청이 발표한 바에 따르면 한

해 동안 약 28만 1600쌍이 결혼한다. 그런데 그 해에 약 10만 7300쌍이 이혼한다. 38%가 넘게 이혼하는 셈이다. 특히 이 중에서 20년 이상 결혼생활을 지속하다 이혼한 비율이 전체 이혼의 30.4%를 차지한다. 결혼한 지 30년 넘은 부부의 황혼이혼 건수는 해마다 늘어나고 있다. 황혼이혼이 늘어난다는 사실은 무엇을 의미하는가? 더 이상 당신과 사는 게 행복하지 않다는 뜻이다. 처음에는 조건보고 뭐 보고했지만, 지금은 조건도 필요 없고 지금 당신과의 관계가 이 상태로 계속되다가는 도저히 못 살겠다는 의미다.

결혼할 때 조건이 좋은 사람을 만나면 그런 조건들이 우리를 또는 우리 자녀들을 행복하게 해줄 수 있을 것 같은 착각이 든다. 그러나 그렇지 않다. 생각해보라. 큰 집으로 이사하고도 매일 투덕거리며 싸우는 가정이 얼마나 많은가? 물질적인 조건만으로는 안정될지 모른다. 그러나 정신적으로는 전혀 만족이 되지 않는다. 불안하고 답답하며 갈등이다. 왜 그런가? 결혼의 목적을 착각하기 때문이다.

성도는 행복을 위해서가 아니라 거룩을 위해 사는 사람들이다. 결혼도 마찬가지다. 결혼은 행복을 추구하기보다 거룩을 추구해야 한다. 거룩을 통해 하나님의 뜻을 이루어가야 한다. 우리가 행복을 위해 결혼하고 행복하기 위해 애쓰다 보면 불행해질 때가 많다. 왜? 행복이라는 것은 상대의 바람이 아니라 나의 바람이기 때문이다. 나의 바람을 채워줄 것으로 기대하는데 잘 채워지는가? 아니다. 오히려 불만족스럽다. 서로의 이기적인 욕심을 투영하기 시작한다. 게다가 남자, 여자가 각각 바라는 바람은 서로 다르다.

그렇다면 남자(남편)와 여자(아내)가 원하는 행복의 조건은 무엇일까? 먼저 남편이 원하는 희망사항들이다. 첫째, 성적 만족이다. 이 얘기 들으면 어떤 사람은 “우리 남편들은 짐승이 아니에요?”라고 말하며 무시한다. 그러나 그렇지 않다. 하나님이 그렇게 창조하셨다. 구조 자체가 그렇다. 둘째, 편안한 휴식을 가져다주는 아내이다. 요즘 집에 들어가자마자 들들 볶이는 남편, 집에만 들어가면 기를 못 펴는 남편이 참 많다. 셋째, 취미활동을 같이하는 것이다. 넷째, 아름다운 몸매를 위해 애쓰는 아내이다. 다섯째, 남편에 대한 존경심을 가지고 있는 아내이다. 아내들이여, 생각해보라. 나는 어떤가? 나로 인해 내 남편이 행복한가?

다음은 아내가 원하는 행복의 희망사항들이다. 첫째, 부드럽게 보살펴주는 남편이다. 아내에게는 성적 만족보다 친밀함이 더 중요하다. 그래서 친밀한 대화와 따뜻한 말 한마디가 더 중요하다. 둘째, 좋은 대화 상대로서의 남편이다. 셋째, 신뢰감을 주는 남편이다. 넷째, 경제적인 안정감을 가져다주는 남편이다. 다섯째, 가정에 헌신하는 남편이다. 남편들이여, 어떤가? 나로 인해 아내가 행복한가?

행복의 조건은 외적인 것이 아니다. 내적인 것이 대부분이다. 그런데 이런 내적 조건도 남자, 여자가 각기 다른 자기중심의 행복을 요구한다. 그러니 결혼을 하고 시간이 지날수록 행복하기가 갈수록 쉽지 않다. 처음에는 잘 모르나 싶어 참고 인내하며 알려주고 고치려 하고, 또 고치기를 기다린다. 그런데 나중에는 어떻게 되는가? 아예 포기하고 무시한다. 그래서 결혼은 행복을 추구하다가 오히려 행복을 잃어버릴 가능성이 높다. 이런 결혼을 끝까지 붙들어주는 게 무엇인가? 바로 거룩이다. 거룩하기 위해 주님 앞에 몸부림치다 보면 가정에도 평화가 찾아오고 점점 행복이 찾아온다. 거룩을 찾으면 행복은 더해진다.

하몰의 결혼 제안에 대해 야곱의 가정은 어떻게 반응하는가? 격렬하게 분노한다. 그러나 그 분노를 표출하지는 않는다. 야곱 가정이 이렇게 분노하는 이유가 무엇인가? 이들은 하나님의 언약의 백성이기 때문이다. 이스라엘이 가나안 땅에 온 것은 행복을 위해 온 것이 아니라 언약을 위해 왔고 가나안 땅 백성 가운데 구별되어 살도록 거룩을 위해 온 것이다.

이들은 하나님 언약백성의 표를 몸에 지니고 있었다. 바로 할례이다. 게다가 선조 아브라함부터 이삭, 야곱에 이르기까지 가나안 백성과 결혼하는 것은 이스라엘 가문의 금기였다. 왜? 거룩하게 살 사명이 있었기 때문이다. 이렇게 볼 때 세겜과의 결혼은 처음부터 말도 안 되는 일이었다. 게다가 하나님의 언약백성을 욕보인 일은 야곱 가정의 격렬한 분노를 불러 일으켰다. 언약백성의 거룩함이 훼손됐기 때문이다. 본문에는 유독 '더럽혀졌다' 는 표현이 많이 등장한다(5,13,27절). 이 단어는 히브리어 '타메' 로 레위기에서 제사의 정결함과 반대되는 부정함을 나타내는 말로 주로 사용된다(레 5:2 참조). 이는 하나님 앞에 하나님이 기뻐하실 만한 제물이 되지 못했다는 측면에서 더럽다는 의미다.

이런 면에서 디나의 더럽혀짐은 야곱의 가족에 언약적인 정결함이 파손되어 하나님의 약속이 성취되는 데 큰 손해와 충격을 주었다는 의미다. 디나가 더럽혀졌다는 점은 이 결혼이 하나님께서 기뻐하시지 않는 결혼임은 분명하다. 잘못되어도 한참 잘못되었다. 첫 단추부터 잘못 끼워진 관계이다. 만약 이 잘못 끼워진 관계를 바로잡지 않고 이왕 이렇게 된 것 할 수 없다고 체념한 상태로 결혼을 진행하면 더 큰 위기가 닥친다. 이스라엘의 정체성 자체를 잃어버리게 된다. 거룩한 백성이 가나안에서 흔적도 없이 사라질 수도 있다. 다시 잘못 끼운 첫 단추부터 바로 잡을 필요가 있다.

도대체 형 에서의 위협으로부터 겨우 벗어난 야곱의 가정에 왜 이런 어려움이 닥쳤을까? 본문 1절을 자세히 살펴보면 약간의 힌트를 얻을 수 있다.

"레아가 야곱에게 낳은 딸 디나가 그 땅의 딸들을 보러 나갔더니"(1절).

여기 '보러 나갔다' 는 표현은 단순히 보는 게 아니라 자세히 들여다본다는 뜻을 내포하고 있다. 디나는 요셉이 태어나기 전에 태어났다(30:21). 요셉의 바로 위 누나이다. 그러니까 요셉이 태어난 지 얼마 되지 않아 이곳으로 왔다고 하면 디나가 세겜 땅에 왔을 때 나이가 6~7세 정도밖에 되지 않았을 것이다. 창세기 37장에 요셉이 17세에 노예로 팔려간다. 이때쯤이면 디나가 20세 전후가 되지 않았을까 추측된다. 당시 여자가 결혼할 수 있는 나이는 10대 초중반이었다. 그런데 어릴 때 와서 여기서 결혼할 수 있는 나이까지 될 정도로 있었다고 한다면 적어도 이 세겜 지역에 6~10년 정도는 머물렀을 것으로 추정된다. 그러니까 디나가 가나안 여인들에게 호기심을 갖고 그곳을 간 것은 어쩌다 우연히 간 것이 아니다. 이곳에 오래 머무르면서 관심을 갖게 되고 평소에도 교류하며 왕래하다가 방문한 것이다. 그래서 여기 '나갔다'는 말을 영어성경(NIV, NRSV)에는 'visit'이란 단어를 사용한다. 결혼 적령기에 있는 여자임에도 하인이나 남자의 보호 없이 혼자 길을 떠날 정도였던 것을 보면 상당히 이 지역에 익숙했던 것으로 추측할 수 있다.

이렇게 볼 때 세겜이 디나를 욕보인 것은 우연히 한 번에 확 끌려서가 아니라 여러 차례 봤다가 주목하고 마음에 계획했다가 끌어들인 것으로 볼 수 있다. 세겜의 행동을 묘사하는 일련의 동사를 보라. 보고, 끌어들여, 취하고, 강제로 폭력을 행하고, 욕되게 했다(2절). 여기서 '끌어들여' '취했다'는 표현은 하나님의 아들들이 인간의 딸들을 아내로 삼는 장면을 묘사할 때 사용되는 단어들이다(6:2 참조). 이것은 갑자기 보고 취한 게 아니라 여러 번 보고, 말도 해보고, 그러다가 취하는 행동, 즉 어느 정도 시간적인 간격을 두고 취하는 것을 의미한다.

그렇다면 디나가 치욕을 당한 것은 단순히 디나의 잘못 이전에 야곱 가문에도 원인이 있음을 짐작할 수 있다. 무슨 말인가? 지금 야곱이 머무는 곳은 세겜 성읍이다. 야곱은 이곳이 머물기 좋았는지 아예 은 백 크시타라는 비싼 값을 주고 그 지역 땅을 샀다. 땅을 산 것은 그곳에 머물려는 의도가 있어서다. 원래 야곱이 가야 했던 목적지는 이곳이 아니었다. 벧엘이었다. 왜? 야곱이 형을 피해 하란으로 가다가 벧엘에서 잠을 자다 꿈에서 하늘 사다리를 보고서는 하나님께 맹세했다. "내가 평안히 아버지 집으로 돌아가게 하시오면 여호와께서 나의 하나님이 되실 것이요. 내가 기둥으로 세운 이 돌이 하나님의 집이 될 것입니다"(28:21-22 참조). 그러고는 이곳을 '하나님의 집'이라는 이름을 부여했다. 자, 하나님이 야곱을 평안히 돌아오게 하셨다. 그러면 야곱은 하나님의 집에 거해야 했다. 그런데 야곱은 하나님의 집에 가지 않고 그냥 세겜에 머물렀다.

도대체 세겜이 어떤 곳이기에 이곳에 머물렀을까? 세겜은 얍복강을 건너면 완만하게 올라가는 매우 평평한 넓은 골짜기다. 이 골짜기 좌우로 에발산과 그리심산이 있고 여호수아는 마지막으로 이 넓은 골짜기에 이스라엘 백성들을 모아놓고 나와 내 집은 여호와를 섬기겠다고 약속한 적이 있다(수 24:1). 이곳은 처자식과 어린 가축들을 데리고 가기에 좋은 지역이었다. 해발도 590m 정도밖에 되지 않는다. 반면 벧엘은 이스라엘 남북을 가로지르는 중앙산지 지역에 있는 도시로 해발이 895m, 거의 900m가 되는 높이에 있다. 자녀와 가축을 끌고 가기 험난하고 어렵다. 즉 야곱은 험한 벧엘로 가야 함에도 고생하기보다 머물기 쉬운 세겜에 안착한 것이다. 그러나 세겜에 안착해서 오랫동안 머무르며 주변의 이방 세겜문화의 영향력을 받게 되고, 여기에 끌렸던 디나가 결국 세겜을 기웃거리다 이런 어려움을 겪은 것이다.

야곱은 거룩을 위한 치열한 싸움을, 에서와의 갈등이 해결되자마자 멈추었다. 벧엘까지 더 치열하게 하나님의 뜻을 따라 나아가야 했는데 그만 여기서 주저앉고 말았다. 그러자 가족 구성원들도 하나님의 뜻을 추구하는 데 나태해지고 그동안 붙잡았던 하나님의 말씀을 그냥 슬그머니 놓아버렸다. 이를 반영하듯 34장에는 하나님이란 단어가 한 번도 등장하지 않는다. 조금 전까지 그토록 치열하게 하나님과 씨름하던 야곱이, 상황이 안정되니 더 이상 몸부림치지 않는다. 그러다 보니 슬금슬금 찾아온 세겜의 이방문화에 무방비로 당하게 되었다. 그래서 이 일이 일어난 후 하나님은 무엇이라 하시는가?

> "하나님이 야곱에게 이르시되 일어나 벧엘로 올라가서 거기 거주하며 네가 네 형 에서의 낯을 피하여 도망하던 때에 네게 나타났던 하나님께 거기서 제단을 쌓으라 하신지라"(35:1).

네가 하나님을 만나 약속했던 하나님의 집, 곧 벧엘로 올라가라고 말씀하시지 않는가? 벧엘로 올라가는 것, 이것이 바로 가정이 든든하게 설 수 있는 비결이다. 벧엘로 올라가 야곱을 인도하셨던 하나님을 뵙고 그의 영광을 구하며 거룩하게 살아가는 것, 이것이 야곱 백성이 평안하고 복 받는 이유가 된다.

그렇다면 우리의 가정은 어떻게 해야 할까? 벧엘로 올라가야 한다. 행복을 잠시 옆으로 내려놓고 거룩을 붙들어야 한다. 거룩을 추구하며 하나님 말씀의 통치를 받아야 한다. 행복을 위해 주님의 말씀을 느슨하게 붙들고 행복을 위해 주말마다 주님을 멀리하고 들로 산으로 돌아다닐 것이 아니다. 만약 그러는 와중에 거룩을 잃어버리면 그토록 붙잡고 싶어 했던 행복도 쉽게 무너지고 만다. 반면 거룩을 치열하게 추구하는 가정, 말씀을 치열하게 붙잡는 가정일수록 주님의 말씀이 그 가정을 붙들고 인도해주시는 역사를 경험하게 된다. 이런 가정으로 우뚝 서 갈 수 있어야 한다.

67 Chapter 67. Genesis 34:15-31

견고한 공동체를 세워야 한다

15그런즉 이같이 하면 너희에게 허락하리라. 만일 너희 중 남자가 다
할례를 받고 우리같이 되면 16우리 딸을 너희에게 주며 너희 딸을 우
리가 데려오며 너희와 함께 거주하여 한 민족이 되려니와 17너희가
만일 우리 말을 듣지 아니하고 할례를 받지 아니하면 우리는 곧 우리
딸을 데리고 가리라. 18그들의 말을 하몰과 그의 아들 세겜이 좋게 여
기므로 19이 소년이 그 일 행하기를 지체하지 아니하였으니 그가 야
곱의 딸을 사랑함이며 그는 그의 아버지 집에서 가장 존귀하였더라.
20하몰과 그의 아들 세겜이 그들의 성읍 문에 이르러 그들의 성읍 사
람들에게 말하여 이르되 21이 사람들은 우리와 친목하고 이 땅은 넓
어 그들을 용납할 만하니 그들이 여기서 거주하며 매매하게 하고 우

리가 그들의 딸들을 아내로 데려오고 우리 딸들도 그들에게 주자. 22
그러나 우리 중의 모든 남자가 그들이 할례를 받음같이 할례를 받아
야 그 사람들이 우리와 함께 거주하여 한 민족 되기를 허락할 것이
라. 23 그러면 그들의 가축과 재산과 그들의 모든 짐승이 우리의 소유
가 되지 않겠느냐. 다만 그들의 말대로 하자. 그러면 그들이 우리와
함께 거주하리라. 24 성문으로 출입하는 모든 자가 하몰과 그의 아들
세겜의 말을 듣고 성문으로 출입하는 그 모든 남자가 할례를 받으니
라. 25 제삼일에 아직 그들이 아파할 때에 야곱의 두 아들 디나의 오라
버니 시므온과 레위가 각기 칼을 가지고 가서 몰래 그 성읍을 기습하
여 그 모든 남자를 죽이고 26 칼로 하몰과 그의 아들 세겜을 죽이고 디
나를 세겜의 집에서 데려오고 27 야곱의 여러 아들이 그 시체 있는 성
읍으로 가서 노략하였으니 이는 그들이 그들의 누이를 더럽힌 까닭
이라. 28 그들이 양과 소와 나귀와 그 성읍에 있는 것과 들에 있는 것과
29 그들의 모든 재물을 빼앗으며 그들의 자녀와 그들의 아내들을 사로
잡고 집 속의 물건을 다 노략한지라. 30 야곱이 시므온과 레위에게 이
르되 너희가 내게 화를 끼쳐 나로 하여금 이 땅의 주민 곧 가나안 족
속과 브리스 족속에게 악취를 내게 하였도다. 나는 수가 적은즉 그들
이 모여 나를 치고 나를 죽이리니 그러면 나와 내 집이 멸망하리라. 31
그들이 이르되 그가 우리 누이를 창녀같이 대우함이 옳으니이까.

본문에는 야곱의 딸 디나가 성폭행을 당한 이후 사태를 수습하는 과정을 담고 있다. 한 치 앞을 내다볼 수 없는 긴장되고 불안

한 순간의 연속이다. 그런데 이 가운데 나타나는 특징이 있다. 야곱과 그 아들들이 그동안 이들을 놀라운 기적과 능력으로 인도하신 하나님을 전혀 찾지 않는다는 점이다. 전과 같이 하나님께 매달려 기도하지 않고 또 하나님도 이런 그들에게 말씀하지 않으신다. 야곱의 가정은 바로 이전까지는 치열하게 하나님을 찾고 하나님의 은혜를 고백하며 왔는데, 갑자기 '하나님' 이라는 단어가 본문에서 자취를 감춘다. 물론 야곱의 가정이 당한 아픔은 전혀 예상치 못했던 큰 충격이었기에 미처 하나님을 생각할 마음의 여유가 없었는지 모른다.

이 사건은 야곱의 가족이 가졌던 언약가족의 자부심을 무참하게 짓밟았던 사건이었다. 34장에서 계속 나타나는 표현이 '더럽혀졌다' (5,13,27절), 또는 '수치가 된다' (14절)는 표현이다. 이러한 일련의 표현들은 거룩하게 서야 할 언약백성의 자부심이 무참하게 짓밟혔음을 나타낸다. 사랑하는 가족이 욕보이고 가족의 자부심이 짓밟혔을 때 우리의 자연스러운 반응이 무엇인가? 분노다. 내게 수치를 준 것 이상으로 갚아주고 싶은 복수심이다.

우리는 분노할 때 어떤 상태로 변하는가? 심장이 뛰고 호흡이 가빠지고 피가 솟구쳐 오르면서 아무것도 보이지 않는다. 순간 이성이 마비된다. 그냥 갈 데까지 가보자는 심정이 된다. 이런 상태에서 주님을 바라본다는 것은 웬만한 마음으로는 절대 쉽지 않다. 그랬기 때문에 야곱의 가족은 더더욱 하나님을 바라보지 못했고 그분께 두어야 할 소망을 스스로 확보하려 했다. 결국 그 결과는 무참한 복수로 이어진다.

주님만 바라보아야 할 시선을 자신에게 돌리면서 야곱의 아들들은 생각했다. 무너진 언약백성의 자존심을 되찾으면서도 세겜 사람들에게 통쾌하게 복수할 방법이 무엇일까? 이들이 찾은 방법이 바로 '할례' 였다. 야곱의 아들들은 폭행을 당한 디나와 혼인을 맺게 해달라는 하몰의 제안에 전제조건을 제시한다.

> "그런즉 이같이 하면 너희에게 허락하리라. 만일 너희 중 남자가 다 할례를 받고 우리같이 되면 우리 딸을 너희에게 주며 너희 딸을 우리가 데려오며 너희와 함께 거주하여 한 민족이 되려니와" (15-16절).

세겜 성의 남자가 다 할례를 행할 것을 요구한다. 그렇게만 하면 야곱의 가정에서는 결혼을 허락할 뿐 아니라 세겜 성의 딸들과도 통혼하고 함께 거주하며 한 민족을 이룰 것이라 제안한다. 할례가 무엇인가? 하나님께서 아브라함에게 처음 명하신 것으로 언약백성의 정체성을 육체에 나타내는 표식이다(17:10). 진정한 여호와 하나님의 언약백성이라면 반드시 할례를 행하여야 한다. 하나님께서도 그의 백성들이 할례 행하는 것을 매우 중요하게 생각하셨다. 모세가 출애굽의 역사를 위해 애굽에 갈 때 자기 자녀들에게 할례를 행하지 않고 가려 했다가 죽임을 당할 뻔했다(출 4:24-25). 이스라엘 백성이 나중에 출애굽해서 가나안 땅에 들어오자마자 행했던 게 바로 할례였다(수 5:2).

그런데 지금 야곱의 아들들은 하나님의 언약과 상관없는 세겜 성의 남자들에게 다짜고짜 이 할례를 행하라고 요구한다. 주목할 것은 이들의 제안에 할례를 요구하면서도 여호와 하나님을 섬겨야 한다는 말이 없다는 점이다. 그저 할례만 받으면 된다고 한다.

심지어 할례받기를 거부하면 디나를 도로 데려올 것이라고 협박까지 한다. 왜 이토록 할례에 집착하는가? 그것은 이들이 할례를 복수의 도구로만 이용하려고 하기 때문이다. 세겜 사람들이 할례를 행하여 꼼짝하지 않고 드러눕게 되면 이는 이들을 공격하여 무찌를 좋은 기회다. 거룩한 할례를 자신들의 복수를 위해 이기적이고 악의적으로 이용하려는 것이다. 결국 자신들의 사사로운 복수를 달성하기 위해 거룩한 할례를 명분으로 거짓말을 했다.

한편 세겜 사람들도 이 할례를 진지하게 생각하지 않았다. 하몰이 세겜 백성들에게 할례에 대해 제안하는 것을 보라.

> "이 사람들은 우리와 친목하고 이 땅은 넓어 그들을 용납할 만하니 그들이 여기서 거주하며 매매하게 하고 우리가 그들의 딸들을 아내로 데려오고 우리 딸들도 그들에게 주자. 그러나 우리 중의 모든 남자가 그들이 할례를 받음같이 할례를 받아야 그 사람들이 우리와 함께 거주하여 한 민족 되기를 허락할 것이라. 그러면 그들의 가축과 재산과 그들의 모든 짐승이 우리의 소유가 되지 않겠느냐. 다만 그들의 말대로 하자. 그러면 그들이 우리와 함께 거주하리라"(21-23절).

하몰은 야곱 집안사람이 그렇게 많지도 않고, 만약 그들을 받아들여 함께 거주하면 결국 그들의 부유한 가축과 재물은 우리의 것이 될 것이라고 말한다. 할례를 행하기만 하면 이런 유익을 거의 거저 얻게 된다. 할례를 경제적인 이득의 관점에서 제안하는 것이다.

사실 할례를 받는다는 것은 하나님의 거룩한 백성이 되어 하나님의 말씀에 순종한다는 상징적인 고백을 담는 일이다. 따라서 야곱의 형제들은 세겜 백성들이 할례를 받으면 할례의 진정한 의미와 함께 하나님의 언약백성으로 생각, 같은 말, 같은 뜻을 품도록 도와주어야 할 의무가 생긴다.

가끔 보면 신앙생활을 하는 자매가 신앙생활을 하지 않는 형제와 사귀면서 고민한다. '우리 오빠 꼭 예수 믿게 해야 하는데요' 하면서 안타까워한다. 어떤 형제는 결혼하면 신앙생활하겠다고 약속하고 결혼한다. 그런데 막상 결혼하여 자녀를 낳고 나면 이제 그 약속은 백지수표가 된다. 그다음부터는 아무리 가자고 좋게 타이르고 설득해도 잘되지 않는다. 그래서 좀 더 지혜로운 자매는 결혼 전에 형제가 세례받는 것을 조건으로 내건다. 세례는 내가 그리스도와 함께 십자가에 못 박혀 죽고 그분의 부활하심으로 다시 살아난다는 의미가 담겨 있다(롬 6:3 참조).

하지만 어떤 형제는 세례의 진정한 의미와 마음의 고백보다는 세례받는 것에만 목을 매는 경우가 있다. 왜? 이걸 받아야 결혼할 수 있기 때문이다. 그러다 보니 신앙고백은 뒷전이다. 어떻게든 세례문답 달달 외워 공부하고 세례를 받지만 그렇게 결혼하고 나면 다시 원래 대로 돌아간다. 결국 형제가 받은 세례는 결혼을 위한 수단으로 전락하고 만다.

이것은 유아세례도 마찬가지다. 자녀에게 유아세례를 베푼다는 것은 이 아이를 믿음의 아이로 장성할 때까지 신앙으로 양육하고 지도한다는 의미다. 그럼 그다음부터는 부모가 자녀의 신앙교육을 위해 온 힘을 다해야 한다. 그런데 어떤 부부들은 자녀에게 유아세례를 베풀고 나서부터 주일마다 바람과 함께 사라진다. 들로 산으로 놀러 가고 조금만 힘들면 집에서 쉰다. 유아세례를 다른 이들에게 보여주기 위한 훈장처럼 받은 것이다. 우리가 하나님께서 주신 거룩한 것들을 내 편의를 위한 도구로 이용할 때 우리는 하나님 백성의 정체성을 급속도로 잃어버린다.

세겜 사람들도 마찬가지였다. 거룩한 할례를 더 큰 경제인 이익을 얻기 위한 절차 정도로 가볍게 받아들였다. 그러자 어떻게 되는가?

"제삼일에 아직 그들이 아파할 때에 야곱의 두 아들 디나의 오라버니 시므온과 레위가 각기 칼을 가지고 가서 몰래 그 성읍을 기습하여 그 모든 남자를 죽이고 칼로 하몰과 그의 아들 세겜을 죽이고 디나를 세겜의 집에서 데려오고"(25-26절).

레아의 둘째, 셋째 아들인 시므온과 레위가 칼을 차고 몰래 세겜 성읍에 잠입해 들어가 할례받고 아파 누워 있는 사람들을 모두 칼로 죽여버렸다. 레아의 막내딸이 디나였기에 레아의 친아들들이 직접 나선 것이다. 그런데 복수가 여기서 끝나지 않는다. 이것을 본 야곱의 여러 아들까지 나선다.

"야곱의 여러 아들이 그 시체 있는 성읍으로 가서 노략하였으니 이는 그들이 그들의 누이를 더럽힌 까닭이라"(27절).

나머지 야곱의 형제들이 합세하여 성읍을 노략질한다. 장막에 사는 사람과 성읍에 사는 사람은 가진 재산에 차이가 있다. 장막에 살면 늘 이동해야 하기에 갖고 다니는 게 상대적으로 적다. 반면 성읍에 정착하여 살면 가진 것들이 상대적으로 고가의 비싼 것들이 많다. 물품도 더 많다. 그러니 이들에게 성읍을 노략하는 것은 큰 경제적인 유익을 얻을 기회이기도 했다. 보라.

"그들이 양과 소와 나귀와 그 성읍에 있는 것과 들에 있는 것과 그들의 모든 재물을 빼앗으며 그들의 자녀와 그들의 아내들을 사로잡고 집 속의 물건을 다 노략한지라"(28-29절).

이 정도면 이들은 거의 해적이나 강도와 다름없다. 도를 넘는 잔인한 복수를 행했다. 이들이 이렇게 복수할 수 있었던 이유가 무엇인가? 바로 할례 덕분이다. 거룩한 할례가 가장 끔찍한 복수극의 도구로 전락한 것이다. 야곱의 형제들은 어느덧 자신도 모르게 세상 사람들보다 더 간교하고 더 악랄하고 더 탐욕스러워졌다.

이 소식을 전해 들은 야곱은 두려워한다. 야곱은 아들들에게 "너희가 가나안 땅에서 악취를 내게 하였다며 가나안 족속들이 이 소식을 듣고 우리 가족을 치면 집안은 멸망할 것이라"고 염려한다(30절 참조). 야곱은 이때쯤 세겜에 6년에서 10년 이상 정착해 살았고 마음 한편에서는 안주하고 싶어 했던 것 같다. 그런데 아들들의 잔인한 복수가 주변 백성들을 자극하여 이제 이곳에 더 이상 머물러 있지 못할 상황이 되었다. 하지만 이 말을 들은 야곱의 아들들은 발끈한다.

> "그들이 이르되 그가 우리 누이를 창녀같이 대우함이 옳으니이까" (31절).

아들들은 자신의 분노를 정당화하면서 자신들은 큰 잘못이 없다고 아버지께 당당하게 호소한다. 그렇다면 하나님은 이들을 어떻게 보실까? 야곱이 나중에 하나님의 영감을 받아 선포하는 예언을 보자.

> "시므온과 레위는 형제요 그들의 칼은 폭력의 도구로다. 내 혼아 그들의 모의에 상관하지 말지어다. 내 영광아 그들의 집회에 참여하지 말지어다. 그들이 그들의 분노대로 사람을 죽이고 그들의 혈기대로 소의 발목 힘줄을 끊었음이로다. 그 노여움이 혹독하니 저주를 받을 것이요 분기가 맹렬하니 저주를 받을 것이라. 내가 그들을 야곱 중에서 나누며 이스라엘 중에서 흩으리로다"(49:5-7).

이 예언은 나중에 이스라엘이 가나안 땅을 분배받을 때 성취된다. 레위 족속은 땅을 분배받지 못하고 이스라엘 전역에 흩어져 살게 된다. 또 시므온 지파는 유다 지파에 할당된 땅 일부를 받았다가 얼마 지나지 않아 유다 족속으로 흡수되어 사라진다. 하나님은 이들을 징계하셨다. 만약 형제들이 복수하기 이전에 하나님께 간절히 기도하며 그분의 인도하심에 맡길 수 있는 믿음이 있었으면 어땠을까?

야곱의 아들들은 언약백성의 정체성을 저버리고 하나님이 주신 거룩한 할례를 자신의 분노와 탐욕스러운 복수를 위한 도구로 사용하여 끔찍한 살인을 저지르고 말았다.

우리는 하나님이 허락하신 믿음의 공동체를 잘 지켜나가야 할 사명이 있다. 그렇게 하기 위해서는 크게 두 가지를 주의해야 한다.

첫째, 우리의 시선을 주님께로 고정해야 한다. 어떤 어려움과 갑작스러운 상황이 닥쳐와도 믿음의 눈을 들어 완전하신 주님을 바라보아야 한다. 주님을 보지 않으면 우리는 공동체에 수시로 침입하는 경제적인 유혹과 유익의 문제, 분노와 복수의 문제, 거룩을 도구화하는 문제, 자기 유익을 따라 하나 되어 파당을 이루려는 문제, 그리고 탐욕의 문제 앞에 무릎을 꿇게 된다. 절대 세상에서 세상 사람들과 이기려고 하지 말고 완전하진 주님을 바라보며 그분께 의탁할 수 있기를 바란다.

둘째, 공동체의 순전함을 힘써 지켜나가야 한다. 이는 공동체의 거룩함을 지켜나가야 함을 의미한다. "너희는 누룩 없는 자인데 새 덩어리가 되기 위하여 묵은 누룩을 내버리라. 우리의 유월절 양 곧 그리스도께서 희생되셨느니라. 이러므로 우리가 명절을 지키되 묵은 누룩으로도 말고 악하고 악의에 찬 누룩으로도 말고 누룩이 없이 오직 순전함과 진실함의 떡으로 하자"(고전 5:7-8).

교회는 누룩 없는 떡이다. 거룩함으로 부름받고 이를 위해 모였다. 그런데 여기에 자꾸 누룩이 끼어들려고 한다. 함께 모였는데 사람들이 좋고 다정하니 술 한 잔 걸치고 싶다. 이들한테 내가 사업하는 물건도 팔고 싶다. 이들한테 내가 사업하는 상품을 가입시키고 싶다. 주님의 이름을 내걸고 이들을 이용하여 유익을 얻고 싶은 마음이 든다. 그러나 이는 순전한 떡을 더럽히는 일이다.

가정도 그렇다. 믿음의 가정이라면 거룩함을 위해 나아가야 하는데 자꾸 주님에게서 멀어질 것들을 추구한다. 우리는 언약백성으로 부름받은 이들이다. 주님의 부르심을 힘써 지켜야 한다. 믿음의 눈으로 주님을 바라며 공동체의 순전함을 힘써 지켜나가야 한다.

68 Chapter 68. Genesis 35:1-15

'작은 나'를 주목하라

1하나님이 야곱에게 이르시되 일어나 벧엘로 올라가서 거기 거주하
며 네가 네 형 에서의 낯을 피하여 도망하던 때에 네게 나타났던 하
나님께 거기서 제단을 쌓으라 하신지라. 2야곱이 이에 자기 집안 사
람과 자기와 함께 한 모든 자에게 이르되 너희 중에 있는 이방 신상
들을 버리고 자신을 정결하게 하고 너희들의 의복을 바꾸어 입으라.
3우리가 일어나 벧엘로 올라가자. 내 환난 날에 내게 응답하시며 내
가 가는 길에서 나와 함께 하신 하나님께 내가 거기서 제단을 쌓으려
하노라 하매 4그들이 자기 손에 있는 모든 이방 신상들과 자기 귀에
있는 귀고리들을 야곱에게 주는지라. 야곱이 그것들을 세겜 근처 상
수리나무 아래에 묻고 5그들이 떠났으나 하나님이 그 사면 고을들로

크게 두려워하게 하셨으므로 야곱의 아들들을 추격하는 자가 없었더
라. 6야곱과 그와 함께 한 모든 사람이 가나안 땅 루스 곧 벧엘에 이르
고 7그가 거기서 제단을 쌓고 그곳을 엘벧엘이라 불렀으니 이는 그의
형의 낯을 피할 때에 하나님이 거기서 그에게 나타나셨음이더라. 8리
브가의 유모 드보라가 죽으매 그를 벧엘 아래에 있는 상수리나무 밑
에 장사하고 그 나무 이름을 알론바굿이라 불렀더라. 9야곱이 밧단아
람에서 돌아오매 하나님이 다시 야곱에게 나타나사 그에게 복을 주
시고 10하나님이 그에게 이르시되 네 이름이 야곱이지마는 네 이름을
다시는 야곱이라 부르지 않겠고 이스라엘이 네 이름이 되리라 하시
고 그가 그의 이름을 이스라엘이라 부르시고 11하나님이 그에게 이르
시되 나는 전능한 하나님이라. 생육하며 번성하라. 한 백성과 백성들
의 총회가 네게서 나오고 왕들이 네 허리에서 나오리라. 12내가 아브
라함과 이삭에게 준 땅을 네게 주고 내가 네 후손에게도 그 땅을 주
리라 하시고 13하나님이 그와 말씀하시던 곳에서 그를 떠나 올라가시
는지라. 14야곱이 하나님이 자기와 말씀하시던 곳에 기둥 곧 돌 기둥
을 세우고 그 위에 전제물을 붓고 또 그 위에 기름을 붓고 15하나님이
자기와 말씀하시던 곳의 이름을 벧엘이라 불렀더라.

사진을 공유하는 한 소셜네트워크(SNS)에서 무려 60만 명이 넘는 팔로워를 거느리는 바람에 유명인사가 된 '에세나 오닐'이라고 불리는 19세의 호주 소녀가 있었다(이기훈, "SNS 스타의 고백 '가식적 삶에 지쳤어요'"(〈조선일보〉, 2015. 11. 5.)). 오닐은 열두 살 때부터 SNS

를 시작했다. 자신의 사진과 영상을 찍어 올리는데 매주 50시간 이상을 쓸 정도로 많은 시간을 투자했다. 그랬던 그녀가 지난달 갑자기 자신의 계정에서 그동안 올렸던 수천 장의 사진을 삭제해버렸다. 그녀를 따르던 네티즌들은 당황했다. 아니 도대체 무슨 일이 일어난 것일까?

이 일이 있고 불과 5일 후, '내가 SNS를 끊는 진짜 이유' 라는 동영상을 올렸다. 이때 동영상에 나타난 오닐의 모습은 평소에 보지 못했던 화장기 없는 민낯의 시골 아가씨였다. 그녀는 이 동영상에서 이렇게 고백했다.

"그동안 나의 삶은 가식이었다. 인터넷에서 완벽한 소녀로 보이기 위해 자신을 화장과 가식으로 꾸민 것일 뿐, 이런 나의 실제 삶은 전혀 행복하지 않았다. 사람들이 '좋아요' 를 누를 만한 사진을 찍느라 수십 번씩 다시 촬영했고, 때로는 의류회사에서 돈을 받고 찍기도 했다." 그러면서 말했다. "다른 사람들과 비교하지 않고, '좋아요' 나 팔로워 수에 신경 쓰지 않는 인생이 더 아름다워요!"

〈뉴욕 타임스〉 칼럼니스트인 데이비드 브룩스에 따르면, 오늘날 SNS가 사람들이 자기 자신을 확대하게 하는 데 큰 역할을 감당하고 있다. 그의 책 「인간의 품격: 삶은 성공이 아닌 성장의 이야기다」(김희정 역, 서울: 부키, 2015)에서 그는 사람 내면에는 두 개의 자아가 공존하고 있다고 주장한다. 먼저는 '커다란 나' (big me)이다. 커다란 나는 오늘날의 시대풍조에 의해 형성되는 자아를 가리킨다. 오늘날은 물질적인 풍요와 더불어 개인의 능력과 성취를 중요하게 여긴다. 그러려면 스스로에 대한 확신을 가져야 하고 스스로 많은 것을 누릴 가치가 있다고 믿어야 한다. 그러다 보면 자신을 스스로 확대하기 위해 자신을 과대포장해서 보여주려 노력해야 하고 때로는 자기 이익을 위해 다른 사람을 이용할 수 있어야 한다. 그래서 많은 이들이 다른 사람과 비교해서 더 우위에 있어야 한다는 강박관념으로 달려간다. 무한경쟁을 어릴 때부터 익힌다.

반면 우리 안에는 스스로에 대한 또 다른 자각이 있는데 그것이 바로 '작은 나' (little me)이다. 작은 나는 자신을 연약하고 결함 있는 존재로 본다. 죄가 있고, 이로 말미암아 자신의 삶을 종종 망가뜨리는 존재다. 독일의 철학자 칸트가 말한 것처럼 인간은 뒤틀린 목재와 같다. 칸트는 인간이라는 뒤틀린 목재에서 곧은 것이라고는 어떤 것도 만들 수 없다고 했다. 그러므로 '작은 나' 는 늘 겸손해야 하고 주변에 은혜를 구해야 한다. 잔꾀를 쓰기보다는 진리에 단순하게 순종하고 헌신하고 희생하고 겸손하게 배워야 한다. 이렇게 '큰 나' 와 '작은 나' 는 마치 로마서 7장에 나오는 서로 갈등하는 두 자아와 같이 우리 삶의 방향을 두고 치열하게 싸운다.

그렇다면 우리는 어떤 성향이 더 강할까? 이것을 알아보려면 우리의 말과 행동과 중심이 장례식 때 들어갈 조문에 어울리는지, 아니면 이력서에 어울리는지를 살펴봐야 한다. 이력서는 자기를 포장하고 확대한다. 자신이 어디서 공부했고, 어떤 경력을 쌓았고, 자격증이 몇 개나 되고, 어떤 수상경력이 있는지, 이런 것들로 잘 포장해서 더 낫고 멋진 사람으로 보이게 한다. 반면 조문에 들어가는 말은 이력서에 들어갈 말들이 많이 빠져야 한다. 조문에 운전면허증이 몇 종이고 대형면허가 있는가 없는가는 하나도 중요하지 않다. 토익점수가 몇 점인지 또한 전혀 소용이 없다. 조문에는 그가 얼마나 사랑스러웠던 사람인지, 얼마나 끝까지 주변 사람들에게 헌신했는지, 또한 얼마나 아름다운 삶의 자취를 남겼는지, 용감했는지, 진리를 위해 싸웠는지 등이 들어간다. 이런 평가는 큰 나를 통해서 얻어지지 않는다. 오히려 자신을 겸손히 내려놓고 묵묵히 헌신하며 사랑하는 작은 나를 통해 얻어진다. 지금 나는 이력서를 추구하는가, 아니면 조문을 추구하는가?

야곱의 인생을 전체적으로 보면 그의 인생은 전반적으로 커다란 나를 추구하는 생이었음을 알 수 있다. 장자권을 두고 치열한 경쟁 가운데 형을 속여 장자권을 빼앗는다. 삼촌 라반에게 가서 이를 악물고 고생하여 끝끝내 거부가 되어 돌아온다. 그런데 하나님은 야곱이 큰 나를 추구하는 것을 기뻐하지 않으셨다. 오히려 하나님은 야곱에게 '작은 나' 를 추구하고 발견할 수 있는 기회를 허락하신다.

먼저, 야곱이 에서를 피해 밧단아람으로 도망갈 때 돌베개를 베고 벧엘에서 잠을 잤다. 이때는 정말 아무것도 갖고 있지 않은 무일푼이었고 두렵고 외로운 상태, 한없이 연약한 상태였다. 바로 이때 그는 그곳에서 꿈 가운데 하늘이 열리며 사다리가 내려오는 것을 보았고 하나님을 만났다. 이때 야곱은 자신의 인생이 하나님을 의지해야 산다는 사실을 새삼 깨닫는다. 아무리 장자권을 얻었다 하더라도 하나님을 의지하지 않고는 불가능함을 알게 되었다.

둘째, 야곱은 라반에게 골탕을 먹어 두 아내를 얻고 14년 동안 고생하는 가운데 자신이 작은 자임을 발견한다. '큰 나' 를 추구하던 야곱은 상대도 되지 않을 정도로 야심만만한 라반을 통해 한없이 작아지고 겸손해지는 연습을 하게 되었다.

셋째, 야곱은 많은 부를 일구고 돌아왔지만 군사 400명을 끌고 자신에게 달려오는 에서 앞에 자신의 연약함을 처절히 깨닫는다. 그래서 그는 하나님 앞에 겸손히 무릎 꿇고 그분의 자비를 구한다. 이런 치열한 씨름 가운데 하나님의 은혜를 경험하고 '이스라엘' 이라는 새 이름을 받는다. 야곱은 이름처럼 하나님과 씨름하여 이겼지만 동시에 다리를 절게 된다. 내가 작아지고 연약해질 때 하나님이 강하게 역사하심을 온몸을 통하여 배운 것이다. 그리고 하나님의 은혜로 형 에서와 기적적인 감격의 해후를 한다.

이처럼 야곱은 가장 작은 자였을 때 하나님의 현존과 큰 능력을 경험했다. 이것을 평생 잊지 말라고 하나님은 야곱의 육체에 상징적인 징표를 주시는데 바로 절게 된 다리다. 이는 야곱으로 세상에서 큰 나로 살 것이 아니라 하나님 없으면 자신은 연약한 절름발이 인생이라는 교훈을 마음에 새기도록 하신 것이다.

그랬던 야곱이 얍복강을 건너 세겜 땅으로 오자 문제가 생긴다. 야곱의 가족이 세겜 땅에서 안주하기 시작한 것이다. 원래는 여기서 안주할 것이 아니다. 원래 목적지는 여기서 해발 300m를 더 올라가야 나오는 벧엘이었다. 왜 벧엘인가? 첫째, 야곱의 맹세다. 그는 전에 하나님께 이곳으로 돌아와 예배와 십일조를 약속했다(28:20-22). 둘째, 벧엘에서 야곱은 자신의 인생을 귀하고 가치 있게 만드실 분, 인생 조문을 정말 감동적으로 장식해주실 분이 오직 하나님임을 깨달았기 때문이다. 그랬기에 야곱은 벧엘까지 갔어야 했다.

그러나 야곱의 가정은 넓은 평야와 같은 세겜 산지에 그만 주저앉고 말았다. 그곳에 안주하며 정착하면서 그는 은혜를 잊고 그 지역의 경제 논리와 생존 논리에 물들기 시작했다. 작은 내가 사라지고 점점 큰 내가 고개를 들기 시작했다. 아마 이대로 갔다면 야곱의 가족은 평생 세겜에 안주했을지 모른다. 그런데 바로 이때 뜻하지 않은 인생의 역경이 몰아닥친다. 세겜 땅에서 딸 디나가 가슴 아픈 강간을 당하고 이 문제를 자기 힘으로 해결하려고 시므온과 레위 형제가 잔인한 복수에 나섰다가 더 큰 화를 불러일으키게 된다. 이제 가나안 땅에 있는 여러 족속이 이 사실을 알게 되면 이들은 힘을 모아 야곱의 집안을 치러 올 것이다(34:30 참조). 이들을 기다리는 것은 주변 민족들의 잔인한 복수혈전뿐이었다. 바로 이때 하나님이 야곱을 부르신다.

> "하나님이 야곱에게 이르시되 일어나 벧엘로 올라가서 거기 거주하며 네가 네 형 에서의 낯을 피하여 도망하던 때에 네게 나타났던 하나님께 거기서 제단을 쌓으라 하신지라"(1절).

하나님이 정말 오래간만에 나타나셨다. 야곱이 얍복강에서 주님을 만난 이후로 어언 6~10년이 지났다. 왜 이제야 나타나셔서 말씀하시는 것일까? 그것은 그동안 야곱이 하나님 말씀을 들을 준비가 되어 있지 않았기 때문이다. 하나님의 음성을 들었어야 함에도 세겜에 안주하며 내가 너무 커지니, 커버린 내 안에 주님의 음성이 머물 자리가 없었다. 여기 역경이 주는 유익이 있다. 역경은 우리의 큰 나를 다시 작아지게 만든다. 내가 작아지면 나는 다시 겸손해지고 다시 주를 바라보게 되며 다시 은혜를 구하게 된다. 이때 비로소 주님의 음성이 들리기 시작한다.

이렇게 나타나신 하나님이 야곱에게 무엇이라 하시는가? 벧엘로 올라가라고 말씀하신다. 여기 "일어나 올라가라"는 표현은 관용구처럼 사용되었다(1,3절). 이는 지리적으로 올라가라는 의미도 있지만 영적 중심지를 향하여 나의 지난 과거를 털어내고 돌아가라는 의미다. 그래서 하나님은 야곱에게 벧엘에 거주하며 하나님께 제단을 쌓으라고 하신다. 예배의 자리, 성전의 자리, 만남의 자리로 초대하신 것이다. 여기서 야곱이 만나야 할 하나님이 누구인가? "형 에서의 낯을 피하여 도망하던 때에 네게 나타났던 하나님"이다(1절). 그때 만났던 하나님은 야곱에게 참된 소망이 되어 주셨다. 이때 야곱은 한없이 낮아졌고 한없이 간절해져 있었다. 하나님만이 인생의 유일한 소망임을 고백했다. 야곱은 한동안 잊고 있었지만 그때 만난 하나님께 나아가 다시 가난한 마음으로 예배드려야 했다. 신기하게도 하나님은 우리가 안락해지고 교만해지면 잘 보이지 않는다.

그런 면에서 세겜에서의 지난 6~10년간의 안락했던 삶은 복이 아니라 독이었다. 하나님을 잊고 내가 커지는 시기였기 때문이다. 우리는 편안하고 안락한 자리를 복으로 여겨서는 안 된다. 생각해보라. 우리가 하나님을 간절히 찾고 또 그분을 만났던 자리가 어디인가? 내 맘이 가장 힘들고 지치고 가난해져 있을 때다. 하나님은 바로 그 자리로 돌아와 단을 쌓으라고 말씀하신다. 이 음성 앞에 야곱은 어떻게 하는가?

"야곱이 이에 자기 집안사람과 자기와 함께 한 모든 자에게 이르되 너희 중에 있는 이방 신상들을 버리고 자신을 정결하게 하고 너희들의 의복을 바꾸어 입으라"(2절).

그는 먼저 가족과 종을 포함하여 집안의 모든 이를 부른다. 전에는 홀로 하나님을 만났다면 이제는 집안 모두가 이 하나님을 만나야 했다. 다른 때 같으면 이런 야곱의 제안에 대해 "아버지만 가라"고 거부했을지 모른다. 그러나 지금은 위기상황이다. 여차하면 가족 모두가 주변의 가나안 민족들에게 살해당할 수 있는 상황이었다. 다들 한없이 작아진 상태였다. 모든 가족 구성원의 생존을 위해서라도 따를 수밖에 없는 제안이었다. 이때 야곱은 한 가지를 더 요청한다. 그냥 올라가지 말고 가족 중에 스며든 이방 신상들을 버리고 자신을 정결케 하며 의복을 바꾸어 입으라는 것이다. 이것은 충격적인 사실이다. 물론 라헬이 삼촌의 드라빔을 훔쳐 오기도 했지만 알게 모르게 이방의 우상들이 야곱의 집에 스며들었고 야곱 또한 이를 엄격하게 제한하지 않고 어느 정도 허용해왔다. 우상은 큰 나를 추구하는 야곱의 가정에 솔깃한 유혹이었다.

여기 이방 신상은 두 종류로 볼 수 있다. 먼저는 라반에게서 나올 때 가지고 왔다가 아직 간직하고 있는 드라빔과 같은 우상들이다. 또 하나는 야곱의 형제들이 세겜 성을 치고 집 속에 있는 물건들을 노략질할 때 포함되어 있던 금이나 은으로 만든 우상 신상들이다(34:29 참조). 우상들은 보통 금은, 보석들 같은 비싼 재료들로 제작된다. 신상 자체만으로도 상당한 값어치를 한다. 그런데 이것들을 다 내려놓고 가라는 것이다. 이는 우상들이 자신의 욕망을 극대화하여 큰 자아를 만드는 데 영향을 끼치기 때문이다. 또 야곱은 의복들을 바꾸어 입으라고 한다. 의복들은 세겜 성에서 탈취한 의복들일 가능성이 높다. 외투 한 벌은 오늘날도 비싸지만 당시에는 훨씬 더 고가였고 귀했다. 그런데 이런 외투 중에는 이방제의의 상징을 나타내는 옷도 있었고 하나님의 거룩함을 드러내지 못하는 옷들도 많았다. 그래서 이것들을 바꾸어 입으라고 한다. 하나님은 야곱의 집안이 탈취한 세겜의 탈취물들 가운데 잠재적인 위험성을 보시고 이것을 제거하도록 요구하신다. 이들이 세겜에게 복수하고 오히려 더 큰 우상 숭배에 빠져 더 큰 나를 추구할 가능성을 보신 것이다.

우리에게도 이런 것들이 있다. 이런 것들은 모으는 재미가 있고 성취감도 있고 유익해 보인다. 문제는 이런 것들을 붙들면 붙들수록 하나님에게서 멀어진다. 잠재적인 위험이 항상 그 안에 도사리고 있다. 우리는 이것들을 분별하고 내려놓을 수 있어야 한다. 더 나아가 하나님은 자신을 정결하게 하라고 하신다. 정결하게 하라는 것은 34장에서 자주 등장한 '더럽혀졌다'는 개념의 반대다. 이것은 우리의 존재 전체가 하나님이 받으실 만하게 준비되라는 뜻이다. 회개하고 내려놓고 잘라내고 주님께 돌아가야 한다. 혹 우리 중에 '너무 늦은 것은 아닐까, 너무 많이 엎질러져 돌이키기 어렵지 않을까'라고 생각하는 분이 있을지 모르겠다. 그러나 지금이라도 돌이켜야 한다. 멈칫할수록 시간 낭비다.

"우리가 일어나 벧엘로 올라가자. 내 환난 날에 내게 응답하시며 내가 가는 길에서 나와 함께 하신 하나님께 내가 거기서 제단을 쌓으려 하노라 하매"(3절).

야곱은 자신이 만났던 환난 날에 응답하시는 하나님을 향해 나아가자고 초청한다. 가족들도 그런 하나님을 만나야 한다고 이끌고 간다. 이런 가운데서 그는 하나님 앞에 작은 나로 서는 연습을 시작한다. 우리는 환난 날에 응답하시는 하나님을 잊어서는 안 된다. 지난 삶을 돌아보라. 힘들고 어려울 때 간절히 하나님을 찾을 때가 있지 않았는가? 이때 우리에게 다가오셔서 만나주신 하나님을 끝까지 잘 붙드는 게 성도의 복이다. 힘들고 괴로울 때는 수요일도 나오고 새벽에도 나오고 밤낮 주님을 부르며 찾는다. 그러나 여건이 나아지면 이전처럼 심령이 가난해지지 않는다(마 5:3 참조). 이젠 굳이 하나님이 돕지 않으셔도 살 만하다는 생각이 든다. 우리는 상황이 나아지면 양다리를 걸치려는 습성이 있다.

"그들이 자기 손에 있는 모든 이방 신상들과 자기 귀에 있는 귀고리들을 야곱에게 주는지라. 야곱이 그것들을 세겜 근처 상수리나무 아래에 묻고"(4절).

이제는 주님 말고 다른 것에 마음 빼앗겼던 것들을 다 묻어야 한다. 이런 면에서 리브가의 유모 드보라의 죽음은 시사하는 바가 있다(8절). 드보라는 라반의 집과 연결된 사람이었다. 메소포타미아의 이방문화를 알던 사람이었다. 그런데 이렇게 모두 우상을 제거하고 하나님을 향하여 갈 때 다른 힘, 즉 이방문화와의 마지막 연결고리라고 할 수 있는 드보라의 죽음은 야곱 가족이 온전히 하나님만 바라볼 수 있도록 집중하게 한다.

야곱과 그의 가족은 큰 나를 버리고 다시 작은 나를 회복했다. 여기서부터 참된 행복이 시작된다. 거룩을 회복하는 것, 그리고 연약한 나, 죄인인 나, 뒤틀린 목재와 같은 자신의 연약함을 직시하며 작은 나를 되찾는 것, 여기서부터 성도의 행복이 시작된다. 세상이 추구하는 행복은 대부분 큰 나를 통해서다. 성취하는 나, 성공하는 나, 소유하는 나를 통해 행복해지려 한다. 그러나 이것을 통해 오는 행복과 만족은 아주 잠시뿐이다. 그러고는 또다시 더 큰 나, 더 큰 성취, 더 큰 소유를 추구한다.

그렇다면 야곱의 가족이 작은 나를 붙들고 거룩을 향하여 나아갈 때 어떤 일이 일어났는가?

> "그들이 떠났으나 하나님이 그 사면 고을들로 크게 두려워하게 하셨으므로 야곱의 아들들을 추격하는 자가 없었더라"(5절).

하나님은 주변 사람들에게 두려움을 주셔서 야곱의 가족들을 보호하셨다. 그러고는 마침내 이들이 세겜에서 약 50㎞ 정도 떨어지고 300m나 더 높은 중앙산지에 있는 벧엘(해발 850m)에 도착하게 하셨다. 며칠이면 올라올 벧엘을 올라오는데 10년이란 세월이 걸렸다. 우리도 그렇다. 하나님께 이렇게 나오면 될 것을 돌고 돌아 피하고 피하다 몇 달 만에, 몇 년 만에, 몇십 년 만에 나온다. 결국 벧엘로 돌아가는 게 우리가 살길이고 참된 복을 얻을 자리였다.

하나님은 벧엘로 나온 야곱에게 말씀하신다.

> "하나님이 그에게 이르시되 네 이름이 야곱이지마는 네 이름을 다시는 야곱이라 부르지 않겠고 이스라엘이 네 이름이 되리라 하시고 그가 그의 이름을 이스라엘이라 부르시고"(10절).

야곱은 '속이는 자' '다른 사람의 발꿈치를 잡아당기는 사람'이란 의미다. 이것은 큰 나를 추구하는 대표적인 이름이다. 경쟁하고, 때로 필요하면 속임수를 동원해서라도 내가 원하는 것을 반드시 얻어내고야 마는 이름이다. 이런 방식으로는 점차 피폐한 생을 살아가게 된다. 그래서 하나님은 사람과 경쟁하지 말고, 사람의 인정을 받으려고 애쓰지 말고, 하나님과 씨름하여 얻으라는 의미로 다시 한번 '이스라엘'이라는 이름 강조하신다. 하나님 앞에 서서 그분과 씨름하다 보면 우리가 발견하는 사실이 무엇인가? 우리는 참 작고 연약한 자이고 하나님께서 반드시 은혜를 베푸셔야 한다는 것이다.

또 하나님은 이스라엘에게 후손과 땅의 복을 거듭 확인하신다.

> "생육하며 번성하라. 한 백성과 백성들의 총회가 네게서 나오고 왕들이 네 허리에서 나오리라"(11절).

더 나아가 아브라함과 이삭에게 약속하신 가나안 땅을 주겠다고 약속하신다(12절). 벧엘에서 하나님을 만나고 보니 야곱이 갈등하던 문제들이 해결되고 생존에 필요한 땅 문제까지 보장해주시는 복을 누리게 되었다.

우리가 살아가는 세상풍조를 보라. 다들 큰 나가 되라고 한다. 그러나 무엇보다 우리에게 필요한 것은 우리의 연약함을 보는 것이다. 나는 죄인이고 은혜가 필요한 존재이다. '작은 나'가 되어야 한다. 아직 세상의 탈취물에 취해 적당히 양다리를 걸치고 있지 않은가? 자칫 허송세월하다 보면 10년이 갈 수 있음을 기억해야 한다. 우리는 극단적인 상황에 부닥쳐 우리 힘으로 꼼짝할 수 없을 때까지 가서야 겨우 사태의 심각성을 깨닫는다. 이제는 벧엘로 돌아가길 바란다. 나를 만나주셨던 하나님, 그때의 가난한 심령을 갖고 하나님께로 돌아갈 수 있기를 바란다. 그곳에서 하나님이 당신을 기다리고 계신다.

69 Chapter 69. Genesis 35:16-29

아버지는 누구인가?

*16그들이 벧엘에서 길을 떠나 에브랏에 이르기까지 얼마간 거리를 둔
곳에서 라헬이 해산하게 되어 심히 고생하여 17그가 난산할 즈음에
산파가 그에게 이르되 두려워하지 말라. 지금 네가 또 득남하느니라
하매 18그가 죽게 되어 그의 혼이 떠나려 할 때에 아들의 이름을 베노
니라 불렀으나 그의 아버지는 그를 베냐민이라 불렀더라. 19라헬이
죽으매 에브랏 곧 베들레헴 길에 장사되었고 20야곱이 라헬의 묘에
비를 세웠더니 지금까지 라헬의 묘비라 일컫더라. 21이스라엘이 다시
길을 떠나 에델 망대를 지나 장막을 쳤더라. 22이스라엘이 그 땅에 거
주할 때에 르우벤이 가서 그 아버지의 첩 빌하와 동침하매 이스라엘
이 이를 들었더라. 야곱의 아들은 열둘이라. 23레아의 아들들은 야곱*

*의 장자 르우벤과 그다음 시므온과 레위와 유다와 잇사갈과 스불론
이요 [24]라헬의 아들들은 요셉과 베냐민이며 [25]라헬의 여종 빌하의 아
들들은 단과 납달리요 [26]레아의 여종 실바의 아들들은 갓과 아셀이니
이들은 야곱의 아들들이요 밧단아람에서 그에게 낳은 자더라. [27]야곱
이 기럇아르바의 마므레로 가서 그의 아버지 이삭에게 이르렀으니
기럇아르바는 곧 아브라함과 이삭이 거류하던 헤브론이더라. [28]이삭
의 나이가 백팔십 세라. [29]이삭이 나이가 많고 늙어 기운이 다하매 죽
어 자기 열조에게로 돌아가니 그의 아들 에서와 야곱이 그를 장사하
였더라.*

하나님이 창조하신 이 세상의 모든 피조물 중에서 아버지에 대해 고민하는 유일한 존재가 사람이다. 다른 피조물들에게 아버지는 그저 생물학적인 씨를 제공해주는 수컷의 역할 그 이상도 이하도 아니다. 이것은 하등생물부터 가장 사람에게 가깝다는 침팬지와 같은 영장류에 이르기까지 마찬가지다. 그저 생물학적 후손을 남기기 위한 원인을 제공하는 일로 끝난다. 새끼들 역시 아버지를 생물학적 아버지 이상으로 생각하지 않는다. 아버지를 좋아하고 닮아가고 존경하며 흠모하고 그리워하는 그런 특징은 나타나지 않는다. 그러나 하나님 아버지의 형상을 갖고 피조 된 사람은 유일하게 생물학적 본능을 넘어 부성애에 대한 기억과 향수를 가진 존재이다. 하지만 많은 경우 이 땅에 아버지들은 결혼하고 아이를 낳고 돈만 벌어다 주면 된다는 생각으로 그친다. 진정한 아버지로 살고 참다운 아버지 됨을

전수하기가 쉽지 않다.

우리나라 국민이 가장 아버지 같은 느낌을 많이 받는 배우가 있다. 바로 최불암 씨다. 그런데 몇 년 전 한 언론과의 인터뷰에서 최불암 씨는 자신의 어린 시절에 아버지가 부재했었다고 밝혔다(강인선, "[강인선 LIVE] 착한役 맡다가 착한 일에 빠진 '국민 아버지'"(〈조선일보〉, 2015. 2. 14.)). 어린 시절 아버지가 엄마와 자신을 남겨두고 중국으로 떠나버린 것이다. 어머니는 어린 아들을 혼자 두고 일하러 가셨고 혹여나 잃어버릴까 싶어 아들을 방에 혼자 두고 밖에서 문을 잠그고 나갔다. 친구들이 놀러 와도 밖으로 못 나가고, 그래서 그때부터 최불암 씨는 혼자 방 안에서 아버지 놀이를 하곤 했다.

그러다 최불암 씨가 초등학교 들어갈 즈음에 아버지가 나타나서 입학식에 와주었다. 아들이 그렇게 먹고 싶어 했던 미제과자도 사다 주었다. 그렇게 최불암 씨가 아버지에게 조금 익숙해질 무렵 아버지는 서른다섯 살의 나이로 세상을 떠났다. 그는 고백한다.

"난 아버지를 잘 모릅니다. 평생 아버지라고 불러본 적이 다 합해봐야 두 번밖에 되지 않습니다."

아니, 아버지가 없었는데 어떻게 사람들의 마음을 울리는 아버지의 느낌을 줄 수 있을까? 그는 이렇게 말한다.

"그리움 때문이 아닐까요? 아버지에 대한 그리움으로 아버지에 대한 이미지를 만들어 낼 수 있었습니다."

영성신학자 헨리 나우웬은 그의 책 「상처입은 치유자」(최원준 역, 서울: 두란노, 1999, 45-50쪽)에서 오늘날의 우리 세대를 '아버지 상실 세대' 로 정의한다. 생물학적 아버지는 있지만 진정한 아버지를 잃어버린 세대인 것이다. 산업정보화시대가 되면서 아버지들의 생활은 점점 바빠지고 있다. 자녀와 시간을 보내며 아버지가 누구인지, 어떤 사람인지 알려주고 전해주는 시간이 점점 줄어들고 있다. 그 빈자리를 채우는 게 텔레비전이고 이 세상의 소비주의와 물질주의다. 아버지는 가족을 부양하고 뼈 빠지게 일해서 돈만 갖다주면 된다고 생각하지만 아버지에게는 진정한 아버지다움을 전해주어야 할 사명이 있다.

아버지의 마음을 전달했던 영화에 천만이 넘는 관객들이 몰려들었다. 인류를 위해 우주로 탐사를 떠나며 딸을 남겨두고 갔던 아버지를 다룬 〈인터스텔라〉, 한국근대사의 격변기를 통과하며 힘겹게 살아갔던 한 아버지의 삶을 다룬 〈국제시장〉과 같은 영화에 사람들은 열광했다. 〈국제시장〉 끝부분에는 말하고 싶어도 표현하지 못하고 외롭게 달려왔던 한 아버지가 독백하는 장면이 나온다.

"아부지, 저 이만하면 잘 살았지예?"

주인공은 아버지가 어떤 존재이고 어떤 아버지가 되어야 하는지도 모른 채 그저 내던져진 채로 열심히 살아왔다. 그런데 노년에 이르러 자신의 삶을 아버지께 인정받고 싶은 강렬한 욕구를 새삼 자각한다.

아버지들은 오늘날 점점 소외받고 있다. 사회구조가 급변하고 어머니도 일하러 다니면서 아버지는 더욱 코너로 몰려 잊히고 있다. 더구나 쾌락과 유혹이 많은 세상풍조는 아버지에게 진정한 아버지가 되기보다는 생물학적 수컷으로 살아가라고 부추긴다. 이런 추세에 아버지가 아닌 수컷으로 사는 남성들이 점점 늘어가고 있다. 그렇다면 아버지는 어떤 존재이고, 또 어떤 존재여야 할까? 본문은 이에 대한 깊은 통찰을 담고 있다.

야곱의 가족은 벧엘에서 하나님께 단을 쌓고 난 후 길을 떠나 베들레헴으로 향하고 있다. 베들레헴은 이스라엘 중앙산지에 있는 도시로 벧엘에서부터 남쪽으로 약 10~12㎞ 정도 떨어진 거리였다. 이 길은 중앙산지를 따라 이삭이 사는 남쪽 헤브론까지 연결된 길이었다. 이런 걸 보면 야곱이 단순히 남쪽 베들레헴으로 간 게 아니라 아버지 이삭을 향하여 간 것임을 짐작할 수 있다. 그런데 가는 중간에 사랑하는 아내 라헬이 출산을 하게 된다.

> "그들이 벧엘에서 길을 떠나 에브랏에 이르기까지 얼마간 거리를 둔 곳에서 라헬이 해산하게 되어 심히 고생하여"(16절).

여기서 에브랏은 베들레헴을 가리킨다(19절). 야곱이 라헬과 결혼한 지 꽤 오랜 시간이 지났다. 야곱은 이미 레아와 여종들을 통해서 11명의 자녀를 보았다. 그런데도 라헬은 그토록 원하던 야곱의 아이를 임신하였다. 이것을 보면 야곱과 라헬의 금슬이 참 좋았음을 알 수 있다. 그런데 출산이 너무나도 힘들다. 난산이다. 이때 라헬은 본능적으로 죽음의 그림자를 직감한다. 온 얼굴이 사색이 되어 두려움으로 질린다. 아기가 막 배 속에서 나오는데 출산을 돕던 산파가 라헬에게 용기를 실어준다. "두려워하지 말라. 지금 네가 또 득남하느니라"(17절). 그토록 원했던 아들이 나온다. 그러나 안타깝게도 라헬은 여기서 생을 마감한다. 숨이 끊어져가고 있을 때 라헬은 그토록 원했던 아들을 바라보며 그 이름을 '베노니' 라고 불렀다. 베노니는 '슬픔의 아들' 이라는 뜻이다(18절, 난하주). 그토록 원했지만 더 이상 함께 할 수 없는 슬픔의 아들이었다.

그동안 아들들의 이름을 보면 주로 여인들이 붙여주었다. 언니 레아도 첫아들을 낳고 기뻐 '보라, 아들이라' 는 의미로 '르우벤' 이란 이름을 짓고 그 이후에 난 아들들도 직접 지어주었다. 라헬도 아들을 낳고 하나님이 내게 아들을 더하시길 원한다는 의미로 '요셉' 으로 지었다. 그리고 마지막으로 출산하고 죽음을 맞이하며 그 아들을 향하여 슬픔의 아들, 즉 '베노니' 로 이름을 붙인다. 남편 야곱의 마음은 얼마나 더 큰 슬픔으로 차 있었겠는가? 야곱은 아내가 지어주었던 마지막 아들의 이름을 '베냐민' 으로 고쳐 부른다. 베냐민은 '오른손의 아들' 이라는 뜻이다(18절, 난하주). 왜 그랬을까?

베노니, 즉 슬픔의 아들이라는 이름은 평생에 자녀의 가슴에 어두운 그늘을 남기는 일이기 때문이다. 대신 아버지는 슬픔과 어두운 그늘을 희망과 신뢰와 기대를 상징하는 오른손의 아들, 베냐민으로 바꾸어준다. 베냐민은 어머니께 슬픔을 남기고 간 아들이 아니라 아버지의 희망, 아버지의 신뢰, 아버지의 기대를 입은 아들임을 의미한다. 어린 아들에게 아버지는 절대적이다. 나보다 크고 나보다 위에 있는 아버지가 내 어깨를 두드리며 격려해줄 때 아들은 힘과 용기를 얻고 자신감을 가질 수 있다.

예수께서도 세례 요한에게 세례를 받으시고 물 위에 올라오실 때 하늘이 갈라지며 "내 사랑하는 아들이요 내 기뻐하는 자라"(마 3:17)는 인정과 신뢰를 받지 않으셨는가? 여기 아버지의 중요한 역할이 있다. 아버지는 자녀의 존재를 긍정해주고 자녀에게 희망을 노래하는 존재이다. 물론 어머니의 부재를 경험하며 자랄 베냐민에게 어머니가 베냐민을 바라보며 얼마나 가슴 아파했는가를 이야기해 줄 수도 있었을 것이다. 그러나 이 아이가 자랄 때 필요한 것은 슬픔과 탄식과 같은 부정적인 정서가 아니라 기쁨과 긍정과 희망이다. 놀랍고도 감사한 일은 나중에 베냐민 지파가 라헬이 묻힌 베들레헴을 포함하는 지역을 땅으로 분배받았다는 사실이다. 하나님의 신비로운 섭리이시다.

아버지의 역할은 자녀를 늘 사랑하고 기뻐하는 아들로 인정해주고 희망을 노래하는 것이다. 만약 아버지가 그 역할을 제대로 감당하지 못하면 아버지는 자녀에게 아버지가 아닌 한낱 수컷으로밖에 비추어지지 않는다. 그럼 자녀가 겉으로는 아버지라고 하지만 속으로는 그런 아버지를 경멸한다. 어떤 아버지는 그럴지 모른다. "아니, 돈 벌어다주고 그동안 공부시켜주면 됐지. 더 이상 뭘 바래?" 아니다. 자녀는 아버지의 인정과 희망을 필요로 한다. 아버지가 더 이상 자녀에게 아버지로 비치지 않을 때 그 자녀는 아버지에 대해 분노하고 부끄러워한다. 아버지들이여 기억하라. 아버지는 평생 자녀 앞에 그 존재를 인정하고 희망을 노래하며 용기를 북돋아주는 사명이 있다는 사실 말이다. 이것이 이루어지지 못하면 나중에 자녀가 어느 정도 돈을 벌고 힘이 있을 때 아버지를 무시하고 경멸하게 된다.

아들은 어느 정도 성장했다고 생각하면 철없이 아버지와 경쟁하고 공격하고 덤벼드는 존재이다. 르우벤을 보라. 아버지의 첩 빌하를 범하는 끔찍한 범죄를 저지르지 않는가?(22절). 라헬이 죽자 그녀의 여종이었던 빌하의 하체를 범했다. 이것은 단순한 정욕으로 인한 범죄가 아니다. 고도의 정치적인 계산과 도전이 담긴 행위다. 이런 비슷한 사건이 후에 다윗의 아들 압살롬이 반역을 일으킬 때 일어난다. 압살롬이 다윗성을 쳐들어가 거기 남은 아버지의 후궁을 대낮에 범한다(삼하 16:22). 이것은 자신이 아버지의 권위 위에 올라섰음을 보여주기 위한 도전적인 행위이다.

당시 르우벤의 상황을 생각해보자. 그는 세겜 학살사건을 주도했던 둘째 시므온과 셋째 레위에게 그 입지가 많이 밀려난 상황이었다. 장자로서 아무 주도권을 갖지 못하고 떠밀려 있었다. 이런 위기감을 어떻게든 만회하고자 르우벤은 아버지의 자리와 권위에 도전했다. 본문은 이런 르우벤의 이런 행위를 듣고 야곱이 어떻게 반응했는지를 더 이상 말하지 않는다. 아버지 야곱은 아들에 의해 저돌적으로 들이받히는 도전받는 아버지였다. 다른 한편 르우벤에게는 아버지의 인정이 그 어느 때보다 필요했다. 그러나 시므온과 레위에 의해 그 관심을 빼앗기고, 또 사랑하는 라헬의 아들 요셉과 베냐민에 마음을 빼앗겼다. 장자였지만 주목받지 못했고 인정받지 못했다.

자녀에게 아버지의 인정이 결여될 때 그 자녀는 아버지를 들이받고 또래 집단에게로 간다. 이전에는 아버지가 기준이었지만 이제는 그 기준을 또래로 바꾼다. 또래집단이 갖는 문화의 특징이 있다. 바로 수치심 문화이다. 부끄러움을 당하지 않기 위해 어쩔 수 없이 또래문화를 따라가는 악순환이 반복된다. 아버지들이여 기억하라. 아들은 어릴 때도 기뻐하고 인정해주어야 하지만 고등학생이 되고 대학생이 되고 장가를 가도 아버지는 아들을 기뻐하고 인정해주어야 한다. 그래야 방황하던 탕자도 돌아올 수 있다.

더 나아가 아버지는 자녀를 기다려주어야 한다. 우리는 이 모습을 야곱의 아버지 이삭에게서 볼 수 있다.

"야곱이 기럇아르바의 마므레로 가서 그의 아버지 이삭에게 이르렀으니 기럇아르바는 곧 아브라함과 이삭이 거류하던 헤브론이더라"(27절).

야곱이 도착한 헤브론은 아버지 이삭이 살고 있었고 그 이전에는 할아버지 아브라함이 이 지역 사람들에게 돈을 주고 가족묘지로 사용할 막벨라 굴을 산 곳이다. 이곳에 할아버지, 할머니 사라, 그리고 어머니 리브가가 묻혀 있다. 이때 이삭의 나이가 백팔십 세였다(28절). 야곱이 삼촌 라반에게서 탈출하여 가나안 땅에 온 지도 꽤 많은 시간이 흘렀다. 적어도 10년은 넘었을 것이다. 이삭도 이 소식을 듣기는 하였을 것이다. 그러나 아들을 만나러 가지도 않고 사람을 보내 소식을 묻지도 않았다. 오히려 아들이 언젠가 돌아올 것을 기대하며 기다려주었다.

생각해보자. 왜 야곱은 가나안 땅으로 오자마자 아버지께로 돌아가지 않았을까? 자신이 아버지를 속여 장자의 축복권을 빼앗았기도 했거니와 이때 경험한 아버지가 그다지 좋은 인상으로 남지 않았기 때문이기도 했다. 아버지는 늙었고 눈이 어두워 앞을 분별하지 못했고 자신을 축복하는 것을 달가워하지 않았었다. 그런 와중에 자기가 좋아하는 별미만 밝혔다. 한마디로 야곱에게는 형만 복을 주려 하고 자기 별미만 찾던 인색한 아버지였다. 그런데 형이 받을 축복을 자신이 다 받고 아버지께로 돌아왔다고 하면 아버지가 그렇게 기뻐해 줄 것 같지 않았다. 게다가 자신과 아버지 사이를 중재해주었던 어머니도 이미 죽은 뒤였다. 어머니라도 계시면 어머니라도 뵐 겸 해서 아버지를 찾아갈 텐데 어머니도 없는 상황에서 아버지께 다가가기가 참 마음이 어려웠을 것이다. 자녀와 돈독한 관계를 갖지 않을 때 아내가 먼저 주님 곁으로 가면 아버지는 아들에게 다가가기가 참으로 어려워진다. 아직 아내가 살아 있을 때 자녀에게 가까이 갈 수 있기를 바란다.

야곱도 선뜻 나서지 못하며 머뭇거리다가 결국 몇십 년이 지나 아버지께로 간다. 어떻게 돌아갈 수 있었을까? 야곱에게 닥쳤던 일련의 고난 때문이었다. 아버지처럼 아내가 세상을 먼저 떠나고, 아들 르우벤에 의해 들이받히고 상처 입은 아버지 야곱은 이때가 돼서야 비로소 '내 아버지 이삭이 참 외로운 분이었고 아버지도 그 당시 나름대로 최선을 다하셨겠구나' 하는 생각을 하게 되었다. 그래도 야곱을 생각해서 가나안 사람 말고 친척 중에 아내를 구하라고 부탁하셨고, 야곱이 떠날 때 언약의 축복을 해주셨다. 아들 야곱이 120세 할 아버지가 되고서야 느지막이 아버지의 마음을 깨닫는다.

이때 중요한 것이 있다. 아들이 깨달을 때까지 아버지는 그 자리를 지키고 있어야 한다. 돌아갈 아버지 집이 있고 거기에 아버지가 꿋꿋하게 버티고 있어 주어야 아들이 언제고 돌아갈 수 있다.

"아니, 이 철부지 아들이 언제 돌아올지 알고요? 전 그냥 저 하고 싶은 대로 살래요. 전 그냥 딴 살림 차릴래요."

그러면 아들은 아버지께로 돌아가지 못한다.

"아니, 제 인생도 있는데요. 언제까지 기다려줘요?"

맞다. 철부지 아들은 언제 돌아올지 모른다. 그래서 날마다 집 밖에 나가 혹 나갔던 아들이 돌아올지 몰라 산 너머를 바라보며 날마다 기다려 줄 수 있어야 한다.

집 나간 탕자의 아버지는 날마다 소망 중에 아들을 기다려주었기에 결국 돌아온 아들을 발견하고 뛰어나가 그 아들을 얼싸안고 기뻐하며 그를 맞이한다(눅 15:20). 이것이 바로 우리를 맞이하고 사랑하는 하늘 아버지의 마음이다. 결국 야곱은 120세가 되어서야 삶의 희로애락을 통해 아버지를 이해하며 그 아버지께로 한 걸음 더 나아가게 되었다. 이 땅의 아버지들에게 묻고 싶다. 아들이 120세가 될 때까지 기다려 줄 수 있는가? 기다려 줄 수 있어야 아버지다. 물론 우리 힘으로는 어렵다. 힘들다. 외롭고 괴롭다. 그냥 차라리 남은 생애 아무것도 생각하지 말고 아버지 아닌 수컷으로 살고 싶을지 모른다.

그래서 아버지에게 필요한 게 바로 하나님의 은혜이다. 하나님의 은혜로 아버지 됨을 지키는 것, 이것이 진정한 복이다. 인생 말년에 이삭은 아브라함의 부를 상속받은 데다가 당대에도 많은 복을 받아 상당한 부자였을 것이다. 그러나 성경은 이삭의 말년에 그가 얼마나 부자였는지를 말씀하지 않는다. 성경이 이삭의 말년을 기록할 때는 다음과 같은 점에 주목한다.

> "이삭이 나이가 많고 늙어 기운이 다하매 죽어 자기 열조에게로 돌아가니 그의 아들 에서와 야곱이 그를 장사하였더라"(29절).

이삭의 말년에 그 아들들이 함께 있었다. 이삭은 마지막 숨을 다하기 전 아들들과 화해하고 다시 아버지로 인정받고 평안히 숨을 거둔다. 이제 이삭의 아버지 아브라함과 어머니 사라가 살고, 그리고 사랑하는 아내 리브가가 있는 천국으로 돌아갔다. 천국에서 이삭은 하나님께 이렇게 칭찬받을지 모르겠다. "사랑하는 아들아, 네가 저 땅에서 너의 아들들을 끝까지 기다려주었구나. 그리고 아들들에게 아버지로 인정받았구나. 내가 너를 기뻐하노라!" 우리 인생의 마지막에는 이것이 중요하다. 끝까지 내 자녀를 인정해주고 내 자녀들에게 진정한 아버지로 인정받아 궁극적으로는 하늘 아버지의 인정을 받는 것이다.

본문은 야곱의 아내 라헬의 죽음과 이삭의 죽음 사이(23-26절)에 열두 아들의 이름을 마치 훈장과 같이 명시한다. 레아의 아들 여섯(23절), 라헬의 아들 둘(24절), 라헬의 여종 빌하의 아들 둘(25절), 레아의 여종 실바의 아들 둘이다(26절). 이것은 무엇을 의미하는가? 야곱의 생은 바로 이 열두 아들의 아버지가 된 것이 가장 의미 있고 복 되다는 사실이다. 야곱의 생애를 보면 참 파란만장했다. 많은 역경과 어려움이 있었고, 또 많은 위기를 탈출하고 성공을 경험했다. 그렇다고 그가 무슨 특별한 업적을 쌓은 것은 아니다. 명성을 얻은 것도 아니다. 세상을 호령하는 권력을 얻은 것도 아니다. 그의 생에 의미로 남는 것은 바로 이스라엘의 열두 아들의 자랑스러운 아버지, 존경하는 아버지가 된 것이다. 이런 아버지로 서는 삶은 전적인 하나님의 은혜가 아니고서는 불가능하다.

우리는 평생 은혜를 깨닫고 아버지 됨을 배워나가야 한다. 혹 정신없이 살아가는 가운데 자녀와의 마음에 섭섭한 감정으로 인해 점점 아버지다움을 잃어가고 있지는 않은가? 이제는 아버지다움을 다시 찾아야 한다. 자녀를 인정하고 기뻐하며 희망을 노래하는 아버지, 끝까지 기다려주는 아버지, 이런 아버지성을 회복해야 한다. 우리는 수컷이 아니다. 아버지다. 진정한 아버지로 설 수 있어야 한다.

70 Chapter 70. Genesis 36:1-43

우리 집 '에서'는 누구인가?

1에서 곧 에돔의 족보는 이러하니라. 2에서가 가나안 여인 중 헷 족속
엘론의 딸 아다와 히위 족속 시브온의 딸인 아나의 딸 오홀리바마를
자기 아내로 맞이하고 3또 이스마엘의 딸 느바욧의 누이 바스맛을 맞
이하였더니 4아다는 엘리바스를 에서에게 낳았고 바스맛은 르우엘을
낳았고 5오홀리바마는 여우스와 얄람과 고라를 낳았으니 이들은 에
서의 아들들이요 가나안 땅에서 그에게 태어난 자들이더라. 6에서가
자기 아내들과 자기 자녀들과 자기 집의 모든 사람과 자기의 가축과
자기의 모든 짐승과 자기가 가나안 땅에서 모은 모든 재물을 이끌고
그의 동생 야곱을 떠나 다른 곳으로 갔으니 7두 사람의 소유가 풍부하
여 함께 거주할 수 없음이러라. 그들이 거주하는 땅이 그들의 가축으

로 말미암아 그들을 용납할 수 없었더라. [8]이에 에서 곧 에돔이 세일
산에 거주하니라. [9]세일 산에 있는 에돔 족속의 조상 에서의 족보는
이러하고 [10]그 자손의 이름은 이러하니라. 에서의 아내 아다의 아들은
엘리바스요 에서의 아내 바스맛의 아들은 르우엘이며 [11]엘리바스의
아들들은 데만과 오말과 스보와 가담과 그나스요 [12]에서의 아들 엘리
바스의 첩 딤나는 아말렉을 엘리바스에게 낳았으니 이들은 에서의
아내 아다의 자손이며 [13]르우엘의 아들들은 나핫과 세라와 삼마와 미
사니 이들은 에서의 아내 바스맛의 자손이며 [14]시브온의 손녀 아나의
딸 에서의 아내 오홀리바마의 아들들은 이러하니 그가 여우스와 얄
람과 고라를 에서에게 낳았더라. [15]에서 자손 중 족장은 이러하니라.
에서의 장자 엘리바스의 자손으로는 데만 족장, 오말 족장, 스보 족
장, 그나스 족장과 [16]고라 족장, 가담 족장, 아말렉 족장이니 이들은 에
돔 땅에 있는 엘리바스의 족장들이요 이들은 아다의 자손이며 [17]에서
의 아들 르우엘의 자손으로는 나핫 족장, 세라 족장, 삼마 족장, 미사
족장이니 이들은 에돔 땅에 있는 르우엘의 족장들이요 이들은 에서
의 아내 바스맛의 자손이며 [18]에서의 아내인 오홀리바마의 아들들은
여우스 족장, 얄람 족장, 고라 족장이니 이들은 아나의 딸이요 에서의
아내인 오홀리바마로 말미암아 나온 족장들이라. [19]에서 곧 에돔의 자
손으로서 족장 된 자들이 이러하였더라. [20]그 땅의 주민 호리 족속 세
일의 자손은 로단과 소발과 시브온과 아나와 [21]디손과 에셀과 디산이
니 이들은 에돔 땅에 있는 세일의 자손 중 호리 족속의 족장들이요 [22]
로단의 자녀는 호리와 헤맘과 로단의 누이 딤나요 [23]소발의 자녀는 알
완과 마나핫과 에발과 스보와 오남이요 [24]시브온의 자녀는 아야와 아

나며 이 아나는 그 아버지 시브온의 나귀를 칠 때에 광야에서 온천을 발견하였고 [25]아나의 자녀는 디손과 오홀리바마니 오홀리바마는 아나의 딸이며 [26]디손의 자녀는 헴단과 에스반과 이드란과 그란이요 [27]에셀의 자녀는 빌한과 사아완과 아간이요 [28]디산의 자녀는 우스와 아란이니 [29]호리 족속의 족장들은 곧 로단 족장, 소발 족장, 시브온 족장, 아나 족장, [30]디손 족장, 에셀 족장, 디산 족장이라. 이들은 그들의 족속들에 따라 세일 땅에 있는 호리 족속의 족장들이었더라. [31]이스라엘 자손을 다스리는 왕이 있기 전에 에돔 땅을 다스리던 왕들은 이러하니라. [32]브올의 아들 벨라가 에돔의 왕이 되었으니 그 도성의 이름은 딘하바며 [33]벨라가 죽고 보스라 사람 세라의 아들 요밥이 그를 대신하여 왕이 되었고 [34]요밥이 죽고 데만 족속의 땅의 후삼이 그를 대신하여 왕이 되었고 [35]후삼이 죽고 브닷의 아들 곧 모압 들에서 미디안 족속을 친 하닷이 그를 대신하여 왕이 되었으니 그 도성 이름은 아윗이며 [36]하닷이 죽고 마스레가의 삼라가 그를 대신하여 왕이 되었고 [37]삼라가 죽고 유브라데 강변 르호봇의 사울이 그를 대신하여 왕이 되었고 [38]사울이 죽고 악볼의 아들 바알하난이 그를 대신하여 왕이 되었고 [39]악볼의 아들 바알하난이 죽고 하달이 그를 대신하여 왕이 되었으니 그 도성 이름은 바우며 그의 아내의 이름은 므헤다벨이니 마드렛의 딸이요 메사합의 손녀더라. [40]에서에게서 나온 족장들의 이름은 그 종족과 거처와 이름을 따라 나누면 이러하니 딤나 족장, 알와 족장, 여뎃 족장, [41]오홀리바마 족장, 엘라 족장, 비논 족장, [42]그나스 족장, 데만 족장, 밉살 족장, [43]막디엘 족장, 이람 족장이라. 이들은 그 구역과 거처를 따른 에돔 족장들이며 에돔 족속의 조상은 에서더라.

우리나라 국보 1호는 '숭례문' 이다. 그렇다면 이스라엘 동편에 있는 요르단의 국보 1호라고 하면 무엇일까? '페트라' 다. 기암괴석으로 아름다운 절경을 이루는 페트라는 〈인디아나 존스〉나 〈트랜스포머 2〉와 같은 영화를 통해서도 알려졌다. 영화에서는 페트라가 귀한 보물이 오랫동안 감추어진 특별한 장소로 등장한다. 그만큼 이곳은 천혜의 요건을 갖춘 자연요새다. 페트라 하면 헬라어로 '바위' '반석' 이란 뜻이다. 페트라는 사해 남쪽으로 약 2시간 정도 차를 타고 가야 나오는데 페트라가 위치한 지역이 온통 붉은 사암(sandstone)으로 뒤덮인 암석지형이다. 페트라로 가려면 높게 서 있는 바위로 뒤덮인 협곡을 2㎞ 이상 지나야 하는데 이 협곡을 구약성경은 염곡, 즉 소금 골짜기라고 부른다(대하 25:11). 이 계곡 길은 고대 중동의 유명한 교통무역로였던 '왕의 대로'(King's Highway)가 지나가는 길이었다. 천혜의 자연환경은 자연스럽게 이 페트라를 요새로 만들어주었고 안전한 무역환경을 만들어주었다.

이 페트라는 아는 사람을 제외하고는 혼자서 찾아가기가 결코 쉽지 않다. 그래서 중세 이후 역사 속에 감추어져 있다가 19세기 초 유럽의 고고학자들이 집념을 갖고 찾아 헤매다가 발견하였다. 협곡을 따라 한참 들어갔다가 거기에 숨어 있는 웅장한 페트라를 발견한 것이다. 지금도 발굴 작업이 한창이지만 여전히 80%에 가까운 부분이 모래 속에 묻혀 있다. 고고학자들이 이 지역을 탐사한 결과 이 계곡 속에 감추어진 도시가 당시 인구 2만 5천 명이 사는 거대한 대도시였고 찬란한 문화와 경제력을 보유하고 있었음이 발견되었다.

이 천혜의 도시를 옛날에는 붉다는 의미가 있는 '세일' 이라는 이름으로 불렸고 이 지역의 산을 세일산으로 불렀다. 이 페트라를 향하여 에돔의 멸망을 예언한 소선지서 오바댜는 다음과 같이 말씀한다. "너의 마음의 교만이 너를 속였도다. 바위 틈에 거주하며 높은 곳에 사는 자여 네가 마음에 이르기를 누가 능히 나를 땅에 끌어내리겠느냐 하니"(옵 1:3). 바위 틈에 거주하며 안전한 천혜의 요새에 살면서 아주 마음이 교만했다는 것이다. 누구도 감히 자신들을 이 바위 요새에서 평지로 끌어내릴 수 없다는 자부심이 있었다. 붉은 바위 협곡에 숨겨진 이 기막힌 장소를 발견하기가 결코 쉽지 않았을 텐데 그 옛날 이곳을 발견하고 여기에 아예 눌러살기로 작정한 사람이 있었다. 바로 야곱의 형 에서였다.

에서는 성경에 들사람이고 사냥에 아주 능숙한 사람으로 소개된다. 들사람이란 들로 산으로 돌아다니며 활동하던 사람을 의미한다. 에서는 동생 야곱에게 속아 장자의 축복을 빼앗겼다. 얼마나 억울하겠는가? 그렇다고 해서 가나안 땅에 대한 집착도 그렇게 크지 않았다. 그래서 밖으로 사냥을 하며 들로 산으로 다니며 가나안 땅 경계에만 머물러 있지 않았다. 그러다가 세일산 지역까지 와서 이 천혜의 지형을 발견했던 모양이다. 와서 보니 기가 막힌다. 외적의 침입으로부터도 안전하고 남북으로 난 좁은 무역로를 통해 상당한 경제적인 이익도 챙길 수 있을 것 같다. 생각해보니 아버지가 머물던 헤브론보다 이곳이 인간적인 측면에서 훨씬 좋은 땅같이 여겨졌다. 그래서 에서는 야곱이 밧단아람에서 라반과 씨름하고 있는 동안 세일로 이동하여 이곳에 정착하여 뿌리를 내렸다.

에서가 동생 야곱과 감격적으로 재회했을 때 에서는 야곱에게 애증의 역사가 서려 있는 가나안 땅을 떠나 자신이 이미 안정되게 뿌리내려 정착했던 페트라에 함께 살 것을 제안했다(33:12). 물론 야곱은 처자식과 어린 가축 때문에 함께 가기가 어렵다고 완곡하게 거절한다. 그러자 에서는 알겠다고 하면서 다시 붉은 산 세일로 돌아간다(33:16). 에서가 야곱에게 페트라 지역으로 돌아가자고 제안하는 것을 보면 에서는 자기가 사는 곳에 대한 상당한 자부심이 있었던 모양이다.

원래 이 세일산 지역은 아무도 살지 않던 황무지가 아니었다. 이곳에는 호리 족속으로 불리는 사람들이 살고 있었다. "호리 사람도 세일에 거주하였는데 에서의 자손이 그들을 멸하고 그 땅에 거주하였으니 이스라엘이 여호와께서 주신 기업의 땅에서 행한 것과 같았느니라"(신 2:12). 호리 사람이 세일에 거주했는데 에서와 그의 자손들이 그들을 멸망시키고 그 땅에 거주하였다. 신명기는 이것이 마치 하나님이 이스라엘을 도와주셔서 가나안 땅에서 그 족속들을 몰아내게 하신 것과 비슷하다고 말씀한다.

여기에는 두 가지 의미를 생각할 수 있다. 첫째, 에서가 세일 지역을 정복할 때 하나님이 도우셨다. 이곳은 난공불락의 요새이기에 하나님의 도우시는 특별한 손길이 없었으면 승리하기가 결코 쉽지 않았다. 둘째, 여호수아처럼 에서는 당대에 세일 족속을 모두 몰아내지 못하고 그 후손에게까지 이어져 점진적으로 그들을 몰아냈다.

본문은 이전부터 이곳에서 이름을 날리던 호리 족속의 전설적인 족장 7명과 그의 자손 명단을 소개한다(36:20-30).

"그 땅의 주민 호리 족속 세일의 자손은 로단과 소발과 시브온과 아나와 디손과 에셀과 디산이니 이들은 에돔 땅에 있는 세일의 자손 중 호리 족속의 족장들이요"(20-21절).

그러면서 그 아래로 자손들의 이름이 쭉 등장한다. 그러고는 30절 후반부는 이렇게 말씀한다.

"이들은 그들의 족속들에 따라 세일 땅에 있는 호리 족속의 족장들이었더라"(30절).

에서의 자손들을 언급하는 본문 가운데 당대의 호리 족속들의 명단을 구체적으로 언급하는 것은 당시 이 지역을 차지하고 있던 이들의 명성과 힘이 꽤 대단했음을 알 수 있다.

이 말씀에 마음이 좀 불편할지 모르겠다. 하나님의 언약 밖에 있던 에서가 저주받을 줄 알았는데 나름대로 그 당시에 상당히 잘나갔다. 에서가 결국 페트라 지역에 정착하게 된 이유가 단순히 천혜의 지형이 주는 매력적인 요소 때문이 아님을 말씀하고 있다. 그 이전에 에서는 물질적인 복을 많이 받았다.

"에서가 자기 아내들과 자기 자녀들과 자기 집의 모든 사람과 자기의 가축과 자기의 모든 짐승과 자기가 가나안 땅에서 모은 모든 재물을 이끌고 그의 동생 야곱을 떠나 다른 곳으로 갔으니 두 사람의 소유가 풍부하여 함께 거주할 수 없음이러라. 그들이 거주하는 땅이 그들의 가축으로 말미암아 그들을 용납할 수 없었더라. 이에 에서 곧 에돔이 세일 산에 거주하니라"(36:6-8).

야곱 못지않게 에서도 물질적인 축복을 많이 받았다. 에서는 이 땅에 둘이 함께 사는 게 힘들다는 사실을 알았다. 그래서 이전에 자신이 사냥하며 들로 산으로 돌아다닐 때 봐두었던 세일산 지역으로 이동한 것이다. 에서가 이렇게 풍족한 생활을 누린 것은 그가 잘해서가 아니었다. 이는 하나님께서 이삭을 생각하시고 야곱을 생각하셔서 주신 복이었다. 아브라함이 이스마엘을 떠나보내자 하나님은 그가 비록 언약의 자손은 아니었지만 아브라함의 자손이라는 이유로 축복하셨다. 마찬가지로 하나님은 이삭의 아들 에서를 물질적으로 환경적으로 축복하셨다.

그러나 에서의 결혼은 그가 진정한 언약백성의 복과는 거리가 있음을 보여준다.

"에서가 가나안 여인 중 헷 족속 엘론의 딸 아다와 히위 족속 시브온의 딸인 아나의 딸 오홀리바마를 자기 아내로 맞이하고"(2절).

에서가 결혼했던 여인들은 하나같이 '가나안 여인' 들이었다. 아버지 이삭이 언약의 축복을 받은 야곱에게 신신당부한 것이 바로 믿음의 결혼이었다.

"이삭이 야곱을 불러 그에게 축복하고 또 당부하여 이르되 너는 가나안 사람의 딸들 중에서 아내를 맞이하지 말고 일어나 밧단아람으로 가서 네 외조부 브두엘의 집에 이르러 거기서 네 외삼촌 라반의 딸 중에서 아내를 맞이하라"(28:1-2).

야곱은 야곱에게 하나님을 모르고 우상 숭배에 빠진 여인과의 결혼이 아니라 믿음의 결혼을 할 것을 간절히 당부한다. 이것이 중요한 이유가 있다(28:3-4 참조). 먼저는 경건한 믿음의 자손이고, 둘째는 하나님의 통치가 이루어지는 땅, 즉 하나님의 나라이다. 여기서 에서와 야곱이 추구하는 결혼의 차이점이 나타난다. 한쪽은 행복을 선택했고 다른 한쪽은 거룩을 선택했다. 에서는 행복하려고 결혼했다. 내 눈에 좋아 보이고 이 결혼을 통해 내 신분 상승과 명분을 얻는 데 도움이 되는 결혼을 했다. 본문 3절에 이어지는 에서의 결혼을 보라.

"또 이스마엘의 딸 느바욧의 누이 바스맛을 맞이하였더니"(3절).

에서가 세 번째 부인으로 이스마엘의 딸을 아내로 삼은 이유는 가나안의 딸과 결혼하지 않고 아버지의 친인척 중에서 결혼하여 아버지의 인정을 받고 싶은 욕심 때문이었다. 그러나 이것은 철저히 인간적인 계산에 의한 결혼이었다. 먼저 이스마엘은 약속의 자손이 아니었다. 아브라함의 종인 하갈 사이에서 난 언약 밖의 자손이었다. 그러나 이스마엘은 아브라함 덕분에 하나님의 복을 받아 번성하는 복을 얻었다. 에서가 언뜻 보기에 이스마엘이 부자고 또 자기 부모님께 명분도 되니까 결혼한 것이다. 이렇게 볼 때 그의 첫 번째와 두 번째 결혼도 이와 비슷한 결혼으로 짐작할 수 있다. 에서가 워낙 강하고 사냥을 잘하는 용사이다 보니 가나안 사람들이 위협을 느끼고 정치적인 동맹을 제안했을 가능성도 있다. 그중에서 눈에 예뻐 보이는 딸을 정략적으로 취해서 결혼한 것이다. 이 결혼에는 경건한 자손과 약속의 땅이라는 비전이 전혀 고려되지 않았다.

에서가 세일로 간 것은 권력의 측면에서 볼 때도 유리한 선택이었다. 에서와 그의 후손들은 천혜의 요새였던 세일산 지역을 발판으로 빠르게 왕국을 건설할 수 있었다.

"이스라엘 자손을 다스리는 왕이 있기 전에 에돔 땅을 다스리던 왕들은 이러하니라"(31절).

본문은 이스라엘에 왕정시대가 시작되기 이전에 이미 에돔 땅에 먼저 왕국이 들어섰다고 말씀한다. 그러고는 모두 8명의 유명한 왕을 소개한다(31-39절). 왕국이 들어섰다는 것은 에서의 후손인 에돔 족속이 그만큼 빨리 안정되고 조직화되었다는 사실을 의미한다. 이들에게 왕국이 들어섰던 시기에 이스라엘은 무엇 했는가? 애굽에서 종살이하다가 출애굽했다. 이후 이들이 광야를 지나 가나안 땅에 들어가려고 할 때 왕의 대로를 지나갔다.

그곳을 지나 가려 하자 하나님께서 이렇게 말씀하셨다. "우리가 방향을 돌려 여호와께서 내게 명령하신 대로 홍해 길로 광야에 들어가서 여러 날 동안 세일 산을 두루 다녔더니 여호와께서 내게 말씀하여 이르시되 너희가 이 산을 두루 다닌 지 오래니 돌이켜 북으로 나아가라. 너는 또 백성에게 명령하여 이르기를 너희는 세일에 거주하는 너희 동족 에서의 자손이 사는 지역으로 지날진대 그들이 너희를 두려워하리니 너희는 스스로 깊이 삼가고 그들과 다투지 말라. 그들의 땅은 한 발자국도 너희에게 주지 아니하리니 이는 내가 세일 산을 에서에게 기업으로 주었음이라"(신 2:1–5).

이스라엘 백성들이 여러 날 동안 세일산을 두루 다녔던 이유가 무엇인가? 그만큼 이 지형이 협곡과 돌산으로 둘러싸인 험한 곳이라 다니기가 어려웠기 때문이다. 그래서 하나님은 이스라엘에게 돌이켜 다른 곳으로 돌아가라고 말씀하신다. 물론 이곳에서 싸우면 이스라엘이 이겼을 것이다. 그러나 하나님은 야곱의 형제인 에서의 자손과 싸우지 말라고 하신다.

자, 이렇게 볼 때 에서는 언약의 신앙을 빼고 돈, 섹스, 권력을 모두 가진 세상에서 정말 잘나가는 사람이었다. 몸에 털도 많고 사냥도 잘하는 야성적이고 능력 있는 남자였다. 권세가의 절세미녀와 정략결혼을 해서 군사적으로 든든하고 경제적으로 풍요롭고, 또 이 모든 것을 천혜의 자연요새가 지켜주고 있었다. 이런 기반을 바탕으로 그는 이른 시간 안에 왕국까지 세울 수 있었다.

이런 에서에 비해 야곱의 생은 어떠한가? 바로 다음 장인 37장에 보면 야곱은 그토록 끔찍이도 사랑하는 아들 요셉을 잃는다. 또 얼마 지나지 않아 온 세상에 몰아닥친 기근으로 인해 굶고 고생하다가 애굽에 구걸하러 자녀들을 보낸다. 그러다 사랑하는 또 다른 아들 베냐민까지 빼앗긴다. 그러다 요셉을 만나고 아예 그동안 지켜왔던 땅을 버리고 애굽으로 이주한다. 나중에 야곱의 후손들은 어떻게 지내는

가? 애굽의 왕궁은커녕 노예로 전락한다. 물론 후에 모세의 인도로 출애굽을 하지만 출애굽도 광야를 통과하는 고난의 연속이었다.

야곱과 그의 후손들이 이렇게 힘들게 사는 이유가 무엇인가? 바로 하나님의 언약을 붙잡았기 때문이다. 한 번 생각해보라. 나는 내 자녀가 야곱처럼 고생하며 사는 삶이 좋은가, 아니면 에서처럼 멋지게 사는 삶이 좋은가? 어떤 분은 에서의 물질과 권력에 야곱의 신앙을 같이 갖고 싶다고 할지 모르겠다. 그러나 성경은 그렇게 말씀하지 않는다. "누구든지 나를 따라오려거든 자기를 부인하고 자기 십자가를 지고 나를 따를 것이니라"(막 8:34).

하나 더 물어보자. 지금 나에게 장성한 자녀가 있다면 내 자녀는 야곱처럼 사는가, 에서처럼 사는가? 또 나는 야곱처럼 살기를 꿈꾸는가, 에서처럼 살기를 꿈꾸는가? 전에 대학에서 강의할 때 학생들에게 종종 물어본다. 여러분이 꿈꾸는 이상적인 삶은 무엇인가? 그러고는 적어내라고 한다. 대답은 다음과 같다. 나중에 아우디를 몰고, 수영장이 딸린 저택에서 살고, 자산은 100억 정도 갖고, 김태희와 같은 아내와 살고 싶어요! 이런 꿈은 대부분 드라마에서 영감을 얻은 것이리라. 많은 이들이 에서의 삶을 꿈꾼다. 강남스타일이 아니라 에서 스타일을 꿈꾼다. 하지만 에서 스타일의 치명적인 결점이 무엇인가? 그 안에 하나님이 계시지 않다는 사실이다. 아무리 멋진 삶이라도 그 안에 하나님이 계시지 않으면 그분의 약속과 말씀이 없으면 거기에는 허무와 공허가 엄습하게 되어 있다.

프랑스 교육부 부장을 역임한 심리학자 디디에 플뢰라는 분이 있다. 이분이 쓴 「아이의 회복탄력성」(박주영 역, 서울: 글담, 2012)이라는 책에 보면 자녀양육을 망치는 부모의 신념들에 관해서 설명하고 있다. 이 중 하나는 '우리 아이는 원래 착하다' 는 것이다. 그렇기에 알아서 다른 사람을 존중하고 배려하고 인사하고 감사하다고 말할 것이라 기대한다. 그러나 현실은 그렇지 않다. 아이가 무엇이든지 자기가 결정하고 싶은 대로 결정하고 보고 싶은 대로 보게 하다 보면 아이를 심각한 폭군, 난폭한 아이로 자라게 된다. 적극적인 교육과 지도가 필요하다.

이와 관련된 자녀를 망치는 또 다른 믿음은 강압적이고 일방적인 교육은 좋지 않다는 것이다. 아이가 안정적이고 자기 마음에 편한 것만 중요시해서 마땅히 해야 할 것을 강력하게 교육하지 않으면 나중에 크게 잘못된 습관을 형성한다. 마땅히 해야 할 것은 단호하고 큰 소리로 바로잡아야 하고, 또 아이가 습관적으로 부모의 말에 반항하고 불복종한다면 체벌할 필요가 있다(잠 22:6 참조). 또 다른 신념은 무언가를 부탁하기에 아이는 너무 어리다는 믿음이다. 그러나 그렇지 않다. 어릴 때 도와주고 어릴 때 해봐야 커서도 한다. 그래서 어릴 때부터 적극적으로 시켜야 한다.

만약 지금 이대로 간다면 내 자녀는 에서가 될까, 야곱이 될까? 아이로 마땅히 믿음 안에서 행할 것을 가르쳐야 한다. 자기 스스로 알아서 판단할 때까지 놓아두면 자녀는 신앙을 떠나고 만다. 그리고 난폭해진다. 대학에 가면 믿음생활을 하던 학생들의 80~90%가 신앙을 떠난다. 이런 태도가 언제 형성되는가? 고등학교 때 형성된다. 공부해야 한다고 주일 빠지고 학원가야 한다고 빠진다. 이렇게 하다 보면 자녀들의 마음에 주일은 타협해도 되는 것으로 각인된다. 어떤 일이 있어도 목에 칼이 들어와도 주일을 잘 지키도록 가르쳐야 한다.

아이가 새벽기도에 가고 싶다면 둘러업고 나오길 바란다. 어릴 때 가고 싶을 때 가보는 경험이 중요하다. 목장예배에 적극적으로 보내라. 이 경험이 나중에 두고두고 오래 남는다. 또 교회 청소도 부지런히 시켜라. 여러 봉사에 같이 동참시켜라. 그렇게 해서 신앙이 스며들도록 해야 한다. 해마다 새학기가 되면 부모는 자녀를 어느 학원을 보낼지, 어느 유치원을 보낼지, 어느 학군으로 이사해야 할지 고민한다. 물론 이런 고민도 중요하다. 그러나 더 중요한 일이 있다. 그것은 우리 자녀가 하나님을 경외하며 그분의 뜻을 먼저 붙들고, 때로는 힘들고 어려워도 돈, 권력, 쾌락을 추구하는 세상풍조에 휩쓸리지 않고 거룩하게 서는 일이다.

하나님께서 우리에게 자녀를 주신 것은 성공하는 자녀 이전에 거룩한 믿음의 자녀를 키우기 위함이다. "그에게는 영이 충만하였으나 오직 하나를 만들지 아니하셨느냐. 어찌하여 하나만 만드셨느냐. 이는 경건한 자손을 얻고자 하심이라. 그러므로 네 심령을 삼가 지켜 어려서 맞이한 아내에게 거짓을 행하지 말지니라"(말 2:15).

하나님이 한 아내, 한 남편을 주신 것은 경건한 자손을 얻기 위해서다. 가정에 자녀를 주신 것은 거룩한 자녀로 키우도록 하기 위함이다. 그러려면 결혼이 추구하는 방향도 거룩이 되어야 한다. 결혼의 목적은 행복 이전에 거룩이다. 행복만 추구하다 보면 하나님의 뜻을 잃어버린다. 오히려 행복을 위해 하나님의 뜻을 버린다. 그러나 거룩을 추구하면 그의 뜻을 붙들게 되고 그럴 때 하늘의 평안과 행복을 맛보게 된다.

에서가 세운 에돔은 결국 야곱의 후손 다윗의 때에 크게 약화되고 이후에 주전 4세기 무렵 나바테아 왕국에 흡수되어 사라진다. 당분간은 좋아 보이고, 당분간은 괜찮아 보여도 거룩을 잃어버린 성취와 만족은 그리 오래가지 못한다. 우리 집 자녀는 에서로 성장하고 있는가, 아니면 야곱으로 성장하고 있는가? 믿음의 명문가문을 이루어가기 원하지 않는가? 구체적인 믿음을 보여주고 그 믿음을 따라 살도록 격려하는 거룩을 먼저 추구하는 가정, 성도로 우뚝 서야 한다.

[P·A·R·T·10]

꿈꾸는 요셉, 먼저 보내심을 받다

꿈꾸는 요셉, 꿈꾸는 성도

꿈을 가진 자에게 찾아오는 위기

다말, 새로운 의를 붙들다

넓은 문 속에 감추어진 유혹

고난 속에 쌓인 실력

하나님을 향한 시선을 키우라

문제를 넘어 하나님의 대안이 되라

성공 너머를 꿈꾸라

71 Chapter 71. Genesis 37:1-11

꿈꾸는 요셉
꿈꾸는 성도

[1]야곱이 가나안 땅 곧 그의 아버지가 거류하던 땅에 거주하였으니 [2]
야곱의 족보는 이러하니라. 요셉이 십칠 세의 소년으로서 그의 형들
과 함께 양을 칠 때에 그의 아버지의 아내들 빌하와 실바의 아들들과
더불어 함께 있었더니 그가 그들의 잘못을 아버지에게 말하더라. [3]요
셉은 노년에 얻은 아들이므로 이스라엘이 여러 아들들보다 그를 더
사랑하므로 그를 위하여 채색옷을 지었더니 [4]그의 형들이 아버지가
형들보다 그를 더 사랑함을 보고 그를 미워하여 그에게 편안하게 말
할 수 없었더라. [5]요셉이 꿈을 꾸고 자기 형들에게 말하매 그들이 그
를 더욱 미워하였더라. [6]요셉이 그들에게 이르되 청하건대 내가 꾼
꿈을 들으시오. [7]우리가 밭에서 곡식 단을 묶더니 내 단은 일어서고

당신들의 단은 내 단을 둘러서서 절하더이다. [8]그의 형들이 그에게
이르되 네가 참으로 우리의 왕이 되겠느냐. 참으로 우리를 다스리게
되겠느냐 하고 그의 꿈과 그의 말로 말미암아 그를 더욱 미워하더니
[9]요셉이 다시 꿈을 꾸고 그의 형들에게 말하여 이르되 내가 또 꿈을
꾼즉 해와 달과 열한 별이 내게 절하더이다 하니라. [10]그가 그의 꿈을
아버지와 형들에게 말하매 아버지가 그를 꾸짖고 그에게 이르되 네
가 꾼 꿈이 무엇이냐. 나와 네 어머니와 네 형들이 참으로 가서 땅에
엎드려 네게 절하겠느냐. [11]그의 형들은 시기하되 그의 아버지는 그
말을 간직해 두었더라.

이번 장부터 시작되는 요셉의 이야기는 창세기 37장부터 마지막 50장까지 이어진다. 유복하게 잘 살던 요셉이 다른 사람도 아닌 바로 자기의 형제들에게 배신을 당해 당시의 대제국 애굽의 노예로 팔려간다. 애굽에 가서도 억울하게 누명을 쓰고 깊은 감옥에 들어간다. 그러다 마침내 애굽에서 오를 수 있는 가장 높은 자리인 제국의 총리로 선다. 이렇게 되기까지 그의 인생은 파란만장했다. 이런 요셉의 인생이야기를 한마디로 설명하기가 참으로 쉽지 않다. 이런 그의 인생을 이해하는 중요한 키워드는 '꿈' 이다. 그의 인생은 꿈으로 시작해 마침내 그 꿈을 성취하는 인생이었다.

요엘서 1장 28절은 종말에 하나님이 그의 백성들에게 하나님의 영을 부어주셔서 늙은이들이 꿈을 꿀 것이라고 말씀하고 있다. 생각해보라. 나이가 많이 들면 꿈이 잘 꾸어지는가? 아니다. 아무리 애를

써도 꿈꾸기가 쉽지 않다. 반면 꿈을 많이 꿀 때가 언제인가? 어릴 때이다. 어떤 이들은 요셉이 꿈꾸는 이야기를 묵상하면서 주님의 멋진 꿈을 꾸게 해달라고 기도하지만 꿈이 좀처럼 꿔지지 않는다. 반면 그 집의 일곱 살짜리 아이는 기도제목이 제발 꿈꾸지 않게 해달라는 것이다. 멋진 꿈뿐만 아니라 무서운 꿈, 이상한 꿈까지 날마다 꿈꾸다 보니 꿈꾸는 게 싫은 모양이다. 그만큼 어릴 때부터 사춘기 때까지는 꿈이 많다.

심리학자 허태균 교수의 진단에 따르면 한국인의 심리상태는 이제 갓 만 12~13세를 넘기는 중학교 1~2학년과 같다(허태균 저, 「어쩌다 한국인」(서울: 중앙북스, 2015), 35-39쪽). 한국사회에 나타나는 이런저런 현상들은 마치 중2병을 앓고 있는 청소년과 같다. 우리나라에 한 왕조가 세워지고 멸망하기까지 보통 500년 정도 걸렸다. 조선왕조가 518년 갔고 고려왕조가 457년이 갔다. 한 나라의 수명을 약 500년 정도로 볼 때 새롭게 시작된 대한민국은 사람의 나이로 따지면 이제 갓 13세를 넘긴 중학교 2학년 정도에 해당된다. 사춘기를 지나는 청소년기를 질풍노도의 시기로 말한다. 이 시기를 지나는 청소년들은 극단적인 성격이 있다. 사춘기 때는 꿈도 많지만 좌절과 불안도 많다. 그래서 이 좌절과 불안을 이겨내려고 현실에서 도피하는 판타지와 꿈을 많이 꾼다.

우리 사회를 보라. 이런 사춘기적인 불안과 극단성이 만연해 있다. 삶의 만족도와 행복지수는 자꾸 떨어진다. 심지어 우리 사회를 '헬조선'이라고까지 말한다. 이런 배후에는 우리 내면의 불안과 좌절이 크다. 이 사회에 어떻게든 멋진 꿈을 펼쳐보고 싶은데 여러 가지로 꿈을 펼칠 수 있는 통로가 막혔고 사다리가 사라졌다. 그러니 좌절과 분노가 있다. 좌절이 클수록 우리에게는 이를 넘어설 수 있는 꿈이 필요하다. 이것이 때로는 현실도피성 판타지로 표출되기도 한다. 좌절이 클수록 현실을 새롭게 하는 꿈이 필요하다. 하지만 문제가 있다. 꿈이 잘 꿔지지 않는다. 이 사회는 청소년기와 같이 많은 꿈을 필요로 하는 시대인데 우리는 별로 꿈을 꾸지 못한다.

그렇게 볼 때 하나님께서 그분의 영을 부어주실 때 늙은이가 꿈을 꾸게 될 것이라는 요엘서의 말씀은 엄청나게 충격적인 선언이다. 꿈을 꾸지 않고 꿀 수도 없는 늙은이가 주의 성령이 임하게 될 때 새로운 꿈을 꾸는 것은 좌절과 암담하고 불안정한 현실을 새롭게 하는 하나님의 신비로운 역사가 찾아옴을 의미한다. 이번 장부터 시작하는 요셉의 꿈 이야기는 이러한 새로운 차원의 하나님 역사를 우리에게 들려준다.

요셉의 할아버지 아브라함의 때에는 하나님이 꿈으로 찾아오지 않고 직접 말씀하셨다. 아브라함은 고향과 친척과 아버지의 집을 떠나 하나님이 보여줄 땅으로 가라는 분명한 하나님의 음성을 들었다(12:1-3). 야곱에 이르러서는 꿈과 더불어 꿈속에서 하시는 말씀으로 인도함을 받았다. 야곱이 벧엘에서 돌베게를 베고 잠을 자다가 꿈 가운데 하늘이 열리는 장면을 본다. 사닥다리가 하늘에서부터 땅까지 이어지고 하나님의 천사들이 오르락내리락한다. 그런데 그 환상 속에서 하나님이 야곱에게 말씀하시는 것을 듣는다.

"나는 여호와니 너의 조부 아브라함의 하나님이요 이삭의 하나님이라. …내가 너와 함께 있어 네가 어디로 가든지 너를 지키며 너를 이끌어 이 땅으로 돌아오게 할지라. 내가 네게 허락한 것을 다 이루기까지 너를 떠나지 아니하리라 하신지라"(28:13-15).

이처럼 하나님은 야곱에게는 환상과 말씀을 함께 주셨다. 그런데 본문에서 소개하는 야곱의 이야기에서는 하나님이 직접 말씀하시지 않고 꿈을 통한 일종의 비전, 즉 환상을 보여주신다. 이러한 계시의 점진적인 변화 형태는 구약성경의 구성과도 유사한 측면이 있다. 정통 유대적 성경 구분은 구약성경을 크게 셋으로 나눈다. 모세오경(토라), 예언서(느비임), 지혜문학과 시편을 포함한 성문서(케투빔)가 그것이다. 각 단위를 일컫는 토라, 느비임, 케투빔의 앞글자들을 따서 '타나크'(TANAK)라고 한다.

타나크의 첫 번째 부분인 토라는 주로 하나님이 모세에게 나타나셔서 직접 계명을 주시고 말씀하신 것들을 담고 있다. 두 번째로 알려진 느비임은 꿈과 환상을 통해 선지자들에게 보여주신 말씀들이다. 그래서 선지자들을 선견자들이라고 종종 말씀한다. 선견자(先見者)는 '먼저 본 사람들'(seer)이라는 뜻이다. 세 번째 케투빔은 주로 지혜에 대해 말씀하는데 주로 숨겨진 하나님의 섭리와 역사의 원리를 우리가 이해하기 쉽도록 설명해준다. 대표적인 것이 잠언 16장 9절 말씀이다. "사람이 마음으로 자기의 길을 계획할지라도 그의 걸음을 인도하시는 이는 여호와시니라."

여기에는 하나님의 음성이 배제되어 있다. 이전처럼 하나님의 음성이 들리지 않는다. 사람이 마음으로 이런저런 꿈을 꾸고 길을 계획한다. 그런데 일이 진행되는 것을 보니 결국 내 생각 내 계획대로가 아니라 하나님이 인도하시는 손길을 발견하고 인정하게 된다. 사람의 마음에는 많은 계획이 있어도 오직 여호와의 뜻만이 완전히 선다(잠 19:21). 이렇게 숨겨진 형태로 인도하시는 하나님의 방식을 '섭리'라고 한다. 섭리는 교리상으로 말하면 하나님께서 지으신 모든 것을 존재하게 하시고 유지되도록 하시며, 그것들이 활동하는 모든 활동의 원인이 되시고, 그렇게 활동하도록 지시하시고 하나님의 목적을 이루도록 인도하심으로 창조된 모든 것과 지속해서 관계하시는 역사를 말한다(웨인 그루뎀 저, 노진준 역, 「조직신학 (상)」(서울: 은성, 1997), 465쪽).

하나님의 역사는 워낙 신비로워서 우리는 그 역사를 다 헤아리지도 못하고 깨닫지도 못한다. 그래서 한참 뒤에서야 겨우 그 당시를 회상하고는 깨닫는다. 하나님의 손길이 워낙 비밀스러워서 우리는 하나님의 섭리하심이라고 하면 못마땅하게 생각할 때가 많다. 현실은 점점 더 위급해지고 힘들어지는데 현재의 해결책을 찾고 있는 마당에 누군가가 "하나님의 뜻이 있겠지요"라고 말한다면 얼마나 답답하겠는가? 현실은 점점 더 악화되어 가고 속은 타들어 가는데 하나님의 뜻이 있을 거라고 하면 분노하고 냉소적으로 변하는 사람들이 많다. 우리가 하나님께 간절한 제목을 갖고 기도하거나 주님의 도우심을 구할 때 기대하는 것은 무엇인가? 즉각적인 응답이다. 귀에 생생하게 들리는 음성이다.

그런데 우리의 현실에서는 이런 응답을 경험하기가 점점 희박해지고 있다. 이것은 우리의 신앙이 자라나는 과정과도 유사한 부분이 있다. 처음 주님을 만나고 뜨거운 체험을 하면 주님의 음성을 듣기도 하고 환상을 보기도 하고 많은 체험을 한다. 그런데 신앙생활을 한지 어느 정도 기간이 지나고 나면 그다음부터는 꿈도 잘 꾸어지지 않고 음성도 잘 들리지도 않고 희미해질 때가 많다. 그리고 하나님의 역사하심은 자꾸 눈에 띄게 드러나기보다는 구석구석에서 숨겨진 상태로 은밀하게 역사하는 경우가 참 많다. 자, 이런 은밀한 섭리의 역사 앞에 나는 끝까지 내 믿음을 굳게 지키며 주님께 더 가까이 나아갈 수 있겠는가?

요셉 이야기(37-50장)는 이전 믿음의 족장들의 이야기와 다른 점이 있다. 다른 족장들은 삶의 여러 가지 에피소드가 모아진 이야기라면 요셉의 이야기는 처음부터 꿈에 이끌려 꿈이 성취되기까지를 일관성 있게 끌고 나가는 이야기다. 이는 하나님의 섭리에 대한 유익한 통찰을 준다. 하나님의 섭리하심은 긴 호흡을 갖고 집중해서 살펴보아야 발견할 수 있고 그 역사를 발견하는 순간 우리는 그분 앞에 무릎 꿇고 찬양할 수밖에 없다.

요셉이 나중에 자신의 인생이 처음부터 끝까지 하나님의 손길에 붙들린 인생이었음을 고백할 때가 언제인가? 창세기 45장에 가서다. 그때 그는 형들에게 "나를 이리로 보낸 이는 당신들이 아니요. 하나님이라"고 고백한다. 그동안은 자신을 판 원흉이 바로 형들인 줄 알았는데 알고 보니 그 배후에 은밀한 하나님의 손길이 형들의 손을 통해 나를 이리로 보내셨다! 이 고백은 처음 팔려갈 때는 절대 할 수 없는 고백이다. 긴 호흡으로 자신의 인생을 회고할 때야 비로소 발견할 수 있다. 그러면서 요셉은 자신의 인생이 '하나님의 섭리' 라는 새로운 관점으로 해석되는 역사를 경험한다.

지금 현실이 불안하고 어려운가? 내 뜻대로 하나님이 역사하지 않으시고, 오히려 하나님께 기도해도 응답하지 않으시고 하나님이 안 계신 것 같은가? 때로는 이 기다림이 너무 길어 신앙을 떠나는 사람들도 있다. 그래서 우리는 요셉 이야기를 통해 우리의 삶을 새롭게 해석할 필요가 있는데 그것은 바로 하나님의 섭리라는 긴 호흡을 통한 해석이다. 지금 당장은 이렇게 어려운 내 인생이 해석되지 않는다. 그러나 어디에선가 은밀하게 하나님은 우리의 삶 가운데 역사하고 준비하시고 지금도 성실하게 일하고 계신다. 하나님의 섭리를 깨닫기까지 우리의 생은 항상 모호한 꿈과 섭리를 깨닫고 주님께 드리는 감사와 찬양 사이의 어느 지점에 항상 위치해 있다(월터 부르그만 저, 강성열 역, 「창세기: 현대성서주석 1」(서울: 한국장로교출판사, 2000), 440쪽). 이것을 신뢰하며 지금도 힘들고 불안한 하루를 믿음으로 갈 수 있도록 격려하는 이야기가 바로 요셉의 이야기다.

그렇다면 하나님의 섭리 가운데 찾아오는 꿈은 어떤 특징이 있는가? 첫째, 명확하지도 않으면서 명확하게 다가온다는 점이다. 무슨 말인가? 우선 명확하지 않다는 것은 꿈이 야곱의 꿈처럼 하나님의 음성이 배제된 상태로 당황스러운 환상이나 꿈, 때로는 번뜩이는 직관으로 다가온다. 그래서 대충 의미는 짐작할 수 있지만 정확하게 무슨 의미인지는 도대체 알 수가 없다.

"요셉이 그들에게 이르되 청하건대 내가 꾼 꿈을 들으시오. 우리가 밭에서 곡식 단을 묶더니 내 단은 일어서고 당신들의 단은 내

단을 둘러서서 절하더이다"(6-7절).

대충은 알겠다. 그런데 무슨 의미인지는 잘 모르겠다. 만약에 이 의미가 정확하게 무엇인지를 알았다면 요셉은 그 꿈 이야기를 형들한테 하지 않았을지 모른다. 자기를 미워해서 결국 노예로 팔아버리지 않는가? 고생할 것 같으면 차라리 말하지 않는 게 나을지 모른다. 이처럼 요셉과 형제들은 그가 꾼 꿈의 내용을 대충은 추측하지만 정확하게는 몰랐다. 이것이 하나님께서 주시는 꿈의 특징이다. 하나님 섭리의 손길 속에 감추어져 있기에 대충은 알 것 같다가도 많은 경우 신비 속에 감추어져 있다.

그러나 동시에 이 꿈은 상당히 명확하게 다가온다. 본문에 보면 이 꿈은 두 번이나 반복적으로 요셉을 찾아온다.

"요셉이 다시 꿈을 꾸고 그의 형들에게 말하여 이르되 내가 또 꿈을 꾼즉 해와 달과 열한 별이 내게 절하더이다 하니라"(9절).

여기서도 요셉과 주변 사람들은 의미를 대충 안다. 아버지도 듣고 화내서 꾸짖을 정도다(10절). 그러나 내용 자체를 보면 현실성이 없는 말도 안 되는 이야기다.

"그를 꾸짖고 그에게 이르되 네가 꾼 꿈이 무엇이냐. 나와 네 어머니와 네 형들이 참으로 가서 땅에 엎드려 네게 절하겠느냐"(10절).

이 말에 따르면 요셉의 꿈은 말도 안 되는 개꿈이다. 꿈속에서 명확한 하나님의 음성을 들은 것도 아니다. 내용도 하나님으로부터 비롯되었다는 어떤 암시나 근거도 없다. 그런데 이상하게도 요셉은 비슷한 내용의 꿈을 두 번이나 꾸었다. 요셉의 이야기에 등장하는 꿈 이야기를 추적해보면 대부분 두 번씩 등장한다. 바로도 꿈을 두 번 꾸고(41:1-8), 관원장들도 각자 꿈을 꾸고(40:5) 두 개의 꿈 이야기를 한다.

둘째, 이런 꿈들은 요셉이 작정하고 상상 속에서 열망하다 의도적으로 꾼 꿈이 아니다. 이것은 하나님의 섭리가 특별한 말씀이나 체험을 통해서가 아니라 일상 속에 은밀하고도 갑작스럽게 파고든다는 사실을 보여준다. 요셉이 꾸고 싶은 꿈을 꾼 게 아니라 어느 날 불시에 갑자기 요셉의 삶으로 꿈이 찾아왔다. 그렇다고 요셉이 이 꿈에 곧바로 "아멘"으로 응답하지도 않는다. 자, 하나님께서 우리를 찾아오시는 방식에 주목해보라. 하나님은 이처럼 우리의 일상 가운데 자연스럽게 반복적으로 유사한 사건을 통해서, 사람을 통해서, 환경을 통해서, 그리고 때로는 꿈을 통해서 우리를 종종 불현듯 찾아오셔서 섭리하신다.

셋째, 꿈의 내용이 위험천만한 내용이다. 그것은 기존의 질서를 종식시키고 새로운 질서를 가져오는 내용이다. 자신이 절해야 하는데 할아버지와 형과 온 가족이 오히려 자신에게 절하는 내용이다. 이 꿈은 안 그래도 아버지의 편애로 인해 불편했던 형제들의 인간관계에 불을 질렀다. 요셉은 어릴 때부터 아버지 야곱의 특별한 사랑을 받았다.

"요셉은 노년에 얻은 아들이므로 이스라엘이 여러 아들들보다 그를 더 사랑하므로 그를 위하여 채색옷을 지었더니"(3절).

요셉은 아버지가 가장 사랑했던 아내 라헬이 낳았던 아들이다. 그래서 야곱에게는 특별했고, 그랬기에 채색옷을 입혔다. 여기서 채색옷은 단순히 색동저고리 정도의 차원이 아니라 높은 신분, 즉 귀족이나 왕족을 상징하는 옷이었다. 이 말은 곧 야곱이 요셉을 상당히 심하게 편애했음을 보여준다. 이렇게 채색옷을 입히는 것은 장차 그를 후계자로 삼으려는 마음을 노골적으로 형제들에게 비추는 행동이었다. 아무리 자녀들을 편애하지 않고 대하려 해도 서열에 따라 다르게 대하는 게 부모이다. 사실 은근히 크고 작은 편애가 있기에 이런 편애로 형제들의 성격이 형성된다. 첫째의 성격은 부모의 첫째에 대한 기대의 영향으로 책임감이 크다. 또 둘째는 첫째에 비해 자유롭기에 자유분방하고 첫째와 비교하면서 성격을 형성하기에 욕심이 많다. 이런 의식하지 못하는 부모의 편애도 형제의 성격 차이를 일으키고 갈등을 일으킨다면 요셉을 향한 야곱의 노골적인 편애는 그야말로 형제들의 눈에 증오의 불을 붙였다. 게다가 요셉에게는 나쁜 버릇이 하나 있었다. 바로 고자질이었다.

"야곱의 족보는 이러하니라. 요셉이 십칠 세의 소년으로서 그의 형들과 함께 양을 칠 때에 그의 아버지의 아내들 빌하와 실바의 아들들과 더불어 함께 있었더니 그가 그들의 잘못을 아버지에게 말하더라"(2절).

빌하와 실바가 다 있는데 어머니 없는 요셉이 형들을 아버지에게 죄다 고자질한다. 아버지의 편애와 요셉의 고자질만으로도 지금 야곱의 가정은 화약고와 같았다. 그런데 요셉이 자신이 꾼 꿈의 내용을 형들에게 말하자, 안 그래도 불편하고 괘씸했던 마음이 미움과 증오로 돌변한다. 형제들은 요셉을 "더욱 미워하였다"(8절). '미워한다'(히. 싸네)는 히브리 동사는 '증오한다'가 더 정확한 표현이다. 형제들에게 요셉은 얄미운 대상을 넘어 증오의 대상이 된 것이다. 7~8세의 어린애도 아니고 무려 17세나 되는 요셉이 온 가족 앞에서 아버지에게 형제들을 일러바친다. 그야말로 형제들로서는 몹시 화나는 일이다. 그런데 이런 상황에서 갑자기 꿈 이야기를 터뜨렸다. 형제들은 생각했을 것이다. '이제 이 녀석이 우리를 통제하려고 아예 노골적으로 나서는구나. 안 되겠다.' 형제들은 동생의 꿈을 짓밟으려 한다. 그를 붙잡아 노예로 팔아넘긴다. 이 꿈은 안 그래도 불안했던 요셉의 가족에 점점 더 큰 불행과 아픔의 요인을 제공한다. 형들은 이 꿈을 짓밟아 그 꿈을 무효화시키려 한다. 그런데 놀라운 점은 이 꿈이 사람들의 그 어떤 시도에도 통제되지 않고, 결국에는 하나님의 뜻을 이루어가더라는 것이다.

우리는 하나님의 뜻을 구하지만 잘 모르겠는 경우가 많다. 생생한 응답은 오지 않고 마음은 갈팡질팡한다. 하나님의 뜻이 헷갈리는 이유는 이 일이 내가 상상 속에 계획하고 그려왔던 내 인생의 그림이 아니기 때문이다. 우리는 내 계획과 생각을 벗어나면 상당히 당황하고 불편해한다. 더구나 하나님의 뜻을 구하는 내용이 종종 위험천만한 내용인 경우가 많다. 이런 상황 속에서 내 눈에 아무 증거가 보이지 않아도 나는 하나님의 섭리하심을 신뢰하며 믿음의 걸음을 뗄 수 있겠는가? 많은 경우 이 걸음을 떼기가 참으로 힘들다. 교회 봉사를 할 때도 그렇다. 직장에서, 사업장에서 어떤 결정을 내리거나 일을 추진할 때도 그렇다. 하나님의 뜻을 구할 때도 그렇다. 내 생각, 내 계산대로 되지 않으면 상당히 당황한다.

사실 우리에게 필요한 마음이 하나님의 섭리를 신뢰하는 태도이다. 지금 당장에는 계산이 다 서지 않고 잘 모르겠지만 이렇게 인도하시는 걸 보면 이것을 통해 하나님의 뜻이 서겠지 하는 믿음이 있어야 한다. 우리는 다급함을 내려놓고 좀 더 긴 호흡 속에서 하나님의 섭리를 신뢰할 수 있어야 한다. 하나님은 종종 선명하게 말씀하시기도 하지만 많은 경우 우리의 극히 자연스러운 일상을 통해, 우리로 상당히 거북스럽고 힘든 꿈과 사람의 도전을 통하여 그분의 뜻을 이루어가신다. 이렇게 볼 때 성도에게는 주님이 불현듯 찾아오셔서 주시는 꿈을 꿀 수 있는 용기와 믿음의 결단이 있어야 한다. 나는 하나님의 섭리를 얼마만큼 신뢰하는가? 이제는 은밀히 찾아오시는 섭리의 손길에도 마음을 활짝 열 수 있어야 한다.

72 Chapter 72. Genesis 37:12-36

꿈을 가진 자에게 찾아오는 위기

*[12]그의 형들이 세겜에 가서 아버지의 양 떼를 칠 때에 [13]이스라엘이 요
셉에게 이르되 네 형들이 세겜에서 양을 치지 아니하느냐. 너를 그들
에게로 보내리라. 요셉이 아버지에게 대답하되 내가 그리하겠나이
다. [14]이스라엘이 그에게 이르되 가서 네 형들과 양 떼가 다 잘 있는지
를 보고 돌아와 내게 말하라 하고 그를 헤브론 골짜기에서 보내니 그
가 세겜으로 가니라. [15]어떤 사람이 그를 만난즉 그가 들에서 방황하
는지라. 그 사람이 그에게 물어 이르되 네가 무엇을 찾느냐. [16]그가 이
르되 내가 내 형들을 찾으오니 청하건대 그들이 양치는 곳을 내게 가
르쳐 주소서. [17]그 사람이 이르되 그들이 여기서 떠났느니라. 내가 그
들의 말을 들으니 도단으로 가자 하더라 하니라. 요셉이 그의 형들의*

뒤를 따라 가서 도단에서 그들을 만나니라. 18요셉이 그들에게 가까
이 오기 전에 그들이 요셉을 멀리서 보고 죽이기를 꾀하여 19서로 이
르되 꿈 꾸는 자가 오는도다. 20자 그를 죽여 한 구덩이에 던지고 우리
가 말하기를 악한 짐승이 그를 잡아먹었다 하자. 그의 꿈이 어떻게
되는지를 우리가 볼 것이니라 하는지라. 21르우벤이 듣고 요셉을 그
들의 손에서 구원하려 하여 이르되 우리가 그의 생명은 해치지 말자.
22르우벤이 또 그들에게 이르되 피를 흘리지 말라. 그를 광야 그 구덩
이에 던지고 손을 그에게 대지 말라 하니 이는 그가 요셉을 그들의
손에서 구출하여 그의 아버지에게로 돌려보내려 함이었더라. 23요셉
이 형들에게 이르매 그의 형들이 요셉의 옷 곧 그가 입은 채색옷을
벗기고 24그를 잡아 구덩이에 던지니 그 구덩이는 빈 것이라 그 속에
물이 없었더라. 25그들이 앉아 음식을 먹다가 눈을 들어 본즉 한 무리
의 이스마엘 사람들이 길르앗에서 오는데 그 낙타들에 향품과 유향
과 몰약을 싣고 애굽으로 내려가는지라. 26유다가 자기 형제에게 이
르되 우리가 우리 동생을 죽이고 그의 피를 덮어둔들 무엇이 유익할
까. 27자 그를 이스마엘 사람들에게 팔고 그에게 우리 손을 대지 말자.
그는 우리의 동생이요 우리의 혈육이니라 하매 그의 형제들이 청종
하였더라. 28그때에 미디안 사람 상인들이 지나가고 있는지라. 형들
이 요셉을 구덩이에서 끌어올리고 은 이십에 그를 이스마엘 사람들
에게 팔매 그 상인들이 요셉을 데리고 애굽으로 갔더라. 29르우벤이
돌아와 구덩이에 이르러 본즉 거기 요셉이 없는지라. 옷을 찢고 30아
우들에게로 되돌아와서 이르되 아이가 없도다. 나는 어디로 갈까. 31
그들이 요셉의 옷을 가져다가 숫염소를 죽여 그 옷을 피에 적시고 32

그의 채색옷을 보내어 그의 아버지에게로 가지고 가서 이르기를 우
리가 이것을 발견하였으니 아버지 아들의 옷인가 보소서 하매 33아버
지가 그것을 알아보고 이르되 내 아들의 옷이라. 악한 짐승이 그를
잡아 먹었도다. 요셉이 분명히 찢겼도다 하고 34자기 옷을 찢고 굵은
베로 허리를 묶고 오래도록 그의 아들을 위하여 애통하니 35그의 모
든 자녀가 위로하되 그가 그 위로를 받지 아니하여 이르되 내가 슬퍼
하며 스올로 내려가 아들에게로 가리라 하고 그의 아버지가 그를 위
하여 울었더라. 36그 미디안 사람들은 그를 애굽에서 바로의 신하 친
위대장 보디발에게 팔았더라.

미국이 2006년 6월 이후 9년 6개월 만인 2015년 12월 첫 금리 인상을 결정했다. 미국은 충격적인 금융위기 앞에서 금리를 제로상태로 내리고 양적완화라는 비정상적인 방법으로 엄청난 액수의 돈을 풀어 경기를 부양해왔다. 10여 년 동안 돈을 쏟아붓다가 이제는 미국의 경제 체력이 건강해졌다고 판단하고, 드디어 정상적인 경기로 되돌리기 위한 첫걸음을 결정한 것이다. 문제는 금리 인상을 출발로 시작한 미국의 경제부흥 꿈이 주변 나라들에 상당한 긴장감과 위기감을 초래한다는 사실이다. 미국이 회복의 꿈을 꿀 때 동시에 주변 나라들에 점점 몰려오는 두려운 시나리오가 몇 가지 있다(김남희, “[Weekly BIZ] 세계 경제 퍼펙트 스톰 공포 속… 미국號 이륙하다”(〈조선일보〉, 2015. 12. 19.)).

먼저는 탠트럼(Tantrum) 현상이다. 원래는 테이퍼 탠트럼(Taper Tantrum)이라는 용어인데 이것을 줄여 탠트럼이라고 한다. 테이퍼 탠트럼이란 것은 원래 의학용어다. 운동선수가 컨디션을 조절하려고 운동량을 줄일 때 안절부절못한 채 발작하는 때도 있는데 이것을 테이퍼 탠트럼이라고 한다. 이것을 금융분야에서 차용해서 '긴축발작'이란 용어로 사용한다. 미국과 같은 선진국에서 금리를 올리면서 돈줄을 조이면 그 여파로 전 세계 금융시장이 요동치는 현상을 말한다. 금리 인상이 이번 한 번이 아니라 앞으로 지속해서 일어날 것이기 때문에 탠트럼 현상으로 인한 충격은 계속해서 커질 것이다.

둘째는 디커플링 현상이다. 이것은 함께 가던 커플이 떨어지는 것처럼 전 세계 경제가 같은 방향으로 가다가 이제 각자 살아남는 방식으로 독립적으로 움직이는 현상을 말한다. 미국이 금리를 올릴 때 주변 국가들이 경제적인 안정을 위해 계속해서 금리를 올리지 않고 버티며 돈을 풀어 자국의 경기를 위축되지 않도록 막아보겠다는 것이다. 그런데 이렇게 하다 보면 점점 더 감당할 수 없을 정도의 막대한 부채가 빠르게 증가하게 되고 이것이 세계 경제의 뇌관이 될 수 있다.

셋째는 컨버전스 현상이다. 컨버전스하면 한곳으로 모이는 것을 의미한다. 미국과 같은 나라는 성장률이 이제 올라가지만 주변 신흥국들은 경제 위기로 인해 성장률이 하락한다. 결국 서로 비슷한 지점으로 수렴되어 나라 간의 성장률 차이가 거의 없어지는 현상이다.

이런 현상들을 통해 알 수 있는 것이 무엇인가? 미국이 회복하려는 소망과 꿈은 미국의 회복만으로 끝나는 게 아니라 주변국들을 상당히 불안하고 요동치게 만든다는 사실이다. 그동안 유지하던 질서를 전복하고 새로운 지각변동을 일으킨다. 이렇게 볼 때 한 국가의 멋진 꿈은 그 나라에 소망을 주지만 동시에 주변에 위기와 불안을 가져오는 위험한 것임을 알 수 있다.

보통 리더십에 관한 책을 보면 리더의 비전을 가장 중요하게 다룬다. 그러나 비전과 꿈을 강조하면서 동시에 늘 감추는 부분이 있다. 그것은 리더가 품은 꿈이 초래하는 위기에 관한 것이다. 리더의 꿈, 리더의 비전은 이 꿈을 이루기 위해 기존에 평안하고 안정된 질서를 전복하고 새로운 질서를 만들어가려 한다. 그래서 미래를 꿈꾸는 리더는 그 꿈으로 인해 흥분되고 설렐 수 있으나 의외로 많은 주변 사람들이 그 꿈으로 인해 불편해하고 불안해한다. 그래서 꿈을 가진 자리는 위험하고 불안한 자리다. 의외로 많은 사람이 리더의 꿈을 알게 되면 그 꿈을 격려하고 찬성해주는 게 아니라 오히려 그 꿈을 짓밟고 무효화시키려 한다. 리더는 이런 것에 대한 예민한 감각이 있어야 한다. 그러나 많은 리더가 꿈 자체가 주는 설렘과 기대로 인해 이런 위험들을 종종 간과해 버린다.

본문에 나오는 요셉이 바로 그런 경우다. 요셉이 두 번 연달아 꾼 꿈은 요셉을 설레게 하기에 충분했다. 형들의 곡식 단들이 요셉의 단을 둘러서서 절을 하고 열한 별과 해와 달이 요셉에게 절하는 꿈을 꾼다. 어느 날 불시에 찾아온 꿈으로 인하여 요셉은 놀라고 흥분하여 한껏 기대에 부풀어 올랐다. 그래서 깊이 생각해보지 않고 곧바로 형들에게 말해버렸다. 아버지는 요셉을 끔찍이 사랑하고 아껴서 일찌감치 집안의 리더로 채색옷을 입혀주며 요셉을 치켜세웠다. 이는 요셉에게 더더욱 자신의 꿈에 취해 있게 만들었을 것이다. 그러나 요셉은 자신이 품고 있는 꿈이 얼마나 위험한지 미처 깨닫지 못했다. 요셉이 하늘의 꿈에 취해 있을 때 형들은 요셉을 미워하고 시기하며 더 나아가 그의 꿈을 처참하게 짓밟아 무효화시키려 한다.

본문은 세겜으로 가서 양 떼를 치는 형들에게 아버지 야곱이 요셉을 심부름 보내는 장면으로 시작한다.

"그의 형들이 세겜에 가서 아버지의 양 떼를 칠 때에"(12절).

형들이 아버지의 양 떼를 치기 위해 세겜으로 갔다. 잠깐, 세겜이 어떤 지역인가? 전에 야곱의 딸 디나가 강간을 당하여 시므온과 레위가 앞장서서 잔인하게 살해한 지역이다. 어떻게 이 형들이 이곳까지 갔을까? 이곳은 헤브론에서부터 무려 80km나 떨어져 있는 곳이다. 예전에 이곳에 한동안 살았던 형제들은 이곳의 지리를 잘 알고 있었고 상대적으로 빨리 건조해지는 중앙산지 지역보다는 풍부한 초목이 있는 세겜을 더 선호했던 것 같다. 게다가 세겜 주변의 사람들은 예전에 이들이 진멸한 사건으로 인해 이 형제들을 두려워하고 근처에 잘 출입하지 않았던 것 같다. 그러나 본문의 흐름을 보면 이 세겜은 이들의 최종목적지가 아니라 중간기점인 것을 알 수 있다. 형제들의 최종목적지는 도단이었다.

도단은 세겜에서 21km 북서쪽에 위치한 성읍이다. 골짜기가 많은 험준한 지역이었지만 주변에 좋은 풀과 물이 풍부했다. 도단은 가나안의 곡창지대였던 이스르엘 평야를 거쳐 지중해를 끼고 서쪽 해안 평야를 거쳐 이집트까지 이어지는 무역로가 지나가는 무역도시이기도 했다. 보통 무역로가 지나가는 풍족한 도시는 화려한 유흥거리가 많기 마련이다. 이렇게 볼 때 형제들은 위험을 감수하고도 풍성한 초장이 있는 세겜으로 갔다가 유흥거리가 있는 도단으로 갔다. 형제들은 초장보다는 풍성한 유흥거리를 선택한 것이다. 죄의 매력을 선택했다. 그렇게 좋은 선택 같아 보이지 않았다. 야곱 형제들의 마음이 상당히 거친 상태였다. 하나님을 경외하는 마음보다 눈에 보이는 조건들을 좇아가려는 욕심이 더 앞섰다. 이런 상태였기에 아버지 야곱은 요셉의 꿈 이야기를 마음에 담아두었지만 형들은 요셉의 꿈을 싫어하고 거부했다(11절 참조).

한편 아버지 야곱은 위험한 지역에 가 있는 아들들이 걱정되었다. 요셉을 불러 형들이 위험한 세겜 지역에서 양을 치고 있으니 형들과 양 떼들이 잘 있는지 안부를 묻고 알려달라고 부탁한다. 야곱은 아들들이 놓인 외적 환경에 예민하였고 자녀들을 걱정했지만 이들 내면에 깊이 감춘 시기와 미움, 죄의 유혹에 자신을 내던지려는 죄성을 미처 감지하진 못했다.

꿈을 가진 리더가 늘 염두에 두어야 할 것이 있다. 내가 하나님의 꿈을 가졌을 때 사람들은 이 꿈을 불편해할 가능성이 높다는 사실이다. 그들은 미워하고 시기한다. 그것은 나 때문이 아니라 내가 품고 있는 하나님의 꿈 때문이다. 야곱이 형들을 수소문한 끝에 찾아내어 마침내 도담에 도착한다. 총 110㎞ 정도 떨어진 길을 며칠에 걸쳐 찾아갔다. 오늘날로 하면 대전에서 구미까지의 거리다. 이런 걸 보면 요셉은 아버지의 심부름에 대해 잔꾀를 부리지 않고 어떻게든 그 심부름을 이행하려고 애썼음을 알 수 있다. 형제들을 향하여 두려움이나 무서움을 갖지 않았고 순수한 마음으로 형들을 대했다.

그런데 형들은 달랐다. 저 멀리서 요셉이 오는 것을 보자 갑자기 눈이 확 뒤집혔다. 안 그래도 양 떼를 끌고 간 길들이 죄와 쾌락의 유혹을 좇은 길인데 거기서도 생각하기 싫은 채색옷을 입은 사람이 멀리서 보인다. 채색옷은 귀족, 왕자를 상징하는 것으로 형제들은 요셉의 채색옷을 보면서 요셉의 꿈 이야기를 떠올렸던 것 같다.

> "요셉이 그들에게 가까이 오기 전에 그들이 요셉을 멀리서 보고…"(18절).

어떻게 멀리서 보고 요셉을 알아보았을까? 바로 채색옷 때문이었다. 채색옷 하면 꿈이 생각났고 요셉의 꿈은 형제들에게 불안함과 미움을 유발시켰다. 그래서 이들은 멀리서 요셉이 오는 것을 보고 서로 논의하기 시작했다. 그것은 '어떻게 이 동생을 죽일까' 하는 것이다. 이미 세겜 사람들을 잔인하게 살육했던 경험이 있던 형들이다. 비록 어린 동생이지만 채색옷을 입은 동생을 보며 미움과 살기를 느끼면 충분히 혈육을 죽일 수도 있다. 이들이 채색옷을 입고 오는 요셉을 보자 외치는 말이 무엇인가?

> "서로 이르되 꿈 꾸는 자가 오는도다"(19절).

'꿈꾸는 자' 는 영어성경에 보면 'dreamer' 다. 꿈쟁이가 온다는 뜻이다. 히브리어로는 '바알 하할로모트' 로 '꿈들의 제왕' 이라는 의미다. 제왕은 히브리어 '바알' 로, 직역하면 '꿈들의 바알' 이 온다는 뜻이다. 요셉은 반지의 제왕이 아니라 꿈들의 제왕이었다. 형들이 요셉을 꿈들의 제왕이라고 비아냥거리는 말은 이미 형들끼리 이 요셉에 대해 많은 이야기를 나누며 그를 조롱하는 별명까지 붙였음을 보여준다. 이 형들은 채색옷을 입은 꿈들의 제왕을 보자 어떻게 하는가?

"자 그를 죽여 한 구덩이에 던지고 우리가 말하기를 악한 짐승이 그를 잡아먹었다 하자. 그의 꿈이 어떻게 되는지를 우리가 볼 것이니라 하는지라"(20절).

형제들은 요셉을 죽여서 구덩이에 던질 것을 제안한다. 여기서 '구덩이'(히. 보르)는 우물이나 저수지라는 뜻도 있다. '보르'는 당시 우기 때 빗물을 모았다가 건기에 짐승과 사람이 마실 수 있게 하는 물 저장탱크로 사용하곤 했기 때문이다. 이런 용도의 보르는 보통 석회석을 파내 구덩이를 만들고 여기에 물이 새지 않도록 안쪽에 석회나 진흙을 발랐다. 작은 것은 깊이가 2m에서 깊은 것은 8m에 이르기까지 했다. 건기 막바지에 가면 물이 바닥이 나서 텅 빈 함정이나 감옥 같은 시설이 된다. 요셉의 형들은 요셉을 죽여 이런 보르에 집어넣어 쥐도 새도 모르게 없애버리자는 것이다. 그러면서 요셉이 꾼 그 황당하고도 괘씸한 꿈이 어떻게 될지 보자는 것이다. 이렇게 볼 때 형들은 요셉 개인에게도 그렇지만 무엇보다 요셉의 꿈 자체에 강력한 반발심과 적개심이 있음을 알 수 있다. 이때 맏형 르우벤이 말린다.

"피를 흘리지 말라. 그를 광야 그 구덩이에 던지고 손을 그에게 대지 말라"(22절).

덕분에 요셉은 피 흘리지 않고 구덩이에 던져지기만 했다. 그런데 형제들이 요셉을 구덩이에 던지기 전에 했던 중요한 행동이 있었다.

"요셉이 형들에게 이르매 그의 형들이 요셉의 옷 곧 그가 입은 채색옷을 벗기고"(23절).

형제들은 어떻게든 이 채색옷을 벗겨버려야 속이 시원했다. 채색옷이 왕자와 통치자의 상징이라고 하지 않았는가? 이 채색옷을 벗기는 것은 요셉이 더 이상 우리를 다스릴 사람이 아니라는 것을 상징하는 행위였다. 또한 요셉의 꿈을 부정하는 행위였다.

천만 다행히 구덩이(보르) 속에는 물이 없었다(24절). 이렇게 보면 참 신비로운 우연, 즉 하나님의 섭리가 연속적으로 등장한다. 보르에 요셉을 집어넣었는데 다행히 물이 말라 없었다. 물이 차 있는 상태에서 넣었으면 빠져 죽었을 것이다. 한편 물이 없다는 것은 가물었다는 뜻이고 가문 날씨 속에 요셉을 며칠이고 놓아두면 오히려 물이 없어 팔레스타인의 땡볕에 거의 탈진해서 생명을 잃을 수도 있었다. 그런데 바로 이때 형들 주변으로 우연히 미디안의 상인들이 지나갔다. 이것만이 아니다. 원래 요셉이 아버지 심부름으로 세겜까지 갔을 때 형들이 없다는 사실을 알고 그냥 돌아올 수도 있었다. 그런데 하필이면 우연히 어떤 낯선 사람이 요셉을 보고 "무엇을 찾느냐"고 먼저 물어보았고, 요셉이 형들에 관해 물어보니 그중에 마침 형들이 "도단으로

가자"고 하는 말을 우연히 엿들었던 사람이 있었다(37:15-17). 그리고 요셉에게 이 말을 전해주었다.

한편 형들이 이 요셉을 구덩이에 집어넣고 차마 죽이지는 못하고 어떻게 할까 고민하고 있을 때, 마침 도단으로 지나가는 무역상인들을 만난다. 정말 기가 막힌 타이밍의 연속이다. 자, 우리는 여기서 요셉의 꿈을 짓밟으려는 형들의 손길 배후에, 한편으로 이들의 악함조차도 선으로 바꾸고 모든 것을 합력하여 선을 이루시는 더 크고 오묘하게 역사하시는 하나님의 손길을 볼 수 있다(롬 8:28 참조).

> "그들이 앉아 음식을 먹다가 눈을 들어 본즉 한 무리의 이스마엘 사람들이 길르앗에서 오는데 그 낙타들에 향품과 유향과 몰약을 싣고 애굽으로 내려가는지라"(25절).

상인들이 어디로 가는가? 애굽으로 간다. 여기에는 장차 펼쳐질 하나님의 또 다른 우연한 섭리가 숨겨져 있다. 여기 등장하는 이스마엘 사람들과 뒤에 나오는 미디안 상인들(28절)은 같은 사람들을 지칭하는데 미디안 광야에 살던 사람 중에 이스마엘 족속들을 말한다.

이들의 등장으로 형제들의 요셉 살해계획은 취소되고 은 이십에 미디안 상인들에게 동생을 팔아넘긴다. 형제들의 악함은 집에 가서도 계속된다. 요셉의 채색옷을 가져다가 찢고 거기에 염소 피를 묻혀서 아버지를 속인다. "아버지 아들의 옷인가 보소서"(32절). 이것을 보고 야곱은 커다란 충격을 받는다.

"아버지가 그것을 알아보고 이르되 내 아들의 옷이라. 악한 짐승이 그를 잡아 먹었도다. 요셉이 분명히 찢겼도다 하고 자기 옷을 찢고 굵은 베로 허리를 묶고 오래도록 그의 아들을 위하여 애통하니"(33-34절).

야곱이 받은 충격은 너무나도 컸다. 아들들은 아버지가 좀 슬퍼하다가 말 것으로 생각했었던 모양이다. 그런데 아버지의 슬픔은 이들의 예상보다 훨씬 더 깊고 오래갔다.

"그의 모든 자녀가 위로하되 그가 그 위로를 받지 아니하여 이르되 내가 슬퍼하며 스올로 내려가 아들에게로 가리라 하고 그의 아버지가 그를 위하여 울었더라"(35절).

누구의 위로도 소용이 없었다. 야곱은 아들을 보고 싶어 빨리 죽고 싶을 정도였다. 아이러니한 것은 지금 야곱은 예전에 자신이 아버지를 속여 장자권을 빼앗았던 것처럼 자신도 그대로 자식에게 속고 있다는 사실이다. 야곱은 요셉을 죽인 게 악한 짐승이라고 생각했다. 그런데 사실은 악한 짐승이 아니라 악한 아들들이 아버지를 속인 것이었다. 그것도 아주 오랫동안 속였다. 옛날 야곱은 아버지를 염소로 속였다. 어머니가 염소 새끼를 잡아서 해준 요리를 사냥해서 만든 별미라고 속였고(27:9) 염소 가죽을 몸에 두르고 에서의 털이라고 속였다(27:16). 그랬던 야곱이 이제는 아들들에게 속는다. 염소의 피를 요셉의 피로 속아 큰 슬픔과 낙담 가운데 오래도록 잠기게 된다.

한편 이런 형제들의 악함 가운데서 요셉의 꿈은 완전히 짓밟혀 사라진 것 같지만 은밀하게 섭리하시는 하나님의 손길로 새로운 역사의 현장에 놓이게 된다. 애굽 제국의 통치자 바로의 친위대장인 보디발의 집에 노예로 팔려간 것이다.

이상의 본문을 통해 우리는 하나님의 꿈을 품은 리더에게 위기가 찾아올 때 어떻게 이 위기를 이해하고 헤쳐나갈 수 있을지에 대한 소중한 통찰을 얻을 수 있다.

먼저, 영적 리더에게 찾아오는 많은 위기의 근본은 꿈의 위기라는 사실이다. 주변 환경이 힘들고 어려워질 때 그것은 많은 경우 환경의 문제가 아니라 꿈의 문제이다. 내가 그 꿈을 붙들고 있기에 어렵다. 내가 그 꿈을 붙들고 있는 한 사람들은 그 꿈을 짓밟으려고 나를 힘들고 어렵게 하면서 꿈을 포기하라고 위협한다. 그 꿈만 접으면 다 괜찮을 것이라고 한다. 그러나 꿈을 접어서는 안 된다. 접을 수도 없다. 그 꿈을 주도하고 이끄는 것은 내 힘이 아니라 오직 하나님의 인도하심과 섭리이기 때문이다. 그러니 위기가 찾아올 때 더욱 꿈을 굳게 붙들고, 하나님의 인도하심을 구하며, 그 꿈을 이루실 하나님의 역사를 믿음으로 바라보아야 한다.

둘째, 꿈을 붙든 리더에게는 인간의 죄성에 대한 깊은 이해가 있어야 한다. 많은 경우 꿈과 관련하여 일어나는 고난과 어려움은 주변 사람들의 죄성 때문이다. 시기, 미움, 열등감, 자기중심적인 생각, 이런 것들이 사람들을 충동질하고 거룩한 꿈을 미워하고 시기하게 한다. 그러고는 있지도 않은 일들을 그럴듯한 상상으로 꾸며내며 거짓말한다. 사람은 미워하면 안 되지만 그가 가진 죄성은 직시할 수 있는 예민한 영적 감수성이 리더에게 있어야 한다.

셋째, 그런데도 우리에게 주신 꿈을 성취하기 위하여 우리를 이끌어가시는 하나님의 비밀스럽고도 은밀한 섭리의 손길을 신뢰해야 한다. 참 어렵고 힘든데, 죽을 것 같고 여기서 끝날 것 같은데 여기서 나를 붙들고 인도하시는 은밀한 섭리의 손길이 반드시 있다. 주변 사람들이 악하여 죄성을 품으며 달려들어도, 때로는 그 죄의 손길을 통해서조차 하나님의 뜻은 반드시 이루어진다. 내가 알지도 못할 때 우연한 사건들을 통하여 하나하나 준비시키고 붙들고 인도하시며 만나게 하시고 하나님의 때에 연결되게 하신다.

넷째, 리더가 바닥을 칠 때 그 바닥이 인생의 진짜 바닥이 아님을 기억해야 한다. 요셉이 구덩이에 빠지고 애굽 바로의 친위대장 보디발의 집에 노예로 갔을 때는 인간적인 눈으로 볼 때 가장 바닥에 떨어진 상태이다. 그런데 나중에 그 순간을 돌아보면 그것은 바닥이 아니라 하나님의 새로운 출발점임을 깨닫게 된다. 절대 진짜 바닥이 아니다. 신비로운 출발점에 서 있는 것이다.

우리는 하나님의 귀한 꿈을 품고 쓰임 받는 성도가 되어야 한다. 비전의 성도, 꿈꾸는 성도가 되어야 한다. 그러나 이 꿈과 함께 찾아오는 고난과 어려움도 이제는 직시하고 수용할 수 있어야 한다. 그렇지 않으면 우리는 하나님께서 주시는 꿈 앞에 늘 도망만 다니게 된다. 그러니 아름다운 하나님의 꿈을 이루기까지 하나님의 선한 손길이 우리를 결코 놓지 않고 끝까지 붙들어주실 것을 믿으며 나아가야 한다.

73 Chapter 73. Genesis 38:1-30

다말, 새로운 의를 붙들다

*1그 후에 유다가 자기 형제들로부터 떠나 내려가서 아둘람 사람 히라
와 가까이 하니라. 2유다가 거기서 가나안 사람 수아라 하는 자의 딸
을 보고 그를 데리고 동침하니 3그가 임신하여 아들을 낳으매 유다가
그의 이름을 엘이라 하니라. 4그가 다시 임신하여 아들을 낳고 그의
이름을 오난이라 하고 5그가 또다시 아들을 낳고 그의 이름을 셀라라
하니라. 그가 셀라를 낳을 때에 유다는 거십에 있었더라. 6유다가 장
자 엘을 위하여 아내를 데려오니 그의 이름은 다말이더라. 7유다의
장자 엘이 여호와가 보시기에 악하므로 여호와께서 그를 죽이신지
라. 8유다가 오난에게 이르되 네 형수에게로 들어가서 남편의 아우
된 본분을 행하여 네 형을 위하여 씨가 있게 하라. 9오난이 그 씨가 자*

기 것이 되지 않을 줄 알므로 형수에게 들어갔을 때에 그의 형에게
씨를 주지 아니하려고 땅에 설정하매 10그 일이 여호와가 보시기에
악하므로 여호와께서 그도 죽이시니 11유다가 그의 며느리 다말에게
이르되 수절하고 네 아버지 집에 있어 내 아들 셀라가 장성하기를 기
다리라 하니 셀라도 그 형들 같이 죽을까 염려함이라. 다말이 가서
그의 아버지 집에 있으니라. 12얼마 후에 유다의 아내 수아의 딸이 죽
은지라. 유다가 위로를 받은 후에 그의 친구 아둘람 사람 히라와 함
께 딤나로 올라가서 자기의 양털 깎는 자에게 이르렀더니 13어떤 사
람이 다말에게 말하되 네 시아버지가 자기의 양털을 깎으려고 딤나
에 올라왔다 한지라. 14그가 그 과부의 의복을 벗고 너울로 얼굴을 가
리고 몸을 휩싸고 딤나 길 곁 에나임 문에 앉으니 이는 셀라가 장성
함을 보았어도 자기를 그의 아내로 주지 않음으로 말미암음이라. 15
그가 얼굴을 가리었으므로 유다가 그를 보고 창녀로 여겨 16길 곁으
로 그에게 나아가 이르되 청하건대 나로 네게 들어가게 하라 하니 그
의 며느리인 줄을 알지 못하였음이라. 그가 이르되 당신이 무엇을 주
고 내게 들어오려느냐. 17유다가 이르되 내가 내 떼에서 염소 새끼를
주리라. 그가 이르되 당신이 그것을 줄 때까지 담보물을 주겠느냐. 18
유다가 이르되 무슨 담보물을 네게 주랴. 그가 이르되 당신의 도장과
그 끈과 당신의 손에 있는 지팡이로 하라. 유다가 그것들을 그에게
주고 그에게로 들어갔더니 그가 유다로 말미암아 임신하였더라. 19그
가 일어나 떠나가서 그 너울을 벗고 과부의 의복을 도로 입으니라. 20
유다가 그 친구 아둘람 사람의 손에 부탁하여 염소 새끼를 보내고 그
여인의 손에서 담보물을 찾으려 하였으나 그가 그 여인을 찾지 못한

지라. [21]그가 그곳 사람에게 물어 이르되 길 곁 에나임에 있던 창녀가 어디 있느냐. 그들이 이르되 여기는 창녀가 없느니라. [22]그가 유다에게로 돌아와 이르되 내가 그를 찾지 못하였고 그곳 사람도 이르기를 거기에는 창녀가 없다 하더이다 하더라. [23]유다가 이르되 그로 그것을 가지게 두라. 우리가 부끄러움을 당할까 하노라. 내가 이 염소 새끼를 보냈으나 그대가 그를 찾지 못하였느니라. [24]석 달쯤 후에 어떤 사람이 유다에게 일러 말하되 네 며느리 다말이 행음하였고 그 행음함으로 말미암아 임신하였느니라. 유다가 이르되 그를 끌어내어 불사르라. [25]여인이 끌려나갈 때에 사람을 보내어 시아버지에게 이르되 이 물건 임자로 말미암아 임신하였나이다. 청하건대 보소서. 이 도장과 그 끈과 지팡이가 누구의 것이니이까 한지라. [26]유다가 그것들을 알아보고 이르되 그는 나보다 옳도다. 내가 그를 내 아들 셀라에게 주지 아니하였음이로다 하고 다시는 그를 가까이 하지 아니하였더라. [27]해산할 때에 보니 쌍태라. [28]해산할 때에 손이 나오는지라. 산파가 이르되 이는 먼저 나온 자라 하고 홍색 실을 가져다가 그 손에 매었더니 [29]그 손을 도로 들이며 그의 아우가 나오는지라. 산파가 이르되 네가 어찌하여 터뜨리고 나오느냐 하였으므로 그 이름을 베레스라 불렀고 [30]그의 형 곧 손에 홍색 실 있는 자가 뒤에 나오니 그의 이름을 세라라 불렀더라.

구한말 우리나라에는 호랑이들이 살고 있었다. 그중에서 다 큰 대호(大虎)는 수컷이 3.3m에 이른다. 우리나라에서는 역사적으로 대호가 마지막으로 발견된 것이 1929년 경주 대덕산에서였다. 이후 호랑이는 우리나라 산자락에서 자취를 감추었고, 마침내 우리나라 정부는 1996년 공식적으로 한국호랑이의 멸종을 선언했다. 이렇게 된 것에는 독일의 동물학자인 브라스의 영향이 컸다. 1904년 브라스는 한국호랑이를 관찰한 결과, 한국호랑이가 동북아시아에 주로 서식하는 아무르호랑이와는 조금 다른 줄무늬를 갖고 있다고 해서 아무르호랑이와 다른 종으로 분류해 놓았었다. 그래서 한국호랑이의 존재가 사라진 것으로 결론 내렸다.

멸종된 한국호랑이들은 일본 도쿄 국립과학박물관과 미국 스미스소니언 자연사박물관에 보관되어 있다. 약 100여 년 전에 전라도에서 잡은 호랑이들이 해외로 반출되어 이 두 박물관에 보존된 것이다. 그런데 서울대학교 수의과 팀은 지난 2010년 이들 한국 호랑이의 뼛조각에 있는 DNA를 채취해서 분석연구를 시행한 결과, 새로운 사실을 발견했다(이항, "한국 호랑이는 아직 살아 있다"(〈조선일보〉, 2015. 12. 25.)). 한국호랑이의 DNA 염기 서열이 아무르호랑이와 같다는 사실을 발견했다. 아무르호랑이는 현재 중국 연해주를 중심으로 러시아, 중국, 북한 접경에 분포하여 약 300여 마리가 살고 있다.

그렇다면 한국호랑이가 아직 멸종되지 않고 살아 있는 것이다. 만약 자연환경만 잘 받쳐준다면 대호는 다시 한반도로 넘어올 수도 있다. 왜냐하면 호랑이는 행동반경이 크기 때문이다. 새끼 호랑이가 크면 부모를 떠나 독자적인 영역개척을 하는데 영역확보를 위해 보통 부모를 400㎞ 이상 떠나서 이동한다. 이렇게 이동하다 보면 다시 한반도까지 올 수도 있다. 우리나라에서 멀리 떨어진 러시아와 연해

주에 있는 호랑이와 한국호랑이가 다른 종인 줄 알았더니, 결국 동일한 DNA를 공유한 같은 호랑이였던 것이다(야마모토 다다사부로 저, 이은옥 역, 「정호기(征虎記)」(서울: 에이도스, 2014) 참조).

본문의 내용은 어떻게 보면 37장부터 시작한 요셉 이야기와 이질적인 다소 생뚱맞은 이야기처럼 느껴진다. 그 주제도 민망한 유다와 그의 며느리 사이에 일어난 간음사건이다. 하지만 본문 메시지를 그 당시의 배경을 살피며 좀 더 깊이 묵상하다 보면 서로 다른 종으로 여겼던 아무르호랑이와 한국호랑이의 DNA가 일치하는 것을 발견한 것처럼 이것이 요셉 이야기 전체와 연결되고, 더 나아가 우리의 삶을 파고들어 새로운 울림을 주는 놀라운 경험을 하게 된다.

본문은 다음과 같이 시작한다.

"그 후에 유다가 자기 형제들로부터 떠나 내려가서 아둘람 사람 히라와 가까이 하니라"(1절).

여기서 '그 후에'는 앞서 37장에서 일어났던 형제들이 야곱을 미디안 상인에 팔고 아버지를 속였던 사건을 말한다. 이 사건 후에 유다가 형제들로부터 떠나갔다. 왜 그랬을까? 그것은 아마도 아버지를 맞대고 보는 게 유다의 마음에 상당히 불편하고 가책이 있었기 때문일 것이다. 요셉을 보르, 즉 구덩이에 가두었을 때 동생을 이스마엘 상인에게 팔자고 제안했던 사람이 바로 유다였다(37:27). 이런 유다가 집에 와서 날마다 아버지가 통곡하는 소리를 듣고, 또 아버지의 괴로워하는 모습을 보니 무척이나 마음이 힘들었다. 그렇다고 자신이 했던 일을 실토할 수도 없는 일이었다.

결국 유다는 회개하지 않고 아버지와 함께 살던 집을 떠난다. 그가 선택한 곳이 어디인가? 가나안 족속이 사는 가나안 성읍이었다. 그가 이곳으로 간 것은 그의 친구, 가나안의 아둘람 성읍에 사는 히라 때문이었다. 이때 유다는 이미 가나안 족속과 교류를 나누고 있었다. 유다가 그곳으로 갔다는 것은 그가 그곳에 머물며 살았음을 의미하는데 이는 그가 이방인과의 교류에 상당히 개방적이었다는 사실을 보여준다. 이방 성읍에서 이방인과 함께 지내던 유다는 한 걸음 더 나아간다.

"유다가 거기서 가나안 사람 수아라 하는 자의 딸을 보고 그를 데리고 동침하니"(2절).

유다가 '수아'라고 불리는 가나안 사람의 딸에게 시선이 꽂혔다. 유다는 그 여인을 아내로 취하여 동침해버렸다. 그러나 유다가 행한 행위는 결단코 야곱이 기뻐할 행위가 아니었다. 야곱의 가문은 대대로 가나안 여인과 결혼하지 않고 밧단아람에 있는 아브라함의 친족 가문, 즉 믿음의 가문과 결혼해왔다. 유다 역시 마찬가지로 그렇게 해야 했다. 그러나 죄책감 때문에 아버지를 피해 온 유다에게는 믿음의 중심이 흐려졌고 믿음으로 살기보다는 자기 욕심과 육신의 정욕, 안목의 정욕으로 살기에 바빴다.

결국 유다는 가나안 여인에게서 세 아들을 낳았다. 첫째가 엘, 둘째가 오난, 셋째 막내가 셀라였다. 첫째가 어느 정도 성인이 되어 결혼할 때가 되었다. 당시 성인식은 13세 정도에 거행했다. 이때 유다는 아들을 위해 아내를 구해온다. 그 며느리의 이름이 야자나무라는 뜻을 가진 '다말'이었다. 다말은 아둘람 지역에 사는 가나안 여인이었을 가능성이 높다. 이렇게 두 사람이 결혼해서 사는데 남편 엘은 가문의 신앙을 이어가기는커녕 하나님 앞에 악하게 살았다.

> "유다의 장자 엘이 여호와가 보시기에 악하므로 여호와께서 그를 죽이신지라"(7절).

이것을 보면 유다가 엘에게 신앙의 유산을 제대로 전수하지 못했음을 알 수 있다. 아버지가 가나안 여인과 결혼해서 이방 풍습대로 살다 보니 아들도 악한 풍습을 따라 악하게 살았다. 하나님께서 이런 엘을 치시자 며느리 다말은 졸지에 과부가 되었다.

당시 근동은 형이 갑작스럽게 죽어 자녀를 갖지 못하면 동생이 형수와 동침하여 자녀를 잇게 하는 관습이 있었다. 이것을 '대계결혼'이라고 한다. 우리에게는 생소하지만, 이것은 대를 이을 방법이 없던 당시에 망자를 위한, 또 공동체를 위해 흔하게 시행되던 풍습이었다. 모세오경도 이 법을 인정하고 있다(신 25:5-10 참조). 유다는 둘째 아들 오난에게 대계결혼을 명한다. 이것은 아우 된 본분이었다(8절).

그러나 오난은 아버지의 말씀을 순종하는 척하면서 그 명령을 교묘하게 피해갔다. 동침하다가 자꾸만 땅에 설정한 것이다. 일종의 체외사정 피임을 시도했다. 이 사건을 기원으로 오나니즘(onanism)이란 말이 생겼다. 자꾸 이런 식으로 하니 아무리 동침을 해도 아이가 생기지 않았다. 오난이 이렇게 고의로 설정한 이유가 무엇일까? 재산 때문이다. 오난은 이렇게 해서 낳은 자녀는 자기 자녀가 되지 않을 줄 알았기에 고의로 이런 일을 자행했다(9절). 다말이 임신하지 못해서 자녀가 없으면 둘째인 오난이 장자의 몫을 차지할 수 있다. 남은 두 형제 중 장자는 두 배의 몫이니까 아버지 유산의 2/3를 차지하게 된다. 얼마나 좋은 기회인가? 만약 다말을 통해 아들이 태어나면 그 아들이 장자의 몫을 차지한다. 그렇게 되면 자기 몫은 1/4밖에 남지 않는다. 결국 자기 이익을 위해 가문과 믿음의 공동체에 돌아갈 혜택을 가로막아선 것이다.

"그 일이 여호와가 보시기에 악하므로 여호와께서 그도 죽이시니"(10절).

엘에 이어 오난도 하나님 앞에서 죽었다. 세 아들 중에 둘을 잃은 유다는 긴장되었다. 이러다 이 며느리 때문에 남은 아들도 죽는 게 아닌가 불안했다. 그래서 며느리에게 말한다.

"수절하고 네 아버지 집에 있어 내 아들 셀라가 장성하기를 기다리라"(11절).

유다는 다말에게 과부로서 정조를 지키면서 막내아들 셀라가 다 커서 자녀를 이어주기까지 기다리라고 한다. 다말은 시아버지의 말만 믿고 하염없이 기다리고 있었다. 그런데 그 와중에 유다의 아내이자 다말의 시어머니가 죽는다. 벌써 유다 집안에 가족 세 명이 죽어나갔다. 자, 이 정도면 유다는 회개하고 아버지 야곱에게로 돌아가야 했다. 유다는 많이 상심했다. 유다가 "위로를 받았다"는 것은 애도의 기간을 지냈다는 뜻이다(12절).

이후 유다는 성적 방종과 유혹 가운데 빠진다. 며느리에게는 수절하라고 해놓고 자신은 방종 속으로 관대하게 내던진다. 유다는 위로를 받았을지 모르지만 다말은 여전히 위로가 필요했다. 그녀는 아직 과부임을 나타내는 옷을 입고 지냈고 시아버지로부터 위로의 소식을 기다리고 있었다. 하지만 막내아들 셀라가 이미 결혼할 나이가 될 정도로 장성했음에도(14절) 유다는 자기의 위로만을 생각했지 며느리의 아픔과 슬픔은 고민하지 않았다.

다말은 기다리라고 한 시아버지의 말이 거짓이었음을 직감한다. 이대로 있어선 안 되겠다 싶었다. 어떻게든 믿음의 가문을 이어가야 했다. 그래서 다말은 마침내 행동을 개시한다. 시아버지가 양털을 깎으러 인근 도시 딤나로 갔다는 소식을 전해 듣고 변장을 시도한다. 과부의 옷을 벗어버리고 너울로 얼굴을 가리고 유혹하는 옷차림을 하고 시아버지가 지나가는 길가 '에나임 문'에 앉아 있었다(14절). 에나임은 여러 눈(eyes)이라는 뜻이다. 이것은 세상을 바라보는 신의 눈을 의미하는 것으로 이방 신전 입구에 있는 문을 의미한다. 변장한 며느리 다말을 보자 유다는 어떻게 반응하는가?

"그가 얼굴을 가리었으므로 유다가 그를 보고 창녀로 여겨"(15절).

여기서 창녀는 단순히 쾌락을 파는 창녀가 아니다. '창녀' (히. 크데샤)는 가나안 이방 성소의 창녀를 의미한다(난하주 1번 참조). 이렇게 볼 때 유다는 다말을 가나안의 신전 창녀, 즉 여사제로 보고 그와 동침을 하려 했다. 성전 여사제와 동침하는 것은 가나안 풍습에서는 일종의 종교행위였다. 풍요의 여신인 이쉬타르와 같은 이방신을 섬기던 성전 사제들은 얼굴에 너울을 쓰고 찾아오는 남자들과 동침했는데 이렇게 하면 농사와 목축의 수확이 많아진다고 믿었다. 그래서 씨앗을 파종할 때, 또 양의 털을 깎을 때 아주 성행했던 문란한 종교의식이었다. 이것은 유다가 가나안의 제의에 이미 상당 부분 익숙해진 상태였음을 잘 보여준다. 두 자녀를 잃고, 또 아내마저 잃은 그에게 다산과 생육의 복은 무척 필요했다.

자, 그가 들어가려고 할 때 다말이 제안한다. "당신이 무엇을 주고 내게 들어오려느냐"(16절). 그러자 유다가 염소 새끼를 주겠다고 한다. 그러자 다말은 염소 새끼를 지금 가져온 것 같지는 않고, 그럼 당신 약속을 이행하겠다는 확실한 증표, 곧 담보물을 요구한다(17절). 그러자 유다는 자신이 갖고 있던 도장과 여기에 매달았던 끈과 지팡이를 준다. 당시 도장은 중요했기 때문에 끈을 달아 목에 매달고 다녔었다. 지팡이는 그 사람의 권위를 상징했고 지팡이 머리에는 보통 주인의 이름을 새겼다. 그 사람의 신분을 확인하고 약속이 확실한 것을 보장하는 것들이다. 유다는 가나안 여사제로 알고 다말에게 들어갔고 다말은 이것을 계기로 임신을 하게 된다. 후에 유다는 약속했던 대로 친구 아둘람 사람을 통해 이 여인에게 염소 새끼를 보내고 자기가 맡겼던 도장과 지팡이를 찾으려고 했다. 그러나 그녀를 찾을 수 없었다(20절).

그런데 석 달쯤 지나자 소문이 들린다. 며느리 다말이 음행했고 임신하게 되었다는 것이다. 그러자 유다는 분노한다. 유다는 다말을 끌어내어 불사르라고 한다(24절). '불사르라' 는 말은 이방제사의 습성을 고스란히 반영한다. 그가 다말을 불사르라고 하는 것은 어찌 보면 의로운 분노였다. 자신이 했던 행동이 무엇이었는지 모르는 상태에서 유다는 아마도 당연히 분노했을 것이다. 어찌 가문을 이어가야 할 며느리가 행음을 하여 다른 씨를 잉태한단 말인가? 이것은 오늘날도 그러거니와 당시의 사회적인 관행으로 볼 때 쉽게 용납할 수 없는 잘못된 행위였다. 사회적인 관습과 당시에 통용되던 상식에 의존하여 유다는 다말의 불의와 죄악에 격노했다. 그러나 이런 결과의 원인을 제공한 게 바로 자신이라는 사실은 새까맣게 잊고 있었다.

사람들은 유다의 말대로 행하려고 며느리 다말을 끌고 나간다. 그때 다말은 사람을 보내어 시아버지에게 말을 전한다.

> "여인이 끌려나갈 때에 사람을 보내어 시아버지에게 이르되 이 물건 임자로 말미암아 임신하였나이다. 청하건대 보소서. 이 도장과 그 끈과 지팡이가 누구의 것이니이까 한지라"(25절).

유다가 딱 보니 순간 눈이 확 커진다. 할 말이 없다. 왜? 자기 것이니까. 결국 자기가 다말에게 가문을 이어갈 씨를 준 것이다. 유다가 이것을 보고 기가 막힌 고백을 한다.

“유다가 그것들을 알아보고 이르되 그는 나보다 옳도다. 내가 그를 내 아들 셀라에게 주지 아니하였음이로다 하고 다시는 그를 가까이하지 아니하였더라”(26절).

“그는 나보다 옳도다!” 본문의 클라이맥스에 터져 나온 고백이다. 여기서 ‘옳도다’(히. 차다크)는 ‘의롭다’(righteous)는 말과 같다. 내 며느리가 나보다 의롭다는 뜻이다. 그동안 유다는 자기가 의롭고 며느리는 불의한 죄인이라고 생각했다. 그러나 며느리가 보여준 증표로 유다의 범죄가 드러나자, 자신이 진짜 원인을 제공한 큰 죄인임이 드러났다. 결정적인 증거가 드러나기 전까지 유다는 이중적인 기준을 적용하려 했다. 그러나 진리가 밝히 드러나자 자신이 적용했던 이중적인 의의 기준은 속절없이 무너지고 자신은 오히려 더 불의한 죄인이었음이 드러났다. 결국 유다는 “내가 그를 내 아들 셀라에게 주지 아니하였기 때문”이라고 탄식하며 모든 사건의 원인제공이 자기에게 있음을 고백한다. 이는 다말이 죄인이 아니라 자신이 죄임임을 고백하는 것이다. 여기서 기존에 누구도 몰랐던 새로운 의가 등장한다.

이 이야기는 다윗과 밧세바의 이야기를 생각나게 한다. 다윗이 밧세바를 범하자 나단 선지자가 다윗 왕을 찾아와 이야기를 들려준다.

“폐하, 한 성읍에 두 사람이 살고 있었는데 한 사람은 부자고 다른 한 사람은 가난했습니다. 부자는 양과 소가 심히 많이 있었지만 가난한 사람은 작은 암양 새끼 한 마리뿐이었습니다. 그런데 어느 날 부자의 집에 손님이 왔습니다. 그러자 이 부자는 자기 양을 잡는 것이 아니라 힘없고 가난한 이웃집 사람이 갖고 있는 단 한 마리뿐인 양 새끼를 빼어다가 손님을 대접했습니다."

이 말을 듣자 다윗이 격노한다.

"도대체 그놈이 누구냐! 여호와의 살아계심을 두고 맹세하노니 이 일을 행한 사람은 반드시 죽을 것이니라. 그리고 그 양 새끼를 네 배나 갚아주어야 할 것이다."

그러자 나단이 대답한다.

"폐하, 그 사람이 바로 당신입니다! 하나님께서 왕에게 많은 것을 아낌없이 주었건만 어찌 당신의 부하 우리아의 단 하나뿐인 아내를 빼앗았단 말입니까?"(삼하 12:7-9).

이 말에 다윗은 충격을 받고 회개한다. 자기도 모르게 가식적인 의로움에 사로잡혀 살고 있었음을 직시한다. 그래서 다윗은 철저히 회개하며 기도한다.

"하나님이여 내 속에 정한 마음을 창조하시고 내 안에 정직한 영을 새롭게 하소서. 나를 주 앞에서 쫓아내지 마시며 주의 성령을 내게서 거두지 마소서"(시 51:10-11).

다윗의 불의, 그리고 유다의 불의가 갖는 공통점이 있다. 그것은 자신이 많이 가졌음에도 자신의 이익만을 보호하려고 했다는 점이다. 게다가 이들은 사회적 갑을관계로 따지면 최고의 갑이었다. 모든 법의 보호를 받을 수 있었지만 밧세바나 다말은 법적 보호를 받기 어려웠다. 유다는 자기 자존심을 지키기 위해 다말을 정죄하고 며느리가 수치심 속에서 사형을 당하도록 만들었지만, 결국 다말이 내민 증거 앞에 그 원인을 제공한 자신이 죄인이었음을 실토하고 만다. 더 나아가 다말은 갑의 이기적인 횡포 앞에 굴하지 않고 어떻게든 믿음의 공동체, 믿음의 명문가문을 이어가기 위해 사회적 비난과 수치를 무릅쓰고서라도 아낌없이 자신을 내던졌다.

유다가 붙들고 있던 옛 의, 옛 법도는 자기의 유익을 극대화하는 뒤틀린 의였다. 반면 다말을 통해 드러난 새로운 의는 자신을 믿음의 가문을 위해, 또 믿음의 공동체를 위해 아낌없이 믿음으로 내어주는 의였다. 이런 새로운 의는 장차 예수 그리스도를 통해 드러날 새로운 의를 예표한다.

마태복음 1장에 등장하는 족보에는 바로 이런 새로운 의를 붙들었던 여인들의 명단이 등장한다. "유다는 다말에게서 베레스와 세라를 낳고"(3절). "살몬은 라합에게서 보아스를 낳고"(5절). 여기 라합이 누구인가? 여리고 성의 기생이었다. 보아스는 룻에게서 오벳을 낳았다. 룻은 이방 암몬여인이었지만 믿음으로 자신을 내던지며 시어머니의 하나님을 자신의 하나님으로 삼았던 여인이었다. 또 다윗은 우리아의 아내에게서 솔로몬을 낳았다(마 1:6). 그리고 마리아는 자신의 유익과 신변상의 안전을 개의치 않고 오직 믿음으로 하나님의 말씀을 붙들고 예수 그리스도를 낳았다(마 1:16).

이 예수님은 하나님의 나라와 의를 위하여 자신을 아낌없이 내어주셨다. 자기를 위해 살지 않고 우리의 범죄함으로 인해 자기 생명을 아낌없이 내어주셨다(롬 4:25). 그리고 로마서는 이 그리스도께서 가져다주신 새로운 의를 다음과 같이 말씀한다. "하나님의 의를 모르고 자기 의를 세우려고 힘써 하나님의 의에 복종하지 아니하였느니라. 그리스도는 모든 믿는 자에게 의를 이루기 위하여 율법의 마침이 되시니라"(롬 10:3-4). 그리스도의 역사로 우리에게 새로운 의가 주어졌다. 이제 우리는 자신을 위하여 사는 자가 아니라 그의 나라, 그의 교회, 그의 몸 된 공동체와 그의 뜻을 위해 사는 존재로 부르심을 받았다. 나는 무엇을 위해 살아왔는가? 이중적인 기준으로 다른 이들을 비난하지만 나 자신은 괜찮다고 정당화하지는 않았는가?

요즘 지방자치단체마다 적극적으로 펼치는 사업이 있다. 바로 '마을공동체' 사업이다. 왜 마을공동체를 찾을까? 그것은 사람들이 아파트라는 공간 가운데 이웃과 격리되어 살고 자기 이익을 극대화하기 위해 정신없이 달려가다 보니 공동체를 잃어버렸기 때문이다. 예전에는 공동체를 통해 사람들이 서로 소통하며 각자 삶의 문제를 나누며 함께 해결하며 살아갔는데 이제는 그런 공간이 없다. 그러다 보니 함께할 사람들이 없다. 점점 소외되는 동시에 다른 사람이 어떻게 말하든 상관하지 않고 자기의 유익과 자기의 쾌락을 따라 살아가는 사람들이 늘어나고 있다. 모두 이중적인 기준을 갖고 "내가 하면 로맨스, 남이 하면 불륜", 이런 식으로 서로를 정죄하고 비난하고 있다. "너 왜 이래" 하고 손가락질하며 비난하지만, 나머지 네 손가락은 자신을 향하지 않는가? 우리는 우리 자신만을 위해 살도록 부름받은 존재가 아니다. 예수 그리스도의 십자가의 의로 부름받았다. 겸손히 그분의 뜻을 먼저 세워가는 성도로 담대하게 서야 한다.

74 Chapter 74. Genesis 39:1-23

넓은 문 속에 감추어진 유혹

*1요셉이 이끌려 애굽에 내려가매 바로의 신하 친위대장 애굽 사람 보
디발이 그를 그리로 데려간 이스마엘 사람의 손에서 요셉을 사니라.
2여호와께서 요셉과 함께 하시므로 그가 형통한 자가 되어 그의 주인
애굽 사람의 집에 있으니 3그의 주인이 여호와께서 그와 함께 하심을
보며 또 여호와께서 그의 범사에 형통하게 하심을 보았더라. 4요셉이
그의 주인에게 은혜를 입어 섬기매 그가 요셉을 가정 총무로 삼고 자
기의 소유를 다 그의 손에 위탁하니 5그가 요셉에게 자기의 집과 그
의 모든 소유물을 주관하게 한 때부터 여호와께서 요셉을 위하여 그
애굽 사람의 집에 복을 내리시므로 여호와의 복이 그의 집과 밭에 있
는 모든 소유에 미친지라. 6주인이 그의 소유를 다 요셉의 손에 위탁*

하고 자기가 먹는 음식 외에는 간섭하지 아니하였더라. 요셉은 용모가 빼어나고 아름다웠더라. 7그 후에 그의 주인의 아내가 요셉에게 눈짓하다가 동침하기를 청하니 8요셉이 거절하며 자기 주인의 아내에게 이르되 내 주인이 집안의 모든 소유를 간섭하지 아니하고 다 내 손에 위탁하였으니 9이 집에는 나보다 큰 이가 없으며 주인이 아무것도 내게 금하지 아니하였어도 금한 것은 당신뿐이니 당신은 그의 아내임이라. 그런즉 내가 어찌 이 큰 악을 행하여 하나님께 죄를 지으리이까. 10여인이 날마다 요셉에게 청하였으나 요셉이 듣지 아니하여 동침하지 아니할 뿐더러 함께 있지도 아니하니라. 11그러할 때에 요셉이 그의 일을 하러 그 집에 들어갔더니 그 집 사람들은 하나도 거기에 없었더라. 12그 여인이 그의 옷을 잡고 이르되 나와 동침하자. 그러나 요셉이 자기의 옷을 그 여인의 손에 버려두고 밖으로 나가매 13그 여인이 요셉이 그의 옷을 자기 손에 버려두고 도망하여 나감을 보고 14그 여인의 집 사람들을 불러서 그들에게 이르되 보라. 주인이 히브리 사람을 우리에게 데려다가 우리를 희롱하게 하는도다. 그가 나와 동침하고자 내게로 들어오므로 내가 크게 소리 질렀더니 15그가 나의 소리 질러 부름을 듣고 그의 옷을 내게 버려두고 도망하여 나갔느니라 하고 16그의 옷을 곁에 두고 자기 주인이 집으로 돌아오기를 기다려 17이 말로 그에게 말하여 이르되 당신이 우리에게 데려온 히브리 종이 나를 희롱하려고 내게로 들어왔으므로 18내가 소리 질러 불렀더니 그가 그의 옷을 내게 버려두고 밖으로 도망하여 나갔나이다. 19그의 주인이 자기 아내가 자기에게 이르기를 당신의 종이 내게 이같이 행하였다 하는 말을 듣고 심히 노한지라. 20이에 요셉의 주인

이 그를 잡아 옥에 가두니 그 옥은 왕의 죄수를 가두는 곳이었더라. 요셉이 옥에 갇혔으나 [21]여호와께서 요셉과 함께 하시고 그에게 인자를 더하사 간수장에게 은혜를 받게 하시매 [22]간수장이 옥중 죄수를 다 요셉의 손에 맡기므로 그 제반 사무를 요셉이 처리하고 [23]간수장은 그의 손에 맡긴 것을 무엇이든지 살펴보지 아니하였으니 이는 여호와께서 요셉과 함께 하심이라 여호와께서 그를 범사에 형통하게 하셨더라.

해마다 시작되는 새해의 전망을 보면 우울한 전망이 많다. 먼저는 전 세계적인 테러와 전쟁의 위험성이 많다는 것이다. 다음으로 경제적인 불확실성이다. 장기적인 경기침체의 영향으로 모든 게 불확실하다. 이럴 때 나타나는 현상이 있다.

첫째, 현재와 미래가 암울하기에 자꾸 과거로 돌아가려고 한다. 과거의 전성기를 그리워하는 일종의 향수병이 깊게 뿌리내린다. 한때 높은 시청률을 기록했던 드라마 〈응답하라 1988〉를 기억할 것이다. 자꾸 과거로 돌아가려는 이유가 무엇인가? 현재의 암담하고 퍽퍽하고 삭막한 현실보다는 그래도 그때가 좋았다는 것이다. 사실 미국에서 영화 〈스타워즈〉가 그렇게 인기를 얻는 이유도 이런 연속선상에 있다. 자꾸만 미국의 경제 체력이 약해지고 강대국의 위상이 떨어지는 이때, 과거의 전성기 때를 상징하는 스타워즈 영화를 통해 그 시대의 전성기로 되돌아가고 싶은 향수를 자극한다.

둘째, 이런 과거의 전성기에 대한 향수병이 극단적인 양상으로 표출된다는 것이다. 대표적인 것이 바로 이슬람 무장단체인 IS, 즉 이슬람국가의 팽창이다. 이슬람 국가는 이슬람의 전성기였던 정통칼리프 왕조시대를 꿈꾸며 확장되고 있는 조직이다. 가까운 나라 일본도 보라. 자꾸만 군국주의 시대의 영광을 재현하려는 야망을 꿈꾸고 있다. 러시아는 어떤가? 옛 소련의 영광을 재현하고 싶어 한다. 중국은 예전의 중화시대로 돌아가고 싶어 한다. 전 세계의 경제와 안보 환경이 암울해질수록 이렇게 과거의 전성기로 돌아가려는 시도는 세계적으로 확산되고 있다. 이렇게 자꾸만 과거를 그리워하다 보면 현재 놓인 갈등과 어려움을 회피하려고 한다. 왜? 과거 영광의 시절에는 이런 갈등과 어려움은 아무런 문제도 아니었기 때문이다. 과거 같으면 한주먹거리도 되지 않았다. 이런 과거로 회귀하려는 열망은 오늘을 사는 우리로 더 이상 앞으로 나아가려는 의지를 교묘하게 꺾어 버린다. 상대를 인정하기보다는 극단적인 방식으로 회피하거나 제거하려 한다. 결국 스스로를 고립시키고 갈등을 일으킨다.

과거로 돌아가는 것은 어찌 보면 쉬운 일이다. 복잡한 현실을 단순히 무시하고 극단적인 방법을 동원하면 된다. 그러나 이것은 하나님의 뜻을 이루어내지 못한다. 성도는 세상과는 다르게 이러한 풍조를 거슬러 갈 수 있는 지혜와 용기가 있어야 한다.

본문은 우리가 일반적으로 알고 있는 성공과 형통의 공식이 아닌 하나님이 주시는 성공과 형통이 어떤 모습으로 전개되는지를 보여주는 단면도와 같다. 가끔 보면 자동차 광고에 자동차 단면을 찍은 사진이 광고에 나오지 않는가? 이런 단면사진은 전기톱으로 자동차 가운데를 그대로 절단해서 그 단면을 보여주어 그 자동차 속에 탔을 때 어떤 모양일지를 아주 선명히 가늠하게 해준다. 이런 선명한 단면들이 본문에 등장한다. 본문은 크게 세 개의 사건이 이어지고 있다.

첫째는 애굽으로 끌려가서 바로의 친위대장인 보디발의 집에 노예로 지낸 이야기다(1-6절). 둘째는 친위대장 보디발의 아내가 요셉을 유혹하는 장면이다(7-20절). 셋째는 요셉이 억울한 누명을 쓰고 왕의 죄수를 가두는 감옥에 갇히게 되는 줄거리다(21-23절). 이 내용을 자세히 살펴보면 첫 번째 단락의 이야기와 세 번째 단락의 이야기가 상당히 유사한 구조로 진행되는 것을 볼 수 있다.

첫째, 상당히 비참하고 열악한 조건이다. 첫째 단락에서 요셉은 노예로 전락하였다. 셋째 단락에서는 요셉이 죄수로 전락하였다. 둘째, 이런 요셉에게 하나님께서 함께하셨다. 여호와께서 요셉과 함께 하시므로 형통한 자가 되었다고 말씀한다(2절). 또 뒤에도 보면 여호와께서 요셉과 함께하시고 그에게 인자를 더하셨고(21절), 여호와께서 함께하셔서 그를 범사에 형통하게 하셨다고 말씀한다. 셋째, 이와 관련하여 여호와의 함께하심으로 인하여 열악한 조건에 있던 요셉이 형통함을 경험한다. 넷째, 이런 형통함은 요셉을 주관하는 이방 권세자들이 눈으로 보고 인정하여 그에게 은혜를 베푼다. 우선 애굽 바로의 친위대장 보디발은 하나님께서 종 요셉과 함께하시는 것을 보았다(3절). 이 확신이 드니까 어떻게 하는가? 가정총무, 즉 하우스 매니저로 삼아서 자기 소유를 모두 다 맡겼다(4절). 이것은 간수장도 마찬가지였다. 요셉에게 모든 것을 다 맡기고 살펴보지도 않았다(23절).

우리가 생각할 때 노예의 신분으로 팔려가는 것은 비극이다. 또 감옥에 죄수의 신분이 되어 갇히는 것은 끔찍한 고난이다. 할 수 있으면 피하고 싶은 일이다. 그런데 본문은 노예와 죄수였을 때의 상황을 놀라울 만큼 서로 유사하게 병렬로 배치하면서 이 고난과 어려움의 두 시기가 오히려 하나님의 은혜와 형통을 경험하게 하는 놀라운 축복의 기회였음을 반복적으로 보여준다. 게다가 이 두 고난의 시기는 제국의 핵심인물에게로 접근할 수 있는 가장 직접적인 지름길이기도 했다. 요셉이 보디발의 집에 노예로 팔렸기에 바로의 최측근인 보디발에게 가서 그의 신임을 받을 수 있었다. 그랬기에 보디발이 요셉을 감옥에 보낼 때 일반 감옥이 아니라 왕의 죄수를 가두는 감옥으로 보낼 수 있었다(20절). 이런 감옥에 갇혔기에 요셉은 나중에 애굽왕 바로의 최측근인 관원장에게 접근할 수 있었다.

우리는 흔히 좁은 길은 할 수 있는 한 피해야 한다고 생각한다. 할 수 있는 한 대세를 따라가려는 마음이 많이 있다. 많은 사람이 선택하니까 나도 그래야 안심이 된다. 그런데 대세는 종종 주님과 상관없는 사람들의 불안함과 공포가 만들어낸 허상인 경우가 많다. 그래서 대세에는 항상 거품이 있게 마련이고 결국 그 거품이 꺼지면 많은 사람이 다친다. 이와 관련해서 예수님은 그를 따르는 제자들에게 분명히 말씀하셨다. “좁은 문으로 들어가라. 멸망으로 인도하는 문은 크고 그 길이 넓어 그리로 들어가는 자가 많고 생명으로 인도하는 문은 좁고 길이 협착하여 찾는 자가 적음이라”(마 7:13-14). 우리가 세상 가운데 있다 보면 자신도 모르게 다른 사람들이 선택하는 넓은 길, 쉬운 길을 찾으려고 할 때가 많다. 그러나 주님은 우리에게 끊임없이 좁은 길을 선택하라고 말씀하신다.

북미에 있는 로키산맥의 해발 3,000m 높이에는 수목한계선 지대가 있다. 이 지대를 넘어가면 나무가 제대로 크지 못한다. 이 끝자락에 나무들이 있는데 이 나무들은 매서운 바람 때문에 곧게 자라지 못하고 '무릎 꿇고 있는 모습'을 한 채 있다(강준민, 「꿈꾸는 자가 오는도다」(서울: 두란노, 2000), 62쪽). 이 나무들은 열악한 조건이지만 어떻게든 견디면서 자라가고 있다. 그런데 세계적으로 공명이 잘되고 아름다운 명품 바이올린들은 바로 이 '무릎 꿇고 있는 나무'로 만들어진다. 시련을 통해 단단하게 다져진 나무의 재질이 내면의 울림을 흡수하지 않고 청명하게 울리기 때문이다.

하나님은 왜 우리를 가장 낮은 곳으로 내던지시는가? 하나님의 울림을 제대로 전달하는 무릎 꿇는 나무로 만드시려고, 최고의 울림 재목으로 준비시키기 위해서다. 어렵고 힘들고 상황이 변해도 늘 변함없이 하나님의 소리를 신실하게 울릴 수 있는 재목으로 준비시키기 위해서다. 우리 생각으로는 이것은 정말 피하고 싶고 어려운 길인데 하나님은 자꾸만 이런 좁은 길로 우리를 밀어 넣으신다.

요셉은 하나님의 놀라운 꿈을 꾸고 나서 계속 어려운 길로 몰려가고 있다. 자신이 선택한 게 아니다. 보통사람이라면 절대 선택하지 않을 좁고 험한 길로 계속 몰려가고 있다. 만약 하나님께서 요셉에게 선택권을 주신다면 당장에 도망갔을지도 모른다. 그래서 하나님은 요셉의 삶을 그가 혼자 힘으로 어찌할 수 없도록 몰아가셨는데 막상 이렇게 떠밀려가면서 요셉이 경험하는 게 무엇인가? 그곳에 형통함이 감추어져 있다는 사실이다. 하나님께서 함께하심을 주변 사람들이 눈으로 똑똑히 목도하는 역사를 보게 되고, 자신을 억압하고 힘들게 하던 상관이 자신을 전폭적으로 신뢰하고 지지하고 다 위임하고 맡기는 역사가 일어난다. 돌아가는 길이라고 생각했는데 정말 가장 가까운 지름길이었다. 생각해보라. 요셉이 노예에서 벗어나 애굽에서 일반시민이 되어 공무원 시험을 준비해서 합격하고 말단부터 시작해서 총리까지 오른다는 게 가능했겠는가? 불가능하다. 하나님을 신뢰할 수 있기를 바란다. 하나님은 종종 고난이라는 감추어진 지름길을 통해 우리를 인도하신다.

고난 속에 찾아온 형통함을 경험하는 것은 특권이자 은혜이다. 그런데 고난 속에 찾아온 형통함은 요셉을 그냥 그곳에 안주하게 하지 않는다. 고난 속에 피운 형통은 고난의 또 다른 얼굴인 유혹으로 요셉에게 접근한다. 본문(7-20절)은 우리가 좁은 문 속에 숨겨진 풍성한 하나님의 축복을 경험할 때 예기치 못한 유혹이 찾아올 수 있음을 말씀하고 있다.

> "그 후에 그의 주인의 아내가 요셉에게 눈짓하다가 동침하기를 청하니"(7절).

주인의 아내가 젊은 요셉을 보고 마음이 동했던 모양이다. 어느 날부터 이 여주인이 요셉을 보고 자꾸 눈짓한다. 처음에 요셉은 주인마님이 왜 저러시나 했을 것이다. 그런데 자꾸 눈짓하고 윙크하고, 그러다가 어느 날 동침하자고 은밀하게 유혹한다.

유혹은 요셉이 한창 잘나갈 때 찾아왔다. 도대체 보디발의 아내는 요셉을 왜 유혹했을까? 몇 가지 이유를 생각해 볼 수 있다. 먼저 외적인 이유로 늘 가까이 마주치는 요셉이 매력적으로 느껴졌다. 성경은 "요셉은 용모가 빼어나고 아름다웠더라"(6절)고 말씀한다. 이를 영어 성경(NIV)은 그가 균형 잡히고 잘 다져진 몸에 준수한 사람(well built and handsome)이라고 묘사한다. 일본에 한류 열풍을 일으켰던 연예인 배용준 씨, 욘사마가 있었다. 이 욘사마가 열심히 헬스로 몸을 만들고는 어느 날 웃통을 딱 벗어젖혔는데 배에 선명한 '왕'(王) 자가 새겨져 있었다. 요셉이 그랬다. 그는 욘사마 아닌 요사마였다. 거기에 핸섬했다. 6절의 "아름다웠다"는 표현은 구약성경에서 딱 네 번만 사용되었다. 첫 번째가 요셉, 그다음이 사울, 다윗, 다윗의 아들 압살롬이었다. 이렇게 볼 때 요셉은 인물이 참 좋았다.

얼마나 인물이 좋았는지 유대에서 전해 내려오는 「세퍼 이에라밀」이라는 책에 보면 다음과 같은 묘사가 나온다(앞의 책, 80쪽에서 재인용). "이집트 내로라하는 귀부인들이 이 잘생긴 히브리 청년의 소문을 듣고 그를 직접 보기 위하여 보디발의 집으로 갔다. 보디발 부인은 손님들에게 각각 사과 한 개와 사과를 깎을 칼 한 자루씩을 주었다. 요셉이 그들의 시중을 들기 위하여 방으로 들어섰을 때 그의 모습에 반한 귀부인들은 모두 정신이 팔려 손가락을 칼에 베이고 말았다." 이를 본 보디발의 부인이 말한다. "당신들은 한 번 보고 매혹 당하는데 나는 얼마나 불타오르겠소?"

한편 이 보디발의 부인이 유혹한 내면적인 이유로는 남편일 가능성이 크다. 남편은 집을 비우고 종종 왕의 명령을 수행하러 오랫동안 출장을 다녀온 것 같다. 한마디로 돈은 많이 벌어다 주었지만 부인과는 별로 말할 시간이 없던 바쁜 남편이었다. 더구나 친위대장이라는 직책의 의미를 음미하면 그 가능성이 더욱 커진다. '친위대장' (히. 싸리스)은 히브리어 단어에 환관이란 뜻이 들어 있다. 어쩌면 성적으로 제기능을 못했을 가능성도 있다. 돈만 갖다 주는 남편이지 아내와는 의미 있는 시간을 보내지 못했다. 그러니 자연스럽게 아내는 외로웠다. 경제적으로는 여유 있지, 정서적으로는 외롭지, 그러면 여기서부터 유혹이 시작된다.

그렇다면 그녀는 어떻게 요셉을 유혹했는가? 첫째, 눈짓한다(7절). 오늘로 하면 자꾸만 생글생글 웃으면서 윙크한다. 이렇게 감정을 표현하다 보면 점점 마음이 일어난다. 둘째, 집요하고도 끈질기게 유혹한다. 보디발의 부인은 날마다 요셉에게 집요하게 요청한다(10절). 셋째, 홀로 있을 때 유혹한다. 그가 집안에 사무를 보러 들어갔더니 마침 아무도 없었다(11절).

이때 보디발의 부인은 요셉을 향해 강력하게 유혹한다.

"요셉, 아무도 없어. 날 어떻게 좀 해봐!"

그런데 요셉은 절대 응하지 않는다. 부인이 어떻게 할 도리가 없다. 그래서 어떻게 하는가? 아예 옷을 확 잡아버린다(12절).

"놓으세요, 마님!"

"아니다, 요셉. 나와 함께하자."

"놓으세요, 마님!"

"괜찮다니까."

이런 식으로 계속 줄다리기를 한다. 계속해서 거절해도 안 되니까 요셉은 그냥 옷을 그곳에 확 벗어두고 밖으로 도망간다. 당시 애굽 남자, 특히 노예들의 일상적인 의복은 쌀 부댓자루 같은 것에 머리 쪽과 두 팔 쪽에 구멍을 내어놓은 것이 일반적이었다. 아마도 보디발의 아내가 요셉 옷을 붙들고 애원할 때 요셉은 어떻게든 빠져나오려 하다가 안 되니까 그냥 두 손을 쭉 뻗고 몸만 쭉 빼서 빠져나왔을 것이다. 요셉이 이렇게 유혹을 단호하게 거절하고 빠져나올 수 있었던 이유가 무엇인가?

"이 집에는 나보다 큰 이가 없으며 주인이 아무것도 내게 금하지 아니하였어도 금한 것은 당신뿐이니 당신은 그의 아내임이라. 그런즉 내가 어찌 이 큰 악을 행하여 하나님께 죄를 지으리이까"(9절).

먼저는 주인 보디발이 금한 것이 아내였다. 보디발은 그의 소유를 다 요셉의 손에 위탁하고 자기가 먹는 음식 외에는 간섭하지 않았다(6절). 여기서 '자기가 먹는 음식' 이란 은유적인 표현으로 그의 아내를 의미하는 단어다. 더 나아가 요셉은 이 모든 게 하나님 앞에 큰 죄가 됨을 알고 있었다. 요셉은 고난 가운데 형통을 경험할 때도 그 가운데 역사하시는 하나님의 손길을 알고 있었다. 자기가 여기까지 온 것이 하나님의 은혜인데 유혹 앞에 하나님의 은혜를 저버릴 수 없었다. 그래서 그는 하나님 앞에 서서 보디발의 아내에게 단호하게 거절하고 도망갔다. 이런 성적 유혹을 이길 장사가 별로 없다. 그래서 성경은 이런 정욕의 유혹은 종종 피하라고 명령한다(고전 6:18, 7:2, 딤후 2:22). 늘 하나님을 의지했던 요셉은 정욕을 피했다.

이처럼 자기의 중심을 지키며 흔들리지 않는 영적인 자질을 신실성(integrity)이라고 한다. 이것은 정직함, 전체와 함께 어울려 온전한 하나를 이루는 통전성, 하나님 앞에 변함없이 서는 성실함을 의미한다. 이 성실성이야말로 우리 앞에 좁은 문, 넓은 문에 상관없이 우리를 지켜주고 하나님의 형통을 경험하게 하는 강력한 무기이다.

본문은 우리의 삶에 무수히 다가오는 위기와 유혹을 어떻게 슬기롭게 이겨나갈지를 잘 보여준다. 우리의 삶에 고난으로 장식된 좁은 문은 종종 하나님의 은혜와 형통이 감추어져 있다. 이런 문은 회피하면 그 속에 무엇이 감추어져 있는지 절대 알 수 없다. 기꺼이 기쁨으로 순종하며 정면으로 들어가 봐야 알 수 있다. 또 겨우 어려움 가운데 이제 좀 자리 잡을 만하고 안정될 만할 때 예기치 않은 유혹이 찾아온다. 아무도 보지 않으니 괜찮다고 타협하자고 한다. 이럴 때 흔들리지 말고 변함없이 주님을 바라보며 설 수 있어야 한다.

하나님은 우리 인생 앞에 좁은 문을 준비하셨다. 우리는 할 수 있는 한 회피하려 한다. 그러나 좁은 문을 통과해야 그 속에 새로운 차원의 형통하게 하시는 선물을 맛볼 수 있다. 인생의 낭비로 볼 게 아니라 더 큰 믿음으로 하나님의 신실함을 의뢰해야 한다. 하나님의 은사와 부르심에는 후회가 없으시다(롬 11:29). 자꾸 도망가려 하는가? 도리어 도망가고 회피하고 싶은 곳으로 가라. 그곳에서 믿음으로 최선을 다해 성실하라. 너무 과거의 전성기에 집착하지 마라. 그래 봐야 우리 인생의 전성기는 우리 삶의 전체 10~20%도 되지 않는다. 우리 인생의 나머지 80~90%는 전성기가 아닌 시간으로 이루어져 있다. 하나님 앞에서 우리의 성실성을 최선을 다해 지켜나갈 때 하나님께서 큰 은혜로 우리를 지키고 붙들어주실 것이다.

75 Chapter 75. Genesis 40:1-23

고난 속에 쌓인 실력

1그 후에 애굽 왕의 술 맡은 자와 떡 굽는 자가 그들의 주인 애굽 왕에
게 범죄한지라. 2바로가 그 두 관원장 곧 술 맡은 관원장과 떡 굽는 관
원장에게 노하여 3그들을 친위대장의 집 안에 있는 옥에 가두니 곧 요
셉이 갇힌 곳이라. 4친위대장이 요셉에게 그들을 수종들게 하매 요셉
이 그들을 섬겼더라. 그들이 갇힌 지 여러 날이라. 5옥에 갇힌 애굽 왕
의 술 맡은 자와 떡 굽는 자 두 사람이 하룻밤에 꿈을 꾸니 각기 그 내
용이 다르더라. 6아침에 요셉이 들어가 보니 그들에게 근심의 빛이 있
는지라. 7요셉이 그 주인의 집에 자기와 함께 갇힌 바로의 신하들에게
묻되 어찌하여 오늘 당신들의 얼굴에 근심의 빛이 있나이까. 8그들이
그에게 이르되 우리가 꿈을 꾸었으나 이를 해석할 자가 없도다. 요셉

이 그들에게 이르되 해석은 하나님께 있지 아니하니이까. 청하건대
내게 이르소서. 9술 맡은 관원장이 그의 꿈을 요셉에게 말하여 이르되
내가 꿈에 보니 내 앞에 포도나무가 있는데 10그 나무에 세 가지가 있
고 싹이 나서 꽃이 피고 포도송이가 익었고 11내 손에 바로의 잔이 있
기로 내가 포도를 따서 그 즙을 바로의 잔에 짜서 그 잔을 바로의 손에
드렸노라. 12요셉이 그에게 이르되 그 해석이 이러하니 세 가지는 사흘
이라. 13지금부터 사흘 안에 바로가 당신의 머리를 들고 당신의 전직을
회복시키리니 당신이 그 전에 술 맡은 자가 되었을 때에 하던 것 같이
바로의 잔을 그의 손에 드리게 되리이다. 14당신이 잘 되시거든 나를
생각하고 내게 은혜를 베풀어서 내 사정을 바로에게 아뢰어 이 집에
서 나를 건져주소서. 15나는 히브리 땅에서 끌려온 자요 여기서도 옥에
갇힐 일은 행하지 아니하였나이다. 16떡 굽는 관원장이 그 해석이 좋은
것을 보고 요셉에게 이르되 나도 꿈에 보니 흰 떡 세 광주리가 내 머리
에 있고 17맨 윗광주리에 바로를 위하여 만든 각종 구운 음식이 있는데
새들이 내 머리의 광주리에서 그것을 먹더라. 18요셉이 대답하여 이르
되 그 해석은 이러하니 세 광주리는 사흘이라. 19지금부터 사흘 안에
바로가 당신의 머리를 들고 당신을 나무에 달리니 새들이 당신의 고
기를 뜯어 먹으리이다 하더니 20제삼일은 바로의 생일이라. 바로가 그
의 모든 신하를 위하여 잔치를 베풀 때에 술 맡은 관원장과 떡 굽는 관
원장에게 그의 신하들 중에 머리를 들게 하니라. 21바로의 술 맡은 관
원장은 전직을 회복하매 그가 잔을 바로의 손에 받들어 드렸고 22떡 굽
는 관원장은 매달리니 요셉이 그들에게 해석함과 같이 되었으나 23술
맡은 관원장이 요셉을 기억하지 못하고 그를 잊었더라.

사진 스튜디오를 운영하는 사진작가 한 분이 돈이 궁해서 잘 쓰지 않는 렌즈 하나를 인터넷 중고장터에 올렸다. 그러자 사겠다는 사람이 곧바로 온라인에 나타나서 직접 만나 거래하기로 했다. 약속 장소에 도착하자 문자가 왔다.

"거의 다 도착했습니다. 그런데 제가 좀 결례를 해도 이해해주십시오."

아니, 결례라니 무슨 소리인가 불안해하고 있는데 승용차 한 대가 오더니 사진작가 옆에 와서 멈춰 섰다. 운전석 창문이 스르륵 열리더니 남자가 대뜸 황당하게도 반말을 던진다.

"어, 일찍 왔네! 렌즈 가져왔지?"

'헉, 이게 뭐지?' 얼떨떨해하고 있는데 이 남자는 차에서 내려 뜬금없이 엉뚱한 말을 한다.

"렌즈 빌려줘서 고마워!"

그러고는 렌즈를 받아들었다. 그러더니 "잘 쓰고 돌려줄게, 고마워" 하며 악수를 청했다. 그러고는 "나 바빠서 먼저 간다"고 하더니 얼른 차에 타서 차를 몰고 갔다. 악수한 손에는 무언가가 전달되어 있었다. 얼핏 보니 꼬깃꼬깃 접은 수표였다. 이게 뭔가 어리둥절하고 있는데 조금 뒤 그 남자에게서 다시 문자가 왔다.

"옆에 아내가 타고 있어서요. 죄송합니다. 저 걸리면 죽어요."

차 속에서 아내가 물어봤던 모양이다.

"누구야? 친구?"

그러자 남편은 땀을 삐질삐질 흘리면서 대답한다.

"응, 후배야 후배."

얼마 전 김양수 만화가의 작품, 〈생활의 참견〉에 실린 웹툰의 내용이다. '와프'(WAF)라는 말을 들어봤는가? 이는 아내수용지수(Wife Acceptance Factor)의 줄인 말이다. 이는 아내가 참고 받아줄 만한 요소를 말한다. 아무리 남편이 사고 싶어 해도 와프지수가 높아야지 와프가 낮으면 득템을 할 수 없다. 이처럼 우리는 가능한 한 우리 주변의 위험요소를 통제하길 원한다. 경영에서도 리스크 관리가 중요하다. 일단 내 주변의 리스크를 좀 통제하고 안정시켜야 다른 일을 할 여유가 생기지 않겠는가? 위험요소가 통제되지 않으면 불안해서 다른 일을 하기가 쉽지 않다.

그런데 본문에서 하나님은 내 주변의 리스크가 여전히 불안정한 상태로 해결되지 않았음에도 불구하고 요셉을 부르셔서 그분의 손길을 드러내는 도구로 사용하려 하신다. 이럴 때 우리 같으면 상당히 당황스럽다. 아니, 내 문제도 아직 해결되지 않았는데 주님은 갑자기 나에게 하나님의 나라를 위해 또 다른 문제를 해결하라고 부르신다. 이런 부르심 앞에 우리는 당연히 망설인다. 아직 통제되지 않는 리스크를 안고 있는데 주님이 우리를 부르시면 우리는 어떻게 응답해야 할까?

"아, 주님! 저 아직 공부해야 해요."

"이번 기말고사만 끝나고서 할게요."

"수능 마치고 할게요."

"대학 합격하면 할게요."

"졸업하면 할게요."

"취업하면 제대로 할게요."

"결혼하고 할게요."

"아이 조금만 키우고 할게요."

"사업 정리 좀 하고 할게요."

"이번 프로젝트 마치고 할게요."

우리는 우리의 상황이 무엇인가 마무리되지 않고 불안정한 상태에 있으면 좀처럼 나서려 하지 않는다. 이 핑계, 저 핑계로 늘 도망다닌다.

본문으로 돌아가보자. 요셉은 감옥에 죄수로 와 있다. 그런데 이 감옥에 새로운 죄수 둘이 들어온다. 그런데 들어온 사람을 보니 거물급이다.

> "바로가 그 두 관원장 곧 술 맡은 관원장과 떡 굽는 관원장에게 노하여 그들을 친위대장의 집 안에 있는 옥에 가두니 곧 요셉이 갇힌 곳이라"(2-3절).

이들은 바로의 최측근에서 왕의 술과 떡을 관장하던 사무장이었다. 술 맡은 관원장은 왕이 마시는 모든 술을 관리한다. 제국에는 늘 황제를 암살하려는 음모가 도사리고 있다. 술 맡은 관원장은 왕에게 올리는 술이 어떻게 유통되는지 확인하고, 또 이 술에 독이 없는지 직접 시음해보기도 하면서 왕의 안전을 책임지는 일을 감당했다. 떡 맡은 관원장의 경우도 마찬가지다. 떡 맡은 관원장은 왕의 식탁에 오르는 모든 떡과 음식을 관장한다. 떡 맡은 관원장은 영어성경(NRSV)에 보면 'chief baker', 즉 수석 제빵사의 역할을 했다. 당시에 그려진 한 이집트 벽화에는 모두 57가지 종류의 빵과 38종류의 케이크가 그려져 있다. 떡 맡은 관원장은 왕을 위하여 다양한 빵들을 구워냈을 뿐 아니라 이 빵들에 독이 들어가지 않았는지 늘 감시하는 임무를 맡고 있었다.

왕에게 술과 음식을 올리는 사람들이었기에 늘 왕을 가까이 알현할 수 있었다. 왕의 생명을 책임질 만큼 왕의 신뢰를 받는 사람들이었다. 혹시 쿠데타 세력이 이 술 맡은 관원장이나 떡 맡은 관원장을 매수하면 왕은 큰 위험에 처하게 된다. 이들은 그만큼 많은 신뢰와 사랑을 받고 있었다. 그런데 무슨 일이 있었는지 모르지만 애굽 왕 바로는 이 두 사람에게 크게 노하여 왕의 친위대장 보디발의 집 안에 있는 감옥에 가둔다.

워낙 높은 사람이 감옥에 오자 친위대장은 요셉에게 이 두 사람을 수종 드는 임무를 맡겼다. 이런 걸 보면 보디발은 여전히 요셉을 신임하고 있었다. 사실 노예가 애굽 고관의 부인을 욕보이려 했다가 들통이 났다면 누가 감히 살아남을 수 있겠는가? 그런데 보디발은 이런 요셉을 죽이지 않고 자비를 베풀어 자기 집 안에 있는 옥에 가두었다. 어떤 학자들은 보디발이 사실 사건의 전모를 파악했을 가능성에도 무게를 두고 있다. 자기 아내가 워낙 자유분방한 여인인 것을 이전부터 알았고, 어쩌면 그랬기 때문에 그전부터 요셉에게 다른 것은 다 맡겨도 절대 부인만은 안 된다고 거듭 당부하며 강조했다.

그래서 어떤 영화에 보면 이런 장면이 나온다. 보디발이 요셉을 죽이지 않고 자기 집 안에 있는 감옥에 보내자, 부인이 화를 내면서

"당신 어떻게 저 못된 히브리 노예를 그냥 살려 두냐!" 그러면 안 된다. "죽이라!"고 난리를 친다. 그러자 보디발이 아내의 귀빵을 짝 때리면서 말한다. "네가 먼저 유혹했지! 네가 먼저 그런 거 난 알아!" 이러는 것이다. 물론 영화의 한 장면이다. 분명한 것은 보디발이 여전히 요셉에 관해 호의를 갖고 있었다는 사실이다. 요셉은 감옥에서도 성실하게 이 두 관원장을 섬겼다.

그러던 어느 날 아침, 이들의 표정이 이상하다.

"아침에 요셉이 들어가 보니 그들에게 근심의 빛이 있는지라"(6절).

얼굴빛에 근심이 서려 있다는 것은 상당히 심각하다는 뜻이다. 왜? 이들은 표정으로 먹고사는 사람들이기 때문이다. 늘 왕 앞에 갈 때 근심과 두려움의 빛을 없애고 가야 한다. 혹 왕 앞에서 근심 있는 빛을 띠면 왕이 금세 알아차리고 이들을 붙잡아 족치고 고문하면서 그 이유를 묻는다. 암살음모가 있을지도 모르기 때문이다.

구약성경 느헤미야서에도 보면 이런 비슷한 장면이 나온다. 느헤미야는 페르시아 제국의 아닥사스다 왕 곁에서 술 맡은 관원장이었다. 그가 어느 날 예루살렘이 훼파되었다는 소식을 듣고 충격을 받은 채로 왕 앞에 가서 시중을 든다. 아무리 표정을 관리한다고 해도 멍하니 어두운 그늘이 지지 않았겠는가? 그러자 왕이 곧바로 네 얼굴빛이 왜 그런지, 왜 그렇게 근심이 있는지 묻는다. 이 질문을 받자 느헤미야는 크게 두려워했다(느 2:2). 왜 그랬을까? 자칫하면 의심을 사 끌려가서 고문당하고 심문받다가 죽을 수도 있기 때문이다. 이처럼 술 맡은 관원장, 떡 맡은 관원장은 얼굴빛으로 사는 사람들이었고 자기감정을 숨기는 데 아주 능수능란한 사람들이었다. 그런데 이들의 얼굴에 근심이 서린다는 것은 이들이 상당히 충격적인 무엇인가를 경험했다는 사실을 암시한다. 지혜로운 요셉이 묻는다. 도대체 당신들의 얼굴에 어찌하여 이런 근심이 있습니까?

> "그들이 그에게 이르되 우리가 꿈을 꾸었으나 이를 해석할 자가 없도다. 요셉이 그들에게 이르되 해석은 하나님께 있지 아니하니이까. 청하건대 내게 이르소서"(8절).

이렇게 말하는 요셉의 대답에는 아이러니한 상황이 놓여 있다.

먼저는 꿈 해석에 대한 자신감이다. 그동안 요셉은 감옥에서도 늘 하나님과 동행했고 살아 있는 교제를 누리며 살았다. 그러면서 크고 작은 기적을 경험했고 하나님이 동행하고 인도하시는 일을 풍성히 체험하며 확신했다. 특히 꿈에 관해서는 주변 사람들에게 꿈 해석을 꽤 해주며 하나님 앞에 훈련받았던 모양이다. 선뜻 말하는 걸 보면 이전에 경험하고 훈련받았던 능숙한 부분이 있었을 것이다.

그러나 두 번째로 이런 요셉에게는 자신의 꿈이 제대로 해석되지 않았다. 어릴 때 꾼 꿈이 어떻게 이루어질지도 몰랐고 아직도 자신이 왜 여기에 있는지 몰랐다. 아무 잘못한 것 없이 억울하게 갇혔지, 이 꿈이 하나님과 어떤 관계가 있다는 것을 그다지 깊이 마음에 두고 있지 않았다. 단지 속히 밖으로 나가고 싶은 마음뿐이었다. 그래서 나중에 술 맡은 관원장의 꿈을 듣고 해석해준 후에 이렇게 부탁한다.

“당신이 잘 되시거든 나를 생각하고 내게 은혜를 베풀어서 내 사정을 바로에게 아뢰어 이 집에서 나를 건져주소서. 나는 히브리 땅에서 끌려온 자요 여기서도 옥에 갇힐 일은 행하지 아니하였나이다”(14-15절).

이런 고백을 보면 요셉은 자신이 감옥에 있는 게 해석되지 않았다. 그저 답답했다. 다른 사람에게는 꿈을 풀어주고 그들의 앞길을 개척하도록 도와주었지만 정작 자신에게 주신 하나님의 꿈은 해석되지 않았고 사방이 막혀 있었다. 생각해보라. 요셉이 애굽에 끌려온 지 어언 11년이 되었다. 요셉이 30세에 총리가 되었는데 41장 1절에 보면 “만 이 년 후”라고 말씀한다. 이때 바로를 만나 총리가 되었으니 본문에서 요셉의 나이는 28세이다. 요셉이 노예로 온 것은 17세의 소년 때였다. 그러니 어느덧 11년이란 세월이 흐른 것이다. 그동안 하나님의 형통케 하심을 경험했지만 여전히 자신의 꿈은 해석되지 않았다.

우리도 종종 이런 당황스러운 상황에 놓일 때가 있다. 하나님께서 가슴에 뜨거운 감동을 주신다. 지금이라도 당장 주님의 몸 된 교회를 위해서, 또 내 주변의 힘든 지체를 위해서 돕고 싶고 나서고 싶다. 그런데 자꾸만 멈칫거린다. 아직 내가 이렇게 할 때가 아니라는 생각, 아직 제대로 준비되지 못했다는 생각 때문이다. 아직 내 인생도 제대로 해석되지 않고 불안 불안한데, 어떻게 다른 이들을 위한 부르심의 자리로 나갈 수 있겠는가? 내 주변 상황이 다 정리되고 안정되었을 때 부르시면 좋겠는데 하나님은 종종 우리가 할 수 있는 충분한 준비와 여건이 되어 있을 때 부르시지 않는다. 늘 부족하고 불안하며 혼란스럽고 뭐가 뭔지 잘 모르는 상태에서 우리를 부르신다. 그래서 나의 현실과 주님의 부르심이 충돌한다.

이럴 때 우리는 어떻게 해야 하는가? 무엇보다 부르시는 자리로 온 마음을 다해 믿음의 발걸음을 내디뎌야 한다. 그리고 부르신 곳에서 버티고 있어야 한다. 스스로가 불안정한 상태일 때 우리는 늘 다른 사람의 시선을 의식한다. 난 이것밖에 안 되는데, 내 형편이 이것밖에 안 되는데 다른 사람이 보면 뭐라고 할까? 난 아직 감옥에 있어 자유롭지 못한데, 주제넘게 나서서 어떻게 다른 사람의 꿈을 해석해 줄 수 있을까? 하지만 이런 꿈에 대한 해석은 하나님께서 지금까지 요셉이 능숙하게 감당하도록 훈련시켜왔던 부분이다. 아직 부족하고 연약해도 나를 훈련시키셨던 그 영역에서 순종하며 나아가야 한다.

우리가 내 형편과 사정에 핑계를 대기 시작하면 이것은 우리로 현실을 회피하게 하는 회피기제가 된다. '난 아직 안정되지 않았는데 이렇게 나서면 다른 사람이 뭐라고 생각할까' 하는 타인의 시선에서 벗어나 그 일에 대한 가치를 부여할 때 우리는 용기를 내서 감당할 수 있다. 당장에는 부족하고 불안정해도 주님께서 지금 부르셨다면 그 자리로 기꺼이 나아가야 한다. 여기서 필요한 게 처음부터 끝까지 변함없이 나아가는 신실함이다. 내게 주신 기회를 다해 섬기고 최선을 다하면 된다. 결과는 하나님이 책임지신다.

요셉은 술 맡은 관원장의 꿈을 듣고 해석해준다. 그 꿈의 해석은 술 맡은 관원장이 3일 후에 복직되어 왕 앞에 다시 서게 된다는 것이다. 반면 떡 맡은 관원장의 경우 사흘 안에 처형당할 것이라는 해석이다. 정말 요셉의 해석처럼 두 사람의 운명이 갈리게 된다. 그런데 안타까운 것은 무엇인가?

"술 맡은 관원장이 요셉을 기억하지 못하고 그를 잊었더라"(23절).

술 맡은 관원장이 결정적인 요셉의 도움을 받았어도 밖에 나가게 되자 요셉에게 받은 은혜를 잊어버렸다. 요셉의 간절한 부탁에도 잊어버렸다. 우리도 마찬가지다. 우리가 나중에 상황이 안정되면, 내 문제만 해결되면 주님이 부르신 일을 잘하고 충성할 것 같지만 여전히 우리는 은혜를 잊고 그다음부터는 정신없이 바쁘다는 핑계로 주님의 부르심을 회피한다.

모든 게 안정되어 있지 않아 불안하여 어려움 중에 있을 때 성도가 주님의 부르심에 기꺼이 순종하면 그것이 성도의 실력이 된다. 생각해보라. 불안정한 요셉이 이렇게 꿈을 해석해주고, 또 그 해석이 정확히 맞았기에 이후 결정적인 순간에 이 요셉의 실력을 기억했던 사람이 그를 다시 부르게 된다(41:9-14 참조). 따라서 불안 중에 우리를 부르시는 하나님의 부르심은 우리를 당황스럽게 하고 곤경에 빠뜨리는 거부해야 할 부르심이 아니라 우리의 영적 실력과 내공을 쌓을 기회이다. 이런 순종이 우리에게 성도의 영적 실력으로 축적된다.

성도 앞의 닫힌 문은 결코 내 주변의 리스크가 안정되고 해결될 때 열리지 않는다. 성도 앞의 닫힌 문은 기꺼이 주님을 위하여 리스크를 떠안고 순종할 때 나도 모르는 사이에 다음 문이 열릴 준비가 되고, 또 하나님의 때에 정확하게 열린다. 하나님께서 나를 어떻게 부르시는 것 같은가? 어떤 감동으로 어떻게 섬기기를 원하시는 것 같은가? 부르심은 느껴지는데 자꾸 내 상황이 불안하고 불안정해서 회피하지는 않는가? 기억하라. 성도의 실력은 절대 평안한 데서 쌓이지 않는다. 주님이 우리를 부르실 때 너무 리스크에 염려하지 않기를 바란다. 주님이 우리가 염려하는 리스크를 모르고 부르신 게 아니다. 알고 계심에도 기꺼이 우리를 부르시는 것이다. 여러 가지 환경이 우리의 삶을 불안하게 만들지만, 그런데도 이런 가운데서도 기꺼이 주님의 부르심에 순종하며 쓰임받자. 굳건한 영적 실력을 키워나가자.

76 Chapter 76. Genesis 41:1-16

하나님을 향한 시선을 키우라

1만 이 년 후에 바로가 꿈을 꾼즉 자기가 나일 강가에 서 있는데 2보니
아름답고 살진 일곱 암소가 강가에서 올라와 갈밭에서 뜯어먹고 3그
뒤에 또 흉하고 파리한 다른 일곱 암소가 나일 강가에서 올라와 그
소와 함께 나일 강가에 서 있더니 4그 흉하고 파리한 소가 그 아름답
고 살진 일곱 소를 먹은지라. 바로가 곧 깨었다가 5다시 잠이 들어 꿈
을 꾸니 한 줄기에 무성하고 충실한 일곱 이삭이 나오고 6그 후에 또
가늘고 동풍에 마른 일곱 이삭이 나오더니 7그 가는 일곱 이삭이 무
성하고 충실한 일곱 이삭을 삼킨지라. 바로가 깬즉 꿈이라. 8아침에
그의 마음이 번민하여 사람을 보내어 애굽의 점술가와 현인들을 모
두 불러 그들에게 그의 꿈을 말하였으나 그것을 바로에게 해석하는

*자가 없었더라. [9]술 맡은 관원장이 바로에게 말하여 이르되 내가 오
늘 내 죄를 기억하나이다. [10]바로께서 종들에게 노하사 나와 떡 굽는
관원장을 친위대장의 집에 가두셨을 때에 [11]나와 그가 하룻밤에 꿈을
꾼즉 각기 뜻이 있는 꿈이라. [12]그곳에 친위대장의 종 된 히브리 청년
이 우리와 함께 있기로 우리가 그에게 말하매 그가 우리의 꿈을 풀되
그 꿈대로 각 사람에게 해석하더니 [13]그 해석한 대로 되어 나는 복직
되고 그는 매달렸나이다. [14]이에 바로가 사람을 보내어 요셉을 부르
매 그들이 급히 그를 옥에서 내 놓은지라. 요셉이 곧 수염을 깎고 그
의 옷을 갈아입고 바로에게 들어가니 [15]바로가 요셉에게 이르되 내가
한 꿈을 꾸었으나 그것을 해석하는 자가 없더니 들은즉 너는 꿈을 들
으면 능히 푼다 하더라. [16]요셉이 바로에게 대답하여 이르되 내가 아
니라 하나님께서 바로에게 편안한 대답을 하시리이다.*

1950년대 미국 미시간주 북부의 한 시골마을에 농장을 경영하는 한 가정에서 일어난 일이다. 여러 자녀를 둔 그 가정에 막내 아들 '바비'가 태어났다. 이 막내는 다른 형제들과는 달리 어려서부터 통 말을 듣지 않았다. 아무리 달래도 울음을 그치지 않았고 걷고 나서부터는 막무가내로 떼를 쓰는 게 다반사였다. 점점 자기가 하고 싶은 대로 하면서 통제하기가 어려웠다. 장난감을 치우라고 하면 말대꾸를 하고 치우지 않았고, 또 과자나 사탕을 훔치다가 들키는 경우도 잦았다. 걸핏하면 다른 친구들의 장난감을 그냥 가져왔다. 또 시골마을이기에 형제들이 부모님을 도와 농기구를 이용해서 농사일을

돕는데 다섯 살밖에 되지 않는 이 아이는 자꾸만 농기구 옆에서 놀았다. 농기구가 날카롭고 육중한 것들이 많지 않은가? 그런데 통 말을 듣지 않았다. 그래서 실제로 회초리를 들었던 적도 많았다. 그런데도 부모님이나 형제들의 말을 우습게 여기고 자꾸 농기구 주변에서 얼쩡거리며 놀았다.

그러던 어느 날, 이 다섯 살짜리 바비가 농기구 옆에서 놀다가 중상을 입었다. 목숨이 오락가락하는 상태였다. 1950년대 미국의 시골 마을에는 아직 구급차가 없었고 병원도 부근에 없었다. 아이는 점점 신음하며 죽어갔다. 이때 가족들이 할 수 있었던 유일한 일은 기도밖에 없었다. 가족들은 이웃을 불러 바비를 빙 둘러선 다음 하나님께 간절히 기도했다. 이웃과 가족들은 한 사람씩 돌아가면서 바비를 살려달라고 간절히 기도했다. 많은 이들이 살려달라고 기도하면서 또 이렇게도 기도했다.

"주님, 겸손히 주님께 구합니다. 주님의 뜻이면 바비를 살려주옵소서!"

"주님의 뜻대로 이루어주옵소서!"

그러다 바비의 어머니가 기도할 차례가 돌아왔다. 이때 바비의 어머니는 하나님께 다급한 마음으로 이렇게 기도했다.

"하나님, 저는 주님의 뜻이 무엇이든 알 바 없습니다. 제 아들을 고쳐주지 않으시면 다시는 기도하지 않겠습니다!"

그런데 이 기도에 하나님이 응답하셨다. 바비가 기적같이 살아났다. 그런데 더 큰 문제는 바비가 살아난 이후였다. 어릴 때의 천방지축 기질이 더해갔다. 바비는 점점 크게 말썽을 일으켰고 부모에게 불

순종했다. 학교에서는 반항했다. 그러다 급기야 학교 기물들을 파괴하기 시작했고, 무단결석을 하고며 좀도둑 짓을 하더니 급기야 술에 손을 대고, 마침내는 마약에까지 손을 대기 시작했다. 그러면서 부모님과 동네 이웃들의 돈을 훔치고 귀중품을 훔쳐다가 이것을 전당포에 맡기고 돈을 받아 그 돈으로 마약을 샀다. 바비는 이후로 평생 감옥을 들락거리는 인생으로 전락했다.

자, 여기서 우리는 한번 생각해봐야 한다. 어머니의 막무가내식 기도가 응답되었다. 이 기도의 응답이 어머니에게는 복이었는가? 아니면 차라리 응답되지 않는 게 나을 뻔했는가? 혹시 어머니가 기도할 때 "하나님, 저는 아들을 잃고 싶지 않지만 저는 주님의 뜻을 모릅니다. 저를 위해 최선의 길로 인도하실 주님을 신뢰하오니 주여, 주님의 뜻대로 인도하옵소서. 주님의 뜻이라면 이 아들을 다시 살려주옵소서!" 이렇게 기도했다면 하나님께서 이 기도에 응답하셨을까? 물론 이 문제를 이렇게 단번에 판단하기에는 무리가 있고 그 배후에 더 많은 정보가 필요하다. 그러나 기도에 대한 이 질문은 여전히 우리에게 필요하고 유효한 질문이다.

우리는 뜻밖의 고통과 깊은 아픔과 상실감에 직면할 때 주변을 돌아볼 여유를 갖기가 쉽지 않다. 문제 자체가 너무나도 다급하기 때문에 막무가내로 하나님께 떼를 쓰며 주님의 뜻은 필요 없고 내 뜻만 이루어달라고 다급하게 밀어붙인다. 그러다 정말 내 뜻대로만 이루어지면 내가 원했던 것이 잘못된 나의 조급함과 정욕이었음을 깨닫게 된다. 그래서 하나님은 종종 우리의 기도를 곧바로 응답하지 않으시고 침묵하신다. 그러나 우리는 이러한 하나님의 침묵을 견디지 못하고 상당히 실망하곤 한다.

본문 바로 전 40장 끝부분은 이렇게 마무리하고 있다. "술 맡은 관원장이 요셉을 기억하지 못하고 그를 잊었더라"(40:23). 술 맡은 관원장은 요셉의 꿈 해석대로 석방된다. 요셉은 감옥에 있을 때 술 맡은 관원장에게 바로에게 잘 부탁해서 자신을 석방시켜 달라고 간곡히 요청한다(40:14). 술 맡은 관원장이 풀려나갈 때 요셉에게 "걱정하지 마! 꼭 그렇게 할게!"라고 하면서 확신 있게 약속했을 것이다. 그런데 이 관원장은 요셉의 일을 2년 동안 새까맣게 잊고 있었다.

하나님께서 요셉과 함께하셨고 분명 그분의 능력과 지혜로 꿈을 풀어주었다. 요셉은 이런 만남과 꿈 해석의 일을 하나님께서 허락하셨으니 그가 감옥에서 나가는 게 분명 하나님의 뜻이라고 생각하지 않았겠는가? 그러나 하나님의 뜻은 요셉의 간절한 바람과는 다르게 흘러갔다. 나의 바람과 하나님의 뜻이 다를 때 우리는 어떻게 해야 할까?

우리는 여기서 나의 뜻이 하나님의 뜻과 다르더라도 기꺼이 그 하나님을 신뢰하며 나아갔던 성경의 인물들을 생각해볼 필요가 있다. 바로 다니엘의 세 친구였던 하나냐, 미사엘, 아사랴다. 이들을 바벨론식 이름으로 하면 사드락, 메삭, 아벳느고다. 느부갓네살 왕이 세운 신상에 절하지 않아 이들은 왕 앞에 끌려와서 절하라고 협박을 받았다. 그렇지 않으면 강렬하게 타오르는 풀무불에 내던져지겠다는 것이다. 이때 이들은 놀라운 고백을 한다. "우리가 이 일에 대하여 왕에게 대답할 필요가 없나이다. 왕이여 우리가 섬기는 하나님이 계시다면 우리를 맹렬히 타는 풀무불 가운데에서 능히 건져내시겠고 왕의 손에서도 건져내시리이다. 그렇게 하지 아니하실지라도 왕이여 우리가 왕의 신들을 섬기지도 아니하고 왕이 세우신 금 신상에게 절하지도 아니할 줄을 아옵소서"(단 3:16-18).

이들은 자신들을 구원하실 수 있는 하나님을 의심하지 않고 절대적으로 확신한다. 여기서 그들은 한 걸음 더 나아간다. 이들은 하나님께서 자신들의 바람대로 구해주지 않으신다고 하더라도 여전히 하나님께 실망하지 않고 하나님의 뜻에 순종하며 왕의 신상에 절하지 않을 것이라 고백한다. 다니엘의 세 친구는 하나님의 능력을 확신했다. 그러나 그 능력이 우리의 바람대로 나타나지 않더라도 실망하거나 믿음이 약해져서 비틀거리는 게 아니라 그 결과까지 철저히 하나님의 주권에 맡기며 하나님을 향한 신뢰를 거두지 않았다. 감사하게도 결과는 좋게 끝났다. 불속에서 이들은 머리털 하나도 상하지 않고 건짐을 받았다. 결과적으로 이들의 믿음의 행동은 하나님께 큰 영광이 되었다.

하지만 믿음이 좋아도 결과가 늘 좋게 끝나는 것만은 아니다. 심지어 아주 비참해질 수 있다. 욥이 바로 그런 경우다. 욥은 온전하고 정직하여 하나님을 경외하며 악에서 떠난 사람이었다(욥 1:8). 하나님도 인정하실 정도였다. 그런데도 그는 매우 비참한 상태로 떨어졌다. 그가 가진 소유를 잃고 사랑하는 자녀들을 모두 잃었다. 아내도 차라리 "하나님을 욕하고 죽으라"고 저주하며 그를 떠났다(욥 2:9). 우리는 이런 욥을 대할 때 상당히 혼란스럽다. 믿음이 좋으면 좋은 일이 일어나야 하지 않을까? 우리에게는 좋은 믿음을 가지면 내가 바라고 믿는 대로 일이 이루어져야 한다고 생각하는 성향이 짙다. 그래서 믿음 좋은 욥이 엄청난 고난과 상실 가운데 고통받는 모습을 보면 당황스럽다.

이 부분을 이해하려면 우리는 하나님의 판결 장면을 좀 더 자세하게 살펴볼 필요가 있다. 하나님께서 욥을 의롭다고 판결하시니까 사탄이 어떻게 행하는가? "사탄이 여호와께 대답하여 이르되 욥이 어찌 까닭 없이 하나님을 경외하리이까. …이제 주의 손을 펴서 그의 모든 소유물을 치소서. 그리하시면 틀림없이 주를 향하여 욕하지 않겠나이까"(욥 1:9,11). 지금 사탄은 욥이 의롭다는 하나님의 평결에 반기를 들고 항소한다. 그러자 하나님은 이 항소를 받아들인다. "내가 그의 소유물을 다 네 손에 맡기노라. 다만 그의 몸에는 네 손을 대지 말지니라. 사탄이 곧 여호와 앞에서 물러가니라"(욥 1:12). 그러자 사탄은 욥에게로 가서 그의 생명을 제외한 모든 것을 파괴시킨다. 폭풍으로 욥의 자녀들을 죽이고 그의 부를 빼앗고 그의 건강을 망쳐놓는다.

그렇다면 하나님은 왜 사탄의 항소를 받아들이셨을까? 한 가지 가능성을 상상할 수 있다. 천상회의에서 사탄의 항소가 벌어질 때 이에 깜짝 놀라 주목했던 존재들이 있었다. 바로 다른 동료천사들이다. 외경에 보면 사탄 루시퍼가 하나님께 반기를 들고 많은 천사를 부추겨서 이들을 이끌고 이 땅으로 내려온다. 자, 지금 사탄은 또다시 다른 천사들을 부추기면서 하나님의 의로운 판결이 그르다고 문제를 제기하는 것이다. 만약에 욥이 사탄의 주장대로 극심한 고난 앞에 하나님을 욕하고 저주하면 어떻게 될까? 온 우주의 증언대 앞에서 사탄이 옳았음이 입증되는 것이다. 하나님은 사탄의 항소를 입증할 인물로 욥을 자신 있게 내세우셨다. 욥에게 하나님의 명예와 판결을 의탁하신 것이다. 이렇게 볼 때 욥의 고난은 욥 개인의 고통과 씨름을 넘어서 하나님의 의로우심과 명예를 온 우주에 입증하는 어마어마한 우주적인 사건이었다.

이런 면에서 욥은 예수 그리스도를 예표한다. 예수님이 십자가에 달리셨을 때 많은 유대인이 예수님을 충동질한다. "십자가에 달린 자여 하나님을 욕하고 죽으라. 십자가에서 내려오라." 이 십자가에서 예수님의 고통과 죽음은 한 개인의 고통에 그친 것이 아니었다. 온 우주가 사탄의 승리냐, 하나님의 승리냐를 숨죽이고 보고 있던 우주적인 판결의 순간이었다.

예수님을 따라다녔던 사도들도 복음을 전하며 경험했던 많은 고통과 핍박의 상황에서 이런 신비로운 장면을 경험했던 것 같다. "내가 생각하건대 하나님이 사도인 우리를 죽이기로 작정된 자같이 끄트머리에 두셨으매 우리는 세계 곧 천사와 사람에게 구경거리가 되었노라"(고전 4:9). 여기서 믿음이 더 깊고 넓은 차원으로 확장된다. 믿음은 내가 바라는 것을 하나님이 기적적으로 이루어주시고 개입하시는 차원을 넘어 하나님의 성품을 신뢰하고, 내가 사탄의 고소와 고발 앞에서도 끝까지 그분 앞에 온전하고 정직하며, 그분을 전심으로 사랑하고 신뢰하며 경외하는 사람임을 입증하는 것이다.

사탄은 우리를 참 많이 흔들려고 집요하게 공격한다. "하나님께 실망하게 하고, 네가 원하는 대로 응답하지 않으시는 하나님이면 차라리 없는 게 낫지 않아?" "네가 이렇게 매달렸는데 그 능력 있다는 분이 그냥 침묵하셔? 차라리 믿지를 마라." 사탄은 믿음의 단순한 차원에서 우리를 흔들려 한다. 그러나 우리의 믿음은 여기서 더 깊은 차원으로 나아가야 한다. 하나님은 우리의 시야보다 더 크신 하나님이시기 때문이다. 이 하나님을 향한 우리 믿음의 시선을 이제는 더 키워야 한다.

본문에 나오는 요셉을 보라. 꿈 때문에 애굽에 왔고 감옥에 갇혔다. 그리고 또다시 꿈으로 인해 술 맡은 관원장을 향해 새로운 희망을 갖는다. 제국의 황제 옆에서 섬기는 사람이니 영향력과 권세가 대단하지 않았겠는가? 그에게 하나님의 꿈이 어느 날 갑자기 불현듯 찾아왔다. 이것이 무엇인지 당황스러워하는 관원장에게 요셉이 꾼 꿈을 해석해주었다. 술 맡은 관원장으로부터 좋은 결과를 기대했다. 그런데 바람대로 결과가 일어나지 않았다. 요셉은 술 맡은 관원장이 나가고도 2년 동안 계속해서 감옥에 머무르게 된다. 하나님께서 요셉에게 꿈을 해석하게 하셔놓고도 그의 앞길을 막으시는 이유는 무엇일까? 요셉에게는 실망일 수 있지만 요셉을 향한 하나님의 기대와 생각은 크기 때문이다.

하나님은 요셉의 삶을 요동치게 했던 꿈을 통해 이제는 직접 바로의 제국을 습격하신다. 만 2년 후 바로가 꿈을 꾸었다(41:1). 범상치 않은 꿈이었다. 바로는 이 꿈을 꾸고 안절부절못한다. 그는 세상에서 가장 큰 권세와 힘을 가진 제국의 통치자였지만 하나님이 불시에 습격하신 불가해한 꿈 앞에 철저히 무력하고 연약한 모습을 보인다.

꿈의 내용은 이렇다. 자신이 나일 강가에 서 있었다. 나일은 애굽의 젖줄이자 대표적인 상징이었다. 그런데 여기에 살진 일곱 암소가 올라와서 풀을 뜯어 먹는데 흉하고 파리한 또 다른 일곱 암소가 올라와서 이 살진 암소를 다 먹어치운다. 바로는 너무나도 기괴한 이 꿈에 깜짝 놀라 깨었다가 다시 잠든다. 이번에는 한줄기에 무성하고 틈실하게 난 일곱 이삭이 나온다. 이후에 가늘고 마른 일곱 이삭이 나오는데 이 마른 이삭들이 무성하고 틈실한 일곱 이삭을 삼킨다(2-7절).

이 꿈을 꾼 바로는 무엇인가 섬뜩한 느낌이 든다. 당시 꿈은 하늘의 계시와도 같았다. 특히 통치자가 꾼 꿈은 신들이 왕과의 특별한 관계에 근거해서 주는 계시라고 생각했다. 그래서 통치자 주변에는 왕의 꿈을 해석해주는 점술가나 지혜자들이 있었다. 바로가 꿈을 꾸면 다음 날 바로는 이들에게 물어보곤 하였다. 바로는 자신이 꾼 꿈이 무엇인가 이 나라의 운명에 관해서 말하는 중요한 꿈 같은데, 도무지 무슨 의미인지를 몰랐다. 그래서 애굽에서 유명한 점술가와 지혜자들을 다 불러 물어봤는데 다들 꿀 먹은 벙어리처럼 해석하지 못한다(8절). 영 대답이 시원치 않다. 헛소리하는 느낌이다. 그런데 마음은 다급하다. 조만간 큰일이 닥칠 것 같은 느낌이 드는데 누구 하나 제대로 알려주지 못한다.

바로가 답답해하고 안절부절못하자, 이때야 비로소 왕 곁에 있던 술 맡은 관원장이 요셉을 기억해낸다.

"술 맡은 관원장이 바로에게 말하여 이르되 내가 오늘 내 죄를 기억하나이다. 바로께서 종들에게 노하사 나와 떡 굽는 관원장을 친위대장의 집에 가두셨을 때에 나와 그가 하룻밤에 꿈을 꾼즉 각기 뜻이 있는 꿈이라. 그곳에 친위대장의 종 된 히브리 청년이 우리와 함께 있기로 우리가 그에게 말하매 그가 우리의 꿈을 풀되 그 꿈대로 각 사람에게 해석하더니 그 해석한 대로 되어 나는 복직되고 그는 매달렸나이다"(9-13절).

이 말을 듣자 바로는 급히 신하들을 보내서 요셉을 데려오게 한다. 얼마나 급하게 불렀던지 옥에서 나와 수염만 깎고 예복을 입고 들어갈 정도였다(14절). 그만큼 바로의 마음이 다급했다. 요셉은 전혀 기대하지 않았던 시간에 갑작스럽게 부름받아 바로 앞에 섰다. 갑작스러운 상황에 상당히 긴장하고 어리둥절했을 것이다. 요셉이 바로에게 나아가자 바로가 말한다.

"바로가 요셉에게 이르되 내가 한 꿈을 꾸었으나 그것을 해석하는 자가 없더니 들은즉 너는 꿈을 들으면 능히 푼다 하더라"(15절).

그러자 요셉은 '내' 가 아니라 '하나님' 이 바로에게 응답해주실 것이라고 대답한다. 사실 요셉이 이 기회를 살려 감옥 밖으로 나가려면 어떻게든 자신을 잘 보여야 하지 않겠는가? 그동안 자신이 꿈을 해석해서 혜택을 본 사람들의 명단을 나열한다든지 하는 식으로 자기 자랑을 좀 하고 싶은 마음이 들었을지 모르겠다. 그러나 요셉은 이 대화 가운데 자신을 드러내지 않는다. 요셉은 겸손하게 대답한다. "폐하, 저는 꿈을 해석하는 사람이 아닙니다. 제가 아니라 하나님께서 풀어주실 겁니다. 이 꿈은 하나님께서 바로에게 주실 대답입니다. 하나님께서 말씀해주실 겁니다."

지금 요셉은 자신의 능력은 한마디도 하지 않고 하나님의 역사에만 전적으로 초점을 맞추고 있다. 이 짧은 대화 가운데 요셉은 변함없이 하나님을 신뢰하는 태도를 보여준다. 요셉은 대답마다 하나님이 하실 것이고, 하나님이 하실 일을 바로에게 보이셨으며, 하나님이 작정하신 일이라고 대답한다(25,28,32절). 모든 대화 가운데 하나님만을 드러내고 있다. 이를 통해 바로는 자신의 꿈 가운데 제국통치의 계획을 드러내시는 하나님을 새롭게 발견하게 된다.

지금 요셉은 전적으로 하나님만을 신뢰하고 있다. 사실 바로 앞에 당당하게 "내가 꿈을 해석하는 자가 아니라"고 밝히기는 쉽지 않다. 이렇게 요셉이 변함없이 전적으로 하나님을 의지하는 것은 어려운 감옥생활 가운데서도 그의 시선을 다시 하나님께만 집중했음을 보여준다. 물론 지난 2년간 요셉은 실망하여 마음이 상했을 수도 있다. 그러나 요셉은 여전히 하나님을 향한 신뢰와 믿음을 거두지 않고 있다. 요셉 개인의 소망을 뛰어넘으시는 하나님을 여전히 신뢰하고 있다. 바로 이 지점부터 하나님을 향한 요셉의 계획을 바라보는 시선이 더 커지고 열리게 된다. 우리에게도 이런 시선의 확장이 필요하다.

한 성도가 암에 걸렸다. 37세에 식도암 말기 진단을 받았다. 이 성도는 결혼생활이 행복했고 예쁜 세 딸을 두고 있었다. 믿음이 있었지만 암 판정으로 인해 삶에 엄습하는 회의와 불안으로 힘겨운 내적 싸움이 진행되고 있었다. '왜, 나에게 이런 일이 일어나는가? 내가 무슨 잘못을 했다고 이런 일을 당해야 하는가? 내가 나쁜 죄를 지은 것도 아닌데, 또 하나님은 아이들에게 내가 필요하다는 사실을 아시는데, 왜 내가 죽어야 하는가? 능력 있으신 하나님이 왜 나를 고쳐주시지 않는가? 내가 믿음이 부족한 것인가? 나도 모르는 가계에 흐르는 죄가 있는가?' 별별 생각이 다 들었다.

그러나 이 성도는 다니엘의 세 친구와 욥을 묵상하면서 믿음의 새로운 차원에 눈을 떴다. 믿음은 하나님이 내 삶에 기적적으로 개입하시는 것만이 아니라 내 삶을 향한 하나님의 목적이 다른 데 있다면 개입하지 않으실 것도 받아들이며 그런 선하신 하나님을 신뢰하는 것임을 발견했다. 분명 그의 암은 하나님이 주신 것은 아니다. 그러나 하나님은 일부러 그의 병을 고쳐주시지는 않았다. 그렇다면 하나님은 이 암으로도 하나님의 선을 이루지 않으실까? 생각이 여기까지 이르자 두려움과 불안으로 가득했던 이 성도의 삶에 기쁨과 감사와 평안이 흘러들어오기 시작했다. 이 성도는 하나님의 선하심을 의지하게 해달라고 기도했다.

그 와중에 하나님을 떠나 있던 두 형제가 떠올랐다. 이 성도는 오랫동안 이들의 구원을 위해 기도했고, 심지어는 "아버지, 아버지의 뜻이라면 저를 사용하셔서라도 제 형제들을 아버지의 나라로 돌아오게 해주세요." 이렇게 기도했었다. 이 성도가 서서히 생명의 불씨가 꺼져갈 때 그의 형제들이 그의 곁을 찾아와 함께 시간을 보냈다. 이들은 자기 형제가 죽어가면서도 한결같은 기쁨, 변함없는 행복, 주변 사람들을 향한 지극한 사랑을 보았다. 그러면서 그들의 마음이 찔렸다. 그렇게 악착같이 벌려고 했던 돈으로 절대 살 수 없는 귀한 것들이 바로 자기 형제에게 있는 것을 보았다. 이 충격 앞에 이들은 다시 하나님께로 돌아왔다.

이 성도는 마지막 생의 호흡이 다하기 전에 이렇게 고백했다. "하나님은 정말 놀라우신 분입니다. 암이 저를 공격했지만 하나님은 이

악한 암까지 사용하셔서 저의 형제들을 그분께로 돌아오게 하셨습니다. 하나님은 모든 것을 합력하여 그의 뜻대로 부르심을 입은 자들에게 선을 이루시는 분입니다. 이제 이 땅에서 제 수명은 몇십 년 단축되었습니다만 그 결과로 제 형제들이 영원한 구원을 받았으니 저는 그들과 함께 이제 저 천국에서 영원한 안식을 누릴 수 있습니다. 하나님께 감사합니다!"

지금 나는 하나님을 바라보는 시선이 어떠한가? 온통 내 생각 내 유익 내 주장만을 하나님께 관철시키려고 애쓰지 않는가? 아니면 이제 나도 주님의 더 큰 뜻을 신뢰하며 그분의 선하심을 신뢰하며 나아갈 수 있겠는가? 핍박과 환란 가운데서도 온 우주 앞에서 여전히 하나님이 선하신 분이라고 증언할 수 있겠는가? 하나님을 향한 영적 시선을 더 넓게 갖기를 바란다.

77 Chapter 77. Genesis 41:17-40

문제를 넘어 하나님의 대안이 되라

*[17]바로가 요셉에게 이르되 내가 꿈에 나일 강가에 서서 [18]보니 살지고
아름다운 일곱 암소가 나일 강가에 올라와 갈밭에서 뜯어먹고 [19]그
뒤에 또 약하고 심히 흉하고 파리한 일곱 암소가 올라오니 그같이 흉
한 것들은 애굽 땅에서 내가 아직 보지 못한 것이라. [20]그 파리하고 흉
한 소가 처음의 일곱 살진 소를 먹었으며 [21]먹었으나 먹은 듯 하지 아
니하고 여전히 흉하더라. 내가 곧 깨었다가 [22]다시 꿈에 보니 한 줄기
에 무성하고 충실한 일곱 이삭이 나오고 [23]그 후에 또 가늘고 동풍에
마른 일곱 이삭이 나더니 [24]그 가는 이삭이 좋은 일곱 이삭을 삼키더
라. 내가 그 꿈을 점술가에게 말하였으나 그것을 내게 풀이해 주는
자가 없느니라. [25]요셉이 바로에게 아뢰되 바로의 꿈은 하나라. 하나*

님이 그가 하실 일을 바로에게 보이심이니이다. 26일곱 좋은 암소는 일곱 해요 일곱 좋은 이삭도 일곱 해니 그 꿈은 하나라. 27그 후에 올라온 파리하고 흉한 일곱 소는 칠 년이요 동풍에 말라 속이 빈 일곱 이삭도 일곱 해 흉년이니 28내가 바로에게 이르기를 하나님이 그가 하실 일을 바로에게 보이신다 함이 이것이라. 29온 애굽 땅에 일곱 해 큰 풍년이 있겠고 30후에 일곱 해 흉년이 들므로 애굽 땅에 있던 풍년을 다 잊어버리게 되고 이 땅이 그 기근으로 망하리니 31후에 든 그 흉년이 너무 심하므로 이전 풍년을 이 땅에서 기억하지 못하게 되리이다. 32바로께서 꿈을 두 번 겹쳐 꾸신 것은 하나님이 이 일을 정하셨음이라. 하나님이 속히 행하시리니 33이제 바로께서는 명철하고 지혜 있는 사람을 택하여 애굽 땅을 다스리게 하시고 34바로께서는 또 이 같이 행하사 나라 안에 감독관들을 두어 그 일곱 해 풍년에 애굽 땅의 오분의 일을 거두되 35그들로 장차 올 풍년의 모든 곡물을 거두고 그 곡물을 바로의 손에 돌려 양식을 위하여 각 성읍에 쌓아 두게 하소서. 36이와 같이 그 곡물을 이 땅에 저장하여 애굽 땅에 임할 일곱 해 흉년에 대비하시면 땅이 이 흉년으로 말미암아 망하지 아니하리이다. 37바로와 그의 모든 신하가 이 일을 좋게 여긴지라. 38바로가 그의 신하들에게 이르되 이와 같이 하나님의 영에 감동된 사람을 우리가 어찌 찾을 수 있으리요 하고 39요셉에게 이르되 하나님이 이 모든 것을 네게 보이셨으니 너와 같이 명철하고 지혜 있는 자가 없도다. 40너는 내 집을 다스리라. 내 백성이 다 네 명령에 복종하리니 내가 너보다 높은 것은 내 왕좌뿐이니라.

본문 말씀은 크게 세 부분으로 나눈다. 먼저는 17~32절로 바로 앞에 선 요셉이 누구도 해석할 수 없었던 바로의 꿈을 해석해주는 장면이다. 두 번째 부분은 33~36절로 요셉이 바로의 꿈을 해석해줄 뿐만 아니라 그 꿈에 대한 대비책을 제안하는 장면이다. 세 번째는 37~40절까지로 바로가 그 자리에서 요셉을 총리로 기용하는 파격적인 인사를 단행하는 극적 반전의 내용이다.

어떤 문제가 생겼을 때 우리는 이것에 대해 비판하는 사람들을 많이 본다. "내 진즉에 그럴 줄 알았다." "이게 문제다. 저게 문제다." 별의별 비판들이 다 나온다. 그러나 비판을 넘어 건강한 대안을 제시하는 사람은 흔하지 않다. 건강한 대안을 제시할 수 있으려면 문제의 본질적인 원인을 정확하게 파악하고 있을 뿐 아니라 그 원인을 제거하고 이에 대한 절절한 현실성 있는 빈틈없는 계획을 세울 수 있는 일종의 기획능력이 있어야 하기 때문이다.

그런데 여기서 더 나아가 그 비판의 내용에 대하여 대안이 될 수 있는 사람은 더더욱 드물다. 모두가 어떻게 할지 모르고 선뜻 나서는 사람도 없는 일에 내가 나선다는 것은 쉽지 않다. 그래서 내가 이 문제의 대안이 되어야겠다는 생각은 더더욱 하려고 하지 않는다. 그러나 주님은 우리를 세상의 소금과 빛으로 부르셨다(마 5:13-14). 이는 단순한 비판자가 아니라 대안이 되는 사람으로 부르셨음을 의미한다.

소금은 싱거운 세상, 부패하기 쉬운 세상에 실제로 짠맛을 내고 부패를 방지하는 역할을 한다. 모두 다 싱겁다고, 썩는다고 비난할 때 실제 그 문제에 녹아 들어가 짠맛을 내고 부패를 방지할 힘을 발휘하는 존재, 즉 대안이 되는 존재인 것이다. 또 예수님은 우리에게 빛을 찾으라고 하지 않으시고 너희가 세상의 빛이라고 말씀하신다. 빛은 어둠을 비추는 존재이다. 그런데 주변에서는 이 어둠을 향하여 비판만 한다. 그런데 주님은 우리에게 암담하다고 탄식만 하지 말고 네가 그곳에서 빛이 되라고 하신다. 우리 스스로 볼 때 우리는 얼마나 연약하고 부족한가? 그런데 이런 우리가 대안이라고 하면 상당히 부담스럽다. 난 아니라고 손사래 치기에 바쁠지 모른다. 그러나 우리의 부르심은 명확하다. 우리는 이 암담하고 어그러진 세상 가운데 빛으로 오도록 부름받았다. 다시 말하면 비판과 원망만 할 것이 아니라 근본 이유를 파악하고 대안을 마련하고 더 나아가 대안이 되는 존재인 것이다.

본문의 요셉이 바로 그런 존재로 부름받는다. 그는 먼저 바로 앞에 꿈을 해석해주는 자로 부름받았다. 문제를 분석해주는 존재이다. 그러나 그는 문제 분석을 넘어 하나님의 대안으로 쓰임받는다. 이 과정을 함께 살펴보도록 하자.

먼저, 문제의 분석 부분이다. 어떤 문제가 일어났을 때 그 문제의 근본을 정확하게 해석하기가 쉽지 않다. 근본을 해석하면 문제 전체를 꿰뚫을 수 있고 큰 문제라도 쉽게 보이기 시작한다. 전에 미국에서 있었던 일이다. 텔레비전 고장 신고를 받고 출장 온 수리공이 텔레비전을 이리저리 살펴보다가 망치를 들어 어디를 한 번 두드리자 텔레비전이 켜졌다고 한다. 그런데 수리비용으로 청구서가 날아왔는데 100달러였다. 아니 텔레비전 한 번 두드렸는데 수리비용이 100달러라니 너무 비싸지 않은가? 그래서 명세서를 요구했다. 그러자 명세서에 다음과 같은 사항이 날아왔다. “망치 두드린 비용 1달러, 어디를 두드려야 할지 원인을 찾아낸 비용 99달러.” 무슨 말인가? 그만큼 정확한 원인을 파악하는 게 중요하다는 뜻이다.

문제의 원인을 제대로 분석하지 못해 아주 낭패를 봤던 기업이 있다. 바로 LG전자다. 미국에서 애플이 한창 스마트폰을 준비할 때 LG전자는 당시 삼성과 함께 세계 휴대폰 1~2위를 다퉜다. 당시 초콜릿폰을 히트시켜서 전 세계에 1천만 대 이상 팔았었다. 이 LG가 세계적인 컨설팅회사인 맥킨지에게 스마트폰 문제에 대한 분석을 의뢰했다. 이때 받은 컨설팅의 결론은 스마트폰은 필요 없고 마케팅만 잘해도 충분하다는 것이었다(오동희, “LG전자 맥킨지 이름만 들어도 치를 떤다, 왜?”(〈머니투데이〉, 2013. 4. 18.)). 이런 컨설팅에 무려 300억 원이라는 커다란 비용을 지불했다. 그런데 결국 이 분석만 믿고 가다가 매출 55조에 영업이익 3조를 내던 회사가 1년 만에 3분기에 1,800억의 영업적자를 내더니 4분기에는 2,400억이나 되는 적자를 기록할 정도로 위기를 맞게 되었다. 이처럼 문제 분석이 잘못되면 조직 전체에 큰 위기를 초래하게 된다.

본문에서 요셉의 해석은 애굽 전체의 운명을 좌우하는 커다란 작업이었다. 그런데 본문을 가만히 살펴보면 해석의 내용보다 더 중요하게 관심을 기울이는 게 있다. 그것은 꿈에 담긴 하나님의 의도와 주권에 초점을 맞추는 일이다.

> “요셉이 바로에게 아뢰되 바로의 꿈은 하나라. 하나님이 그가 하실 일을 바로에게 보이심이니이다”(25절).

요셉이 바로의 꿈을 듣고 말한다. "방금 말씀하신 두 개의 꿈 이야기는 사실 하나입니다. 이것은 우연히 꾼 것이 아니라 하나님께서 행하실 일들을 바로에게 보여주는 것입니다." 그러면서 꿈을 해석해 주고 그 끝에 다시 한번 강조하며 말한다.

"바로께서 꿈을 두 번 겹쳐 꾸신 것은 하나님이 이 일을 정하셨음이라. 하나님이 속히 행하시리니"(32절).

지금 요셉은 바로가 꾼 꿈이 어떤 성격의 꿈인지 그 본질을 꿰뚫어 이야기하고 있다. 이 꿈을 주신 분은 하나님이시고, 같은 꿈을 두 번이나 보여주신 것은 하나님께서 반드시 속히 행하실 것을 보여주기 위해서다. 꿈의 내용뿐 아니라 같은 꿈을 두 번이나 꾸게 하신 이유까지 설명한다. 사실 이 안에는 다음과 같은 엄청난 선포가 내포되어 있다. "하나님이 행하실 애굽의 미래는 제국을 통치하는 바로의 힘에 달려 있지 않고 하나님의 손에 달려 있습니다. 바로는 미래를 결정할 힘이 없습니다. 곁에서 관찰할 수 있을 뿐입니다."

문제 분석의 첫걸음이 바로 여기에 있다. 그것은 여호와를 경외하는 마음이다. 잠언 1장 7절에도 "여호와를 경외하는 것이 지식의 근본이거늘 미련한 자는 지혜와 훈계를 멸시하느니라"고 말씀하지 않는가? 모든 문제의 근본에 하나님이 하시려는 의도가 무엇인가를 고려해야 한다. 이것은 아무에게나 보이지 않는다. 하나님을 경외하고 하나님과의 친밀한 관계를 맺고 있는 사람의 눈에만 보인다. 감옥에서도 하나님을 의지하며 나아갔던 요셉은 하나님과 가까운 관계를 유지하고 있었다. 그랬기에 이 중대한 해석 가운데서도 하나님의 주권과 의도를 먼저 바로에게 담대하게 밝힌다. 그러고 나서야 요셉은 꿈의 내용을 해석한다. 해석의 요지는 다음과 같다.

온 애굽 땅에 7년간 큰 풍년이 있겠고, 그 후에 7년간 흉년이 들어 이 땅이 그 기근으로 망할 것이다!(30-31절). 바로는 요셉 덕분에 이 꿈이 어떤 내용인지를 알게 되었다. 세상을 경영하시는 하나님의 작정하심 앞에 바로는 이 꿈을 막을 수도, 조작할 수도 없다. 영향을 끼칠 방법이 없는 것이다. 그렇다면 바로는 어떻게 해야 하는가? 자, 여기서 요셉은 한 걸음 더 나아가 문제 분석에 대한 대안을 제시한다.

둘째, 요셉은 "이제 바로께서는"(33절)이라고 하며 운을 뗀다. 영어성경은 "그러므로 이제"(Now, therefore)로 표현한다. 이는 문제 분석으로 그치는 것이 아니라 이런 문제 분석을 바탕으로 새로운 대안을 모색하겠다는 뜻이다. 요셉은 명철하고 지혜 있는 사람을 택하여 애굽 땅을 다스리게 하고 7년 풍년 동안 매해 소출의 1/5, 즉 20%를 비축해서 기근을 대비할 것을 제안한다(33-36절). 요셉은 문제 분석에서 실행 계획까지 나아가고 있다.

만약 하나님의 계획이 바꿀 수 없는 '반드시' 행하실 계획이라면 우리는 이에 합당한 지혜로운 반응을 모색해야 한다. 요셉의 뛰어난 점은 하나님의 뜻을 구할 뿐 아니라 그 뜻 앞에 우리의 합당한 반응이 무엇인가도 함께 구한다는 사실이다. 하나님의 뜻을 알아도 어떻게 대응할지 모르고 그냥 그대로 있거나 내가 원하는 뜻이 아니라고 회피해버리면 나중에 큰 후회를 부르게 된다. 왜? 하나님은 계획대로 이루시는 분이기 때문이다. 그래서 우리에게 필요한 것은 하나님의 뜻에 합당한 반응이다. 하나님의 뜻은 우리의 구체적인 행동과 함께 나아간다.

꿈만 있고 이에 대한 우리의 합당한 응답이 없다면 하나님의 구원 역사는 이루어지지 않을 것이다. 그래서 우리에게는 항상 '이제 그러므로'의 반응이 요구된다. 하나님의 뜻을 분별하였고, 문제에 대한 하나님의 의도와 분석이 되었으면 이제는 이에 대한 합당한 반응 계획, 실행 계획이 있어야 한다. 그런데 이 액션플랜이 종종 뜬구름 잡는 계획일 때가 많다. 현실에 바탕을 두고 실용적으로 짜야 한다. 그렇다면 현실적인 액션플랜과 실행 능력을 키우려면 어떻게 해야 하는가? 현장에서 구석구석을 살피며 바닥부터 시행착오를 경험해봐야 한다. 이런 경험이 결국은 현실성 있는 액션플랜의 기초가 된다.

요셉은 어떻게 이런 현실적인 액션플랜을 내놓을 수 있었는가? 물론 이것도 하나님이 주신 지혜에 속할 것이다. 그러나 이것은 꿈과 같이 하늘로부터 뚝 떨어진 게 아니다. 현실에 대응할 수 있는 능력이 바탕에 깔려 있지 않으면 결코 할 수 없는 일이다. 요셉은 이런 현실에 대한 계획 능력과 실행 능력을 바닥에서부터 훈련받으며 시행착오를 경험했다. 그 바닥이 어디였는가? 시위대장 보디발의 집과 감옥이었다. 이곳에서 가정총무, 감옥총무로 일하면서 훈련받았다. 보디발의 집이나 감옥에서 필요한 식량이 얼마고, 인력이 얼마며, 이것을 어떻게 관리해서 수급을 조절해야 하는지, 또 감옥에서는 간수장이 원하는 게 무엇인지 이에 따라 죄수들을 어떻게 관리해야 하고 이들의 음식을 어떻게 공급해야 하는지 등 이런 훈련을 받았다. 그가 13년간 했던 일이었다. 어찌 보면 요셉의 바람과 상관없이 해야만 했던 일들이 이런 국가적인 비상사태에 가장 효율적인 계획을 세울 수 있는 기반이 되었다.

우리는 어떤가? 하기 싫은 일이면 도망가지 않는가? 그동안 요셉에게는 하기 싫어도 해야만 했던 일이 많았다. 또 요셉이 하고 싶어도 하지 말아야 하는 일도 있었다. 그런데 하나님은 그분의 역사를 요셉이 하고 싶은 일을 통해서가 아니라 하기 싫어하는 일, 억지로라도 해야만 하는 일을 통해 이루시는 것을 볼 수 있다.

셋째, 이런 현실성 있는 액션플랜이 마련된다고 하더라도 이것을 실제로 실행할 수 있는 사람이 필요하다. 아무리 계획이 좋아도 실행하는 사람이 누구냐에 따라 그 결과가 달라진다. 요셉이 하나님의 꿈을 해석하고 대안을 제시하자, 바로는 그동안 말 한마디 하지 않고 듣고만 있었다. 그러더니 입을 뗀다.

> "바로가 그의 신하들에게 이르되 이와 같이 하나님의 영에 감동된 사람을 우리가 어찌 찾을 수 있으리요 하고 요셉에게 이르되 하나님이 이 모든 것을 네게 보이셨으니 너와 같이 명철하고 지혜 있는 자가 없도다. 너는 내 집을 다스리라. 내 백성이 다 네 명령에 복종하리니 내가 너보다 높은 것은 내 왕좌뿐이니라. 바로가 또 요셉에게 이르되 내가 너를 애굽 온 땅의 총리가 되게 하노라 하고"(38-41절).

바로는 즉석에서 요셉에게 파격적인 제안을 한다. 애굽을 다스리는 총리가 되어 온 백성을 다스리라는 것이다. 아니 어떻게 이럴 수가 있는가? 신분도 검증해야 하고 능력도 검증해보지 않고? 공직 경험이 한 번도 없는 노예를 발탁해서 애굽 전역을 다스리는 총리로 세운다는 것은 너무 경솔한 결정이 아닌가? 사실 이런 결정을 할 수 있는 바로도 보통사람은 아니다. 바로는 감옥노예 요셉이 오늘날로 치면 S급, 즉 최고의 인재임을 알아본 것이다. 인재를 알아보고 찾는다는 것은 쉽지 않다. 우리나라의 어떤 대기업은 이 인재 찾기에 사활을 걸지 않는가? 인재 하나가 수많은 사람을 먹여 살릴 수 있기 때문이다. 바로는 지금 눈앞에 나타난 노예가 이런 인재임을 알아보았다. 이런 걸 보면 바로 역시 상당한 고수다.

전에 일본의 소프트뱅크사의 손정의 회장이 당시 중국 베이징에서 35세 무명의 청년 마윈을 만났다(이채윤, 「알리바바 경영천재 마윈과 손정의의 윈윈게임」(서울: 한국경제신문, 2016)). 마윈은 그전까지 영어강사로 창업경험이 전혀 없었었다. 그가 온라인 쇼핑몰에 대해 구상한 것을 프레젠테이션하기 시작했다. 시작한 지 한 6분쯤 지났을 때 손정의 회장이 손을 내저으면서 발표를 중단시켰다. 그러더니 아주 파격적인 제안을 했다. 마윈의 회사에 4천만 달러, 당시로 하면 450억 원을 투자하고 싶다는 것이다. 그러자 마윈은 깜짝 놀라 그 정도까지는 필요하지 않다고 하면서 2천만 달러(220억)만을 받았다.

아니, 어떻게 단 6분 만에 이것저것 알아보기도 전에 이런 파격적인 제안을 할 수 있었을까? 손정의 회장은 이렇게 말한다. "나는 창업자의 눈을 봅니다. 반짝반짝 빛나는 눈빛의 가능성에 투자합니다." 손정의는 숱한 사업경험을 통해 정말 가능성 있는 최고의 인재가 가진 그런 눈빛을 알고 있었던 것이다. 손정의는 마윈에게 "당신이 뻗어 나갈 수 있는 만큼 마음껏 해라"고 응원하고는 경영에는 일절 간섭하지 않았다. 마윈은 손정의가 건넨 투자금액을 갖고 열심히 사업을 해서 14년 후 미국 나스닥에 상장하게 되었는데 이때 220억의 지분가치가 70조 원으로 올라가게 된다. 수익률로 따지면 3천 배의 수익을 거둔 것이다. 고수는 고수를 알아본다.

바로는 하나님이 보여주신 어마어마한 꿈 앞에 자신이 철저히 무력함을 깨달았다. 그러나 적어도 그에게는 그 하나님의 꿈 앞에 합당하게 반응할 수 있는 한 사람을 알아볼 수 있는 안목이 있었다(39절). 그를 붙잡는 게 이 위기를 헤쳐나갈 수 있는 가장 좋은 대안임을 직감적으로 알았다. 그래서 바로는 요셉에게 총리를 제안하면서 전권을 허락하는 파격적인 제안을 한다.

이런 요셉의 자질은 어느 날 갑자기 생긴 게 아니다. 하나님께서 그동안 요셉의 내면에 이런 자질을 훈련받고 키우셨고 하나님의 때에 하나님의 방법으로 무르익게 하셨다. 하나님께서 요셉을 준비시키신 것이 무엇인가? 첫째, 하나님과의 친밀감이다. 둘째, 고난과 거친 길을 통해 대안을 수립할 수 있는 역량이다. 이것을 하나님의 때에 하나님의 자리를 통해 드디어 꽃피게 하셨다. 우리 안에 고난을 보는 안목이 자라나길 바란다. 요셉은 오랜 세월 하나님이 주신 꿈을 품고 이 꿈을 포기하지 않고 온갖 역경 가운데서 믿음으로 살아왔던 사람이다. 이런 삶은 요셉이 단순히 대안을 제시하는 사람이 아니라 대안이 될 수 있는 사람으로까지 준비되고 있었음을 보여준다.

우리는 큰 문제 앞에 어떻게 반응하는가? 원망만 하고 있는가? 투덜대고 비난하기에 급급하지 않은가? 아니면 현실에 기반한 해결

책을 줄 수 있는 역량이 있는가? 아니면 더 나아가 내가 하나님의 실질적인 대안으로 준비되는가? 우리는 모두 어둠 가운데 빛을 비추는 실질적인 대안으로 부름받았다. 썩기 쉬운 부패의 현장에 부패를 방지하는 소금으로 부름받았다. 주님이 주시는 마음과 지혜로 우리에게 일어난 일의 문제 분석을 넘어 하나님의 대안으로 쓰임받아야 한다.

78 Chapter 78. Genesis 41:41-57

성공 너머를 꿈꾸라

41바로가 또 요셉에게 이르되 내가 너를 애굽 온 땅의 총리가 되게 하
노라 하고 42자기의 인장 반지를 빼어 요셉의 손에 끼우고 그에게 세
마포 옷을 입히고 금 사슬을 목에 걸고 43자기에게 있는 버금 수레에
그를 태우매 무리가 그의 앞에서 소리 지르기를 엎드리라 하더라. 바
로가 그에게 애굽 전국을 총리로 다스리게 하였더라. 44바로가 요셉
에게 이르되 나는 바로라. 애굽 온 땅에서 네 허락이 없이는 수족을
놀릴 자가 없으리라 하고 45그가 요셉의 이름을 사브낫바네아라 하고
또 온의 제사장 보디베라의 딸 아스낫을 그에게 주어 아내로 삼게 하
니라. 요셉이 나가 애굽 온 땅을 순찰하니라. 46요셉이 애굽 왕 바로
앞에 설 때에 삼십 세라. 그가 바로 앞을 떠나 애굽 온 땅을 순찰하니

> *47일곱 해 풍년에 토지 소출이 심히 많은지라. 48요셉이 애굽 땅에 있는 그 칠 년 곡물을 거두어 각 성에 저장하되 각 성읍 주위의 밭의 곡물을 그 성읍 중에 쌓아 두매 49쌓아 둔 곡식이 바다 모래 같이 심히 많아 세기를 그쳤으니 그 수가 한이 없음이었더라. 50흉년이 들기 전에 요셉에게 두 아들이 나되 곧 온의 제사장 보디베라의 딸 아스낫이 그에게서 낳은지라. 51요셉이 그의 장남의 이름을 므낫세라 하였으니 하나님이 내게 내 모든 고난과 내 아버지의 온 집 일을 잊어버리게 하셨다 함이요 52차남의 이름을 에브라임이라 하였으니 하나님이 나를 내가 수고한 땅에서 번성하게 하셨다 함이었더라. 53애굽 땅에 일곱 해 풍년이 그치고 54요셉의 말과 같이 일곱 해 흉년이 들기 시작하매 각국에는 기근이 있으나 애굽 온 땅에는 먹을 것이 있더니 55애굽 온 땅이 굶주리매 백성이 바로에게 부르짖어 양식을 구하는지라. 바로가 애굽 모든 백성에게 이르되 요셉에게 가서 그가 너희에게 이르는 대로 하라 하니라. 56온 지면에 기근이 있으매 요셉이 모든 창고를 열고 애굽 백성에게 팔새 애굽 땅에 기근이 심하며 57각국 백성도 양식을 사려고 애굽으로 들어와 요셉에게 이르렀으니 기근이 온 세상에 심함이었더라.*

문화심리학자이자 화가로 변신한 김정운 박사가 「가끔은 격하게 외로워야 한다」(서울: 21세기북스, 2015) 서문에서 밝힌 내용이다. 그는 그동안 유명세를 탄 덕분에 대한민국에서 소위 성공했다는 사람들을 거의 다 만나봤다. 그런데 성공한 사람들을 보면 대부분 정상이 아니었다. 자신이 정상이 아니라는 사실을 본인만 모른다. 상식적으로 생각해볼 때 그 위치까지 가려고 얼마나 미친 듯이 살았겠는가? 얼마나 이를 꽉 물고 버텼겠는가? 얼마나 많은 경쟁자를 제치고 그 자리까지 갔겠는가? 그러는 동안 자신의 몸과 마음이 형편없이 망가졌는데 이 사실을 본인만 모른다. 주변 사람들은 다 안다. 다만 그가 가진 돈과 권력 때문에 아무 말도 하지 않을 뿐이다. 이런 사람들은 그러다가 한 방에 훅 가는 것을 자주 봤다. 김정운 박사가 볼 때 이런 성공은 진정한 성공이 아니라 독이었다.

오늘날 우리 사회는 성공에 열광하고 이를 맹목적으로 추구한다. 그래서 그토록 바라던 성공을 이루어내곤 하지만, 종종 성공 그 이상을 넘어서지 못한다. 많은 경우 우리가 추구하는 성공은 그 이면에 상당한 위험요소를 포함하고 있다. 첫째, 이런 성공은 유통기한이 짧다. 그래서 인생의 어느 시기까지는 죽기 살기로 달려들지만 그 시기가 지나면 인생의 거품이 꺼진다. 둘째, 맹목적이다. 성공 자체가 목적이다. 하지만 성공은 더 큰 의미와 원대한 가치를 추구하기 위한 발판이어야지, 성공 자체가 목적일 때 상당한 상실감과 공허감을 초래한다.

미국의 명문 아이비리그 대학에 입학한 한국 학생 중에 중간에 중퇴하거나 학교를 휴학하는 비율이 44%나 되는 것으로 나타났다 ("아이비리그 한인(韓人) 유학생 44% 중퇴"(〈조선일보〉, 2009. 10. 12.)). 이들은 명문대에 가는 것만을 맹목적인 목표로 적성도 고려하지 않고 달려갔지만 그 공부를 통해 어떤 인생의 아름다운 가치를 추구할 것인지를 생각하지 못했다. 들어오는 데 모든 에너지를 다 쏟았지만 그 이

후 공부의 힘든 과정을 버틸 에너지가 없었다.

우리는 절대 단기간의 성공으로 끝나서는 안 된다. 우리는 성공 너머에 우리를 향한 하나님의 더 큰 계획과 신비로운 인도하심에 겸손히 열려 있어야 한다. 우리는 세상풍조가 열렬히 추구하는 성공이란 단어를 다시 한번 생각해볼 필요가 있다. 여기에는 두 가지를 고려해야 한다. 첫째는 성공을 준비하는 것이고, 둘째는 성공 이후를 어떻게 꿈꾸며 나아갈 것인가 하는 점이다.

먼저 성공에 관한 준비다. 우리는 공부하고 목표를 세우고 노력하는 것으로 성공을 준비한다. 그런데 이것은 준비의 극히 일부분에 불과할 뿐이다. 진짜 준비는 시련과 역경이 가득한 현장을 통해서 온다. 본문은 바로가 요셉을 얼마나 귀하게 여겼는지를 선명하게 보여주고 있다.

> "자기의 인장 반지를 빼어 요셉의 손에 끼우고 그에게 세마포 옷을 입히고 금 사슬을 목에 걸고"(42절).

인장 반지는 왕의 인감도장이 새겨져 있는 반지이다. 그래서 제국의 공식문서를 왕의 이름으로 반포하고 실행할 때 이 반지를 찍는다. 바로가 요셉에게 인장 반지를 끼웠다는 것은 요셉에게 황제의 권한을 행사할 수 있는 권세를 부여했다는 의미다. 거기에 세마포 옷을 입혔다. 세마포 옷은 존귀한 고관들이 입는 신성하고도 고급스러운 옷이었다. 후에 이스라엘 백성들은 이 세마포 옷감을 갖고 성막과 제사장의 의복을 만들도록 했다. 거기에 금 사슬을 목에 걸었다. 금 사슬은 왕이 하사하는 훈장과 같은 명예의 표식이었다(단 5:16 참조). 여기에 더해 바로는 요셉에게 아주 특별한 호의를 베푼다.

> "자기에게 있는 버금 수레에 그를 태우매 무리가 그의 앞에서 소리 지르기를 엎드리라 하더라. 바로가 그에게 애굽 전국을 총리로 다스리게 하였더라"(43절).

버금수레는 왕에 버금가는 수레다. '버금'이란 우리말 사전에 따르면 '으뜸' 바로 다음이다. 이는 왕 다음으로 제국의 서열 2위가 타는 수레를 말한다. 요셉을 이 버금수레에 태우고 제국의 한가운데를 행진하게 했다. 요셉의 버금수레가 나가면 신하들이 그 앞에서 큰소리로 외쳤다. "엎드리라!" 이것은 새로 임명된 총리의 권위를 세우고 존귀하게 하기 위한 것이다. 이렇게 해도 요셉의 권위가 상당히 올라가는데 여기에 바로는 한술 더 뜬다.

> "바로가 요셉에게 이르되 나는 바로라 애굽 온 땅에서 네 허락이 없이는 수족을 놀릴 자가 없으리라 하고"(44절).

바로는 요셉에게 절대적인 신뢰와 권세를 부여한다. 또 요셉에게 '사브낫바네아'라는 정식 애굽 이름을 지어준다(45절). 사브낫바네아는 '그가 아는 그 사람'이란 뜻이다. 바로가 아는, 바로가 신뢰하는 바로 그 사람이란 뜻이다. 이름만으로도 다른 애굽의 신하들이 벌벌 떨 정도다. 거기에 번듯하게 결혼도 시켜준다(45절). 정말 파격적으로 대우하지 않는가? 바로가 이토록 요셉에게 파격적인 대우를 해주는 이유는 애굽 제국에 요셉 같은 인재를 찾을 수 없었기 때문이다. 왜 요셉 같은 인재가 없었을까? 한 시대가 필요로 하는 인재는 고난과 시련을 통해 하나님의 손길로 준비되기 때문이다.

2008년 2월 10일, 우리나라 국보 1호인 숭례문이 전소된 안타까운 사건이 있었다. 사건조사를 마친 후 정부에서는 서둘러 숭례문 복원작업을 시작했다. 복원작업을 시작하려면 무엇보다 건축자재를 마련하는 일이 시급했다. 숭례문을 복원하는 데 필요한 가장 중요한 건축자재는 소나무였다. 우리나라에 소나무가 많지만 아무 소나무나 갖다 쓸 수는 없다. 숭례문 복원에 필요한 나무는 적어도 지름이 60㎝ 이상이 되는 큰 소나무여야 했다. 보통 지름 60㎝ 이상 되는 나무는 옛날에 궁궐을 짓는 데 사용했던 궁궐재목들로 분류한다.

우리나라에 자라는 소나무 중에 이런 소나무가 있는데 이를 '금강송'이라고 한다. 금강송은 줄기가 구불구불한 보통 소나무와는 달리, 곧게 자라고 결이 단단해서 예로부터 최고의 소나무로 꼽혔다. 이런 결을 만들어내려면 서늘한 기온에 차디찬 바닷바람을 많이 받아야 한다. 이런 소나무는 찬 바닷바람이 많이 부는 동해 일부에만 분포해 있다. 태백산맥 줄기를 타고 삼척, 울진, 봉화를 거쳐 영덕 일부에 금강송들이 분포하고 있다.

문화재청이 최고의 금강송을 찾기 위해 이곳을 헤매다가 전주 이씨 문중의 사유림인 준경묘에서 마침내 국보 1호에 사용될 나무를 찾아냈다(김동섭, "[만물상] 숭례문 소나무"(〈조선일보〉, 2008. 12. 10.)). 나무는 지름 74㎝, 높이 32m에 수령이 110세였다. 이런 나무가 있다는 사실도 뿌듯하거니와 이런 나무가 잘 보존된 것도 감사한 일이었다. 이것은 사실, 이씨 문중이 준경묘 근처의 나무들을 수백 년간 잘 보존했기 때문에 가능한 일이었다. 문화재청이 이씨 문중에 가서 나무벌채를 부탁했다. 국보1호 숭례문에 쓸 나무니 허락해달라고 했다. 결국 3번에 걸친 문중회의를 통해 결정하고 벌채를 허용해주었다.

좋은 나무 하나 찾기가 참 쉽지 않다. 왜? 정말 쓸 만한 좋은 나무는 생육 여건이 안락한 서울 같은 곳에 자랄 수 없다. 재목은 차디찬 시련의 바람을 견뎌내면서 준비된다. 좋은 인재 찾는 것도 마찬가지다. 정말 준비된 사람, 정말 준비된 일꾼 하나 찾기가 참 어렵다. 왜? 이런 인재는 단순한 스펙이 아니라 삶의 고난과 역경을 통해서 준비되기 때문이다. 이런 인재를 스토리가 있는 인재라고 한다. 스토리가 스펙을 이긴다. 스펙(specification)이란 무엇인가? 제품의 성능을 설명하는 제원 또는 사용설명서를 스펙이라고 한다. 스펙으로 준비된 사람은 다른 사람과 크게 차별화되지 않는다. 그러나 스토리는 독특하다. 자기만의 스토리가 있으면 온리 원(only one), 유일무이한 존재가 되는 것이다. 그런데 이것이 쉽지 않다. 왜냐하면 멋진 스토리, 감동적인 스토리는 시련과 역경을 통해서 나오기 때문이다. 쉽고 편하고 보장된 길이 아니라 어렵고 불편하고 한 치 앞이 보이지 않는 아슬아슬한 길을 통해서 나온다.

재미있는 영화, 감동적인 영화일수록 주인공이 힘든 길을 간다. 한 치 앞을 예측하기 힘든 위험한 상황을 헤쳐나가며 보는 이로 하여금 손에 땀을 쥐게 한다. 요셉은 바로 이런 역경을 통과하며 하나님의 손으로 빚어졌다. 특별한 스토리를 간직한 제국을 위한 유일무이한 존재로 준비되었다. 그 당시에는 몰랐다. 사람들에게 실망하고 형제들에게 상처받았다. 그러나 하나님은 감옥에서부터 함께하셨고 꿈을 통해 제국에 침투하심으로 요셉을 들어 애굽의 제2실력자로 서게 하셨다. 하나님 앞에 아름답게 쓰임받기를 원하는가? 기꺼이 불편함을 선택할 수 있어야 한다. 역경 가운데 감사하며 주님을 바라보며 꿋꿋하게 믿음으로 나아갈 수 있어야 한다. 한 치 앞도 보이지 않는가? 욥과 같은 고백, "내가 가는 길을 그가 아시나니 그가 나를 단련하신 후에는 내가 순금같이 되어 나오리라"(욥 23:10)는 고백이 나의 고백이 되어야 한다.

둘째로 우리는 성공 너머를 꿈꿀 수 있어야 한다. 하나님이 요셉을 감옥에서 풀어주시고 총리로 세우셨다. 그러나 이것이 다는 아니었다. 아직 요셉이 이루어야 할 어릴 때 꾸었던 꿈이 이루어지는 것을 보아야 한다. 꿈속에 형의 볏단들이 자신을 향해 절을 했고 해와 달과 별들이 자신에게 절을 했다. 그 꿈의 실체가 무엇인지 아직은 모르지만 아직 이루어져야 할 꿈이다. 이 꿈이 온전히 이루어지기까지 요셉의 사명은 다 끝난 게 아니다.

많은 경우 우리가 세우는 목표는 단기적인 것이 많다. 예를 들면 대학에 들어간다. 학위를 마친다. 좋은 직장에 취업한다. 어느 자리까지 승진한다. 그런데 목표가 여기서 끝나면 그다음부터 상당한 공허감이 찾아든다. 이 공허감을 어떻게 할 줄을 몰라 당황한다. 보통 남성들 같은 경우에는 30대 중반부터 40대 초반에 많이 찾아온다. 열심히 살아서 대학도 가고 취업도 하고 결혼도 하며 가정도 꾸렸다.

또 열심히 공부해서 석사, 박사까지 어느 정도 이상의 학위도 다 마쳤다. 이런 것들을 사회에서는 '성공' 이라고 한다. 그런데 정신없이 '성공' 의 결승선을 향해 달려가고 났더니 이젠 더 이상 추구할 게 보이지 않는다. 그동안 이런 것들을 향해 정신없이 달려왔는데 막상 다 성취하고 보니 도리어 허탈해진다.

이런 공허감은 50대에도 많이 찾아온다. 아직 팔팔한 것 같은데 회사에서는 나가라고 하고, 정말 열심히 직장생활을 했는데 나와 보니 사회에서는 직장 외에 마땅히 인간관계도 제대로 해놓은 게 없고, 가족들은 멀어지고, 그동안 무엇을 위해 그렇게 달려왔는가 하는 허탈감이 찾아온다. 그동안 나름대로 성공했다고 생각했는데 그 성공의 결승점을 지나고 나니 공허하다. 사람 마음이 허할 때 유혹이 많다. 이럴 때 초등학교 이성 동창을 만났다가 일탈이 일어나고, 이럴 때 한탕주의, 대박신화 도박의 유혹에 기웃거리게 된다. 많은 경우 우리가 추구하는 성공은 그 이면에 상당한 위험요소를 포함하고 있다. 절대 단기간의 성공으로 끝나서는 안 된다. 우리는 성공 너머에 하나님이 내 인생을 향해 계획하신 더 큰 원대한 계획과 여전히 신비로운 인도하심에 겸손히 눈을 뜨고 귀를 열어야 한다.

요셉을 세상의 관점에서 보면 30세라는 정말 이른 나이에 성공한 사람이다(46절). 보통 30대에 성공하면 끝까지 가기가 쉽지 않다. 그래서 중년의 세 가지 불행을 이야기할 때 첫 번째가 '초년출세' 라고 하지 않는가? 이른 나이에 거둔 성공은 독이 된다. 하나님께서 요셉의 인생에 이렇게 일찍 성공을 주신 이유가 무엇일까? 크게 두 가지다.

첫째로 어찌 보면 위험할 수 있는 이 초년출세가 성공의 끝이 아니라 가족을 살리고 온 세상을 살리는 더 큰 하나님의 부르심을 위한 발판으로 삼기 위한 것이다(42:2 참조). 요셉의 해몽대로 애굽만이 아니라 전 세계에 7년 대기근이 왔을 때 세계를 기근으로부터 구원하였다. 7년 풍년 동안 7년의 흉년을 대비했기 때문이다.

> "요셉이 애굽 땅에 있는 그 칠 년 곡물을 거두어 각 성에 저장하되 각 성읍 주위의 밭의 곡물을 그 성읍 중에 쌓아 두매 쌓아 둔 곡식이 바다 모래같이 심히 많아 세기를 그쳤으니 그 수가 한이 없음이었더라"(48-49절).

이런 준비를 통해 요셉은 전 세계에 기근으로 고통받는 사람들을 구원할 준비를 하였다. 마침내 기근이 들이닥치자 전 세계의 수많은 사람이 요셉을 향해 몰려들었다. 마치 거대한 자석처럼 전 세계의 수많은 사람을 끌어들였다. 이 사람들 중에 바로 요셉의 가족이 있었다. 이렇게 보면 요셉의 인생은 출세를 정점으로 성공한 게 아니라 하나님의 더 큰 구원계획 속에 진행 중인 인생이었다.

둘째로 하나님께서 요셉에게 성공을 주신 것은 그의 마음을 치유하기 위한 것이었다. 만약 요셉이 가족을 다시 만나면 어떻게 반응할까? 사실 13년 전이라 하더라도 형제들의 배신에 여전히 치를 떨었을 것이다. 형제들이 조소와 멸시로 자신을 구덩이에 가두어놓고 팔던 그 날을 요셉은 절대 잊지 못했을 것이다. 그런데 하나님은 요셉의 출세와 성공을 통해 그의 마음에 행하시는 일이 있었다. 그것은 바로 요셉의 상처받고 분노에 찻던 마음을 만져주신 일이다.

"요셉이 그의 장남의 이름을 므낫세라 하였으니 하나님이 내게 내 모든 고난과 내 아버지의 온 집 일을 잊어버리게 하셨다 함이요"(51절).

므낫세는 '잊어버림' (난하주 1번 참조)이란 뜻이다. 요셉은 총리직을 수행하면서 공허해 하고 허탈해한 것이 아니라 새로운 하나님의 은혜를 경험했다. 그것은 이전의 고난, 그리고 아버지의 온 집일, 즉 형제와 관련된 모든 상처와 아픔이 아물고 잊히는 은혜를 경험했다. 그리고 더 나아가 새로운 미래를 소망하며 나아갔다.

"차남의 이름을 에브라임이라 하였으니 하나님이 나를 내가 수고한 땅에서 번성하게 하셨다 함이었더라"(52절).

에브라임이란 '창성함' (난하주 2번 참조)이란 뜻이다. 창성하려면 과거에 얽매이지 않아야 미래로 나아가야 한다. 과거의 상처, 억울함, 열등감 같은 것들에 자꾸 붙잡혀 있으면 앞으로 나아가고 싶어도 자꾸 과거가 발목을 잡아 더 이상 나아갈 수 없다. 그런데 하나님은 요셉의 마음을 위로해주시고 그 상처를 아물게 하시며 이제 앞으로 나아갈 수 있는 소망까지 허락하셨다. 사실 이런 마음이 있어야 형제들이 와도 진정성 있는 화해를 할 수 있고 더 나아가 가족들과의 화해를 통해 온 이스라엘의 구원을 이룰 수 있다.

요셉의 마음이 아물지 않고 여전히 가시와 상처가 있다고 해보자. 형제들에게 분명 큰 해를 가했을 것이다. 그러나 이렇게 하면 하나님의 의를 이루지 못한다. 하나님의 섭리를 신뢰하는 가운데 형제들을 사랑과 은혜로 품을 수 있어야 이스라엘을 향한 하나님의 구원 계획이 진행될 수 있다. 이는 일찍이 하나님께서 아브라함에게 약속하신 대로 요셉의 가족이 애굽에서 400년간 객으로 머물게 되는 중요한 기반이 된다(15:13 참조).

우리에게는 바로 이런 비전이 필요하다. 하지만 우리는 어떤가? 조급하고 성과를 빨리 내야 할 것 같은 압박감에 시달리며 산다. 그리고 가능한 빠른 성공을 꿈꾼다. 사실 그래서 이미 많은 것을 성취한 성도들도 있다. 또 성취하지 못한 성도들은 심한 압박감에 시달린다. 그러나 이게 다는 아니다. 내가 간절히 바라고 때로는 안달하며 소망하는 그 꿈만 바라보다가는 자칫 한 방에 훅 갈 수 있다. 그 성공 너머를 꿈꿀 수 있어야 한다. 하나님은 내가 생각하는 성공보다 훨씬 더 큰 구원의 계획을 갖고 계신다.

이미 어느 정도 이룬 성도들이 있는가? 그게 다는 아니다. 하나님이 나를 더 멋지게 사용하실 발판이 겨우 마련됐을 뿐이다. 하나님 앞에 겸손하길 바란다. 만약 이 성취가 하나님에게서 온 성취라면 우리는 반드시 우리의 내면, 우리의 마음을 살펴야 한다. 내가 이룬 성취로 내 마음에 가시가 더 독하게 솟아나는 게 아니라 이제는 이 악에 받쳤던 마음, 독하게 마음먹었던 마음이 아물고 치유되고 회복되어야 한다.

또한 아직 한 치 앞이 보이지 않고 힘들고 불안한 성도들이 있는가? 주변과 비교하며 스펙을 따라가지 마라. 다른 이들과 비슷하게 사는 것에 목숨 걸지 마라. 하나님은 우리를 유일무이한 존재, 온리 원으로 부르셨다. 스토리 있는 인생으로 부르셨다. 남들과 다르게 사는 것, 불편하게 사는 것, 때로 말 못 할 마음고생을 하며 사는 삶으로 부르셨다. 그러므로 왜 나만 이러냐고 할 것이 아니라 아름다운 스토리, 하나님의 살아계심을 증거하는 감동적인 이야기로 부르시는 하나님의 인도하심을 더욱 신뢰하며 기쁨으로 나아가야 한다.

[P·A·R·T·11]

잊었던 꿈, 하나님의 방식으로 해석되다

해석이 바뀌어야 진짜 은혜다

성급하게 해결하지 마라

평생 내려놓음

아버지는 좀처럼 변하지 않는다

하나님의 방식으로 성취되는 꿈

위기 가운데 진심이 드러난다

깊이 헤아려야 감싸줄 수 있다

인생 계획을 하나님께 맞추라

사명을 깨달아야 용서가 쉽다

79 Chapter 79. Genesis 42:1-17

해석이 바뀌어야 진짜 은혜다

1그때에 야곱이 애굽에 곡식이 있음을 보고 아들들에게 이르되 너희
는 어찌하여 서로 바라보고만 있느냐. 2야곱이 또 이르되 내가 들은즉
저 애굽에 곡식이 있다 하니 너희는 그리로 가서 거기서 우리를 위하
여 사오라. 그러면 우리가 살고 죽지 아니하리라 하매 3요셉의 형 열
사람이 애굽에서 곡식을 사려고 내려갔으나 4야곱이 요셉의 아우 베
냐민은 그의 형들과 함께 보내지 아니하였으니 이는 그의 생각에 재
난이 그에게 미칠까 두려워함이었더라. 5이스라엘의 아들들이 양식
사러 간 자 중에 있으니 가나안 땅에 기근이 있음이라. 6때에 요셉이
나라의 총리로서 그 땅 모든 백성에게 곡식을 팔더니 요셉의 형들이
와서 그 앞에서 땅에 엎드려 절하매 7요셉이 보고 형들인 줄을 아나

모르는 체하고 엄한 소리로 그들에게 말하여 이르되 너희가 어디서 왔느냐. 그들이 이르되 곡물을 사려고 가나안에서 왔나이다. [8]요셉은 그의 형들을 알아보았으나 그들은 요셉을 알아보지 못하더라. [9]요셉이 그들에게 대하여 꾼 꿈을 생각하고 그들에게 이르되 너희는 정탐꾼들이라. 이 나라의 틈을 엿보려고 왔느니라. [10]그들이 그에게 이르되 내 주여 아니니이다. 당신의 종들은 곡물을 사러 왔나이다. [11]우리는 다 한 사람의 아들들로서 확실한 자들이니 당신의 종들은 정탐꾼이 아니니이다. [12]요셉이 그들에게 이르되 아니라. 너희가 이 나라의 틈을 엿보러 왔느니라. [13]그들이 이르되 당신의 종 우리들은 열두 형제로서 가나안 땅 한 사람의 아들들이라. 막내아들은 오늘 아버지와 함께 있고 또 하나는 없어졌나이다. [14]요셉이 그들에게 이르되 내가 너희에게 이르기를 너희는 정탐꾼들이라 한 말이 이것이니라. [15]너희는 이같이 하여 너희 진실함을 증명할 것이라. 바로의 생명으로 맹세하노니 너희 막내아우가 여기 오지 아니하면 너희가 여기서 나가지 못하리라. [16]너희 중 하나를 보내어 너희 아우를 데려오게 하고 너희는 갇히어 있으라. 내가 너희의 말을 시험하여 너희 중에 진실이 있는지 보리라. 바로의 생명으로 맹세하노니 그리하지 아니하면 너희는 과연 정탐꾼이니라 하고 [17]그들을 다 함께 삼 일을 가두었더라.

해마다 우주개발을 하는 데 들어가는 비용은 어마어마하다. 미국항공우주국(NASA)만 하더라도 평균 5~6년에 약 1,000억 달러라는 천문학적인 예산을 소모한다. 우리 돈으로 하면 약 120조원 정도가 된다. 이런 예산이 투입되었기에 우주선 아폴로호를 달에 착륙시키고, 우주왕복선을 띄우고, 우주왕복선에 허블망원경을 싣고 대기권 밖에 나가 설치할 수 있었다. 왜 사람이 살지도 않는 우주에 이렇게 어마어마한 돈을 쏟아부을까? 미국의 저명한 천체물리학자인 닐 타이슨은 최근에 펴낸 「스페이스 크로니클: 우주 탐험, 그 여정과 미래」(박병철 역, 서울: 부키, 2016)란 책을 통해 그 이유를 차분하게 설명한다.

한마디로 하면 이는 우주로 나아가기 위한 목적보다는 사실 우주 안에 있는 지구에 사는 우리의 삶을 더욱 풍요롭게 하기 위한 것이다. 우주를 바라보며 연구했던 기술들이 오늘날 꽤 많이 우리의 현실 속에 사용되고 있다. GPS, 긁힘방지렌즈, 메모리폼 베게, 귀 체온계, 가정용 정수기 필터, 화재 감지기 등 열거하자면 상당히 많다. 최근에는 우주에 설치된 허블망원경에 사용된 영상분석기술도 유방암을 발견하는 기술로 적용되었다. 이런 기술들은 이 땅을 바라본 게 아니라 우주를 바라보며 개발한 기술들이다. 이 땅에 만족하지 않고 우주를 바라보았더니 우리의 삶이 새로운 차원에서 풍성해졌다. 만약 우주를 바라보지 않고 그저 지구에서 살아가는 현실에 순응했더라면 결코 이런 다른 차원의 과학기술은 나올 수 없었을 것이다.

신동과 실제로 세상을 바꾼 사람들이 차이가 바로 여기에 있다. 신동이면 어릴 때 7~8개국어를 마스터하고, 어려운 모차르트 피아노곡들을 치며, 6세에 미적분을 풀고, 탁월한 암기실력으로 고전 시문을 달달 외우는 실력을 갖춘 이들을 말한다. 가끔 텔레비전에도 나오지 않는가? 어릴 때 탁월한 재능을 보이고 많은 주목을 받는 이런 천재 중에 실제로 이 세상을 변화시키는 경우는 거의 없다고 한다. 애덤 그랜트는 그의 책 「오리지널스: 어떻게 순응하지 않는 사람들이 세상을 움직이는가」(홍지수 역, 서울: 한국경제신문사, 2016)에서 신동들이 세상을 변화시키지 못하는 결정적인 이유는 세상 사람들이 기대하는 틀 안에서 살기 때문이라고 주장한다.

무슨 말인가? 신동들은 대부분 주어진 과제를 완벽하게 수행해서 칭찬을 받는다. 열심히 연습해서 외국어를 하고 문제를 풀고 피아노를 친다. 이미 존재하는 지식들을 소화하느라고 모든 에너지를 쏟아 붓는다. 이렇게 하는 게 주변 사람들의 칭찬과 인정을 받는 길이기 때문이다. 이처럼 신동들은 주변 사람들이 기대하는 인생 해석을 그대로 받아들이기 때문에 세상을 바꾸지 못한다. 반면 세상을 바꾼 사람들은 다른 사람들이 가지 않는 길, 주목하지 않는 길, 인정은커녕 비난받고 커다란 위험을 감수하는 길로 갔던 사람들이다. 불편하고 좁은 길로 갔을 때 거기서 세상을 바꿀 수 있는 독특한 길을 발견한다. 세상을 바꾸는 길은 종종 현실에 순응하지 않고 다른 관점으로 새로운 길을 개척했기에 나왔다.

하나님은 종종 우리를 세상 사람들과 다른 삶의 방식으로 부르신다. 왜? 우리의 삶을 바라보시는 관점이 세상과 다르기 때문이다. 우리가 세상의 관점에 순응해서 살아가다 보면 이 세상을 밝힐 빛과 소금이 될 수 없다. 우리가 교회에 나와 드리는 예배도 그렇다. 우리의 소중한 시간과 비용을 쏟아 주님 앞에 나아와 예배를 드리는 일이 세상 사람들의 관점으로 보면 낭비일 수 있다. 왜? 그들의 관점으로는 이것은 세상의 인정과 성취를 얻는 것과는 전혀 관계없는 길이기 때문이다. 그러나 우리의 시선이 하나님을 향해 집중할 때 내 좁은 시야로만 보았던 나의 생이 새롭게 해석되고 풍성해지는 것을 경험한다. 절대 세상에서는 얻을 수 없는 관점, 세상에서 인정받는 것과는 전혀 다른 더 높은 차원의 인생에 대한 해석을 가질 수 있다.

요셉은 본문에서 자신의 인생에 대한 새로운 차원의 해석을 경험한다. 요셉은 당시 세상에서 우러러보는 최대 최강제국 애굽의 총리가 되었다. 최고의 실력자가 된 것이다. 인간적인 관점으로는 최고의 자리에 올랐고 성공의 정점에 서 있었다. 만약 요셉이 애굽 제국의 시선으로 '아, 나의 생은 이렇게 성공적으로 끝나는구나!' 하고 만족하였으면 사실 애굽의 총리 이상의 생을 살지 못했다. 단지 절반의 인생만을 사는 것이다. 그러나 성경은 이것이 다가 아님을 말씀한다. 요셉에게는 아직 애굽의 풍조와는 다른, 빛과 소금으로서 감당해야 할 사명이 있었고 하나님의 계획을 성취해야 했다. 이것을 보여주는 게 바로 요셉에게 아직 해석되지 않은 두 개의 꿈이다. 요셉은 애굽에 온 이후로 여러 사람의 많은 꿈을 해석하여 주었지만 정작 자신에게는 아직 해석할 수 없었던 두 개의 꿈이 있었다. 바로 어린 시절 연달아 꾸었던 두 개의 꿈이다. 하나는 곡식단들이 요셉의 단을 향해 절하는 꿈이었고(37:7), 다른 하나는 해와 달과 열한 별이 요셉에게 절하는 꿈이었다(37:9).

그런데 본문에는 이 두 꿈이 요셉이 예기치 못했던 때에 예기치 못했던 방법으로 성취될 수 있음을 보여준다. 바로 요셉이 꾸었던 첫 번째 꿈, 즉 곡식단이 자신에게 절하는 꿈이 일부 성취된 것이다.

"형들이 와서 그 앞에서 땅에 엎드려 절하매"(6절).

요셉의 형들은 지금 자신들이 절하는 사람이 요셉이라는 생각은 꿈에도 하지 못했다. 눈앞에서 절을 받는 이는 애굽 총리라고 생각했다. 기근 가운데 곡식을 얻기 위해 총리에게 절한 것이었다. 한편 요셉은 오랜 세월이 지났어도 한눈에 그들이 누구인지 알아보았다.

"요셉이 보고 형들인 줄을 아나 모르는 체하고 엄한 소리로 그들에게 말하여 이르되 너희가 어디서 왔느냐. 그들이 이르되 곡물을 사려고 가나안에서 왔나이다"(7절).

물론 여기서 요셉은 애굽어로 말하고 통역을 시켜 통역하게 하였다(23절).

"요셉은 그의 형들을 알아보았으나 그들은 요셉을 알아보지 못하더라"(8절).

그럴 만도 한 것이 지금 요셉은 애굽 고관의 복장을 했고 애굽 말을 구사했다. 그러니 형제들은 눈앞에 있는 사람이 요셉이란 생각을 하지 못했다. 게다가 요셉의 얼굴을 본 지 어느덧 20년이 넘었다. 요셉이 애굽 총리가 된 게 30세면 풍년 7년이 지나고 지금이 아마도 흉년 2~3년째일 가능성이 높다고 볼 때 요셉의 나이가 40세 가까이 된 것으로 예측할 수 있다. 열일곱 살 때와 마흔 살은 아무래도 단번에 알아보기가 쉽지 않다. 그런데 요셉은 형들을 딱 보자마자 알아보았다. 순간 심장이 쿵쾅쿵쾅 뛰었을 것이다. 이 형제들을 알아보고 요셉은 본능적으로 자신의 뇌리에 늘 머물렀던 꿈 생각을 했다. 그러고는 꾀를 내었다.

> "요셉이 그들에게 대하여 꾼 꿈을 생각하고 그들에게 이르되 너희는 정탐꾼들이라. 이 나라의 틈을 엿보려고 왔느니라"(9절).

요셉의 마음에는 늘 이 꿈이 맴돌고 있었다. 총리가 되고 성공했어도 이제 다 잊고 끝낼까 하는 생각이 들어도 마음 한구석에는 하나님께서 주셨던 꿈이 아직 성취되지 않은 채로 요셉의 마음에 머물러 있었다. 그런데 전혀 마음에 준비되지 않은 상태로 어느 날 갑자기 찾아온 형들이 자기 앞에 절하는 것을 보고 요셉은 자신의 인생에 대한 해석이 바뀌게 되었다. '아, 내가 이리로 온 것이 단순히 총리가 되려고 한 것이 아니라 이 꿈을 위해서였구나. 내가 총리가 되어 성공하는 것으로 끝나는 게 아니라 우리 온 가족의 생명을 보전하려는 더 큰 하나님의 계획이 있었구나.' 후에 바뀐 생각을 요셉은 이렇게 고백한다.

> "하나님이 큰 구원으로 당신들의 생명을 보존하고 당신들의 후손을 세상에 두시려고 나를 당신들보다 먼저 보내셨나니 그런즉 나를 이리로 보낸 이는 당신들이 아니요 하나님이시라"(45:7-8).

요셉은 형제들이 절하는 장면을 보며 이것이 단순히 꿈대로 형들이 복종하는 차원이 아니라 이스라엘의 후손을 세상에 보존하고 생육하고 번성하도록 하기 위한 것임을 깨달았다. 1차적으로는 흉년에 굶주려가는 야곱의 가족을 구원하기 위한 것이고 더 나아가서는 애굽 땅에서 이스라엘 민족을 번성하게 한 후에 출애굽으로 이끌기 위한 하나님의 계획이셨다. 본문에는 이것을 암시하는 표현이 있다.

"이스라엘의 아들들이 양식 사러 간 자 중에 있으니 가나안 땅에 기근이 있음이라"(5절).

야곱의 아들들을 '이스라엘의 아들들'로 표현한다. 애굽에 내려가기 전 본문은 이들을 '아들들'(1절), 또는 '요셉의 형 열 사람'(3절)으로 표현했다. 애굽으로 내려가는 이들을 '이스라엘의 아들들'로 표현하는 것은 장차 이스라엘 민족을 구성할 열두 지파의 선조를 암시하는 표현이다. 즉 이스라엘 민족이 애굽으로 이주할 일을 상징적으로 암시하는 표현인 것이다.

이렇게 이스라엘의 아들들이 애굽에 이르자 요셉의 인생에 새로운 차원이 열린다. 총리가 된 일이 개인적인 성공과 출세가 아니라 하나님이 주신 꿈을 이루는 통로요 발판임을 깨닫게 된 것이다. 여기서 하나님은 요셉에게 직접 말씀하지 않으신다. 사건을 통해 꿈을 깨닫게 하신다. 이런 걸 보면 하나님의 음성은 여러 경로를 통해 들을 수 있음을 알 수 있다. 직접적인 꿈과 환상으로, 때로는 환경의 변화를 통해서, 또 사람과의 만남을 통해서 들을 수 있다. 따라서 우리는 열린 마음으로 다양하게 말씀하시는 하나님의 사인과 음성에 귀 기울여야 한다.

요셉이 형들과 만남을 통해 그간 해석되지 않았던 꿈에 대한 신호를 알아챘다. 이제 그에게 남은 과제는 지금 맞닥뜨린 형제들과 만남을 어떻게든 하나님께서 주신 꿈을 성취하는 쪽으로 끌고 가는 것이다. 자신의 생이 이렇게 해석되자 요셉의 인생은 새로운 방향으로 달려가기 시작한다. 애굽 제국 내에서의 성공과 공로가 아니라 하나님 나라를 위하여 주시는 사명을 성취하는 쪽으로 바뀐다. 하나님이 자신에게 주신 평범하지 않은 길로 가기로 한 것이다. 본문 9절에 요셉이 '그들에 대하여 꾼 꿈'이라는 표현은 '그들을 위하여 꾼 꿈'이라는 해석도 된다. 즉 요셉의 꿈은 형제들에 대하여 꾼 꿈인 동시에 형제와 가족을 구원하기 위한 꿈이었다. 요셉에게는 이 꿈이 온전히 성취되려면 두 가지가 필요했다.

첫째, 자기 형제들 모두가 자신에게 절해야 했다. 그런데 본문에서 형제들이 와서 절한 것을 보면 한 사람, 즉 막냇동생 베냐민이 빠졌다. 꿈이 성취되었지만 온전히 성취된 것은 아니었다. 베냐민은 야곱이 사랑했던 아내 라헬이 낳았던 요셉의 친동생이자 형제 중 막내였다. 야곱이 요셉 다음으로 애지중지 아끼고 사랑하는 아들이었다. 야곱이 베냐민을 보내지 않은 것은 혹여나 베냐민에게 요셉처럼 어떤 재난이 닥칠까, 자칫하다가 잃어버리는 것은 아닌가 하는 염려가 있었기 때문이다(4절). 그러나 꿈을 성취하기 위해서는 베냐민도 요셉 앞으로 나아와야 했다.

둘째, 형제들의 진심을 알아봐야 했다. 떨어져 살았던 20년 동안 이들의 마음이 어떻게 변했는지를 알아야 했다. 과연 예전처럼 서로 미워하고 시기하는 형제인지, 아니면 과거를 후회하고 회개하고 다시 화해할 수 있는 형제인지를 알아봐야 했다. 그래야 아버지와 함께 애굽으로 모시고 와서 이스라엘 자손들이 하나 됨을 이루고 이스라엘의 자손을 보전하는 일을 감당할 수 있다.

이를 위해 요셉은 이제부터 형제들을 거칠게 몰아가기 시작한다.

"너희는 정탐꾼들이라. 이 나라의 틈을 엿보려고 왔느니라"(9절).
"내가 너희에게 이르기를 너희는 정탐꾼들이라 한 말이 이것이니라"(14절).
"그리하지 아니하면 너희는 과연 정탐꾼이니라"(16절).

요셉은 형제들을 계속해서 집요하게 정탐꾼으로 몰아간다. 제국 최고 실력자가 순수하게 식량을 얻으러 왔던 자신들을 의심하고 자꾸만 정탐꾼으로 몰아가면 얼마나 불안하겠는가? 이러다 실수하면 자칫 감옥에 갇혀 평생 썩거나 아니면 죽임을 당할 수 있다. 그 당시 중동에서는 종종 행렬을 이루어서 각국을 돌아다니며 무역을 하던 상인들을 간첩으로 포섭하는 경우가 많았다. 상인이라면 특별한 의심 없이 자유롭게 돌아다닐 수 있었기 때문이다. 이런 정황에서 요셉이 몰아붙이는 것은 충분히 가능한 일이었다. 그러자 형들은 당황하면서 자신의 집 사정을 자세히 털어놓기 시작한다.

"그들이 이르되 당신의 종 우리들은 열두 형제로서 가나안 땅 한 사람의 아들들이라. 막내아들은 오늘 아버지와 함께 있고 또 하나는 없어졌나이다"(13절).

없어진 '또 하나'는 요셉을 말한다. 없어진 요셉이 형제들 앞에 있는데 형제들은 이를 모른 채 말하고 있다. 요셉은 형제들에게 "만약 너희 말이 진실이라면 너희에게 있다는 막내 동생을 데려오라"고 한다(16절). 그렇지 않는다면 다 정탐꾼이라고 몰아붙인다. 그리고 형제들을 옥에 삼 일간 가두어놓는다. 이 형제 중에서 한 사람을 집으로 보내 동생 베냐민을 다시 데려오라고 한다. 이렇게 거칠게 몰아가는 과정을 통해 그동안 감추어져 있던 형들의 마음이 드러난다. 하나님께서 주신 꿈의 온전한 성취를 위해 한 걸음 더욱 가까이 나아가게 된다.

우리가 신앙생활을 하며 성취감을 맛볼 때가 있다. 간절히 구하던 기도제목이 응답받고 삶의 문제가 하나둘씩 해결될 때다. 직장에서 승진하고 사업이 풀리기 시작한다. 이럴 때 우리는 주님께 은혜를 받았다고 한다. 그러나 하나님의 은혜가 외부에서 주어지는 선물의 차원에서만 멈춘다면 우리는 절반의 은혜만을 받은 것이다. 하나님이 주시는 은혜의 핵심에는 우리의 생에 대한 해석을 근본적으로 바꾸어놓는 차원이 있다. 내 인생이 외부로부터 오는 복으로만 해석되는 게 아니라 주님이 주신 꿈과 사명 앞에 새롭게 해석되어야 한다. 주님의 은혜로 내 인생이 해석될 때 상황에 크게 흔들리지 않고 외부세상을 해석할 수 있다.

이럴 때 우리는 진짜 은혜를 경험하게 된다. 이전에는 내가 복을 받으면 이 복이 내 것인 줄 알고 내 마음대로 사용하려 했다. 또 여기서 만족하지 않고 전보다 더 많은 성취, 더 많은 복을 향해 달려가려 했다. 그러다 보면 우리는 자신의 성공과 성취에 대해 착각한다. 내가 가진 뛰어난 능력이 부각되고 하나님은 그저 옆에서 힘을 좀 실어 주신 정도로 축소된다.

그러나 우리는 여기서 한 차원 더 높은 곳으로 나아가야 한다. 하나님의 은혜를 깊이 체험하면 나를 바라보는 시선이 달라진다. 전에는 내가 힘 있고 능력 있는 존재인 줄 알았는데 나는 그 이전에 주님의 은혜로 부름받은 존재임을 깨닫는다. 전에는 내 소유인 줄 알았는데 이제는 내 삶의 모든 게 하나님이 주신 선물임을 깨닫는다. 이전에는 외부상황이 큰 문제였는데 이제는 문제보다는 문제를 문제로 바라보는 내가 더 큰 문제임을 깨닫는다. 더 나아가 하나님이 주신 복이 더 크고 놀라운 목적을 위해 쓰임받을 기초가 됨을 깨닫는다.

하나님의 은혜는 내 삶의 해석을 바꾼다. 단순히 과거의 상처가 아물고 잊히는 차원이 아니다. 고난과 시련을 하나님의 놀라운 섭리로 새롭게 해석한다. 이전에는 고난과 시련이었던 게 이제는 나를 사용하시기 위한 하나님의 은밀한 계획과 인도하심으로 바뀐다. 이전에는 원망의 제목이었던 게 이제는 새로운 희망으로 변한다. 형제들을 만나기 전에 요셉의 상처와 시련은 그저 아물고 잊어버리는 차원에서 그쳤다. 그러나 이제 기근으로 인해 양식을 구하러 온 형제들을 만나고 자신의 꿈을 기억하자 자신만을 위했던 꿈이 형제와 온 가족들을 위한 꿈으로 바뀌었다.

그러기에 우리가 나만의 변화와 복에 만족한다면 우리는 절반의 은혜만을 누리는 셈이다. 절반의 은혜에 만족하지 말고 우리는 더 깊이 나아가야 한다. 내 인생에 대한 해석이 바뀌어야 진짜 은혜이다. 지금 나는 내 생을 어떻게 바라보는가? 자꾸 세상과 비교하며 힘들어하고 나의 소유를 보고 초라하게 느끼며 비참하게 느끼지 않는가? 절반의 은혜에서 더 앞으로 나아가 사명을 깨닫고 감당하는 복된 걸음으로 나아갈 수 있어야 한다.

80 Chapter 80. Genesis 42:18-25

성급하게 해결하지 마라

*[18]사흘 만에 요셉이 그들에게 이르되 나는 하나님을 경외하노니 너희
는 이같이 하여 생명을 보전하라. [19]너희가 확실한 자들이면 너희 형
제 중 한 사람만 그 옥에 갇히게 하고 너희는 곡식을 가지고 가서 너
희 집안의 굶주림을 구하고 [20]너희 막내아우를 내게로 데리고 오라.
그러면 너희 말이 진실함이 되고 너희가 죽지 아니하리라 하니 그들
이 그대로 하니라. [21]그들이 서로 말하되 우리가 아우의 일로 말미암
아 범죄하였도다. 그가 우리에게 애걸할 때에 그 마음의 괴로움을 보
고도 듣지 아니하였으므로 이 괴로움이 우리에게 임하도다. [22]르우벤
이 그들에게 대답하여 이르되 내가 너희에게 그 아이에 대하여 죄를
짓지 말라고 하지 아니하였더냐. 그래도 너희가 듣지 아니하였느니*

라. 그러므로 그의 핏값을 치르게 되었도다 하니 [23]그들 사이에 통역을 세웠으므로 그들은 요셉이 듣는 줄을 알지 못하였더라. [24]요셉이 그들을 떠나가서 울고 다시 돌아와서 그들과 말하다가 그들 중에서 시므온을 끌어내어 그들의 눈앞에서 결박하고 [25]명하여 곡물을 그 그릇에 채우게 하고 각 사람의 돈은 그의 자루에 도로 넣게 하고 또 길 양식을 그들에게 주게 하니 그대로 행하였더라.

우리 사회는 갈등공화국이란 별명이 붙을 정도로 크고 작은 갈등이 빈번하다. 그 안에서 살아가야 하는 우리 역시 이런 갈등으로 인해 끊임없이 고민한다. 갈등을 해결하려면 어떻게 해야 할까? 일반적으로 갈등과 문제를 해결하는 방법을 크게 다섯 가지로 분류할 수 있다(양형주, "거북이, 상어, 아기곰, 여우, 올빼미"(〈충남일보〉, 2016. 11. 21.)).

첫째, 거북이형이다. 거북이는 갈등과 문제가 생기면 목과 다리를 껍질 안으로 쑥 집어넣고 가만히 있는다. 문제 도피형, 갈등 도피형의 사람이다. 이런 사람들은 문제해결 자체에는 큰 관심이 없다. 이들에게 관심 있는 것은 오직 자신에게 다가올 고통과 피해뿐이다. 그래서 갈등 앞에 얼굴도 내밀지 않고 도망가서 숨어버린다. 연락을 두절하고 어딘가에 숨어 있다. 이렇게 한참 숨어 있다 돌아오면 주변은 다시 조용해져 있다. 그럼 다시 얼굴 내밀고 손발 내밀고 돌아다닌다. 그러나 이는 문제를 해결하는 방법이 아니다. 여전히 문제는 해결되지 않은 상태로 갈등요소는 그대로 존재한다.

둘째는 상어형이다. 상어형은 전투적인 접근방법이다. 어떻게든 이 문제에 대해 상대방을 굴복시키고 승리하려 한다. 나는 승자가 되고 너는 루저가 되어야 한다. 이때 루저 쪽에서는 승자에 대한 상당한 거부감과 저항감을 갖는다.

셋째는 아기곰형이다. 아기곰은 귀엽고 마음씨가 좋다. 상어형의 정반대다. 내가 차라리 져 주고 상대방이 이기게 해준다. 그러나 이것도 좋은 방법이 아니다. 제대로 문제를 해결하지도 않고 그냥 관계가 이대로 계속되는 게 힘드니까 그냥 져주는 것이다. 자기가 잘못한 것도 없는데 먼저 미안하다고 사과하고 사태를 무마시키려 한다. 그런데 이렇게 져주면 이 문제에 대해서 누군가가 책임을 져야 하는데, 결국 용서했던 자기 자신에게 책임을 전가하고 자기를 미워한다. 스스로 상처와 아픔을 준다.

넷째는 여우형이다. 여우는 지혜롭다. 양쪽 마음을 잘 맞추면서 서로 절충하고 서로 양보하여 타협에 이르도록 한다. 그런데 우리나라 사람들이 타협을 잘 못 한다. 내 쪽에서의 앙금과 갈등이 100% 해결되어야 만족하려 한다. 그러다 보면 다시 상어형으로 돌아갈 수 있다. 그래서 여우형은 양쪽을 해결하기는 하지만 양쪽에 잠재적인 불만의 불씨를 갖고 있다.

그래서 우리에게 필요한 게 있는데 바로 다섯째, 부엉이식 접근방식이다. 부엉이는 어떤가? 밤이 될 때까지 나무에 가만히 앉아 기다리다가 해지고 어두워지면 부엉부엉 울면서 날아다닌다. 이처럼 갈등이 일어나면 부엉이는 도망가지 않는다. 그냥 그 자리에서 직면하며 때가 될 때까지 인내한다. 그리고 어느 정도 때가 무르익으면 문제해결에 나선다.

요셉은 약 22년 만에 자기를 팔았던 형제들을 만났다. 아마 심장이 쿵쾅쿵쾅 뛰었을 것이다. 만약 요셉이 거북이식으로 대응했더라면 형들을 모른 척했을 것이다. 요셉은 자리를 회피하고 신하들을 시켜 대신 식량을 사 가도록 할 수 있었다. 아니면 상어형으로 대응할 수도 있었다. 엎드려 절하는 형들을 향해서 "형씨들, 잘 만났다. 나를 그렇게 내팽개치고는 잘될 줄 알았는가? 원수는 외나무다리에서 만난다더니 잘 만났다." 그러면서 형들에게 복수했을 수 있다. 요셉이 아기곰처럼 대응했다면 과거의 잘잘못을 다 덮고 그냥 그 자리에서 총리 모자 벗어버리고 "형님들, 저에요!" 하고 자기 정체를 밝히고 눈물 글썽이며 형들에게 다가가 얼싸안고 "이제 과거는 다 잊고 함께 살자"고 했을 수도 있다.

그런데 요셉은 형들을 전혀 예상 밖의 방식으로 다룬다. 일단 형들을 모른 척하고 스파이로 몰아세운다. 그러면서 만약 너희들이 스파이가 아니라면 너희 집에 있다는 막내아우를 데려오라고 압박한다. "너희 중에 막내를 데려올 사람을 선택해라. 그렇지 못하다면 너희 말은 모두 거짓이다." 그러고는 형제들을 감옥에 삼 일간 가두어 놓는다.

형제들은 감옥에 있으면서 이런저런 생각을 많이 했을 것이다. 특히 그동안 아무 말 없이 조용히 묻어두었던 20년 전 과거의 잘못이 생각났을 것이다. '우리들이 동생 요셉을 20년 전에 애굽의 노예로 팔아버렸는데 이제 우리가 애굽의 노예보다 못한 죄수가 되어 이렇게 노예처럼 갇혀 있게 되었구나.' '이제 아버지에게 가서 동생을 데리고 애굽으로 가야 한다고 말하면, 요셉을 잃은 충격으로 아직 벌벌 떠는 아버지가 또 얼마나 더 큰 충격을 받으시고 힘들어하실까?' 이런저런 생각의 씨줄과 날줄이 교차하면서 그 교차점에 항상 요셉을 내다 판 과거가 아른거렸을 것이다.

요셉이 형제들을 사흘 동안 가두어 둔 이유는 형제들의 진심을 엿보고 싶었기 때문이다. 진심은 위협과 협박으로는 잘 볼 수 없다. 진심은 위기와 갈등 가운데 입술로 튀어나오게 되어 있다. 형들의 진심을 확인하지 않고 하는 성급한 화해는 아기곰형 화해가 될 수 있다.

어떤 자매가 있었다. 이 자매의 어머니는 자매가 여섯 살 때 이 자매를 버리고 도망갔다. 엄마 없이 자라면서 이 자매는 엄마를 참 많이도 원망하고 미워했다. 절대 용서하지 않겠다고 생각했다. 그러다 신앙을 갖게 되었다. 자매는 하나님의 말씀을 알아가며 우리에게 죄지은 사람을 용서해야 한다는 사실을 깨닫고는 기도 가운데 엄마를 찾아갔다. 그런데 엄마를 만나 엄마의 속마음을 듣지 않고 진정성이 담긴 사과도 받지 못하고 그냥 일방적으로 용서를 선포했다. 그리고 엄마를 위해 기도해주고 돌아왔다. 그런데 이후로 이 자매의 마음에 우울증이 찾아왔다. 상대방의 진정성 있는 사과를 듣지 못하고 성급하게 용서해버리니까, 그 책임과 분노의 화살을 자신에게 돌리다 보니 급기야 우울증까지 찾아온 것이다.

물론 우리는 형제와 갈등이 일어나고 용서받을 일이 있으면 곧바로 가서 사과해야 한다. "너를 고발하는 자와 함께 길에 있을 때에 급히 사화하라"(마 5:25)고 말씀하지 않는가? 사과해야 할 때 우리는 진정성을 담아 가능한 한 빨리 사과해야 한다. 그런데 상대의 사과를 받아야 할 때 상대방의 진정성을 확인하지도 않고 섣부르게 문제해결에 나서면 문제도 제대로 해결되지 않을 뿐 아니라 자신을 스스로 비난하고 원망하기 쉽다.

이렇게 볼 때 요셉은 지혜로웠다. 절대 급하게 서두르지 않고 형제들의 본심을 보려 했다. 형제들에게 채찍과 당근을 번갈아 제시하며 그 가운데 그들 중에서 흘러나오는 마음의 진실 된 소리를 듣는다. 자, 3일이 지나자 요셉이 형제들을 불러 말한다.

"사흘 만에 요셉이 그들에게 이르되 나는 하나님을 경외하노니 너희는 이같이 하여 생명을 보전하라"(18절).

요셉은 형제들의 마음을 여는 말로 시작한다. "나는 하나님을 경외하노니…." 이 말을 듣고 형제들은 어떤 생각을 했을까? '아, 저 사람도 우리가 믿는 아브라함의 하나님을 믿는가?' '그분을 알고 경외하는가?' 이런 생각을 하게 하지 않았을까? 가끔 보면 "저도 신앙생활해요" 하는 사람을 만나면 마음이 확 열리지 않는가? 감옥에 갇혔다 나온 형제들이 이런 마음이었을 것이다. 형제들의 마음을 연 후 요셉은 이들에게 실낱같은 희망을 준다. "너희는 이같이 하여 생명을 보전하라." '아, 이 사람이 우리를 어떻게든 살려주려고 하나? 그렇다면 어떻게 해야지?' 이런 생각이 들게 했다.

"너희가 확실한 자들이면 너희 형제 중 한 사람만 그 옥에 갇히게 하고 너희는 곡식을 가지고 가서 너희 집안의 굶주림을 구하고 너희 막내아우를 내게로 데리고 오라. 그러면 너희 말이 진실함이 되고 너희가 죽지 아니하리라 하니 그들이 그대로 하니라" (19-20절).

요셉의 제안은 앞서 16절에서 말했던 제안보다 더 완화된 나은 제안이었다. 이전에는 형제들 모두가 갇혀 있고 한 사람만 가서 동생을 데려오라고 했다면, 이제는 한 사람만 옥에 갇히고 나머지 형제들은 곡식을 가지고 가서 굶주림에 고생하는 가족들을 구하고 남은 막내를 데리고 오라는 것이다.

한 사람만 갇히고 나머지는 가라고 하자, 형제들은 마치 자신들이 예전에 동생 요셉을 웅덩이에 가두어놓고 팔았던 생각이 강렬하게 떠올랐던 모양이다. 드디어 그동안 서로 숨기고 있었던 22년 전의 진실이 드러나기 시작한다.

"그들이 서로 말하되 우리가 아우의 일로 말미암아 범죄하였도다. 그가 우리에게 애걸할 때에 그 마음의 괴로움을 보고도 듣지 아니하였으므로 이 괴로움이 우리에게 임하도다"(21절).

형제들은 과거에 자신들이 행했던 죄악이 얼마나 잘못된 일인지를 깨닫고 서로 자백한다. "우리 동생이 우리에게 그렇게 애걸했는데 우리는 동생의 고통을 돌보지도 않았고 듣지도 않았잖아. 우리가 그대로 벌 받는 거야." 여기서 그동안 감추어졌던 진실이 드러난다. 구덩이에 갇혀 있는 동안 요셉은 형제들에게 간절히 애걸했다는 것이다. 요셉이 제발 살려달라고, 다시는 형들의 마음을 속상하게 하지 않겠다고 싹싹 빌면서 간절히 부탁했었다. 요셉이 애걸하던 그 모습이 22년이 지난 지금도 생생하게 형제들의 뇌리에 남아 있었던 모양이다. 그때는 내팽개치는 게 힘 있는 것 같았는데 시간이 지나고 나니 애걸하는 자에게 힘이 생기고 내팽개친 자가 꼼짝 못 하고 당황하고 있다.

가정이 위기에 처할 때가 있다. 그럴 때 보면 가정을 어떻게든 지키려는 쪽이 있고, 어떻게든 내팽개치려는 쪽이 있다. 이럴 때 성도는 어떻게든 지키려고 애걸하는 쪽에 서야 한다. 혹 내팽개침을 당하더라도 그 과정을 어떻게 지냈느냐가 중요하다. "어? 뭐야! 이런 식으로 나와? 다 필요 없어. 나도 나간다." 이러지 말고 "왜 이러세요. 제발 가정을 지켜주세요. 이러면 우리 애들이 어떻게 되겠어요?" 하는 식으로 여하튼 간절히 애걸해야 한다. 비참하게 내팽개침을 당하더라도 우리는 절대 먼저 내팽개치지 말아야 한다. 당시에는 분하고 억울하고 자존심 상하지만 결국 당하는 게 복이 된다. 치사하고 자존심 상해도 애걸하는 편이 낫다. 아무리 약을 올리고 속을 뒤집어도 끝까지 지켜나가야 한다. 어쩔 수 없이 찢어지게 되더라도 먼저 찢지 말고 찢겨나가는 것이 복이다. 그러면 언젠가 상대방이 회개할 날이 찾아온다.

형제들이 과거의 죄를 고백하며 탄식하자 요셉이 미처 몰랐던 또 다른 진실이 드러난다. 그것은 맏형이었던 르우벤의 노력이었다.

> "르우벤이 그들에게 대답하여 이르되 내가 너희에게 그 아이에 대하여 죄를 짓지 말라고 하지 아니하였더냐. 그래도 너희가 듣지

아니하였느니라. 그러므로 그의 핏값을 치르게 되었도다 하니"(22절).

요셉은 '나를 지켜주려는 형도 있었네' 하는 데까지 생각이 이르자 눈물이 핑 도는 것이 도저히 복받치는 울음을 참을 수가 없었다. 우리 같으면 어떻게 하겠는가? "형! 정말이에요? 정말 형이 나를 위해 애써주었어요? 형들 지금 과거에 했던 것을 죄로 인정하고 회개하는 거죠? 형님들!" 하고 울었을 것이다. 그런데 이 와중에 요셉은 눈물을 보이지 않는다. 왜? 아직 형들의 마음을 100% 모르기 때문이다. 형들은 아직 자기 존재를 모를뿐더러 자기가 히브리말을 할 줄 모른다고 생각하고 자기들끼리 속에 있는 말을 꺼내 이야기하고 있었다(23절). 형들은 요셉이 통역을 세워놓았기에 자기들 말을 알아듣는 줄은 꿈에도 몰랐었다.

"요셉이 그들을 떠나가서 울고 다시 돌아와서 그들과 말하다가 그들 중에서 시므온을 끌어내어 그들의 눈앞에서 결박하고"(24절).

요셉은 조용히 밖으로 나가 펑펑 울었다. 마음이 후련해지기까지 울었다. 한참을 울고 나니 다시 울음을 참을 만했다. 그러고는 돌아와서 시므온을 끌어내서 형제들이 보는 앞에서 시므온을 결박했다. 왜 시므온을 결박했을까?

형제들의 서열로 보면 시므온은 르우벤 다음으로 둘째 형이었다. 르우벤은 자신을 죽이는 것을 반대하며 요셉을 위해 애써 주었던 것을 알았다. 그렇다면 시므온이 형제들과 함께 요셉을 파는 데 가장 앞장서서 주동했을 가능성이 크다. 보통 형제들이 다섯 이상이면 형제 성격상 둘째가 가장 강하고 욕심이 많고 적극적일 가능성이 있다. 첫째는 좀 무르고 둘째가 욕심이 많다. 전에 누이 디나가 세겜에게 강간을 당하자 레위와 함께 한밤중에 가서 세겜 사람들을 잔인하게 살해하였다(34:25). 주도적이고 욕심도 많고 일 처리할 때는 냉혹했다. 그래서 나중에 야곱이 그 아들들을 축복할 때 시므온을 폭력의 도구라고 저주할 정도였다(49:5). 그래서 시므온을 지목했다. 한편 이런 조치는 형제들의 진심을 알 수 있는 또 다른 테스트였다.

"명하여 곡물을 그 그릇에 채우게 하고 각 사람의 돈은 그의 자루에 도로 넣게 하고 또 길 양식을 그들에게 주게 하니 그대로 행하였더라"(25절).

시므온을 제외한 나머지 형제들에게는 식량을 가득 채워주고 식량값으로 낸 돈도 다시 돌려주어 돌려보냈다. 자, 이 형제들은 형 시므온을 얼마나 생각하고 사랑할까? 원하던 식량은 다 얻었고 잔인하고 냉혹하여 요셉을 팔아넘길 때 가장 앞장서서 책임을 떠맡다시피 했던 형이 대표로 잡히어 갇혔다. 형제들은 시므온을 나몰라라 하고 내팽개치고 도망갈까? 아니면 다시 구하러 올까? 예전에 동생 요셉을 내팽개쳤던 모습이 여전히 형제들에게 있을까, 아니면 이전과는 다른 변화된 모습, 회개하는 모습으로 바뀌어 있을까? 요셉은 좀 더 시간을 두고 형들의 진정성을 살펴보기로 했다.

관계 가운데 문제가 생기고 갈등이 생길 때 우리는 이것들을 어떻게 처리하는가? 당장에 급한 대로 빠르고 편한 쪽으로 가지 않는가? 우리는 좀 더디더라도 진정성을 확인할 때까지 인내하고 기다릴 수 있어야 한다. 오늘날은 진정성이라는 것도 거짓말이 되어가는 시대다(앤드류 포터 저, 노시내 역, 「진정성이라는 거짓말」(서울: 마티, 2015)). 사람들이 진정성을 더 이상 믿지 못하는 시대가 되었다. 유기농이라고 하지만 같은 품질에 비싼 가격으로 소비자를 우롱하고, 전통문화라는 이름으로 관광객들을 유혹하며, 나의 진솔한 삶을 나눈다고 하지만 SNS에서 서로 '좋아요'를 많이 받기 위해 경쟁하는 게 오늘의 세태이다. 진정성을 알려면 당장에 서두르지 말고 시간을 두고 입증해야 한다.

우리는 현재의 상태로 미래를 계획한다. 내가 배고프면 쇼핑몰에 가서 먹을 것을 계획하지만 내가 배부르면 먹을 것을 사고 싶은 생각이 없다. 지금 내 상태로 미래를 상상한다. 만약 내 상태가 빠른 문제해결을 원하고 어떻게든 힘든 현실로부터 도망가고 싶으면 우리는 이런 갈망으로 비현실적인 장밋빛 미래를 꿈꾸기 쉽다. 그러나 이럴 때일수록 우리는 기다릴 수 있어야 한다. 이것이 정말 하나님께서 주신 기회인지, 아니면 좀 더 그분의 역사하심을 기다려야 할지 아직은 좀 더 기다려봐야 한다. 기도하며 하늘의 지혜를 구해야 한다. 반드시 하나님의 때에 우리의 눈과 귀를 열어주실 것이다.

81 Chapter 81. Genesis 42:26-38

평생 내려놓음

[26]그들이 곡식을 나귀에 싣고 그 곳을 떠났더니 [27]한 사람이 여관에서
나귀에게 먹이를 주려고 자루를 풀고 본즉 그 돈이 자루 아귀에 있는
지라. [28]그가 그 형제에게 말하되 내 돈을 도로 넣었도다. 보라. 자루
속에 있도다. 이에 그들이 혼이 나서 떨며 서로 돌아보며 말하되 하
나님이 어찌하여 이런 일을 우리에게 행하셨는가 하고 [29]그들이 가나
안 땅에 돌아와 그들의 아버지 야곱에게 이르러 그들이 당한 일을 자
세히 알리어 아뢰되 [30]그 땅의 주인인 그 사람이 엄하게 우리에게 말
씀하고 우리를 그 땅에 대한 정탐꾼으로 여기기로 [31]우리가 그에게
이르되 우리는 확실한 자들이요 정탐꾼이 아니니이다. [32]우리는 한
아버지의 아들 열두 형제로서 하나는 없어지고 막내는 오늘 우리 아

> *버지와 함께 가나안 땅에 있나이다 하였더니 33그 땅의 주인인 그 사
> 람이 우리에게 이르되 내가 이같이 하여 너희가 확실한 자들임을 알
> 리니 너희 형제 중의 하나를 내게 두고 양식을 가지고 가서 너희 집
> 안의 굶주림을 구하고 34너희 막내아우를 내게로 데려오라. 그러면
> 너희가 정탐꾼이 아니요 확실한 자들임을 내가 알고 너희 형제를 너
> 희에게 돌리리니 너희가 이 나라에서 무역하리라 하더이다 하고 35각
> 기 자루를 쏟고 본즉 각 사람의 돈뭉치가 그 자루 속에 있는지라. 그
> 들과 그들의 아버지가 돈뭉치를 보고 다 두려워하더니 36그들의 아버
> 지 야곱이 그들에게 이르되 너희가 나에게 내 자식들을 잃게 하도다.
> 요셉도 없어졌고 시므온도 없어졌거늘 베냐민을 또 빼앗아가고자 하
> 니 이는 다 나를 해롭게 함이로다. 37르우벤이 그의 아버지에게 말하
> 여 이르되 내가 그를 아버지께로 데리고 오지 아니하거든 내 두 아들
> 을 죽이소서. 그를 내 손에 맡기소서. 내가 그를 아버지께로 데리고
> 돌아오리이다. 38야곱이 이르되 내 아들은 너희와 함께 내려가지 못
> 하리니 그의 형은 죽고 그만 남았음이라. 만일 너희가 가는 길에서
> 재난이 그에게 미치면 너희가 내 흰 머리를 슬퍼하며 스올로 내려가
> 게 함이 되리라.*

남미에 가면 베링 해협을 통해 건너온 것으로 알려진 아메리칸 인디언 부족들이 있다. 그런데 그 부족들 중에서 항아리를 이용해서 원숭이를 잡는 부족이 있다(이용규, 「더 내려놓음」(서울: 규장, 2012), 33쪽). 어떻게 잡느냐? 원숭이들이 자주 다니는 길목에 끝 목 부분이

좁은 항아리를 놓고 그 안에 바나나를 넣어둔다. 그리고 숨어 있다 보면 호기심 많은 원숭이가 다가와서 처음 보는 항아리라 뭔가 호기심이 발동해서 이리저리 살펴본다. 그러다가 항아리 안에 바나나가 들어 있는 것을 알고 손을 집어넣고 바나나를 잡는다. 그리고 바나나를 빼려고 하면 손이 빠지질 않는다. 항아리 목이 좁아서 원숭이가 바나나를 쥔 상태에서는 손이 빠지지 않는 것이다. 그러면 바나나를 놓고 손을 빼야 하는데 먹을 것을 일단 손에 쥐면 절대 놓지를 않는다. 원숭이는 바나나를 쥔 채로 눈만 말똥말똥하며 쳐다볼 뿐이다. 이때 인디언들이 서서히 다가온다. 얼른 놓고 가야 하는데 바나나 때문에 어떻게 하지도 못하고 좌우만 쳐다보고 꽥꽥 소리만 치다가 잡히고 만다.

자, 한 번 생각해보자. 원숭이가 바나나를 잡은 것일까, 아니면 바나나가 원숭이를 잡은 것일까? 이것은 어떤 수준에서 보느냐에 따라 달라진다. 원숭이의 수준에서 보면 자기가 바나나를 붙잡은 것이다. 그러나 인디언의 수준에서 보면 바나나가 원숭이를 잡은 것이다. 원숭이의 수준에서 보면 빨리 바나나를 잡아서 나가야 살 수 있다고 생각하는데 인디언의 수준에서 보면 원숭이는 바나나를 놓아야 살 수 있다.

이것은 우리의 신앙생활에서도 마찬가지다. 우리는 저마다 사랑하고 있는 것들을 붙잡고 좀처럼 내려놓지를 않는다. 붙잡았다가도 아니다 싶으면 좀 놓아버릴 수 있어야 하는데 절대 포기할 수 없다고 꽉 붙잡고 놓지를 않는다. 내가 사랑하는 것을 붙잡았다고 생각하지만, 사실은 내가 집착하고 있는 그것에 사로잡혀 있다. 신앙생활은 끊임없이 나의 자아를 십자가에 못 박고 내 안에 주님이 사시는 것이다(갈 2:20). 날마다 꿈틀꿈틀 살아나려는 나의 자아를 십자가에 못 박고 죄와 사망의 권세를 이기고 부활하셔서, 지금 우리와 함께하시는 주님을 바라보며 살아가야 한다.

그런데 나의 자아를 이 십자가에 못 박는 일이 참으로 쉽지 않다. 십자가에 못 박으려면 내가 소중히 여기는 것, 나 자신을 위해 중요하게 여기는 것들을 기꺼이 내려놓고 주님의 인도하심과 주권을 신뢰해야 한다. 그런데 이것이 쉽지 않다. 우리는 쌓아두고 소유하는 연습만 했지 내려놓고 신뢰하며 맡기는 연습을 많이 하지 못했기 때문이다

신앙생활은 '교양'을 쌓기 위해 하는 것이 아니다. 성공에 도움이 되기 때문에 하는 것도 아니다. 이런 마음으로는 목표나 성공이 좌절될 때 하나님을 향한 강력한 분노를 쏟아놓기 쉽다. 이런 하나님이라면 차라리 안 믿겠다고 한다. 이는 '자기에 대한 사랑과 집착' 때문이다. 이런 것들을 기꺼이 내려놓기가 참 쉽지 않다.

청년들이 뜨거운 열정으로 기도한다.

"주님, 내 모든 것, 나의 생명까지 다 주님 앞에 드립니다."

얼마나 멋있는가? 그런데 마음에 걸리는 것이 하나 있다. 바로 결혼이다. 그래서 속으로 이렇게 기도한다.

'주님, 다 좋지만 결혼만은 내 뜻대로 하게 해주세요.'

'제가 원하는 이상형 아시죠? 꼭 그런 이상형을 만나게 해주셔야 합니다.'

또 어떤 성도들은 헌신을 다짐하며 기도한다.

"주님, 나의 삶을 주님께 드립니다. 그런데 제 적금통장은 가져가지 말아주시고요, 이 아파트도 가져가지 말아주세요."

속으로 '하나님, 적어도 이 부분만큼은 터치하지 말아주세요' 하는 부분이 있다. 다 드린다고 했다가도 자기가 사랑하는 그 부분을 하나님이 요구하시면 갑자기 정색하고 거절한다.

"하나님, 죄송합니다만 이 부분은 제 사적인 영역입니다. 절대 건드리지 말아주시길 바랍니다."

하나님은 우리가 내려놓지 못하는 부분들을 다루기 원하신다. 온전히 내려놓고 믿음으로 맡기는 데까지 나아가길 원하신다. 그런데 이를 절대 단번에 다루지 않으신다. 천천히, 때로는 오랜 세월을 기다리며 다루신다. 본문에 등장하는 야곱의 인생이 그렇다. 그의 인생은 흙수저에서 금수저로 성공한, 자수성가의 대표 사례라고 볼 수 있다. 어릴 때부터 강력한 야심, 강력한 성공에 대한 목표를 갖고 아버지와 형을 속여 장자권을 빼앗고 저 멀리 삼촌 라반의 집으로 도망갔다. 그곳에서 20년간 삼촌의 속임수에 맞서 절묘한 계책으로 큰 부를 일구어 한밤중에 야반도주를 감행한다. 어떻게 보면 정말 눈물겨운 고생을 해서 일군 인간 승리의 모범이라 할 수 있다.

그런데 이런 성공 뒤에 우리가 잊기 쉬운 일이 있다. 첫째, 이런 성공 중간중간에 붙잡아주시는 하나님의 자비의 손길이 있었다. 그래서 야곱은 수차례 죽을 고비를 넘기면서도 커다란 성공을 거둘 수 있었다. 둘째, 이런 자비의 손길이 이제부터는 야곱이 자기 야심으로 이루었던 것들에 끼었던 욕심의 거품을 하나하나 빼기 시작했다. 마치 원숭이가 항아리 속의 바나나를 부여잡았던 것처럼 야곱이 그렇게 부여잡았던 소중한 것들을 하나하나 내려놓게 하였다. 왜? 온전히 내려놓아야 언약을 성취할 수 있고 온 집안을 구원할 수 있기 때문이다. 지금까지 야곱은 자신이 성공을 부여잡았다고 생각했다. 그러나 본문에서 드러나는 현실은 무엇인가? 야곱은 그토록 집착하던 성공에 붙잡혀서 현실 밖으로 헤어나오지 못하고 있었다. 하나님은 이런 야곱이 붙잡으려는 것을 기꺼이 내려놓게 하시고 더 큰 하나님의 성공, 하나님의 역사로 인도하려 하신다. 이런 걸 보면 하나님께서 우리를 다루시고 내려놓게 하시는 작업은 평생에 걸쳐 계속됨을 알 수 있다.

본문은 요셉을 만나고 형제들이 아버지 야곱에게 돌아가 그동안 있었던 일들을 이야기하며 야곱이 그토록 애지중지 아끼던 막내 베냐민을 데려가야 한다고 설득하는 장면이다. 형제들이 요셉에게서 돈 주고 산 식량을 나귀에 싣고 집으로 돌아오고 있었다. 그러다 날이 저물어 여관에 묵었다. 형제 중 하나가 나귀에게 먹이를 주려고 자기 나귀 등에 실었던 짐을 풀려고 자루를 내렸는데 짤그랑거리는 소리가 났다. 이게 뭔가 싶어서 자루를 열어보니 자기 몫의 곡식 값으로 주었던 그 돈이 들어 있었다. 깜짝 놀랐다.

> "그가 그 형제에게 말하되 내 돈을 도로 넣었도다. 보라. 자루 속에 있도다. 이에 그들이 혼이 나서 떨며 서로 돌아보며 말하되 하나님이 어찌하여 이런 일을 우리에게 행하셨는가 하고"(28절).

'형제'는 히브리 원문으로 보면 복수형이다. 그러니까 형제 중 하나가 이 장면을 보고 자기 형제에게 말한 것이다. "형님들, 이거 어떻게 해요! 돈이 그대로 들어 있어요!" 형제들은 정신이 나갈 정도로 어안이 벙벙했다. "아니, 하나님이 어떻게 우리에게 이런 일을 행하셨는가?" 그동안 한 번도 하나님을 찾지 않던 형제들이 이 위기 앞에 하나님을 떠올린다. 이 사건은 형제들로 중요한 것을 내려놓게 하는 계기가 된다. 그것은 부당한 돈에 대한 사랑이다. 형제들이 동생 요셉을 팔 때 이들은 미디안 상인에게 요셉을 팔고 은 이십을 받았다(37:28). 은 이십은 동생의 핏값이었고 받아선 안 되는 부당한 이득이었다. 하지만 그때는 그 돈에 만족했을 것이다. 그런데 이제 이번 사건을 통해서는 이 부당한 이득이 두려운 일이라는 사실을 경험한다. 하나님의 신비한 손이 형제들 깊은 마음속에 감추었던 돈에 대한 사랑을 내려놓게 하시는 것이다.

형제들은 속으로 이런 두려운 마음을 갖고 아버지에게로 돌아왔다. 그러고서 애굽에서 겪었던 일들을 보고한다. 이 형제들의 보고를 보면 가능한 아버지에게 충격적인 이야기를 하지 않으려고 노력한 흔적이 엿보인다. 먼저는 요셉이 자신들을 의심해서 가족사항을 이야기한 사실을 말한다(30-32절). 사실 지금 시므온은 감옥에 갇혀 있다. 그런데 형제들은 아버지가 충격을 받을까봐 이런 이야기 하지 않고, 그냥 "애굽에 두고 왔다"고 말한다. 마치 애굽에서 잘 대접받고 사는 것처럼 이야기한다. 거기에다 야곱이 좀 솔깃해할 이야기로 본심을 떠본다.

> "너희 막내아우를 내게로 데려 오라. 그러면 너희가 정탐꾼이 아니요 확실한 자들임을 내가 알고 너희 형제를 너희에게 돌리리니 너희가 이 나라에서 무역하리라 하더이다 하고"(34절).

베냐민만 데려오면 너희들이 이 나라에서 무역할 것이다. 비지니스를 해서 돈을 벌 기회를 주겠다고 한다. 형제들은 어떻게든 아버지 마음을 얻기 위해서 감출 것은 감추고, 재리에 밝은 아버지가 솔깃한 거짓말을 덧붙였다. "이 나라에서 무역하리라!" 어디서 들어봤던 제안 같지 않은가? 세겜의 추장 하몰이 야곱에게 와서 디나를 요구하며 했던 제안이다(34:10-12). 재리에 밝은 야곱은 이 제안에 아마 귀가 솔깃해졌을지 모른다.

그런데 그다음이 문제였다. 형제들이 아버지에게 자신들이 얻어온 양식을 보여주며 애굽의 풍성함을 자랑하는데 거기에 '쨍 그르르' 하면서 애굽에 식량을 사기 위해 가져갔던 돈들이 다 쏟아져 나왔다(35절). 아니, 아까 자기 형제 중 하나의 자루에만 돈이 있는 줄 알았는데 모두의 자루에 고스란히 있을 줄이야 미처 몰랐다. 이 돈 앞에 모든 가족이 벌벌 떨었다. 이전에는 그렇게 좋아했던 돈이고 이 돈을 모으기 위해 많은 사람을 다치게 했었는데, 이제 오히려 이 돈 때문에 자신들이 다칠까 염려하고 떨면서 부정한 돈에 대한 탐욕을 내려놓기 시작한다.

그런데 하나님은 지금 야곱 가족의 돈만 내려놓게 하신 것이 아니다. 더 소중한 것을 내려놓도록 떠미셨다.

"그들의 아버지 야곱이 그들에게 이르되 너희가 나에게 내 자식들을 잃게 하도다. 요셉도 없어졌고 시므온도 없어졌거늘 베냐민을 또 빼앗아가고자 하니 이는 다 나를 해롭게 함이로다"(36절).

"너희 형제들이 내 자식들을 다 빼앗아가는구나! 요셉도 없어지고 시므온도 없어지고, 이젠 베냐민까지 빼앗아가려고 해? 어떻게 다 나를 해롭게 하려고 하는 거야?" 야곱이 분노를 쏟아낸다.

아마 야곱이 이렇게 분노하는 것에는 자기 아들들이 가져온 돈에 대한 두려움도 포함되어 있을 것이다. 전에는 자기 맘대로 버는 돈이라 생각했었는데 이제는 있으면 안 될 돈이 있는 것이 불안하고 두려웠다. 게다가 자신이 그토록 끔찍이도 사랑했던 아내 라헬에게서 난 자녀들도 다 빼앗길 위기에 처해 있었다. 라헬의 아들들에 대한 야곱의 집착과 애착은 대단했다.

"내 아들은 너희와 함께 내려가지 못하리니"(38절).

이 표현대로 하자면 베냐민만 야곱의 진정한 아들이다. 나머지 형제들은 '너희'다. 야곱은 여전히 베냐민에 대한 애착이 대단했다. 그런데 지금 이런 야곱의 애착을 위협하는 시도들이 계속 몰려오고 있다. 악착같이 모은 재산들도 기근으로 점점 줄어든다. 곁에 두고 지켜주고 싶은 사랑하는 아들들도 자기 손을 떠나려 한다. 그렇게 사랑했던 아내도, 요셉도 이미 다 자기 곁을 떠났다. 그동안 열심히 자기 힘과 야망으로 이루어 놓았던 것들이 하나하나 무너지고 있다. 야곱은 강렬한 분노를 표출한다. 왜? 그동안 자신의 인생이 자기 뜻대로 안 되는 경우가 거의 없었기 때문이다. 다 자기 손안에 거머쥐고 살았다. 야심 차게 계획하고 밤낮 밀어붙이면 웬만한 것은 다 이루고 살았다. 그래서 통제되지 못하는 자기 삶의 상황에 분노하고 있다.

하나님이 우리로 내려놓게 하실 때 많은 경우 우리의 상황을 통제 밖으로 몰아가실 때가 있다. 이렇게 하시는 이유는 우리로 전에 내 마음대로 통제한다고 생각했던 것조차 하나님의 선하신 손아래 있었다는 사실을 깨닫게 하기 위함이다. 그런데 이를 인정하지 못한 상태에서 일이 벌어지면 강렬한 분노가 쏟아져 나온다. 온갖 입에 담을 수 없는 원망과 욕설과 분노가 나오고 손에 잡히는 대로 막 집어던진다. 그 이면에 통제되지 못하는 상황에 대한 깊은 두려움과 불안이 도사리고 있기 때문이다. 이럴 때 우리는 어떻게 다시 움켜쥐려고 몸부림친다. 이때 두려움과 불안함을 믿음으로 내맡기는 것을 바로 '순종'이라고 한다.

머리로는 알아도 실제로 내맡기기가 쉽지 않다. 많은 경우 이 정도면 많이 맡겼다고 생각하기 때문이다. 그런데 좀 더 깊이 들어가면 내가 포기하지 못하는 게 튀어나오기 시작한다. 우리가 하나님께 내맡겼다고 생각하는 것들은 빙산의 일각일 수 있다. 얼마 전에 진화생물학자 앨러나 콜렌 박사가 「10% 인간: 인간 마이크로바이옴 프로젝트로 보는 미생물의 과학」(조은영 역, 서울: 시공사, 2016)이라는 책을 펴냈다. 왜 10% 인간인가? 그동안 우리는 인간 세포를 구성하는 유전자 DNA 염기서열을 분석하면 인체의 신비를 풀어내어 인간 질병의 원인을 밝히고 치료할 수 있을 줄 알았다. 그런데 기대와는 달리 엄청난 해결책이 나오지 않았다. 밝히고 보니 인간의 유전자는 2만 1천 개로 2만 3천 개의 유전자를 가진 쥐보다 적었고 식물인 벼에 비해서는 절반 수준밖에 되지 않았다.

그렇다면 인체 신비의 실마리를 어떻게 풀어야 하는가? 그러려면 우리 몸 안에 서식하는 미생물, 박테리아의 유전체를 밝혀야 한다. 우리 몸을 구성하는 세포가 약 10조 개라고 한다면 우리 몸을 구성하는 미생물들은 100조 개다. 지금까지의 연구결과에 따르면 이 미생물들이 우리 몸 안에서 불균형을 이루면 천식, 비염 아토피와 비만이 생기고, 심지어는 자폐증과 우울증까지 온다. 그래서 학자들은 우리 몸 주요 부분 18곳의 미생물 지도를 밝히는 프로젝트를 진행하고 있다.

우리는 아무리 자신을 잘 살펴도 DNA 정도까지만 헤아린다. 그런데 하나님은 100조 개의 미생물까지 다 하나하나 헤아리신다. 우리가 하나님 앞에 내려놓는 것이 DNA 수준이라면 우리가 내려놓아야 할 것의 10%도 채 되지 못한다. 지금 하나님은 그동안 야곱이 붙들었던 것을 하나하나 흔드신다. "이것은 네가 이렇게 붙들고 있어야 할 것이 아니야. 이젠 좀 내려놓아라." 야곱이 얼마나 집념과 애착이 강한 사람인가? 그러니 하나하나 내려놓는 결단을 내리는 일이 너무너무 힘들다. 그런데 하나님은 이런 야곱을 향해 집요하게 요구하며 밀어붙이신다.

버틸 수 있을 때까지 버티던 야곱은 결국 모든 양식이 다 떨어지고 더 이상 버틸 수 없는 상황이 되고 나서야 모든 것을 다 내려놓는다. 야곱의 고백을 들어보자.

"전능하신 하나님께서 그 사람 앞에서 너희에게 은혜를 베푸사 그 사람으로 너희 다른 형제와 베냐민을 돌려보내게 하시기를 원하노라. 내가 자식을 잃게 되면 잃으리로다"(43:14).

"잃게 되면 잃으리로다." 왠지 야곱의 이 고백이 "죽으면 죽으리이다"(에 4:16)라고 했던 에스더의 고백과 비슷하지 않은가? 이는 완전 포기를 결단하는 말이다. 나를 다 내려놓고 주님의 붙드심에 내맡기는 결단이요 온전한 순종이다. 이처럼 다 내려놓을 때 비로소 하나님의 붙들어 주심이 시작된다. 주께서 붙들어주실 때 내 것이 주님의 것이 되고, 주님의 것이 될 때 또한 역설적으로 이것이 진정 내 것이 될 수 있다. 이 작업은 우리의 평생에 계속되는 도전이다. 이런 과정을 통해 우리는 주님의 성품을 더 깊이 알고 배워간다. 내 안의 우상을 하나하나 제거할 수 있다. 그런데 이것이 절대 한순간에 되지 않는다. 조금씩 조금씩 내려놓을 수 있다.

전에 김동호 목사가 내려놓음에 관해 이런 글을 남긴 적이 있다. "'내려놓음' 내 평생의 과제였다. 나로서는 오를 수 없는 산을 오른 셈이어서 내겐 '무사 하산'이 가장 힘들고 어려운 숙제였기 때문이다. '자리와 권세를 내려놓음' '필요 이상으로 많아진 물질적 풍요로움을 스스로 내려놓음.' 아직도 많은 것을 소유하고 누리고 있지만 그래도 제법 많이 내려놓았다. 그제 문득 내가 아직 내려놓지 못하고 있는 것이 있다는 것을 발견하였다. 그것은 '내려놓았다는 것을 내려놓음'이었다. 나는 '내려놓았다'는 것을 내려놓지 못하고 훈장처럼 붙들고 자랑하고 있었다. '하나님, 내려놓았다는 것까지 잊어버리고 그것까지 내려놓게 해주시옵소서.' 그것까지."

사탄은 우리 귀에 속삭인다. "그동안 네가 이렇게까지 오려고 얼마나 노력하고 애썼는데, 이걸 다 내려놓니? 그럴 수는 없지. 하나님께 네 인생을 다 걸면 너무 어리석다고 생각하지 않니? 그럼 넌 불쌍하게 살게 될 거야. 이것마저 내려놓으면 네 인생, 무슨 재미로 살래? 그럼 끝이야. 그동안 네 맘대로 했던 것 이제 못하잖아. 조금만 내려놔. 내려놓는 척만 해도 멋져 보여." 이런 말에 속지 말기 바란다. 우리의 내려놓음 이후 하나님께서 준비하신 풍성함과 은혜는 이전과 결코 비교할 수 없다. 그리고 내려놓음 이후에는 주님의 예비하심을 새로운 차원에서 경험한다. 평생 계속되는 내려놓음의 도전을 잘 감당하며 승리할 수 있는 주님의 자녀가 되길 바란다.

82 Chapter 82. Genesis 43:1-15

아버지는 좀처럼 변하지 않는다

1그 땅에 기근이 심하고 2그들이 애굽에서 가져온 곡식을 다 먹으매
그 아버지가 그들에게 이르되 다시 가서 우리를 위하여 양식을 조금
사오라. 3유다가 아버지에게 말하여 이르되 그 사람이 우리에게 엄히
경고하여 이르되 너희 아우가 너희와 함께 오지 아니하면 너희가 내
얼굴을 보지 못하리라 하였으니 4아버지께서 우리 아우를 우리와 함
께 보내시면 우리가 내려가서 아버지를 위하여 양식을 사려니와 5아
버지께서 만일 그를 보내지 아니하시면 우리는 내려가지 아니하리니
그 사람이 우리에게 말하기를 너희의 아우가 너희와 함께 오지 아니
하면 너희가 내 얼굴을 보지 못하리라 하였음이니이다. 6이스라엘이
이르되 너희가 어찌하여 너희에게 또 다른 아우가 있다고 그 사람에

*게 말하여 나를 괴롭게 하였느냐. 7그들이 이르되 그 사람이 우리와
우리의 친족에 대하여 자세히 질문하여 이르기를 너희 아버지가 아
직 살아 계시느냐. 너희에게 아우가 있느냐 하기로 그 묻는 말에 따
라 그에게 대답한 것이니 그가 너희의 아우를 데리고 내려오라 할 줄
을 우리가 어찌 알았으리이까. 8유다가 그의 아버지 이스라엘에게 이
르되 저 아이를 나와 함께 보내시면 우리가 곧 가리니 그러면 우리와
아버지와 우리 어린 아이들이 다 살고 죽지 아니하리이다. 9내가 그
를 위하여 담보가 되오리니 아버지께서 내 손에서 그를 찾으소서. 내
가 만일 그를 아버지께 데려다가 아버지 앞에 두지 아니하면 내가 영
원히 죄를 지리이다. 10우리가 지체하지 아니하였더라면 벌써 두 번
갔다 왔으리이다. 11그들의 아버지 이스라엘이 그들에게 이르되 그러
할진대 이렇게 하라. 너희는 이 땅의 아름다운 소산을 그릇에 담아가
지고 내려가서 그 사람에게 예물로 드릴지니 곧 유향 조금과 꿀 조금
과 향품과 몰약과 유향나무 열매와 감복숭아이니라. 12너희 손에 갑
절의 돈을 가지고 너희 자루 아귀에 도로 넣어져 있던 그 돈을 다시
가지고 가라. 혹 잘못이 있었을까 두렵도다. 13네 아우도 데리고 떠나
다시 그 사람에게로 가라. 14전능하신 하나님께서 그 사람 앞에서 너
희에게 은혜를 베푸사 그 사람으로 너희 다른 형제와 베냐민을 돌려
보내게 하시기를 원하노라. 내가 자식을 잃게 되면 잃으리로다. 15그
형제들이 예물을 마련하고 갑절의 돈을 자기들의 손에 가지고 베냐
민을 데리고 애굽에 내려가서 요셉 앞에 서니라.*

우리에게 친숙하고 친근한 이미지로 잘 알려진 영화배우 성동일 씨를 알 것이다. 구김살 없을 것 같은 푸근한 이미지를 가진 배우이다. 그런데 그가 몇 년 전 자신의 가슴 아픈 가족사를 방송에서 공개한 적이 있다(MBC 〈황금어장 무릎팍도사〉(30회, 2013. 6. 27.). 그것은 자신의 아버지 장례식에 참석하지 않은 사연이었다. 아니 도대체 어떤 일이 있었기에 그랬을까? 알고 보니 성동일 씨는 부모님이 별거하면서 태어난 지 10년간 호적에도 올리지 않고 있다가, 그래도 자식을 호적에는 올려야 한다고 어머니가 우겨서 가정을 합쳐 살게 되었다.

그런데 아버지가 호적을 합치는 날부터 이 소년 성동일 군을 때리기 시작했다. 이때부터 계속된 구타로 인해 성동일 씨의 어릴 적 꿈은 다른 사람처럼 "훌륭한 사람이 되고 싶다"가 아니라 "빨리 나가 살고 싶다"였다. 아버지에게 아무리 아프다 이렇다 저렇다 말해도 아버지는 아들의 말을 들을 생각을 하지 않았다. 그리고 변하지 않고 여전히 아들을 미워하며 때렸다. 결국 성동일 씨는 아버지를 떠나서 평생 아버지를 미워하며 살았다. 그렇게 안 보고 산 지 20년이 지난 어느 날 아버지가 돌아가셨다는 소식을 들었다. 어릴 적 아버지를 생각하면 너무나 미웠다. 결국 아버지 장례식에 가지 않았다. 나중에 알고 보니 아내가 자녀와 함께 임종 전에 조용히 아버지를 만나고 왔다.

가정에서 아버지란 존재는 변하기가 어렵다. 가장으로서 권위를 가졌기에 집안에서 절대적인 권력을 행사하는 존재로 생각하는 경우가 많다. 이런 아버지에게 변화를 요구하면 마음을 열고 수용하기는 커녕 오히려 분노하는 경우가 잦다. 그래서 가정마다 아버지의 고집, 아버지의 아집으로 고생하는 가정이 참으로 많다. 어릴 때 이런 아버지와의 갈등과 아픔으로 성장해서도 여전히 아버지를 미워하고, 이런 아버지로 고민하는 자녀들이 의외로 많다. 어릴 때는 모른다. 그러나 어느 정도 성장하면 안다. 이건 아버지의 고집이고 부당한 폭력이라는 것을. 자녀들은 자라면서 이런저런 방식으로 아버지에게 이것을 알리려 한다. 그러나 아버지는 분노하며 좀처럼 이를 받아들이려 하지 않는다. 이런 변하지 않는 아버지로 인해 많은 가정이 힘들어하고 고통받고 있다.

본문에 등장하는 야곱의 가정이 바로 이런 가정이었다. 애굽에서 감옥에 갇혀 죽는 줄 알았다가 가까스로 살아나온 야곱의 아들들은 아버지에게 그곳에서 있었던 일들을 이야기했다. 너무 비관적으로 이야기하면 놀라서 힘들어할까 봐 가능한 부정적인 일은 제외하고 긍정적인 점들을 부각시키며 말했다.

"이 일이 잘되면 그 나라에서 무역, 비즈니스도 할 수 있습니다."

"그런데 아버지, 그러려면 다시 베냐민을 데려가야 합니다."

그러나 아버지는 좀처럼 설득당하지 않는다. 오히려 베냐민을 데려가야 한다는 말에 아버지는 화들짝 놀라며 분노를 쏟아낸다. "너희가 나에게서 자식들을 빼앗아가는구나. 전에는 요셉, 이번엔 시므온, 이제는 베냐민까지? 다 나를 해롭게 하려고 하는구나!"

이렇게 분노하는 아버지를 향해 르우벤이 나서서 간곡히 부탁한다. "내가 그를 아버지께로 데리고 오지 아니하거든 내 두 아들을 죽이소서"(42:37).

이렇게 간곡히 부탁해도 야곱에게는 먹혀들지 않았다. 오히려 야곱은 단호했다. "아들은 너희와 함께 내려가지 못하리"(42:38). 이 한마디에 야곱의 현실 인식이 드러나 있다. 아버지는 지금 가족에게 일어나는 현실을 받아들이려 하지 않고 있다.

이번 장의 본문은 이런 아버지의 계속되는 아집으로 온 가정이 위기에 처해 있음을 보여준다. 첫 시작, "그 땅에 기근이 심하고"(1절)라는 구절은 야곱 가족의 어렵고 힘든 현실을 반영한다. 이들은 "애굽에서 가져온 곡식을 다 먹었다"(2절). 이렇게 더 버티다가 가족들이 다 굶어 죽게 생겼다. 그동안 베냐민을 데리고 애굽에 내려가는 것에 대해 입도 뻥긋하지 못하게 했던 아버지가 드디어 입을 연다. "다시 가서 우리를 위하여 양식을 조금 사오라"(2절). 이왕 사올 걸 많이 사와야지 조금 사와서 되겠는가? 여기서 '조금' 사오라고 한 것은 애굽에 어떻게든 들키지 않게 조용히 몰래 가서 양식을 얻어올 수 있으면 얻어오라는 의미다. 이는 베냐민은 절대 데려갈 생각하지 말고 양식만 구해오라는 뜻이다. 이런 야곱의 말에는 지금 애굽에 갇혀 있는 아들 시므온은 전혀 안중에 두고 있지 않음이 드러난다. 아버지는 이렇게 퉁명스럽게 말했지만 사실 형제들의 속은 타들어가고 있었다.

"우리가 지체하지 아니하였더라면 벌써 두 번 갔다 왔으리이다"(10절).

이미 두 번이나 갔다 왔다고 말하는 것을 보면 지금 형제들의 눈에 아버지는 이렇게 마냥 버틸 수 없는 상황을 고집을 부리며 버티고 계신 것이다. 이 답답한 상황에 누군가가 아버지가 현실적으로 인식

할 수 있도록 용기를 내서 나서야 했다. 전에 르우벤이 자기 아들의 목숨을 걸고 그렇게 간곡하게 말했는데도 일언지하에 거절했던 아버지를 향해 과연 누가 나설 용기를 가질 수 있겠는가? 이때 넷째 유다가 나선다. 모든 형제를 대신해서, 야곱의 가문을 대신해서 야곱에게로 담대하게 나아간다. 그는 아버지에게 말한다.

"아버지, 애굽에서 만났던 그 총리가 엄히 경고했습니다. 우리가 동생 베냐민과 함께 그에게 가지 않으면 결코 만나주지 않겠다고요. 만약 양식을 얻기 원하시면 베냐민을 보내주셔야 하고 베냐민을 보내주시지 않는다면 저희는 애굽 총리의 경고 때문에 결코 나아갈 수 없습니다."

유다는 아버지에게 현실을 인식시키려고 있는 그대로를 밝히 말했다. 그러자 아버지 야곱은 역정을 낸다.

> "이스라엘이 이르되 너희가 어찌하여 너희에게 또 다른 아우가 있다고 그 사람에게 말하여 나를 괴롭게 하였느냐"(6절).

야곱은 아들들에게 "왜 그런 쓸데없는 말을 해서 문제를 만들었느냐"고 다그친다. 이미 지난 일을 자꾸 들추어서 왜 하필이면 그때 그렇게 했느냐고 말한다고 해서 무슨 소용이 있겠는가? 상당히 과거지향적이다. 사실 많은 아버지가 이런 식으로 대응한다. "아니, 난 그렇게 하라고 하지도 않았는데, 왜 그렇게 했느냐"는 것이다. 야곱의 이런 추궁에 대해 아들들이 대답한다.

"그들이 이르되 그 사람이 우리와 우리의 친족에 대하여 자세히 질문하여 이르기를 너희 아버지가 아직 살아 계시느냐. 너희에게 아우가 있느냐 하기로 그 묻는 말에 따라 그에게 대답한 것이니 그가 너희의 아우를 데리고 내려오라 할 줄을 우리가 어찌 알았으리이까"(7절).

아들들은 당시 어쩔 수 없었던 상황을 아버지께 말한다. 그 총리가 그렇게 자세히 꼬치꼬치 묻더니 동생을 데려오라고 할 줄 누가 알았겠느냐는 것이다. 그러고는 이렇게 부탁한다.

"유다가 그의 아버지 이스라엘에게 이르되 저 아이를 나와 함께 보내시면 우리가 곧 가리니 그러면 우리와 아버지와 우리 어린 아이들이 다 살고 죽지 아니하리이다"(8절).

유다는 다시 아버지의 허락을 간절히 요청한다. 아버지가 허락만 하면 아들들은 곧바로 떠날 것이고, 그러면 가족과 자녀들이 다 굶어 죽지 않고 살 수 있다고 호소한다. 그러더니 유다가 여기서 한 걸음 더 나아간다.

"내가 그를 위하여 담보가 되오리니 아버지께서 내 손에서 그를 찾으소서. 내가 만일 그를 아버지께 데려다가 아버지 앞에 두지 아니하면 내가 영원히 죄를 지리이다"(9절).

유다가, 담보가 된다는 것은 자기 생명을 이 일에 걸겠다는 뜻이다. "아버지, 제 생명을 겁니다. 베냐민을 반드시 데려오겠습니다. 그렇지 않으면 제가 평생 수치와 죄의식 가운데 죄인으로 살겠습니다." 이 말은 베냐민을 데려오지 못하면 차라리 죽어버리겠다는 뜻이다. 유다는 어떻게든 완고한 아버지, 변하지 않는 아버지를 타이르고 설득하기 위해 최선을 다했다. 이런 형제를 대표하는 자기희생의 모습은 나중에 유다 지파가 이스라엘의 장자지파가 되고 메시아 예수의 선조가 됨을 예고한다. 유다의 모습을 보면 아들과 아버지의 모습이 뒤바뀐 것 같다. 아버지는 아이 같고 아들이 오히려 성숙한 어른 같다.

여기서 깊이 생각해보자. 도대체 아버지는 왜 이렇게 변하지 않는 것일까? 왜 이렇게 고집불통일까? 자기 입장밖에 모르고 자기가 편애하는 자식만 붙든다. 자기 것은 절대로 내려놓지 않으려는 어린애 같은 모습이 아버지에게 있다. 아버지의 이런 모습에 대해 우리가 직시해야 할 것이 있다. 그것은 바로 아버지에게 미친 죄의 영향이다. 자식 편애와 이기적으로 자기 것만 붙들려고 하는 아버지의 모습은 사실 예전부터 아버지의 삶에 투영된 죄의 영향력 때문이다.

야곱의 어린 시절을 생각해보라. 간발의 차이로 형 에서의 발꿈치 잡고 엄마 배에서 나올 정도로 치열한 경쟁 가운데 태어났다. 출생 때 간발의 차이로 야곱은 억울하게 동생이 됐고 장자권을 소유할 수 없게 되었다. 어릴 때부터 아버지는 들사람이자 능숙한 사냥꾼이었던 형 에서를 편애했다. 어릴 때부터 아버지의 인정을 받지 못하고 그늘 속에 자란 야곱은 늘 아버지의 인정받기를 갈망했다. 그래서 야곱은 더욱 경쟁적으로 수단과 방법을 가리지 않고 나섰다. 야곱은 옳고 그름을 구별할 수 있기 전부터 이미 열등감, 경쟁심, 인정에 대한 욕구와 이기심이 내면에 깊이 자리 잡았다.

이런 마음이 죄성과 엮여 야곱 안에 있는 가족들에게도 부정적으로 흘러 들어간다. 야곱이 경쟁했던 것처럼 두 아내도 서로 경쟁하게 만들었다. 아들들 간에도 서로 경쟁했다. 이런 깊은 경쟁 이면에는 야곱이 어릴 때 경험했던 편애가 있었다. 라헬을 편애하니 레아가 남편의 인정을 갈구하며 경쟁하기 시작했고 요셉을 편애하니 형제들이 아버지의 사랑을 갈구하며 경쟁하기 시작했다. 그러다 경쟁과 분노 가운데 동생 요셉을 애굽에 팔아넘길 지경까지 이르렀다. 그동안 요셉의 형제들은 요셉을 팔아넘긴 후 자기들 안에 있던 죄성과 인정 욕구를 제대로 꺼내 보지 못했다. 그저 지난 과거를 덮어버리고 조용히 지내왔다. 그러나 애굽의 총리를 만나 지난 가족사를 추궁당하고, 감옥에 사흘을 갇히고, 형제 시므온을 애굽에 볼모로 두고 오게 되자, 드디어 자신들의 죄성을 직면하기 시작했다. 회개하는 마음으로 하나님 앞에 돌아서기 시작했다.

그러나 아버지 야곱은 여전히 자기만의 세계에 갇혀 성을 쌓고 나가지도 않고 나오려고 하지도 않았다. 여기에는 성숙한 아버지, 흠모할 만한 아버지의 모습은 없었다. 참 함께하기 힘든 아버지, 이기적인 아버지, 자기만 알고, 그래서 더 괴팍한 아버지로 변해 있는 그런 아버지만 있었다. 특히 요셉을 잃고 나서는 그런 모습이 더 강화되었고, 이제 베냐민을 내어주느냐 마느냐의 문제를 꺼내자 더더욱 폐쇄적이고 분노하는 아버지가 되어 있었다.

사실 아버지 야곱의 이런 분노 이면에는 충분히 인정받지 못하고 충분히 사랑받지 못한 내면의 아이가 있다. 이것을 '내면 아이'(inner child)라고 한다. 「내가 정말 알아야 할 모든 것은 유치원에서 배웠다」라는 책을 쓴 로버트 풀검이 쓴 '가장 받고 싶은 선물'이라는 시에 보면 이런 구절이 나온다. "이미 오래전에 떠나가 버린 지난 어린 시절의 아이, 그 아이가 지금도 당신과 내 안에 살고 있다. 그 아이는 당신과 나의 마음의 문 뒤에 서서 혹시라도 자신에게 무슨 멋진 일이 일어나지 않을까 하고 오랫동안 간절히 기다리고 있다."

어린 시절 크고 작은 상처와 정서적인 결핍과 학대를 받으면 몸은 어른이 되었어도 내면에는 성장하지 못한 '성인 아이'(adult child)가 존재하게 된다. 이 아이는 아직도 어린 시절에 해결되지 못한 문제, 아직 아물지 않은 깊은 상처를 안고 있다. 그리고 이 문제가 평생 살면서 인간관계에 걸림돌이 되고 어려움을 준다. 성인 아이의 모습에는 내가 정말 닮고 싶지 않은, 나에게 계속 상처만 주고 힘들게만 했던 가까운 가족의 모습이 자리 잡는다. 어릴 때는 "난 정말 아빠를 닮지 않을 거야"라고 다짐하지만, 성인이 된 어느 날 자기가 싫어하는 그 아빠의 모습이 자기 안에 자리 잡은 것을 발견한다.

요즘 자녀들을 구타하고 학대하다 숨지게 하는 일들이 종종 언론에 보도된다. 이런 부모들을 인터뷰해보면 대부분이 자기도 어렸을 때 맞고 자랐다고 고백한다. 왜 자기가 싫어하는 그 부모를 닮게 되는 것일까? 그것은 고통을 겪게 되면 자기를 학대하고 힘들게 했던 부모와 자기를 동일시하는 심리기제가 작동하기 때문이다. 부모가 자녀를 학대하면 자녀는 학대받는 동안 자기의 원래 모습으로 남아 있을 수 없다. 이렇게 아프고 힘들면 안 되는 자기와 현재 고통당하는 자기와의 간격이 너무나도 크다. 그러면 이 고통에서 살아남기 위해 자기의 정체성을 버리고 자기를 가해자와 동일시해버린다. 자기에게 해를 가하고 힘들게 하는 그 사람을 증오하고 미워하면서도 자기도 모르게 그 사람을 닮아 있다.

많은 부모가 그냥 자연적으로 부모가 되는 줄 안다. 그러나 결코 그렇지 않다. 자신 안의 내면 아이, 성인 아이를 보고 직면할 수 있어야 하고, 그 아이를 품고 안아줄 수 있어야 한다. 우리가 흔히 하는 잘못된 전제가 무엇인가? 가족이니까 괜찮다는 것이다. 그러나 가족이기에 자기도 모르게 부정적인 죄와 악의 흔적들을 깊이 남겨주기 쉽다. 얼마 전 한 언론의 심층분석 연구결과, 우리나라 사회는 이제 분노사회를 넘어 원한사회가 되어가고 있다고 정의했다. 툭하면 화내는 것을 넘어 서로를 원수 대하듯 극단적으로 대하는 시대가 되어 간다는 것이다. 그만큼 내면에 있는 분노와 화를 건강한 분별력 없이 거의 배설하는 수준으로 쏟아낸다(이재철, 김희래, "[한국형 사회갈등] 분노 넘어 원한으로… 극단적 트라우마에 빠진 한국인"(〈매일경제〉, 2016. 2. 25.)).

이런 시대에 우리는 변하지 않는 아버지를 어떻게 해야 할까? 은혜받은 자녀가 은혜받은 내가 용기를 갖고 그 아버지를 품어야 한다. 이번 장의 본문을 보면 유독 반복해서 나타나는 표현이 있다. 바로 '우리' 라는 표현이다.

"아버지께서 우리 아우를 우리와 함께 보내시면 우리가 내려가서 아버지를 위하여 양식을 사려니와"(4절).

이 구절만 봐도 '우리'가 무려 세 번이나 나온다. 본문 전체에 '우리'라는 표현은 무려 열두 번이나 등장한다. 아버지와 같은 어두운 그림자를 물려받아 서로를 미워하고 비난하던 아들들이 지난 과거를 돌아보고 하나님 앞에 회개하며 이제 늙고 고집 센 아버지를 품으면서 '우리'라는 공동체 의식으로 가족을 살리려 하나가 되었다. 기꺼이 자기를 희생하고 목숨을 담보로 내놓으며 어떻게든 아버지를 품는 형제들의 노력과 사랑은, 결국 그렇게 완고하던 아버지를 무장 해제시켰다. 유다의 목숨을 담보로 내놓는 진정성 있는 제안에 더 이상 자신을 속이려는 마음이 없음을 확인한 야곱은 마침내 자기의 고집을 내려놓는다.

그러면서 야곱은 자기의 경험을 바탕으로 몇 가지를 제안한다. "너희는 갈 때 이 땅의 아름다운 소산을 가지고 가라(11절). 갑절의 돈을 넣어 가지고 가라(12절). 네 아우도 데리고 떠나 다시 그 사람에게로 가라(13절)."

마침내 자신의 아집을 내려놓고 이어 오랫동안 부르지 않던 하나님의 이름까지 부르며 하나님의 손에 아들을 내맡긴다.

> "전능하신 하나님께서 그 사람 앞에서 너희에게 은혜를 베푸사 그 사람으로 너희 다른 형제와 베냐민을 돌려보내게 하시기를 원하노라. 내가 자식을 잃게 되면 잃으리로다"(14절).

혹시 야곱처럼 고집 세고 이기적인 아버지의 모습에 실망하여 마음을 닫고 아직 미워하고 원망하며 있지는 않은가? 아버지는 좀처럼 변하지 않는다. 그렇다고 그렇게 내버려 둘 수도 없다. 이제는 먼저 은혜받은 자녀, 하나님의 사랑을 아는 자녀가 먼저 아버지께 나아가야 한다. 왜? 나 같은 고집덩어리와 아집덩어리이자 죄악덩어리를 먼저 살리신 예수님 때문이다. 예수님께서 나 같은 죄인을 그분의 십자가로 받아주셨기 때문이다. 혹시 나는 어떤 아버지인가? 가정 가운데 여전히 고집스럽고 완고한 아버지는 아닌가? 내 안에 신음하는 내면의 아이를 볼 수 있는가? 그분 앞에 이 아이를 내놓으며 나아갈 수 있기를 바란다. 내가 먼저 은혜로 바뀌어야 한다. 그럴 때 변하지 않는 아버지의 마음도 돌이킬 수 있다.

83 Chapter 83. Genesis 43:16-34

하나님의 방식으로 성취되는 꿈

[16]요셉은 베냐민이 그들과 함께 있음을 보고 자기의 청지기에게 이르되 이 사람들을 집으로 인도해 들이고 짐승을 잡고 준비하라. 이 사람들이 정오에 나와 함께 먹을 것이니라. [17]청지기가 요셉의 명대로 하여 그 사람들을 요셉의 집으로 인도하니 [18]그 사람들이 요셉의 집으로 인도되매 두려워하여 이르되 전번에 우리 자루에 들어 있던 돈의 일로 우리가 끌려드는도다. 이는 우리를 억류하고 달려들어 우리를 잡아 노예로 삼고 우리의 나귀를 빼앗으려 함이로다 하고 [19]그들이 요셉의 집 청지기에게 가까이 나아가 그 집 문 앞에서 그에게 말하여 [20]이르되 내 주여 우리가 전번에 내려와서 양식을 사가지고 [21]여관에 이르러 자루를 풀어본즉 각 사람의 돈이 전액 그대로 자루 아귀에 있기로

우리가 도로 가져왔고 22양식 살 다른 돈도 우리가 가지고 내려왔나이
다. 우리의 돈을 우리 자루에 넣은 자는 누구인지 우리가 알지 못하나
이다. 23그가 이르되 너희는 안심하라. 두려워하지 말라. 너희 하나님,
너희 아버지의 하나님이 재물을 너희 자루에 넣어 너희에게 주신 것
이니라. 너희 돈은 내가 이미 받았느니라 하고 시므온을 그들에게로
이끌어내고 24그들을 요셉의 집으로 인도하고 물을 주어 발을 씻게 하
며 그들의 나귀에게 먹이를 주더라. 25그들이 거기서 음식을 먹겠다
함을 들었으므로 예물을 정돈하고 요셉이 정오에 오기를 기다리더니
26요셉이 집으로 오매 그들이 집으로 들어가서 예물을 그에게 드리고
땅에 엎드려 절하니 27요셉이 그들의 안부를 물으며 이르되 너희 아버
지 너희가 말하던 그 노인이 안녕하시냐. 아직도 생존해 계시느냐. 28
그들이 대답하되 주의 종 우리 아버지가 평안하고 지금까지 생존하
였나이다 하고 머리 숙여 절하더라. 29요셉이 눈을 들어 자기 어머니
의 아들 자기 동생 베냐민을 보고 이르되 너희가 내게 말하던 너희 작
은 동생이 이 아이냐. 그가 또 이르되 소자여 하나님이 네게 은혜 베
푸시기를 원하노라. 30요셉이 아우를 사랑하는 마음이 복받쳐 급히 울
곳을 찾아 안방으로 들어가서 울고 31얼굴을 씻고 나와서 그 정을 억
제하고 음식을 차리라 하매 32그들이 요셉에게 따로 차리고 그 형제들
에게 따로 차리고 그와 함께 먹는 애굽 사람에게도 따로 차리니 애굽
사람은 히브리 사람과 같이 먹으면 부정을 입음이었더라. 33그들이 요
셉 앞에 앉되 그들의 나이에 따라 앉히게 되니 그들이 서로 이상히 여
겼더라. 34요셉이 자기 음식을 그들에게 주되 베냐민에게는 다른 사람
보다 다섯 배나 주매 그들이 마시며 요셉과 함께 즐거워하였더라.

세기의 대결로 회자되던 프로기사 이세돌 9단과 IT기업 구글이 만든 인공지능 컴퓨터 '알파고'의 대결을 기억할 것이다. 이전까지 바둑은 컴퓨터가 도전하기에 한계가 있는 게임으로 여겨졌다. 가로세로 19줄로 이루어진 판에 수많은 경우의 수를 가졌기 때문이다. 처음 돌을 주고받는 경우만 하더라도 12만 9960가지나 된다(박건형, "이세돌 神의 한 수 vs 알파고 컴의 한 수"(〈조선일보〉, 2016. 1. 28.)).

이런 바둑의 돌을 다 채우며 대국을 두려면 모두 10의 170제곱가지나 된다. 이 모든 경우의 수를 계산하더라도 수퍼컴퓨터로도 많은 시간이 걸린다. 거기에다 누가 우세한지 형세 판단도 필요하고 죽은 돌을 들어낸 자리에 다시 둘 수 있는 규칙들을 더하면 그 대국의 가능성은 무한대로 커진다. 알파고가 승리했다는 것은 이 무한대에 가까운 경우의 수를 다 파악하고 계산했다는 것을 의미한다. 인공지능의 특징이 무엇인가? 어떤 일이 발생할 모든 가능성을 통제할 수 있는 경우의 수로 두는 것이다. 요즘 한창 연구 중인 무인자동차도 알고 보면 이런 원리다. 도로주행 중에 일어날 온갖 변수를 통제 가능한 경우의 수로 입력하여 인공지능이 알고리즘에 따라 판단을 내려 안전한 주행을 하도록 하는 장치인 것이다.

사실 이런 인공지능의 배후에는 우리의 인생을 통제하고 싶은 욕망이 들어 있다. 우리는 인공지능 컴퓨터와 같이 우리의 인생을 통제 가능한 영역에 두고 싶어 한다. 일어날 가능성에 대한 모든 변수를 고려하여 그중에서 가장 좋아 보이는 최고의 선택을 내리고 싶어 한다. 그렇다면 우리 인생의 변수를 예측한다는 것은 가능할까?

몇 년 전 하버드대학교에서 행복한 삶에 대한 인생종적연구 결과를 발표한 적이 있다. 이 연구는 1930년대 말에 하버드대학교에 입학한 2학년 학생 268명의 삶을 72년 동안 추적하면서 이들이 죽을 때까지 어떤 삶을 살았고, 삶 가운데 어떤 일들이 일어났는가를 분석해서 연구한 것이다(조지 베일런트 저, 이덕남 역, 「행복의 조건: 하버드대학교 인간성장보고서」(서울: 프런티어, 2010)). 이 연구가 진행되면서 연구자도 바뀌어 대를 이어 진행되었다. 이 연구결과를 발표하면서 책임을 맡았던 조지 베일런트 교수는 각 사람의 삶이 너무나도 다양하고 오묘하게 펼쳐져 그 앞을 예측한다는 것은 신비였다고 고백하면서 영국의 시인 윌리엄 블레이크의 시구를 인용했다. “기쁨과 비탄은 섬세하게 직조되어 있다.” 베일런트는 이 섬세한 직조를 관찰하며 예측 불가능한 인생의 신비 앞에 감탄사를 발했다.

우리 인생이 이렇다고 할 때 우리가 꿈꾸는 많은 일이 사실 우리의 기대대로 되지 않는 게 당연하다. 우리의 꿈은 처음 꿈꿀 당시의 상황, 꿈을 이루기 위해 달려갈 때의 상황, 그리고 꿈이 성취될 때의 상황이 다 다르다. 이 상황을 우리가 다 통제할 수 없다.

1950년대 서울대학에서 가장 인기절정의 학과가 무엇인지 아는가? 바로 광산학과였다. 당시에는 서울대 광산학과하면 알아주었다. 그런데 오늘날은 광산학과가 사라졌다. 모든 게 사람의 통제와 예측대로 되지 않는 경우가 많다. 게다가 나 자신도 변한다. 예전엔 가수가 되는 게 꿈이었는데 막상 가수가 되어보니 별것 아닌 것 같다. 가수가 하기 싫어진다. 이처럼 상황의 변수, 우리 자신의 변수, 그리고 내 주변의 인간관계의 변수까지 모두가 합쳐지면 우리 인생을 예측한다는 건 불가능에 가깝다는 사실을 알 수 있다.

그래서 일찍이 전도서는 우리 인생을 다음과 같이 말씀한다. “형통한 날에는 기뻐하고 곤고한 날에는 되돌아 보아라. 이 두 가지를 하나님이 병행하게 하사 사람이 그의 장래 일을 능히 헤아려 알지 못하게 하셨느니라”(전 7:14). 통제 불가능한 인생을 살아가면서 우리는 나의 꿈이 아니라 하나님의 꿈을 붙들어야 한다. 우리가 예수 그리스도를 우리 인생의 주인으로 받아들이고 그분의 인도하심을 구할 때 하나님은 우리가 예측하지 못할 꿈을 주신다. 이 꿈이 우리에게 다가올 때 이것을 믿음으로 받아들이는 사람에게는 신비로운 방식으로 이루어주신다. 반면 이런 꿈을 거부하는 사람도 있다. 그런 경우에 이 꿈은 그냥 하나님의 뜻대로 이루어진다. 그러나 꿈을 거부했던 사람은 이 꿈이 이루어지는 것조차 모르고 지나친다.

본문에는 요셉이 열일곱 살 소년시절에 꾸었던 꿈이 마침내 이뤄지는 장면이 나온다. 요셉은 어릴 적 꿈에 밭에 곡식단들이 있는데 자신의 곡식 단이 벌떡 일어서자 형들의 곡식 단이 자기 단을 둘러 절하는 것을 보았다. 막연했던 그 꿈이 본문에서 드디어 현실로 성취된다.

> “요셉이 집으로 오매 그들이 집으로 들어가서 예물을 그에게 드리고 땅에 엎드려 절하니”(26절).

형들이 집에 남은 마지막 형제 베냐민을 요셉 앞으로 데려왔다. 그리고 감옥에서 풀려난 시므온과 함께 요셉의 모든 형제가 마침내 요셉에게 엎드려 절했다. 요셉이 꿈에서 본 그대로다. 한 번만이 아니다. 요셉이 아버지에 대해 궁금해하며 "너희가 말하던 그 노인이 안녕하시냐. 아직도 생존해 계시느냐"(27절)며 묻자, 형제들은 "아버지는 평안하고 살아 있다"고 대답하고는 또다시 엎드려 절한다(28절).

지금 하나님이 요셉에게 주셨던 꿈이 거듭 성취되고 있다. 그런데 이 하나님의 비전이 성취되는 것을 아는 사람은 요셉뿐이다. 이처럼 믿음으로 받아들인 요셉에게는 감격스러운 성취의 순간이었지만 과거에 그 꿈을 거부하며 미워했던 형들에게는 꿈이 성취되는 것조차 모르는 두려움의 시간이었다. 요셉은 이 꿈이 성취되는 과정을 통해 하나님의 손길을 경험하며 감격하지만 형제들은 아무것도 제대로 경험하지 못했다.

요셉은 형제들이 오기를 손꼽아 기다렸을 것이다. 그리고 기다리는 동안 하나님께서 요셉에게 주신 꿈이 이루어지기를 기도했을 것이다. 그러나 형제들은 요셉에게 오는 내내 두려움에 사로잡혔다. 혹 이번 일이 실패하면 어떻게 하나, 제대로 돌아갈 수는 있을까? 별의별 생각이 다 났다. 형제들이 요셉의 집에 오자, 요셉은 청지기에게 이 사람들을 위해 점심 식사를 함께할 성대한 만찬 준비를 하도록 하고 자기 집으로 초대한다. 형제들은 요셉의 집으로 가는 중에 온통 두려움에 사로잡힌다.

> "그 사람들이 요셉의 집으로 인도되매 두려워하여 이르되 전번에 우리 자루에 들어 있던 돈의 일로 우리가 끌려드는도다. 이는 우리를 억류하고 달려들어 우리를 잡아 노예로 삼고 우리의 나귀를 빼앗으려 함이로다 하고"(18절).

이런 생각을 하니 얼마나 두렵겠는가? 벌벌 떨린다. 집 문 앞에 도착하자 형제들은 용기를 내어 지난 일을 실토한다.

"이르되 내 주여 우리가 전번에 내려와서 양식을 사가지고 여관에 이르러 자루를 풀어본즉 각 사람의 돈이 전액 그대로 자루 아귀에 있기로 우리가 도로 가져왔고 양식 살 다른 돈도 우리가 가지고 내려왔나이다. 우리의 돈을 우리 자루에 넣은 자는 누구인지 우리가 알지 못하나이다"(20-22절).

그러자 청지기는 대답한다.

"그가 이르되 너희는 안심하라. 두려워하지 말라. 너희 하나님, 너희 아버지의 하나님이 재물을 너희 자루에 넣어 너희에게 주신 것이니라. 너희 돈은 내가 이미 받았느니라 하고 시므온을 그들에게로 이끌어내고"(23절).

여기 보면 청지기도 입술로 하나님을 인정한다. 아마 요셉의 영향력 때문이었을 것이다. 청지기는 끌고 온 나귀를 빼앗기는커녕 그 가뭄에 충분한 먹이를 주고, 또 형제들에게는 발 씻을 물까지 준다. 큰 배려로 극진하게 대접한다.

한 가지 흥미로운 점은 요셉은 형제들이 자신에게 두 번씩이나 절하는 과정에서 그다지 감격과 기쁨을 표현하지 않는다는 사실이다. 오히려 이러한 일들을 너무나도 담담하게 받아들이고, 마치 어떤 과정의 일부인 것처럼 여기고 지나간다. 오히려 본문에서 부각되는 하이라이트는 베냐민을 보고 감격하는 장면이다. 그가 자기 친동생 베냐민을 보고 "소자여 하나님이 네게 은혜 베푸시기를 원하노라"(29절)고 말을 하는데 가슴이 복받친다.

> "요셉이 아우를 사랑하는 마음이 복받쳐 급히 울 곳을 찾아 안방으로 들어가서 울고"(30절).

요셉은 친동생을 보자 마음을 주체할 수 없었다. 사실 꿈의 성취보다 더 감격스러운 일이 사랑하는 동생을 본 것이다. 요셉의 꿈은 형제들이 절하는 것이었다. 언뜻 생각할 때 절하는 것은 형제들의 우위에 서는 것이고 형제들보다 인생의 승자가 되는 것이다. 요셉은 어릴 때 이 꿈을 꾸고 의기양양했다. 그러나 막상 이 꿈이 성취되는 현장에 오자 의기양양함은 사라지고 오히려 애틋한 마음, 더욱 사랑하고자 하는 마음, 더욱 섬기고자 하는 마음이 가득했다. 분명 꿈의 성취는 맞는데 마음가짐이 다르다. 어릴 때 꾸었던 꿈에서는 승리의 개선행진곡이 울렸는데 지금 성취되는 현실에서는 사랑과 은혜의 로맨스가 배경에 울려 퍼진다. 또한 꿈이 성취되는 과정을 통해 형제들이 서로 비난하고 원망하던 태도에서 성숙하고 배려하고 하나가 된다. 그래서 본문에는 '우리' 라는 표현이 자주 등장한다.

18절만 보더라도 '우리' 라는 표현이 다섯 번이나 등장한다. 꿈이 성취되는 것도 중요하지만 이 과정을 통해 형제들이 변화되기 시작하였다. 이렇게 볼 때 꿈의 성취는 전체 변화의 한 점에 불과한 느낌이다. 여기서 우리가 깊이 생각해야 할 꿈의 중요한 특징이 있다.

하나님의 꿈은 성취가 아니라 성취되는 과정에 강조점이 있다. 무엇인가를 성취하고 그 자리에 오르게 되는 것(becoming)이 아니라 그 자리에 머무르는 것(being)에 강조가 있다. 재벌집 며느리가 되는 것, 좋아 보일 수 있다. 그러나 재벌집 며느리가 되어 그 집안사람들과 부대끼며 하루하루 살아가는 것은 아주 다른 이야기다. 우리는 순간의 성취, 순간의 변화에 주목한다. 그러나 그 변화를 구성하는 과정 전체, 변화 이후의 많은 시간에 대해서는 제대로 생각하지 않는다. 이것까지를 볼 수 있을 때 우리는 목표의 성취를 넘어 그 전체를 향한 하나님의 섭리를 신뢰하며 나아갈 수 있다. 신비로운 하나님의 꿈은 우리의 삶을 성취중심적인 방향에서 존재중심적으로 나아가게 한다.

이스라엘이 출애굽했을 때를 생각해보라. 드라마틱하게 홍해 바닷속을 지나갔을 때 얼마나 감격했겠는가? 그러나 이것은 하나님께서 이스라엘을 가나안 땅까지 인도하시는 과정 가운데 나타난 능력의 일부였다. 그 이후 이스라엘은 힘든 광야를 지나가면서 그 하나님을 계속 경험해야 했다. 홍해의 기대와 감격이 커서 그랬는지, 광야에서는 너무 쉽게 지치고 불평불만이 거침없이 쏟아져 나왔다. 광야는 이스라엘이 기대했던 이벤트가 아니었다. 그러나 하나님은 이 광야를 통해 이스라엘이 하나님만 바라보고 그의 나라와 의만을 구하는 존재로 변화되기를 원하셨다. 이렇게 볼 때 홍해의 기적은 앞으로 이루어가실 일의 출발점에 불과했다. 그런데 이것이 마치 전부인 것처럼 여기다 보면 광야를 싫어하고 거부하게 된다.

예수님의 십자가를 생각해보라. 그분이 우리 죄를 위하여 죽으신 사건은 참으로 감격스럽고 놀라운 사건이다. 그러나 그것이 다가 아니다. 우리는 날마다 하나님 자녀의 형상을 이루어가도록 십자가에 우리의 욕심과 정욕을 못 박아야 한다. 십자가가 천국을 향한 여정의 결정적인 출발점이지만 이는 또한 계속 가야 할 여정이다.

이것은 목표지향적, 성취지향적인 삶을 추구하는 오늘날의 세상 풍조 가운데 커다란 도전이다. 목표지향, 성취지향적으로 나아가다 보면 맞닥뜨리는 것이 있다. 예상을 벗어난 삶의 변수들이다. 내 뜻대로 통제되지 않는 상황에 당황하고 좌절한다. 그러나 존재의 머무르는 과정을 추구하는 성도에게 이것은 한때 이기려 했던 주변 사람들을 섬기고 사랑하는 과정으로 받아들이게 된다.

우리 인생은 우리의 통제대로 되지 않는다. 너무 많은 변수가 있다. 그래서 우리 인생을 주님께 맡겨야 한다. 그러면 주님은 우리 인생을 단순히 목표성취를 위해 사용하시기보다 걸음걸음 우리를 변화시키고, 그분의 뜻을 이루어가는 존재로 다듬어가신다. 내 뜻대로 되지 않는 것에 오히려 기뻐할 수 있길 바란다. 그분을 신뢰하며 아름다운 그리스도의 형상으로 빚어지길 바란다.

84 Chapter 84. Genesis 44:1-17

위기 가운데 진심이 드러난다

1요셉이 그의 집 청지기에게 명하여 이르되 양식을 각자의 자루에 운
반할 수 있을 만큼 채우고 각자의 돈을 그 자루에 넣고 2또 내 잔 곧
은잔을 그 청년의 자루 아귀에 넣고 그 양식 값 돈도 함께 넣으라 하
매 그가 요셉의 명령대로 하고 3아침이 밝을 때에 사람들과 그들의
나귀들을 보내니라. 4그들이 성읍에서 나가 멀리 가기 전에 요셉이
청지기에게 이르되 일어나 그 사람들의 뒤를 따라 가서 그들에게 이
르기를 너희가 어찌하여 선을 악으로 갚느냐. 5이것은 내 주인이 가
지고 마시며 늘 점치는 데에 쓰는 것이 아니냐. 너희가 이같이 하니
악하도다 하라. 6청지기가 그들에게 따라 가서 그대로 말하니 7그들
이 그에게 대답하되 내 주여 어찌 이렇게 말씀하시나이까. 당신의 종

> *들이 이런 일은 결단코 아니하나이다. 8우리 자루에 있던 돈도 우리가 가나안 땅에서부터 당신에게로 가져왔거늘 우리가 어찌 당신의 주인의 집에서 은 금을 도둑질하리이까. 9당신의 종들 중 누구에게서 발견되든지 그는 죽을 것이요 우리는 내 주의 종들이 되리이다. 10그가 이르되 그러면 너희의 말과 같이 하리라. 그것이 누구에게서든지 발견되면 그는 내게 종이 될 것이요 너희는 죄가 없으리라. 11그들이 각각 급히 자루를 땅에 내려놓고 자루를 각기 푸니 12그가 나이 많은 자에게서부터 시작하여 나이 적은 자에게까지 조사하매 그 잔이 베냐민의 자루에서 발견된지라. 13그들이 옷을 찢고 각기 짐을 나귀에 싣고 성으로 돌아가니라. 14유다와 그의 형제들이 요셉의 집에 이르니 요셉이 아직 그곳에 있는지라. 그의 앞에서 땅에 엎드리니 15요셉이 그들에게 이르되 너희가 어찌하여 이런 일을 행하였느냐. 나 같은 사람이 점을 잘 치는 줄을 너희는 알지 못하였느냐. 16유다가 말하되 우리가 내 주께 무슨 말을 하오리이까. 무슨 설명을 하오리이까. 우리가 어떻게 우리의 정직함을 나타내리이까. 하나님이 종들의 죄악을 찾아내셨으니 우리와 이 잔이 발견된 자가 다 내 주의 노예가 되겠나이다. 17요셉이 이르되 내가 결코 그리하지 아니하리라. 잔이 그 손에서 발견된 자만 내 종이 되고 너희는 평안히 너희 아버지께로 도로 올라갈 것이니라.*

세기의 대국으로 알려진 이세돌 9단과 인공지능 알파고와의 바둑경기에서 알파고가 예측을 불허하는 수를 두었을 때 대국을 해설하던 여러 전문가는 이를 알파고의 실수라고 생각했었다. 그런데 나중에 알고 보니 승리를 위해 적어도 40수 이상을 내다보고 둔 결정적인 한 수라는 사실을 알게 되었다. 뛰어난 연산능력을 바탕으로 인공지능이 점점 사람의 일자리를 대체하는 게 아닌가 하는 우려의 소리가 여기저기서 들린다. 그런데 인공지능의 발전과 함께 더 중요한 부분이 부각되고 있다. 그것은 바로 인공지능을 사용하는 사람의 마음을 이해하는 것이다. 인공지능이 아무리 기억과 연산기능이 뛰어나다 하더라도 이것을 사용하는 사람 속의 탐욕, 이기심과 죄성까지 계산에 넣기는 쉽지 않다. 속으로는 분노가 이글거리는데 겉으로는 생글생글 웃으며 가면을 쓰는 것을 인공지능은 이해하기 쉽지 않다. 열길 우물 속은 알아도 한 길 사람 속은 모른다.

흥미롭게도 인공지능을 만든 구글은 최고의 인재를 뽑기 위해서 많은 시간을 할애한다. 우리 같으면 스펙을 보고 1차 서류심사에서 거르고, 2차에서 거르고, 또 많으면 3차까지 보통사람을 거르지 않는가? 기준을 세워 그 기준에 맞지 않는 사람을 냉정하게 탈락시킨다. 그런데 구글은 인재를 선발할 때 한 사람당 보통 열 번에서, 많이는 육 개월에 걸쳐 최대 스물다섯 번이나 거친다. 아무리 뛰어난 인공지능을 보유하고 있어도 사람 뽑는 일은 단순한 계산으로는 안 되더라는 것이다.

구글은 여러 번의 면접과정을 통해 그 사람이 어떤 사람인지, 어떤 역량을 가졌는지, 또 주변 사람들과 어떻게 팀워크를 잘 맞추는지, 또 얼마나 서로 융화를 위해 겸손할 수 있는지, 소통할 수 있는지를 따진다(라즐로 복 저, 이경식 역, 「구글의 아침은 자유가 시작된다」(서울: RHK,

2015)). 스펙과 학벌과 같은 단순한 데이터로 볼 수 없는 숨겨진 것들을 많이 찾아내기 위해 애쓴다. 사람의 능력은 객관적으로 보기 쉽다. 점수로 객관화하기가 쉽다. 그러나 능력만으로 일하는 것이 아니다. 그래서 구글에선 사람의 능력을 우선순위에서 가장 아래에 놓는다. 오히려 능력 말고 가려진 다른 것들이 더 중요하다고 판단한다.

한 해 동안 전 세계에서 구글로 들어오는 면접지원서류가 300만 통이나 된다(박수련, "한 해 지원자 300만… 구글리 해야 구글러 된다"(〈중앙일보〉, 2015. 5. 29.)). 그런데 이 중에서 0.25%만 합격한다. 하버드대학보다 25배나 더 어렵다. 그렇다면 구글이 보는 기준은 무엇인가? 먼저 구글에서는 굴러다니는 쓰레기를 스스로 줍는 자발적인 사람인지를 본다. 보통사람 같으면 누가 시켜야 겨우 시늉만 낸다. 그런데 구글에서는 이런 하찮은 일이라도 누가 시키지 않아도 자발적으로 하는 사람인지 자발성을 본다. 이것이 자기 역량을 극대화하는 데 매우 중요한 점이다. 또 새로운 지식을 받아들일 줄 아는 지적 겸손, 유연함이 있는지를 본다. 팀에 기여할 수 있는 관계적인 역량이 어떠한지도 본다. 위기를 어떻게 헤쳐나갈 수 있는지도 본다.

자, 구글이 보는 이런 것은 대부분 인공지능과 같이 객관적인 데이터에서 보이지 않는 것들이다. 이런 것들을 구체적인 면접과 시간을 함께하며 테스트를 거쳐야 가려질 수 있다. 이러한 자질들을 크게 두 가지로 요약할 수 있다. 먼저는 지체의식이다. 관계 가운데 나는 주변 사람들을 배려하고 나도 이들에게 기여하며 함께 나아갈 수 있는가 하는 점이다. 둘째는 서로 간에 화합하고 협력하고 잘 어울릴 수 있는 공감능력을 말한다.

본문에서 요셉은 형제들을 최종적으로 시험한다. 그동안 요셉은 어느 날 갑자기 눈앞에 나타나 절하는 형제들을 만나 자신의 정체를 드러내지 않은 채 이들의 속마음을 시험해 보았다. 형제들을 스파이로 몰아가며 이들이 위기 가운데 어떻게 반응하는지를 엿보았다. 둘째 형 시므온을 가두어 보기도 했다. 그리고 돌아가는 형제들의 식량 주머니 속에 돈을 집어넣어 보기도 했다. 또 시므온을 볼모로 베냐민을 데리고 오도록 했다. 이 모든 과정 가운데 요셉은 이들의 일거수일투족을 관찰하며, 과연 형제들의 마음이 어떠한가를 유심히 관찰하였다. 그러나 형제들이 어떤 중심을 가졌는지 아직 100% 확신하지 못했다. 요셉은 오랜만에 형제들을 만났지만 여러 위태로운 상황 속에서도 그들의 속을 알기까지 절대 자신을 드러내지 않았다. 요셉은 왜 이렇게 신중할까?

그것은 이제 요셉이 형제들에게 자신을 밝히게 되면 이것은 한편으론 요셉이 형제들을 받아들이는 것이 되지만, 다른 한편으론 다시 자신을 이스라엘 공동체 안에 의탁하는 것이 되기 때문이다. 내 영혼을 의탁해야 하는 것은 보통 신뢰가 아니면 안 된다. 그 공동체가 어떠한지 그 진정성을 알아보는 건 매우 중요하다. 이전에 배신당하고 상처받았던 공동체로 다시 나아가기도 쉽지 않거니와 다시 그들에게 나의 영혼을 의탁하는 건 더더욱 어려운 일이다. 그런데도 요셉이 이스라엘 공동체를 만나 자기 영혼을 의탁하려는 이유는 무엇인가? 바로 하나님의 꿈 때문이다. 하나님이 주신 꿈을 이루기 위해 요셉은 다시 공동체로 들어가야만 했다.

오늘날 자기 영혼을 의탁할 공동체를 찾지 못해 방황하는 이들이 참 많다. 내 영혼에 안식과 쉼을 얻어야 할 공동체로부터 상처를 받고 배신을 당하고 아픔을 겪은 분들이 참 많다. 이들 중 어떤 이들은 "다시는 교회에 안 나간다"고 말하는 이들도 있다. 그러나 하나님이 살아계신 것을 알고 그분의 꿈이 교회를 통해 펼쳐지는 것을 아는 이상 교회를 아예 담쌓고 안 다닐 수는 없다. 다시 내 영혼을 의탁할 공동체를 찾아야 하겠는데 이 공동체를 만나기가 참으로 쉽지 않다.

요셉은 이스라엘 공동체가 과연 자신이 의탁해도 괜찮은 공동체인지 궁금했다. 만약 의탁해야 한다면 과연 공동체를 이루는 구성원들이 믿을 만한 사람들인지, 그들의 속셈은 무엇인지, 과연 공동체가 신뢰할 만한 공동체인지를 신중하게 살펴볼 필요가 있었다. 그러려면 겉으로 보이는 모습 이면에 담긴 이들의 진짜 본 모습을 볼 필요가 있었다. 하나님께서 요셉에게 주신 꿈을 최종적으로 이룰 수 있으려면 공동체 이면에 나타난 진정성이 결정적으로 중요했다. 진정성은 평소에 쉽게 드러나지 않는다. 다들 가면을 쓰고 있기 때문이다. 그러나 가면을 벗고 진짜 자기 모습이 드러나는 때가 있는데 바로 위기 상황이다.

그래서 요셉은 형제들을 위기 상황으로 다시 한번 밀어 넣고 그들의 민낯을 보려 한다. 물론 그동안 형제들이 보여준 모습은 이전과는 다른 모습이었다. 그러나 이것이 진짜 그들의 모습인지 아니면 총리 앞에 가면을 썼던 것인지는 다시 한번 가려낼 필요가 있었다. 요셉은 자신의 충직한 청지기를 불러 명령을 내린다.

"요셉이 그의 집 청지기에게 명하여 이르되 양식을 각자의 자루에 운반할 수 있을 만큼 채우고 각자의 돈을 그 자루에 넣고 또 내 잔 곧 은잔을 그 청년의 자루 아귀에 넣고 그 양식 값 돈도 함께 넣으라 하매 그가 요셉의 명령대로 하고"(1-2절).

여기서 '은잔'이라고 할 때 '잔'(히. 가비아)은 일반적으로 사용하는 '컵'(히. 코스)과는 다른 컵이다. 이것을 '성배'(chalice)라고 한다. 성배는 거룩한 용도로 쓰이는 잔으로, 특별히 애굽의 상황에서는 신의 뜻을 물어보는 데 사용하는 잔을 의미한다. 그런데 이 잔을 '그 청년의 자루'에 넣었다고 한다. '그 청년'은 여기서 '베냐민'을 말한다. 사랑하는 동생의 양식 자루에 점치는 데 사용하는 성배를 집어넣었다. 무엇인가 심상치 않다. 아니나 다를까. 형제들이 다음 날 이른 아침 출발해서 막 마을을 벗어나려 할 때 요셉이 보낸 군사들과 청지기가 형제들을 찾아와 에워싸고 말한다. "너희가 어찌하여 선을 악으로 갚느냐"(4절). 아니, 이게 무슨 말인가 싶어 어리둥절할 때 말한다. "이것은 내 주인이 가지고 마시며 늘 점치는 데에 쓰는 것이 아니냐. 너희가 이같이 하니 악하도다 하라. 청지기가 그들에게 따라가서 그대로 말하니"(5-6절).

요셉은 하나님을 경외하는 사람으로 하나님의 뜻을 물어보기 위해 애굽의 점술을 사용하지 않았을 것이다. 그러나 애굽의 총리가 자신이 애지중지하는 성배를 히브리 형제들이 훔쳐 갔다는 이유로 잡아들인다면 이들에게는 중죄가 적용된다. 보통 잔이 아니라 '가비아', 즉 성배를 훔쳤기 때문이다. 당시 애굽에서는 성배를 이용하여 점치는 점술이 유행했다. 물에 와인을 떨어뜨리거나 기름을 떨어뜨려서 이것이 물에 어떤 모양을 이루면서 퍼지는가를 보는 '물점' (하이드로맨시)은 흔히 행해지던 점술이었다. 또한 성배는 애굽의 다신교적 제의 가운데 자주 사용되었다.

요셉의 청지기가 형제들이 컵을 훔쳐 갔다고 주장하자 형제들은 자신들이 결코 이런 일을 행하지 않았다고 당당하게 말한다(7절). 오히려 고향에서 자루에 있던 돈도 다시 가져왔을 정도로 정직했는데 우리가 어찌 이런 도둑질을 할 수 있겠느냐고 반문한다(8절). 그러더니 여기서 한 발 더 나간다.

> "당신의 종들 중 누구에게서 발견되든지 그는 죽을 것이요 우리는 내 주의 종들이 되리이다"(9절).

'이 정도까지는 말하지 말아야 했는데' 하고 말았다. 사실 지금 형제들은 요셉에 짜 놓은 완벽한 함정에 빠져들었다. 이렇게 된 것이 요셉의 설정인 줄을 몰랐다. 이 설정에 걸려들면 목숨으로 책임을 져야 했다. 청지기는 이 말을 기다렸다는 듯이 대답한다.

> "그가 이르되 그러면 너희의 말과 같이 하리라. 그것이 누구에게서든지 발견되면 그는 내게 종이 될 것이요 너희는 죄가 없으리라"(10절).

그렇다면 형제들의 말처럼 혐의가 입증되는 이들은 종으로 삼겠는데 발견된 사람만 종으로 삼고 나머지는 죄가 없으니 그냥 가도록 할 것이다. 그러고는 형제들로 자루를 풀어보게 하였다. 르우벤의 자루부터 시므온, 유다, 다 살펴보는데 아무에게도 나오지 않았다. 형제들이 안심할 무렵, 바로 그때 막내 베냐민의 자루에서 은잔이 나왔다.

청지기의 말대로 베냐민만 애굽의 노예가 되고 형제들은 무죄하니 그냥 돌아가도 되는 상황이 펼쳐졌다. 이 설정을 보면 왠지 좀 섬뜩하지 않은가? 이것은 전에 요셉이 애굽으로 팔려갈 때와 상황이 너무나도 비슷하다. 물론 이번에는 그전처럼 베냐민이 형제들에게 밉보이거나 형제들이 잘못한 것은 없다. 베냐민이 엉뚱한 욕심을 품고 잔을 훔쳤으니 이것은 베냐민의 잘못이다. 그냥 집으로 돌아간다고 해도 베냐민이 잘못한 것이기에 죄책감을 갖지 않아도 된다. 형제들의 책임이 아니다.

자, 이런 절체절명의 위기의 순간에 형제들은 어떤 선택을 할까? 이번에는 우리 잘못이 아니니 그냥 돌아가자고 할까? 아니면 이전과는 다른 변화된 모습을 보여줄까? 이 위기의 상황에서 형제들이 보여주는 모습이 가면을 벗은 진짜 모습일 것이다. 요셉은 형들의 바로 이 진짜 모습이 궁금했다. 자, 형제들이 어떻게 하는가?

> "그들이 옷을 찢고 각기 짐을 나귀에 싣고 성으로 돌아 가니라" (13절).

옷을 찢는다는 것은 극한 슬픔과 괴로움을 나타내는 행위다. 이들은 옷을 찢고 이집트 총리가 있는 성으로 베냐민과 함께 되돌아왔다. 이들은 요셉의 집으로 돌아와서 요셉 앞에 엎드린다. 여기에서 엎드림은 형제들의 세 번째 엎드림이다. 여전히 하나님께서 요셉에게 주셨던 꿈이 성취되는 과정에 있다. 그런데 이번의 엎드림은 이전의 엎드림과는 다른 엎드림이다. 이전에는 두려움과 거리감을 느끼는 엎드림이었다. 왜 엎드리는지조차 그 이유도 제대로 몰랐던 엎드림이었는데 이번에는 형제를 사랑하는 마음으로, 지체의식을 갖고 아파하며 사랑하며 애통해하며 엎드린, 이전보다 다른 성격의 엎드림이다.

형제들이 엎드리자 요셉이 호통을 친다. "너희가 어찌하여 이런 일을 행하였느냐. 나 같은 사람이 점을 잘 치는 줄을 너희는 알지 못하였느냐"(15절). 물론 설정이다. 그러자 형제 중 유다가 대표로 간곡히 말한다.

> "유다가 말하되 우리가 내 주께 무슨 말을 하오리이까. 무슨 설명을 하오리이까. 우리가 어떻게 우리의 정직함을 나타내리이까. 하나님이 종들의 죄악을 찾아내셨으니 우리와 이 잔이 발견된 자가 다 내 주의 노예가 되겠나이다"(16절).

유다의 말은 두 가지 의미다. 하나는 지금 나온 은잔에 대한 잘못을 인정한다는 말이고, 다른 하나는 이전에 요셉에게 지었던 꽁꽁 숨겨두었던 죄를 찾아내셔서 마침내 추궁하신다는 의미다. 유다는 형제들의 죄를 인정하고는 자신들이 모두 요셉의 노예가 되겠다고 호소한다. 여기에는 유다와 형제들이 더 이상 나뉠 수 없다는 강력한 연대의식, 지체의식이 전제되어 있다. 베냐민과 형제들은 이전에 동생 요셉처럼 따로 애굽에 두고 갈 수 있는 관계가 더 이상 아니었다. 베냐민과 아버지의 생명이 긴밀하게 연결되어 있는데 베냐민을 두고 가면 아버지가 슬픔을 견디지 못해 죽을지 모른다. 이런 공동체 지체의 아픔을 이제는 도저히 외면할 수 없는 상황이었다. 그래서 이들은 "차라리 우리 모두가 노예가 되겠다"고 호소한다. 대단한 변화였다. 이런 위기 가운데 말하는 것을 보면 이 말은 가면을 벗고 진정성을 담은 말이다.

그러자 요셉은 이들을 한 번 더 시험한다.

> "요셉이 이르되 내가 결코 그리하지 아니하리라. 잔이 그 손에서 발견된 자만 내 종이 되고 너희는 평안히 너희 아버지께로 도로 올라갈 것이니라"(17절).

요셉은 다시 한번 예전에 자신이 팔려가던 시절의 상황을 재연하고 있다. 사실 형제들은 베냐민에 대해서도 시기를 느낄 수도 있었다. 식사 때 요셉이 베냐민에게만 음식을 다섯 배나 더 주었을 정도로 차별대우를 했었다. 이들이 전에 요셉에게 느꼈던 미움과 시가를 베냐민을 향해서도 품었다면 못 이기는 척하고 집으로 돌아갈 수도 있었을 것이다. 그러나 형제들은 이를 거부했다. 형제들은 베냐민에 대한 미움, 시기, 질투보다 안타까움, 지체의식, 그리고 아버지의 아픔에 공감하는 공감의식으로 가득한 아름답고 건강한 공동체로 변해 가고 있었다.

오늘날 내 영혼을 의탁하지 못해 방황하는 소위 말하는 가나안

교인들이 100만 명이 넘어가는 시대가 되고 있다(양희송, 「가나안 성도, 교회 밖 신앙」(서울: 포이에마, 2014)). 가나안은 거꾸로 하면 '안 나가'다. 이들은 공동체에 정착하지 못하고 떠돌며 예배만 드리고 사라진다. 요셉과 같이 공동체에 상처받고 내 영혼을 의탁할 공동체를 찾지 못해 방황하고 있다. 그리고 이런 방황이 몇 년 되면 습관이 되어 그대로 고착된다.

이런 방황의 물결 속에 우리에게는 서로를 섬기는 지체의식이 있어야 한다. 교회 안에 남남이 아니라 다 같은 지체로 서로의 아픔을 헤아릴 줄 아는 공감능력이 회복되어야 한다. 방황하는 영혼들이 안식하고 함께 지체가 될 수 있도록 적극적으로 그들을 품고 끌어안을 수 있어야 한다. 위기 가운데 내 모습은 어떠한가? 하나님의 꿈을 이루어갈 만한 그리스도의 진정성이 내 안에 있는가? 천국을 이루어가는 아름다운 그리스도의 몸을 이룰 수 있기를 바란다.

85 Chapter 85. Genesis 44:18-34

깊이 헤아려야 감싸줄 수 있다

18유다가 그에게 가까이 가서 이르되 내 주여 원하건대 당신의 종에
게 내 주의 귀에 한 말씀을 아뢰게 하소서. 주의 종에게 노하지 마소
서. 주는 바로와 같으심이니이다. 19이전에 내 주께서 종들에게 물으
시되 너희는 아버지가 있느냐 아우가 있느냐 하시기에 20우리가 내
주께 아뢰되 우리에게 아버지가 있으니 노인이요 또 그가 노년에 얻
은 아들 청년이 있으니 그의 형은 죽고 그의 어머니가 남긴 것은 그
뿐이므로 그의 아버지가 그를 사랑하나이다 하였더니 21주께서 또 종
들에게 이르시되 그를 내게로 데리고 내려와서 내가 그를 보게 하라
하시기로 22우리가 내 주께 말씀드리기를 그 아이는 그의 아버지를
떠나지 못할지니 떠나면 그의 아버지가 죽겠나이다. 23주께서 또 주

의 종들에게 말씀하시되 너희 막내아우가 너희와 함께 내려오지 아
니하면 너희가 다시 내 얼굴을 보지 못하리라 하시기로 [24]우리가 주
의 종 우리 아버지에게로 도로 올라가서 내 주의 말씀을 그에게 아뢰
었나이다. [25]그 후에 우리 아버지가 다시 가서 곡물을 조금 사오라 하
시기로 [26]우리가 이르되 우리가 내려갈 수 없나이다. 우리 막내아우
가 함께 가면 내려가려니와 막내아우가 우리와 함께 가지 아니하면
그 사람의 얼굴을 볼 수 없음이니이다. [27]주의 종 우리 아버지가 우리
에게 이르되 너희도 알거니와 내 아내가 내게 두 아들을 낳았으나 [28]
하나는 내게서 나갔으므로 내가 말하기를 틀림없이 찢겨 죽었다 하
고 내가 지금까지 그를 보지 못하거늘 [29]너희가 이 아이도 내게서 데
려 가려하니 만일 재해가 그 몸에 미치면 나의 흰 머리를 슬퍼하며
스올로 내려가게 하리라 하니 [30]아버지의 생명과 아이의 생명이 서로
하나로 묶여 있거늘 이제 내가 주의 종 우리 아버지에게 돌아갈 때에
아이가 우리와 함께 가지 아니하면 [31]아버지가 아이의 없음을 보고
죽으리니 이같이 되면 종들이 주의 종 우리 아버지가 흰 머리로 슬퍼
하며 스올로 내려가게 함이니이다. [32]주의 종이 내 아버지에게 아이
를 담보하기를 내가 이를 아버지께로 데리고 돌아오지 아니하면 영
영히 아버지께 죄짐을 지리이다 하였사오니 [33]이제 주의 종으로 그
아이를 대신하여 머물러 있어 내 주의 종이 되게 하시고 그 아이는
그의 형제들과 함께 올려 보내소서. [34]그 아이가 나와 함께 가지 아니
하면 내가 어찌 내 아버지에게로 올라갈 수 있으리이까. 두렵건대 재
해가 내 아버지에게 미침을 보리이다.

본문 말씀은 창세기에서 등장하는 연설 중 가장 긴 연설문이다. 동시에 가장 감동적인 연설문이기도 하다. 세계 최강제국 애굽의 제2실력자인 총리가 막냇동생 베냐민의 자루에서 은잔을 발견하고 감옥에 집어넣으려고 할 때 유다는 형제들의 대표로 나서서 간절히 호소한다. 이 연설을 가만히 살펴보면 유다가 아버지의 심정을 헤아리는 가운데 어떻게든 아버지를 보호하려는 감동적인 모습을 발견할 수 있다. 심지어 자신이 평생 노예로 애굽에 갇혀 지내더라도 어떻게든 동생 베냐민을 살려 아버지의 품으로 돌려보내려는 간절한 마음이 녹아 있다. 한때 유다는 완고하고 변하지 않는 아버지로 인하여 마음이 매우 힘들었다. 세월이 지나도 편애를 거두지 않는 모습으로 인해 원망과 미움이 많았다. 그러나 본문 말씀에 나타난 연설문을 보면 유다가 이런 아버지를 인정할 뿐 아니라 적극적으로 보호하면서 감싸주는 아들로 바뀌어 있음을 발견할 수 있다. 도대체 유다에게 무슨 일이 있었던 것일까?

유다의 변화를 추측할 수 있는 첫 번째 요소는 먼저, 자식을 잃은 아버지의 깊은 슬픔을 경험했기 때문이다. 창세기 37장에 유다는 형제들을 주도해서 요셉을 팔고 아버지의 깊은 슬픔을 지켜보다 38장에 따로 길을 떠난다. 38장 1절에 보면 "자기 형제들로부터 떠나 내려가서 아둘람"으로 갔다고 말씀한다. 형제들로부터 홀로 떠난 이유는 자신이 요셉을 파는 데 주동했던 일에 대한 죄책감이 컸기 때문이다. 유다는 이 지역에 살면서 안타깝게도 자녀를 둘이나 잃었다. 하나도 아닌 둘이나 잃었으니 얼마나 충격이 컸겠는가? 원래는 막내가 당시의 관행에 따라 형사취수제도를 실천해서 며느리와 동침하여 큰 형의 계보를 이어가도록 해야 했다. 그런데 유다가 혹 막내아들 셀라도 죽을까 두려워서 머뭇거렸다. 그러나 믿음의 며느리 다말은 어떻게든 가정의 계보를 잇고자 시아버지를 유혹하여 자녀를 낳았다. 그런데 하필이면 유다의 아버지 야곱처럼 쌍둥이 자녀를 낳았다. 이렇게 해서 유다는 세 자녀를 갖게 되었다. 그런데 장남의 계보가 어디로 이어지는가? 셀라가 아닌 다말에게서 낳은 아들 베레스에게로 이어진다. 그를 통해 메시아의 계보가 나온다(마 1:2–3 참조).

간단해 보이는 이 계보 속에서 우리는 또 다른 형제들 간의 갈등과 편애의 역사를 짐작할 수 있다. 며느리 다말이 쌍둥이를 낳았을 때 원래 장자의 계보를 잇는 줄 알았던 셀라는 얼마나 억울했겠는가? 게다가 아버지의 유산까지도 빼앗기게 되었다. 유다는 쌍둥이를 키우면서 아버지 야곱이 왜 저런 편애가 심한 성격이 되었는지 이해하게 되었을 것이다. 이렇게 자녀를 키우면서 유다가 깨닫게 되는 게 무엇인가? '나는 절대 야곱과 같은 그런 아버지가 되지 말아야지' 라고 다짐했는데 결국 자기가 싫어하는 그런 아버지가 되고 말았다. 자기도 첫째, 둘째 아이를 연달아 잃어보니 요셉을 잃었던 아버지의 마음과 집착, 편애가 이해되었다.

예전에 윤용인 씨가 지은 「그렇게, 아버지가 된다」(서울: 알키, 2016)라는 제목의 책을 읽은 적이 있다. 이 책의 지은이는 어릴 때 자녀들의 양육에 상당히 적극적으로 참여했던 아빠였다. 그래서 삼십대 중반에 「아빠 뭐해?」라는 공동육아집을 낼 정도였다. 주변에서는 좋은 아빠라는 칭찬이 자자했다. 그는 아이와 많은 시간을 보내고 불필요한 권위를 내려놓고 아이를 내 몸같이 사랑하면 좋은 아버지가 될 것으로 생각했다. 요즘 유행하는 친구 같은 아빠, 프렌디였다. 그가 이렇게 했던 이유는 자신이 경험했던 아버지가 엄하고 무서웠던 아버지였기 때문이었다. 가족에게는 무관심했고 무책임했고 이기적이었다. 아버지에게는 애정보다는 증오 쪽으로 더 많은 감정이 있었다. 그래서 어릴 때부터 '난 우리 아버지처럼 하지 말아야지' 하는 생각을 수없이 되뇌며 살았다.

그런데 자신의 아이가 사춘기에 들어서자 게임중독에 빠졌다. 엄마에게 함부로 버릇없이 덤벼들기 시작했다. 아버지의 지갑을 훔쳐 PC방에 숨었다. 그동안 한 번도 자녀에게 손을 대지 않았던 아빠가 갑자기 폭발했다. 이렇게는 안 된다. 따끔하게 혼내주어야겠다고 생각하고 심하게 체벌을 가했다. 그 뒤 아이가 가출했다. 2~3일 가출할 것으로 알았는데 이것이 14개월이나 되었다. 지은이에게 이 14개월은 마치 14년처럼 길게 느껴졌다. 그러면서 고백한다. "나는 아버지로서의 여정에서 고작 강 하나도 제대로 건너지 못했습니다. 나는 자식을 낳았지만 자식은 아버지를 낳게 해주었습니다." 마찬가지로 유다는 자기 자식들의 사건을 겪으면서 비로소 아버지가 되어가고 자기 아버지를 깊이 헤아릴 수 있게 된 것이다.

자크 라캉이라고 하는 프랑스의 정신분석학자는 이 아버지와 아들의 관계에 많은 관심을 기울여 연구했던 학자이다. 라캉의 분석에 따르면 사람의 내면에서 아버지는 세 가지 차원에서 작동한다.

첫째는 상상적인 아버지다. 이 아버지는 한 사람의 환상 속에서 이상적인 모델로 등장한다. 아들은 이 아버지와 경쟁하면서 동시에 불안과 박해감을 경험한다. 자녀들을 보면 아빠를 이상적으로 생각한다. 아빠의 약속을 철석같이 믿고 따른다. 하지만 늘 아빠와 경쟁하려고 한다. 달리기도 경쟁하고 팔씨름도 경쟁하려고 한다.

둘째는 상징적인 아버지다. 아버지이기 때문에 자녀의 욕망을 통제하고 질서와 규율을 정한다. 그런데 문제는 아이가 자라면서 아버지의 통제와 규율에 저항하기 시작한다. 아버지의 규율을 따랐지만 여전히 자신이 원하는 것을 제대로 얻을 수 없다는 사실을 경험하면서 복종과 배신의 변증법으로 들어간다. 복종했다가 배신당하고, 저항하고 다시 복종했다가 더 큰 배신감을 경험하고, 이런 과정을 경험하면서 이때부터 아버지에게 부여했던 힘을 거두어들여 자기만의 세계를 만들기 시작한다. 이때 상상적인 아버지에게서 경험했던 내면의 불안감, 박해감이 일어난다. 아들은 이 감정을 통제하고 이에 저항하기 위해서 아버지를 이제는 배신해도 괜찮은 사람, 공격해도 괜찮은 사람, 부끄러운 사람으로 만들어버린다. 그러면서 자신만의 정체성을 만들어간다.

그래서 아버지에 대한 세 번째 차원으로 접어든다. 바로 생물학적인 아버지다. 그저 나를 낳아준 사람으로 한 사람의 인간으로 바라보게 되는 것이다. 이 단계에 이르러서야 '아, 아버지도 사람이었구나. 알고 보니 불쌍했구나' 하는 생각에 이른다. 유다가 본문에서 고백하는 아버지의 모습에는 바로 이런 성숙함이 물씬 배어 나온다. 아버지는 자식을 낳아주는 존재인 줄 알았는데 알고 보니 자식들을 통해 아버지다운 아버지가 된 것이다. 이렇게 되는데 보통사람이 생의 성숙주기에서 한 40~50년 정도가 걸린다. 현재 요셉의 나이가 약 40세 정도가 된다. 그렇다면 유다는 50~60세 정도가 되었을 것이다. 이 정도의 성숙에 이를 정도가 된 셈이다. 이런 성숙을 고려하지 않으면 본문과 같은 감동적인 연설은 도저히 나올 수가 없다.

유다는 전에 총리가 형제들을 만나 아버지를 데려오라고 요구한 사건을 회상하면서부터 연설을 시작한다. 그는 먼저 자신을 철저히 낮추는 겸손함을 보인다. 그러면서 말한다. "이전에 내 주께서 종들에게 물으시되 너희는 아버지가 있느냐 아우가 있느냐 하시기에 우리가 내 주께 아뢰되 우리에게 아버지가 있으니 노인이요 또 그가 노년에 얻은 아들 청년이 있으니 그의 형은 죽고 그의 어머니가 남긴 것은 그뿐이므로 그의 아버지가 그를 사랑하나이다 하였더니"(19-20절).

엄밀히 말하면 이 부분은 요셉이 형제들을 향하여 정탐꾼으로 의심하며 추궁할 때 자신들을 변호하려고 했던 말이다. 지금 유다는 자신의 진심을 호소하기 위해 불리한 것을 제거하려 하는 치밀한 지혜를 보여주고 있다. 그러면서 말한다. "'주께서 또 종들에게 이르시되 그를 내게로 데리고 내려와서 내가 그를 보게 하라 하시기로 우리가 내 주께 말씀드리기를 그 아이는 그의 아버지를 떠나지 못할지니 떠나면 그의 아버지가 죽겠나이다' (21-22절)라고 말씀드렸습니다. 그러자 저희에게 '너희 막내아우가 너희와 함께 내려오지 아니하면 너희가 다시 내 얼굴을 보지 못하리라' (23절)고 하셔서 우리가 아버지에게 가서 그 말씀을 전해드렸습니다(24절). '그 후에 우리 아버지가 다시 가서 곡물을 조금 사오라' (25절) 하셨습니다."

여기서도 불리한 진술이 빠져 있다. 이들이 가져온 곡물 자루에 돈이 들어 있었던 내용이 빠져 있다. 혹 이야기하다 요셉이 의심할 만한 어떤 여지도 주지 않기 위한 것이다. 유다는 야곱에게 말했다. “우리 막내아우가 함께 가면 내려가려니와 막내아우가 우리와 함께 가지 아니하면 그 사람의 얼굴을 볼 수 없음이니이다”(26절). 그러자 야곱이 마음 깊은 곳에 있던 말을 꺼낸다.

> “너희도 알거니와 내 아내가 내게 두 아들을 낳았으나 하나는 내게서 나갔으므로 내가 말하기를 틀림없이 찢겨 죽었다 하고 내가 지금까지 그를 보지 못하거늘 너희가 이 아이도 내게서 데려 가려하니 만일 재해가 그 몸에 미치면 나의 흰 머리를 슬퍼하며 스올로 내려가게 하리라 하니”(27-29절).

이 고백은 야곱이 자식들이 가져온 피 묻은 옷을 보고 내린 마음의 결론이다. 사랑하는 아들이 찢겨 죽었다! 더 이상 얼굴을 볼 수 없다! 야곱의 처참하고 참담한 심정이 그대로 드러난다. 그런데 남은 막내아들을 또다시 내게서 빼앗아가려 한다. 만일 어떤 나쁜 일이 그 아이에게 닥치면 나는 흰머리를 슬퍼하면서 스올로 내려갈 것이다(29절). 스올은 죽으면 가게 되는 세상을 의미한다. 즉 나는 이제 저세상 사람이 될 것이라는 뜻이다. 이러한 아버지의 심정을 호소한 후 유다는 요셉에게 간청한다.

> “아버지의 생명과 아이의 생명이 서로 하나로 묶여 있거늘 이제 내가 주의 종 우리 아버지에게 돌아갈 때에 아이가 우리와 함께 가지 아니하면 아버지가 아이의 없음을 보고 죽으리니 이같이 되

면 종들이 주의 종 우리 아버지가 흰 머리로 슬퍼하며 스올로 내려가게 함이니이다"(30-31절).

지금까지의 고백을 보면 유다는 먼저, 아버지의 슬픔을 알고 있었다. 한 자식을 잃는 게 어떤 것인지 알았다. 20년 동안 잃어버린 요셉을 향하여 슬퍼하셨던 아버지를 자기도 자식을 잃어보니 이제 이해할 수 있게 되었다. 유다는 더 이상 아버지를 슬퍼하게 하면 안 된다는 결연한 마음을 갖고 있었다. 둘째, 이런 슬퍼하는 아버지에게 베냐민이 어떤 존재인지, 얼마나 소중한 존재인지를 알았다. 물론 여전히 아버지에 대해 섭섭함이 있을지 모른다. 그러나 자신도 쌍둥이를 키워보면서 또 원래 아내에게서 난 셀라를 함께 키우면서 의도하지 않게 자녀들에게 서운함과 상처를 주었던 것을 보며 이제는 아버지를 한 남자로 이해할 수 있게 되었다. 이런 이해에 도달하자, 이제 유다는 자기의 모든 것을 내려놓고 아버지를 책임지려 하고 있다.

"주의 종이 내 아버지에게 아이를 담보하기를 내가 이를 아버지께로 데리고 돌아오지 아니하면 영영히 아버지께 죄짐을 지리이다 하였사오니 이제 주의 종으로 그 아이를 대신하여 머물러 있어 내 주의 종이 되게 하시고 그 아이는 그의 형제들과 함께 올려보내소서"(32-33절).

이제 유다는 자신이 베냐민을 대신하여 죄인이 되고 노예가 될 테니 베냐민은 살려달라고 간절히 요청한다. 아버지의 마음을 깊이 헤아린 유다는 이제 기꺼이 아버지를 위하여, 베냐민을 위하여 자기의 생명을 내어줄 것을 간청한다. 유다에게 자신이 노예가 되고 고통스럽게 사는 것은 별로 중요하지 않았다. 아버지의 마음이 찢어지고 아파하는 게 더 중요했다.

자식들 덕분에 아버지로 성숙한 유다가 이제는 친아버지의 마음을 깊이 헤아리고 아름다운 중보자의 모습으로 서게 되었다. 여기에는 내가 없고 오직 사랑하는 아버지를 위해 자신을 내어주는 사랑만이 있을 뿐이다. 사랑은 자신을 내려놓고 자기의 유익을 구하지 않는 것이 핵심이다(고전 13:5). 나의 유익과 만족을 제쳐놓고 아낌없이 상대를 위해 자신을 내어주는 것이다. 이런 유다의 모습 가운데 우리는 아름다운 중보자 되신 예수 그리스도의 모습을 발견한다. 유다가 메시아 가문의 선조가 된 것은 결코 우연이 아니다.

예수님께서 자기 자신을 내어주시던 밤, 그분은 겟세마네 동산에서 간절히 기도하셨다. "내 아버지여 만일 할 만하시거든 이 잔을 내게서 지나가게 하옵소서. 그러나 나의 원대로 마시옵고 아버지의 원대로 하옵소서"(마 26:39, 막 14:36, 눅 22:42). 예수님께서 이렇게 아버지의 뜻을 먼저 앞세우며 자신의 생명을 아낌없이 내어주신 것은 바로 베냐민과 같은 우리가 구원받기 원하는 아버지의 마음을 깊이 헤아렸기 때문이다. 그런데 그런 주님을 우리는 아무것도 모르고 십자가에 못 박았다. 그리고 그 사랑으로 말미암아 다시 아버지께 돌아오게 되었다.

오늘날 사람들은 행복을 소유에서 찾는다. 조금 더 깨어 있는 사람은 체험에서 찾는다. 체험 중에 가장 아름답고 강렬한 체험은 자신을 내어주는 체험이다. 유다가 자신을 내어주었듯 예수님께서 우리를 위해 자신을 내어주셨다. 우리도 자신을 사랑하는 주님의 몸 된 교회의 지체들에 내어주고 내 주변 사람들에게 내어줄 수 있어야 한다. 나는 내 주변 사람들을 얼마나 깊이 헤아리며 감싸주는가? 아버지 하나님의 마음을 얼마나 깊이 헤아리며 나 자신을 내어드리는가? 또 나는 얼마나 내 부모님의 마음을 깊이 헤아리는가? 기꺼이 그분들을 이제는 감싸줄 수 있겠는가?

86 Chapter 86. Genesis 45:1-8

인생 계획을 하나님께 맞추라

[1]요셉이 시종하는 자들 앞에서 그 정을 억제하지 못하여 소리 질러 모든 사람을 자기에게서 물러가라 하고 그 형제들에게 자기를 알리니 그때에 그와 함께 한 다른 사람이 없었더라. [2]요셉이 큰 소리로 우니 애굽 사람에게 들리며 바로의 궁중에 들리더라. [3]요셉이 그 형들에게 이르되 나는 요셉이라. 내 아버지께서 아직 살아 계시니이까. 형들이 그 앞에서 놀라서 대답하지 못하더라. [4]요셉이 형들에게 이르되 내게로 가까이 오소서. 그들이 가까이 가니 이르되 나는 당신들의 아우 요셉이니 당신들이 애굽에 판 자라. [5]당신들이 나를 이곳에 팔았다고 해서 근심하지 마소서. 한탄하지 마소서. 하나님이 생명을 구원하시려고 나를 당신들보다 먼저 보내셨나이다. [6]이 땅에 이 년 동

안 흉년이 들었으나 아직 오 년은 밭갈이도 못하고 추수도 못할지라. [7]하나님이 큰 구원으로 당신들의 생명을 보존하고 당신들의 후손을 세상에 두시려고 나를 당신들보다 먼저 보내셨나니 [8]그런즉 나를 이리로 보낸 이는 당신들이 아니요 하나님이시라. 하나님이 나를 바로에게 아버지로 삼으시고 그 온 집의 주로 삼으시며 애굽 온 땅의 통치자로 삼으셨나이다.

본문은 창세기 37장부터 계속해서 이어져 왔던 요셉 이야기의 클라이맥스를 이루는 부분이다. 여기에 이르러서야 요셉은 놀라운 고백을 한다.

> "그런즉 나를 이리로 보낸 이는 당신들이 아니요 하나님이시라. 하나님이 나를 바로에게 아버지로 삼으시고 그 온 집의 주로 삼으시며 애굽 온 땅의 통치자로 삼으셨나이다"(8절).

정말 놀라운 고백이다. 그동안 자신이 여기까지 온 것은 형들의 미움과 못된 행동 때문이 아니라 전적으로 하나님의 인도하심이라는 것이다. 하나님이 요셉이나 형들의 생각보다 더 큰 계획을 갖고 요셉을 애굽으로 인도하셨고, 요셉이 바로에게 아버지와 같은 지혜로운 조언자와 인도자가 되게 하셨다는 뜻이다. 더 나아가 요셉은 애굽 전역을 다스리는 바로 다음의 2서열 통치자가 되었다. 요셉이 어릴 때 형들에게 꿈을 이야기하자 형들이 화를 내며 한 말이 있다. "네가 참으로 우리의 왕이 되겠느냐"(37:8)는 것이었다. 그런데 요셉은 꿈처럼 정말 형들에게 뿐 아니라 온 세계를 호령하는 애굽 대제국의 왕이 되어 있었다. 17세에 팔려 와서 30세에 총리가 되고 7년 풍년이 지나고 이제 2년째 흉년이 지나가는 때였다. 요셉이 하나님의 오묘하고도 놀라운 섭리를 깨닫는 데 자그마치 22년이란 세월이 걸렸다.

돌아보면 요셉의 생은 자기가 원하는 대로 풀리지 않았다. 조금 잘 된다, 인생이 풀린다 싶으면 자신도 어찌할 수 없는 불가항력적인 힘에 휘둘리며 늘 더 심하게 꼬였다. 어릴 때 멋진 꿈을 꾸고 기분이 좋아 꿈 이야기를 자랑하자 어떤 일이 찾아오는가? 형들의 미움을 받아 구덩이에 갇히고 애굽에 노예로 팔려갔다. 시위대장의 집에서 성실하게 일하자 주인의 인정을 받고 이제 좀 인생이 좀 풀리나 싶었다.

그런데 요셉이 그 집에서 인정받자 어떻게 되는가? 보디발의 아내가 요셉을 유혹한다. 결국 이 여인의 유혹을 거부하여 억울한 누명을 쓰고 감옥에 들어갔다. 감옥에 들어가자 그곳에서 간수장의 호의를 입어 인정받게 되었다. 왕의 신하가 감옥에 들어오자 그들을 전담으로 맡아 시중을 들다 그들의 꿈을 해석해준다. 좋은 기회다 싶었는데 술 맡은 관원장이 밖으로 나가나 요셉을 잊어버린다. 자, 이런 과정을 보면 요셉의 인생은 풀릴듯 하다가도 그렇게 쉽게 풀리는 인생이 아니었다.

우리도 보면 그럴 때가 있지 않은가? 참 인생이 풀리지 않는다. 조금 괜찮다 싶으면 또다시 어려움이 닥친다. 한두 번이 아니다. 자꾸만 반복된다. 이전에 꾸었던 꿈은 이미 저 멀리 달아나는 듯하다. 우리가 꿈꾸고 기대한 대로 인생이 풀려가지 않으면 우리는 무척이

나 힘들어한다. 이런 상태에서는 1~2년 버티는 일도 죽을 것같이 힘들다. 이렇게 힘들어하는 이유가 무엇인가? 그것은 우리의 삶에 통제력이 떨어지기 때문이다. 내 뜻대로 내 인생이 통제되지 않으면 삶이 불안해진다. 통제감은 우리에게 자신감과 안정감을 준다. 그래서 자기 통제감은 행복을 느끼는 데 중요한 요소다. 인생에 불가항력적인 힘이 작용하여 인생의 통제감을 잃어버리면 무척이나 불안하고 힘들다.

우리는 어릴 때부터 이런 통제감이 주는 안정 가운데 살도록 길들었다. 만 3세만 지나면 어린이집에 간다. 그리고 조금 있으면 유치원에 간다. 초등학교, 중고등학교, 대학교에 진학한다. 이때 누구도 자신의 미래에 대해 고민하지 않는다. '아, 드디어 유치원을 졸업했어. 나 초등학교 가기 싫은데 다른 곳에 가면 안 될까? 초등학교 대신 문화센터로 다니면 안 될까?' '아, 나 중학교 졸업했는데, 이제 뭐 하고 살지?' 이런 고민할 필요가 없다. 다음 단계에 대한 명확한 로드맵이 있다. 그러나 대학교를 졸업할 때가 되면 갑자기 그동안 하지 않았던 커다란 고민이 시작된다. 왜? 이제부터는 사회가 제공했던 내 인생의 로드맵이 없어지고 그동안 통제되어 있다고 생각했던 내 인생이 갑자기 거대한 광야에 던져지기 때문이다.

20대의 젊은 나이에 세계 최대의 사막인 사하라 사막을 횡단했던 탐험가 빌 도나휴는 자기 경험을 바탕으로 「사막을 건너는 여섯 가지 방법」(고상숙 역, 서울: 김영사, 2011)이라는 책을 썼다. 이 책에 따르면 인생을 보는 방식은 크게 두 가지로 나눌 수 있다. 첫째는 등산이고 둘째는 사막 횡단이다. 등산하면 우리는 상당한 통제감을 느끼게 된다. 먼저는 분명한 목표가 있다. 등산 전에 출발점에서 정상까지 몇 미터이고, 목표에 도달하는 코스는 몇 가지가 있으며, 코스마다 걸리는 시간은 얼마나 차이가 나는지를 정확하게 알 수 있다. 등산지도에 보면 웬만한 정보들은 다 들어 있고 이 지도만 잘 보면 상황은 통제할 수 있다.

그러나 사막을 횡단하는 것은 등산과 전혀 다르다. 사막에는 정확한 지도가 없다. 정확한 지도를 만들어간다고 하더라도 사막에 모래바람이 불어닥치면 순식간에 모든 지형이 바뀌고 만다. 그래서 종종 길을 잃고 헤매기도 하고 신기루를 좇아가기도 한다. 이런 사막에는 끝이 보이지 않는다. 아무리 준비를 철저히 잘해도 이런 준비가 쓸모없을 때가 많다. 사막 앞에서는 성취감이 아니라 무력감을 느낀다. 그래서 우리는 목표가 불분명한 사막 횡단보다는 목표가 명확한 등산을 더 선호한다. 사막을 지날 때는 힘을 빼야 한다. 자동차 타이어 바람도 좀 빼야 타이어 표면적이 넓어지고, 그래야 고운 모래밭을 무난하게 지나갈 수 있다. 타이어가 단단하면 쉽게 모래에 빠진다.

우리가 인생에 통제감을 잃어버리는 것은 인생이 사막같이 느껴지기 때문이다. 이럴 때는 우리의 힘을 빼야 한다. 자존심과 자기 고집을 내려놓고 겸손하게 힘을 빼야 한다. 지도를 보려고 하지 말고 이제는 나침반을 보아야 하며 밤마다 뜨는 북극성을 보며 나아가야 한다. 이럴 때 이전에는 몰랐던 하나님께서 준비하고 계셨던 거대한 삶의 모자이크가 보이기 시작한다. 모자이크는 상관없어 보이는 저마다 독특한 색깔과 모양의 작은 조각들이 여러 개가 모여 전체의 큰 그림을 이룬다. 모자이크 조각 한두 개를 맞추어갈 때는 이것이 무슨 그림인지 잘 모른다. 그러나 계속해서 모자이크를 맞추어가다 보면 이 그림이 무엇인지 점점 뚜렷하게 드러나고 마지막 모자이크를 완성하고 나면 이 그림의 아름다운 모습에 감탄한다.

요셉의 인생이 계속해서 꼬여갈 때 요셉은 자신의 인생이 왜 이렇게 갈수록 힘들어지는지 이해가 가지 않았다. 그저 자신은 억울하게 이 감옥에 갇혔고 속히 나가야 한다고 생각했다. 그러나 그가 바로의 꿈을 해석해주고 애굽의 총리가 되었을 때 요셉은 예기치 못했던 인생의 역전을 통해 하나님이 준비하고 계시는 삶의 모자이크를 어렴풋이 보게 되었다. 그러다 2년 후, 식량을 구하러 온 형제들을 다시 만나자 요셉은 조금 더 큰 모자이크 그림을 보게 되었다. 형들의 마음이 어떠한지를 시험하여 형 유다의 심금을 울리는 진정성 있는 호소를 듣게 되면서 마침내 커다란 그림이 무엇인지를 깨닫게 되었다. 요셉이 어릴 때 꾸었던 꿈이 물론 전체 모자이크의 일부 조각이었지만 이 조각들은 45장에 와서야 마침내 전체의 큰 그림이 드러나게 된다.

이 그림이 무엇인가를 깨닫자 요셉은 만감이 교차했다. 형들이 요셉을 팔았던 일과 아버지의 슬픔, 그리고 이유를 모르고 낯선 애굽 땅에서 지금까지 달려온 요셉의 걸음걸음, 이 모두가 하나님께서 큰 그림을 완성시키려고 사용하셨던 퍼즐 조각이었음을 깨닫게 되었다. 감사하기도 하고 형들이 용서되기도 하며, 또 고생했을 아버지와 형들에게 미안하기도 했다. 그러자 더 이상 북받쳐 오르는 감정을 참지 못하고 자기 시종들을 모두 물리친다.

"요셉이 시종하는 자들 앞에서 그 정을 억제하지 못하여 소리 질러 모든 사람을 자기에게서 물러가라 하고 그 형제들에게 자기를 알리니 그때에 그와 함께 한 다른 사람이 없었더라"(1절).

요셉은 애굽 시종들을 물러가게 한 후 형제들 앞에 주체할 수 없을 정도로 운다. 얼마나 울었던지 요셉의 통곡 소리가 바로의 궁중까지 들릴 정도였다(2절). 요즘 같으면 민원신고 여러 곳에서 들어왔을 것이다. 실컷 울고 난 후 요셉은 형제들에게 자기 정체를 밝힌다.

"요셉이 그 형들에게 이르되 나는 요셉이라. 내 아버지께서 아직 살아 계시니이까. 형들이 그 앞에서 놀라서 대답하지 못하더라"(3절).

갑자기 펑펑 우는 총리 앞에 형제들은 저분이 갑자기 왜 저러실까 조마조마했다. 그런데 그가 하는 말이 무엇인가? 자신이 바로 형들이 애굽에 팔아넘겼던 요셉이라는 것이다. 이 말에 형들은 공포에 질린다. 여기 '놀라서'라는 말은 히브리어 '바알'로써 단순히 깜짝 놀란 일이 아니라 말할 수 없이 큰 공포를 의미한다. 그래서 영어성경(NIV)은 이 단어를 'terrified'라고 표현했다. 그야말로 식겁한 것이다. 너무 놀라 몸을 움츠리며 뒤로 주춤주춤하고 있으니까 이번에는 요셉이 자기에게 가까이 오라고 한다.

"요셉이 형들에게 이르되 내게로 가까이 오소서. 그들이 가까이

가니 이르되 나는 당신들의 아우 요셉이니 당신들이 애굽에 판 자라"(4절).

"형님들, 가까이 오세요. 내가 요셉입니다. 당신들이 애굽에 판 바로 그 요셉입니다!" 이 말을 듣고 형들이 얼마나 오금이 저렸겠는가? 방금 자신들을 감옥에 가두려고 서슬이 시퍼렇던 그 총리가 바로 자신들이 예전에 팔았던 그 요셉이다! 아마 형들은 곧 요셉이 "형님들, 드디어 복수할 때가 왔군요. 저는 지난 22년 전 형님들이 저에게 저질렀던 일을 아직도 생생하게 기억합니다." 이렇게 나올 것으로 예상했을 것이다. 그런데 이렇게 벌벌 떠는 형들 앞에서 요셉은 복수의 협박을 하지 않고 놀라운 은혜의 선언을 한다.

"당신들이 나를 이곳에 팔았다고 해서 근심하지 마소서. 한탄하지 마소서. 하나님이 생명을 구원하시려고 나를 당신들보다 먼저 보내셨나이다"(5절).

요셉은 이 선언 가운데 하나님의 놀라운 섭리와 계획을 고백한다. 요셉은 자신의 고난이 큰 하나님의 구원이라는 작품 속에 들어있던 모자이크 조각임을 깨달았다. 그랬기에 요셉은 이 믿음을 가지고 형들에게 확신 있게 말할 수 있었다. "나를 팔았다고 근심하지 마십시오. 한탄하지 마십시오. 이 일은 하나님의 손안에 있었던 사건입니다, 하나님이 우리의 생명을 구원하시려고 나를 당신들보다 먼저 보내셨습니다." 죄의식과 슬픔과 보복, 이 모든 것을 하나님의 구원

계획이라는 커다란 모자이크 작품 안에 다 맞춰 넣고 이해할 수 있게 된 것이다. 그러자 그동안 꼬이기만 했던 요셉의 인생이 아름답게 해석되기 시작했다.

우리의 인생도 그렇다. 삶이 꼬여도 이 꼬인 인생은 반드시 하나님의 섭리로 해석되어야만 한다. 그렇지 않고는 우리의 인생에 계속되는 고난과 어려움 앞에 우리는 통제감을 잃고 낙담하고 좌절하기 쉽다. 하지만 하나님의 섭리를 깨닫고 해석된 인생은 현재에 안주하지 않고 자신이 나아가야 할 방향을 믿음 가운데 나아갈 수 있다. 다음에 이어지는 요셉의 말을 들어보라.

> "이 땅에 이 년 동안 흉년이 들었으나 아직 오 년은 밭갈이도 못하고 추수도 못할지라. 하나님이 큰 구원으로 당신들의 생명을 보존하고 당신들의 후손을 세상에 두시려고 나를 당신들보다 먼저 보내셨나니"(6-7절).

아직 이 땅에 흉년이 2년째 진행 중이다. 하나님이 바로에게 주신 꿈에 따르면 아직 흉년이 5년 더 남아 있다. 이스라엘 자손들은 남은 5년을 버틸 여력이 없다. 이들이 생존하려면 모두가 애굽으로 이주해야 한다. 요셉은 바로 이 일을 위해 준비되었고 지금까지 쓰임받았던 인생이었다. 그렇다면 이제는 가족들의 생명을 구원하는 일에 끝까지 멋지게 쓰임받아야 한다. 요셉은 이 모든 고백 가운데 하나님을 주어로 사용하며 그분을 인정한다. 그래서 8절에 결론적으로 확고하게 고백한다.

“그런즉 나를 이리로 보낸 이는 당신들이 아니요 하나님이시라” (8절).

하나님의 손길을 인정하자 요셉의 마음에 있던 미움이 눈 녹듯 녹아내리며 형들과 화해할 수 있었다. 인생의 커다란 모자이크 그림을 보게 되자 가능한 일이었다. 이 그림을 제대로 보지 못하면 답답하다. 실패가 계속될 때마다 마음이 참으로 힘들다.

모바일 게임 〈앵그리버드〉를 아는가? 이 게임을 만든 회사가 핀란드의 로비오사다. 이 회사는 2003년 창업해서 6년간 50개가 넘는 여러 종류의 게임을 출시했는데, 출시하는 것마다 번번이 실패했다. 그러다 드디어 52번째 게임이 출시되었는데 이것이 바로 앵그리버드다. 이 게임은 전 세계에서 20억 번이 넘는 다운로드를 기록한 최고의 흥행 모바일 게임 중 하나다. 51번의 흥행실패를 견디기가 정말 쉽지 않다. 그러나 만약 누군가가 51번의 실패가 더 멋진 작품을 위한 준비과정이라고 보았다면 이 모든 실패는 더 큰 성공을 위한 의미 있는 과정으로 남게 될 것이다.

하나님은 우리를 향한 놀라운 계획을 가지고 계시며(렘 29:11) 하나님이 계획한 일은 반드시 이루실 것이다(사 14:24,27). 그러나 우리는 종종 하나님의 이 놀라운 계획을 우리의 수준에서 생각하고 제한하려고 한다. 그래서 답답하고 혼란스럽다. 그러나 하나님은 분명히 말씀하신다. “이는 내 생각이 너희의 생각과 다르며 내 길은 너희의 길과 다름이니라. 여호와의 말씀이니라. 이는 하늘이 땅보다 높음 같이 내 길은 너희의 길보다 높으며 내 생각은 너희의 생각보다 높음이니라"(사 55:8-9).

우리가 힘든 이유가 여기에 있다. 하나님의 복은 그냥 오지 않고 고난을 통해 오고 시험을 통해 온다. 왜? 이것이 우리를 향한 더 높은 길이고 더 높은 계획이기 때문이다. 이 모든 것을 통해 하나님은 그분의 자녀들에게는 모든 게 합력하여 반드시 그분의 거룩하고 선하신 뜻을 이루게 하실 것이다. 이상하게 일들이 꼬여가고 풀리지 않을 때 우리는 이것이 실패가 아니라 하나님의 신묘막측하고도 놀라운 뜻을 이루어가는 모자이크 조각들임을 믿을 수 있어야 한다.

많은 경우 우리 대부분은 모자이크의 전체 그림을 잘 볼 수 없다. 그저 답답하게 파편들만 보일 뿐이다. 그래서 우리에게 필요한 것이 믿음이다. 이 믿음은 비록 눈에 아무 증거가 아직은 제대로 보이지 않아도 반드시 놀라운 일을 이루실 하나님 그분을 신뢰하는 믿음이다. 눈을 들어 주님을 바라보길 바란다. 힘들어도 마침내 반드시 이루고야 말 하나님의 역사를 좌절하지 않고 붙들 수 있기를 바란다. 우리의 작은 조각을 우리의 사각으로 보고 나서 성급하게 결론 내리지 마라. 이 조각은 좌절에 방점을 찍는 조각이 아니라 희망의 방점을 찍는 조각이 될 수 있다. 조금 더 신뢰하고 조금 더 기다리라. 모든 일이 합력하여 반드시 주님의 아름다운 뜻을 이루어갈 것이다.

87 Chapter 87. Genesis 45:9-15

사명을 깨달아야 용서가 쉽다

*9당신들은 속히 아버지께로 올라가서 아뢰기를 아버지의 아들 요셉
의 말에 하나님이 나를 애굽 전국의 주로 세우셨으니 지체 말고 내게
로 내려오사 10아버지의 아들들과 아버지의 손자들과 아버지의 양과
소와 모든 소유가 고센 땅에 머물며 나와 가깝게 하소서. 11흉년이 아
직 다섯 해가 있으니 내가 거기서 아버지를 봉양하리이다. 아버지와
아버지의 가족과 아버지께 속한 모든 사람에게 부족함이 없도록 하
겠나이다 하더라고 전하소서. 12당신들의 눈과 내 아우 베냐민의 눈
이 보는 바 당신들에게 이 말을 하는 것은 내 입이라. 13당신들은 내가
애굽에서 누리는 영화와 당신들이 본 모든 것을 다 내 아버지께 아뢰
고 속히 모시고 내려오소서 하며 14자기 아우 베냐민의 목을 안고 우*

니 베냐민도 요셉의 목을 안고 우니라. [15]*요셉이 또 형들과 입맞추며 안고 우니 형들이 그제서야 요셉과 말하니라.*

전기차 시대의 미래상을 예견한 국내의 한 미래학자가 국내의 자동차 회사에 임원특강을 하러 가서 한 임원과 대화를 나누었다(최윤식 외, 「2030 대담한 도전」(서울: 지식노마드, 2016)). 그는 자율주행차에 대한 회사의 준비가 어떤가를 물어보았다.

그러자 임원진은 "우리도 관심을 가지고 있습니다"고 대답했다.

그래서 그 관심이 어느 정도인가를 물어보았다.

그러자 "여러 가지 중의 하나입니다"라고 대답했다.

그러자 이 미래학자는 "자율주행차는 여러 관심 중 하나면 안 됩니다. 반드시 중심에 놓고 개발에 집중해야 합니다. 자율주행 자동차 시대는 생각보다 빨리 올 것입니다! 더 큰 위기가 오기 전에 전기차 기업 테슬라를 사십시오!"

그러자 임원진이 물었다. "엘론 머스크가 팔까요?"

그러자 이분이 대답했다. "팔 겁니다."

실제로 엘론 머스크는 테슬라를 팔려고 한국에 왔었지만 그 한국 기업으로부터 외면당했다. 이제는 사고 싶어도 살 수 없을 정도로 몸값이 치솟았다. 마치 예전에 안드로이드 OS를 삼성에 팔려고 왔다가 삼성이 거절한 것과 비슷한 일이 일어난 셈이다. 만약 미래를 선명하게 예측하고 확신할 수 있었다면, 아마 국내 기업은 테슬라 인수를 안일하게 생각하지 않고 수단과 방법을 다 동원해서라도 반드시 서

둘러서 재빠르게 샀을 것이다. 그러나 그런 확신이 없었다. 그랬기에 서두르지 않았고 여유 있게 생각했다.

본문에 나오는 형제들을 향한 요셉의 제안에는 상당한 다급함이 묻어나온다.

> "당신들은 속히 아버지께로 올라가서 아뢰기를 아버지의 아들 요셉의 말에 하나님이 나를 애굽 전국의 주로 세우셨으니 지체 말고 내게로 내려오사"(9절).

요셉은 '속히' '지체 말라'고 거듭 당부한다. 아버지 야곱에게 돌아가는 것도 '속히' 가라 하고 다시 오는 것도 '지체 말고' 내려오라고 한다. 이는 지난번에 곡식을 가지고 갔을 때처럼 아버지가 요셉의 제안을 생각할 여유를 두고 지체했던 일을 염두에 두고 한 말이다. 왜? 이제는 요셉의 가족 모두가 더 이상 지체할 때가 아니란 확신이 요셉에게 있었기 때문이다. 요셉에게는 하나님께서 이 세상을 어떻게 경영하시는지에 대한 분명한 지식과 확신이 있었다. 지금 재빨리 움직이지 않으면 곧 더 강력하게 다가올 기근의 위기 앞에 야곱의 가족들은 버텨낼 수 없다. 그러다 죽으면 큰일이다.

형제들이 나타나기 전까지 요셉은 전 세계와 제국의 위기를 관리했었다. 가나안에 두고 왔던 가족들은 신경 쓰지 않았다. 아들의 이름이 '잊어버린다'는 뜻의 '므낫세' 아닌가? 이 이름에는 가족의 일을 잊어버리고 애굽의 총리로 충실하게 살리라는 요셉의 바람과 결단이 담겨 있다. 그리고 요셉은 실제로 그렇게 살았다. 온 세상을 구하느라 바빴다. 그러나 하나님의 놀라운 개입하심으로 하나님의 경륜을 깨닫자, 요셉은 이 모든 일이 자신의 성공과 출세가 아니라 큰 구원으로 이스라엘과 그의 가족의 생명을 구원하려는 하나님의 계획에 집중한다. 이 구원 계획은 하나님께서 아브라함에게 약속하신 일과 긴밀하게 연결되어 있었다(창 15:5). 요셉은 언약자손의 생명을 구원하기 위하여 부름받은 것이다.

이 사명을 깨닫자 요셉은 당장 시급하게 집중해야 할 일이 무엇인지 확신했다. 우리 같으면 당장에 과거사 진상조사 위원회라도 꾸릴 테지만 요셉은 더 이상 과거의 진실에 연연하지 않는다. 이 모든 일은 요셉의 한마디 말에 다 압축된다.

> "당신들이 나를 이곳에 팔았다고 해서 근심하지 마소서. 한탄하지 마소서. 하나님이 생명을 구원하시려고 나를 당신들보다 먼저 보내셨나이다"(5절).

지금 요셉은 이 모든 일을 누구 탓으로 돌리지 않고 이 모든 일을 역사하신 하나님께 집중하고 있다. 그동안은 형제들을 원망하고 미워하며 살았지만, 그 배후에 역사하시는 하나님이 계셔서 자신을 가족의 생명을 구원하기 위해 보냈다고 확신했다. 그러자 시시비비를 가리는 일보다 남은 사명을 어떻게 완수할까가 훨씬 중요한 일로 다가왔다. 사명을 깨닫고 삶의 방향이 뚜렷해지면 상처에 오래 머물지 않는다. 사명에 눈을 뜨면 사명이 주는 자존감과 동기를 얻게 되고 그렇게 될 때 열등감과 상처도 의외로 자연스럽게 아문다. 이런 마음으로 요셉은 형제들에게 속히 지체하지 말고 아버지를 모시고 오라고 부탁한다.

> "아버지의 아들들과 아버지의 손자들과 아버지의 양과 소와 모든 소유가 고센 땅에 머물며 나와 가깝게 하소서"(10절).

고센 땅은 요셉과 가까운 거리에 있는 땅이다. 흉년의 시기에는 황폐하지만 나일강 삼각주 동편에 있어 풍년이 들 때는 아주 비옥한 곳이다. 게다가 고센은 애굽의 중심부에서 다소 벗어난 변경지역에 있었다. 애굽 동쪽이면 어디와 가까운가? 약속의 땅 가나안과 가깝다. 요셉이 가족들을 고센 땅으로 인도한 것은 여러 가지 측면을 고려한 결정이었다.

> "흉년이 아직 다섯 해가 있으니 내가 거기서 아버지를 봉양하리이다. 아버지와 아버지의 가족과 아버지께 속한 모든 사람에게 부족함이 없도록 하겠나이다 하더라고 전하소서"(11절).

지금 아버지와 가족들이 비옥한 고센 땅에 온다고 해도 당장은 이전처럼 목축할 수가 없다. 아직은 흉년이기 때문이다. 당분간은 요셉의 보살핌과 파격적인 지원이 있어야 한다. 그러다 나중에 흉년이 그치면 가족들은 그 땅에서 풍요로움을 경험하며 가문과 민족이 번성할 수 있는 토대를 마련할 것이다. 흉년이 되어 땅의 가치가 떨어질 때 그곳에 와서 거주하는 일이 지혜로운 선택이 될 수 있다. 또 후에 흉년이 그치고 이스라엘 자손들이 다시 가나안 땅으로 간다고 할 때 고센은 애굽의 심장부가 아니기에 바로의 주목을 받지 않고 재빠르게 빨리 나갈 수 있는 이점도 있다. 이런 전략적인 사항을 검토해 볼 때 지금 고센으로 부르는 요셉의 제안에는 하나님의 뜻을 실행하려는 그의 적극적인 사명 감당의 자세가 녹아들어 있다.

"당신들의 눈과 내 아우 베냐민의 눈이 보는 바 당신들에게 이 말을 하는 것은 내 입이라"(12절).

'내 입이라'는 말은 두 가지 의미가 있다. 하나는 애굽의 권세 있는 총리가 직접 선언하는 권세 있고 확실한 말이라는 뜻이다. 총리가 말하면 곧 법이 되고 확실한 지원이 뒤따른다. 둘째, 이 말은 '통역관 없이 직접 하는 말'이라는 뜻이다. 즉 다시 통역하거나 바꿀 필요가 없는 그대로 전하는 확실한 말임을 강조하는 표현이다. 그러니 요셉은 형제들에게 빨리 실행에 움직이라고 말한다.

"당신들은 내가 애굽에서 누리는 영화와 당신들이 본 모든 것을 다 내 아버지께 아뢰고 속히 모시고 내려오소서 하며"(13절).

당시에는 여행 한 번 하면 짧은 곳은 며칠씩, 좀 거리가 있는 곳은 한두 달은 족히 걸렸다. 요셉은 이렇게 심해진 기근에서 아버지가 가나안 땅에서 버틸 식량이 얼마 없고 그곳에 머물 시간이 얼마 없다는 사실을 알았다. 그래서 속히 모시고 내려오라고 다시 한번 당부한다. 하나님께서 구원하기로 작정하신 사실을 깨달은 이상 더는 우물쭈물할 여유가 없다는 것이다. 자신에게도 사명이 있을 뿐 아니라 형들에게도 이 사명의 일부가 되어 아버지를 모시고 다시 애굽에 와서 하나님이 주신 구원의 사명을 온전히 이루는 일에 참여해달라고 부탁한다. 이렇게 사명으로 모든 형제가 같은 방향을 추구하자 그동안의 갈등과 미움과 아픔이 봉합되고 치유되는 역사가 일어난다.

"자기 아우 베냐민의 목을 안고 우니 베냐민도 요셉의 목을 안고 우니라. 요셉이 또 형들과 입맞추며 안고 우니 형들이 그제서야 요셉과 말하니라"(14-15절).

입맞춤은 서로 적이 아니라 이웃이고 친구고 가족이라는 의미다. 요셉이 형제들과 다시 화해의 제스처를 했다. 그리고 그동안 쌓아두었던 것들을 울음으로 다 털어버린다. 그제야 형들은 요셉에게 마음문을 열고 말하기 시작한다.

여기 이 극적인 화해의 장면을 보면 사명을 깨달은 요셉이 먼저 적극적으로 나서고 있다. 형들이 다가오기까지 기다리지 않고 먼저 가서 입 맞추고, 먼저 눈물을 보이고, 먼저 안아주고 화해한다. 우리가 경험하는 갈등과 미움의 상당 부분은 현재 상태로 계속 가다가는 해결하기 어려운 일들이 참 많다. 우리는 갈등 속에 협상하고 타협하며 양보하는 일에 매우 인색하다. 만약 이 문제를 당사자끼리의 문제로만 제한시켰다가는 반드시 둘 중 하나가 승자가 되어야 한다.

서로 이기기 위해 덤벼들다 보면 내 입장을 이해하지 못하는 상대방이 원망스럽고 미워진다. 그래서 우리 사회에는 고소·고발 사건이 참 많다.

이런 갈등을 풀고 빨리 회복하려면 어떻게 해야 하는가? 너와 나를 뛰어넘는 제3의 관점, 즉 사명의 관점이 필요하다. 이 사명을 분명히 깨닫고 믿음으로 받아들일 때 내 입장만을 강변하던 나의 마음이 부드러워지고 상대방의 마음을 이해하고 공감할 수 있는 여유가 생긴다. 사명은 나의 어려움뿐 아니라 상대방의 어려움을 모두 인정하고 포용하게 하는 놀라운 힘이 있다. 그리고 사명은 과거의 아픔을 더 이상 상처가 아니라 미래를 위한 자양분으로 변화시킨다. 사명이 뚜렷할수록 서로를 추스르고 더 큰 하나님의 목적을 이루어가는 데 집중하게 한다.

몇 해 전 일본인 정신과 의사인 오카다 다카시가 쓴 「나는 왜 저 인간이 싫을까?」(김해용 역, 동양북스, 2016)라는 제목의 책이 나왔다. 저자는 이 책에서 관계가 불편한 사람을 일종의 알레르기로 빗대어 표현했다. 우리 몸은 처음에 알레르기 성분에 대해 어느 정도 방어할 수 있는 능력이 있다. 그런데 자꾸 접촉하다 보면 알레르기 성분이 우리 몸에 들어오게 되고, 그러면 우리 몸은 이것을 이물질로 인식한다. 다음부터는 이물질에 대해 민감한 반응을 보이면서 알레르기 반응이 시작된다. 이것은 우리의 관계에도 유용한 통찰을 준다.

성도가 관계에서 주의할 점이 있다. 우리가 주님을 전심으로 바라보지 않으면 우리의 인간관계가 자칫 알레르기 관계로 변질되기 쉽다. 우리가 주님을 더욱 가까이할수록 지체 간의 관계도 가까워진다. 반면 주님과 거리를 두면 우리에게 있는 연약한 육신의 죄성으로 인해 좋았던 사람도 곧 이물질처럼 느껴지고 거부하고 싶어진다. 사람이 불편하면 우리는 어디로 빠지는가? 혼자만의 세계로 빠진다. 미디어와 스마트폰에 빠진다. 혼자 나를 즐겁게 해줄 수 있는 일들로 빠진다. 앞으로는 로봇과 인공지능과 가상현실까지 본격적으로 활성화되면 이런 성향이 더할 것이다. 그런데 이런 일에 빠질수록 정상적인 친밀한 인간관계를 갖기가 더욱 어려워진다. 결국 이렇게 격리된 상태로 공동체와는 거리를 두고 자기 홀로 신앙생활을 하는 것에 만족하며 산다.

세상의 빛 된 공동체로의 부름은 우리 모두의 사명이다. 이제는 다시 일어나 홀로 담을 쌓고 살았던 내 주변의 담장을 헐고 밖으로 나와 건강한 공동체를 찾아 뿌리 내려야 한다. 우리는 공동체에서 사람에게 집중하기 이전에 먼저 공동체를 향한 성도의 사명에 집중해야 한다. 이 사명에 집중할 때 우리는 관계의 알레르기를 빨리 가라앉히고 서로를 이해하고 용서할 수 있다. 이 사명은 해도 되고 안 해도 되는 사명이 아니다. 앞으로 사회가 고도화되고 파편화되면서 더 더욱 진지하게 감당해야 한다. 이 사명을 감당할 때 우리 내면에 치유가 일어날 것이고 더욱 건강하고 튼튼한 관계를 세워나가게 될 것이다.

[P·A·R·T·12]

마침내 성취되는 하나님의 꿈

하나님의 꿈이 성취될 때
버텨야 할 가나안, 떠나야 할 가나안
믿음의 명문가문을 이루어가시는 하나님
지금 죽어도 족하도다
하나님의 말씀에 미래를 투자하라
역전의 하나님, 역설의 하나님
리더십은 현재의 삶에서 결정된다
지금 결단하여 축복의 통로를 열라
야곱의 마지막 선물, 죽음
성도의 자신감을 회복하라

88 Chapter 88. Genesis 45:16-28

하나님의 꿈이 성취될 때

*16요셉의 형들이 왔다는 소문이 바로의 궁에 들리매 바로와 그의 신하
들이 기뻐하고 17바로는 요셉에게 이르되 네 형들에게 명령하기를 너
희는 이렇게 하여 너희 양식을 싣고 가서 가나안 땅에 이르거든 18너
희 아버지와 너희 가족을 이끌고 내게로 오라. 내가 너희에게 애굽의
좋은 땅을 주리니 너희가 나라의 기름진 것을 먹으리라. 19이제 명령
을 받았으니 이렇게 하라. 너희는 애굽 땅에서 수레를 가져다가 너희
자녀와 아내를 태우고 너희 아버지를 모셔 오라. 20또 너희의 기구를
아끼지 말라. 온 애굽 땅의 좋은 것이 너희 것임이니라. 21이스라엘의
아들들이 그대로 할새 요셉이 바로의 명령대로 그들에게 수레를 주
고 길 양식을 주며 22또 그들에게 다 각기 옷 한 벌씩을 주되 베냐민에*

게는 은 삼백과 옷 다섯 벌을 주고 [23]그가 또 이와 같이 그 아버지에게
보내되 수나귀 열 필에 애굽의 아름다운 물품을 실리고 암나귀 열 필
에는 아버지에게 길에서 드릴 곡식과 떡과 양식을 실리고 [24]이에 형들
을 돌려보내며 그들에게 이르되 당신들은 길에서 다투지 말라 하였
더라. [25]그들이 애굽에서 올라와 가나안 땅으로 들어가서 아버지 야곱
에게 이르러 [26]알리어 이르되 요셉이 지금까지 살아 있어 애굽 땅 총
리가 되었더이다. 야곱이 그들의 말을 믿지 못하여 어리둥절하더니 [27]
그들이 또 요셉이 자기들에게 부탁한 모든 말로 그에게 말하매 그들
의 아버지 야곱은 요셉이 자기를 태우려고 보낸 수레를 보고서야 기
운이 소생한지라. [28]이스라엘이 이르되 족하도다. 내 아들 요셉이 지
금까지 살아 있으니 내가 죽기 전에 가서 그를 보리라 하니라.

전에 이스라엘로 성지순례를 하러 갔을 때였다. 순례기간이 유대인의 유월절 축제기간과 겹쳤다. 축제기간이다 보니 음식도 유월절 규정을 준수해서 호텔에도 그릇이 바뀌고 유대인의 주식이었던 빵도 바뀌었다. 전에는 누룩이 들어간 빵, 즉 유교병이 나왔었는데 모든 빵이 누룩 없는 무교병으로 대체되었다. 또 밤마다 유대인의 회당에서 정통파 유대인들이 모여 유월절을 기념하기 위한 집회를 했다. 유대인 중에서 특히 이 정통파 유대인들은 이 기간에 가능한 이방인들과의 접촉을 피하려고 지나가는 관광객들과는 눈도 마주치지 않았다. 사람이 눈앞에 있는 것을 알아도 모른 척하며 지나쳤다. 이방인들을 투명인간처럼 대했다. 자기들끼리만 말을 하고 어울리며 다녔다. 우리에게는 신기한 장면이었지만 다른 한편으로는 이들이 가진 강한 배타성을 느낄 수가 있었다.

한때 이들은 유럽 각지에서 많은 배제, 곧 왕따를 경험하였다. 독일의 나치가 집권하면서 본격적으로 유대인들을 배제시키고, 이들의 재산을 빼앗고, 강제로 연행하여 격리시키며, 급기야는 유럽 전역에 흩어져 있던 유대인들을 사로잡아 이들을 아우슈비츠 포로수용소와 같은 곳으로 보내 독가스로 살해했다. 이렇게 사라진 유대인이 자그마치 6백만 명이 넘는다. 이런 극한의 배제를 경험한 유대인들은 정처 없이 방황하다 2천 년 전 떠나왔던 약속의 땅 가나안으로 돌아가기를 꿈꿨다. 그리고 마침내 1948년 5월 15일 가나안 땅으로 돌아와 독립을 이루고 이스라엘 국가를 이루게 되었다.

그런데 이들이 이스라엘로 돌아올 때 이 땅은 그냥 텅 빈 공간이 아니었다. 이 땅에는 2천 년 전 유대인들이 로마에 의해 전 세계로 뿔뿔이 흩어진 이후 새롭게 쌓아올린 역사가 있었다. 이곳에 정착해서 무려 2천 년 가까이 살아오던 이들을 통상적으로 '팔레스타인 사람들' 이라고 한다. 그런데 이스라엘이 이들이 살던 땅에 다시 들어와 이들을 밀어내기 시작했다. 팔레스타인 사람들이 사는 지역을 한 곳으로 몰아넣고 유대인들이 사는 지역 밖으로 나오지 못하도록 거대한 담장을 쌓아 둘러치고는 지역 자체를 봉쇄시켰다. 그토록 철저히 배제를 경험했던 유대인들이 다시 가나안 땅으로 돌아와 이들과 조화롭게 섞여 살기를 거부하고 도리어 철저히 격리하고 배제시키는 정책을 썼다. 이스라엘 곳곳을 여행하다 보면 팔레스타인 지역 곳곳에 건설해 놓은 이런 유대인 정착촌을 볼 수 있다. 한때는 모든 민족에게 미움받고 배제당하던 이스라엘이 힘이 생기니까 이제는 주변 사람들을 밀어내고 배제시키는 역설적인 상태가 펼쳐지고 있다.

우리는 누구로부터 배제당하면 피해자가 된다. 피해자는 나중에 더 큰 힘이 생길 때 이전에 자신을 억압했던 가해자보다 더 악랄하고 강력한 압제자가 되어 폭력을 행사하는 가해자가 되기 쉽다. 루마니아가 낳은 세계적인 철학자인 에밀 치오란은 세계사를 분석하면서 이런 말을 남겼다. "극악무도한 박해자는 참수를 면한 순교자 중에서 나오는 경우가 많다!" 일본강점기 때 신사참배를 거부하고 끝까지 신앙을 지킨 이들이 있었다. 그렇게 모진 고통을 당하다 해방이 되었다. 해방되자 신사참배를 했던 목사님들을 어떻게 처리할 것인가에 대한 문제가 제기되었다. 그러자 끝까지 신앙을 지킨 순교자 계열의 목사님들은 신사참배를 했던 분들을 정죄하며 배제시키려 하였다. 이것이 나중에 교단이 갈라지는 큰 갈등과 분열의 원인이 되었다. 한번 배제와 억압을 당해보았던 사람은 이를 다시 극복하기가 결코 쉽지 않다.

본문이 주는 신선한 도전이 있다. 그것은 하나님께서 그분 자신이 허락하신 꿈을 성취하실 때 이 모든 억압과 배제의 사슬이 끊어지더라는 것이다. 중요한 것은 '하나님의 꿈이 성취될 때' 이다. 내 꿈이 성취될 때가 아니다. 우리는 저마다 자신만의 꿈과 목표를 향해 열심히 달려가지만 이때 미처 보지 못하는 일종의 함정이 들어 있다. 그것은 꿈 자체가 가진 일종의 배제의 특성이다. 꿈을 성취하지만 성취하고 얻는 대신 잃어버리는 무엇인가가 있다. 열심히 달려가서 성취했는데 건강을 잃는다. 꿈은 이루었지만 소중한 관계를 잃었다. 그러니 꿈을 성취하고 나서도 공허하고 허무하다. 꿈만 성취하면 다 될 줄 알았는데 그것이 다가 아님을 깨닫는다.

그러나 하나님의 꿈이 성취될 때는 다르다. 하나님의 꿈이 성취될 때는 우리가 자기 꿈을 성취하기 위해 끊어버리고 배제시켰던 일들이 다시 회복되는 역사가 일어난다.

> "요셉의 형들이 왔다는 소문이 바로의 궁에 들리매 바로와 그의 신하들이 기뻐하고"(16절).

요셉의 형들은 애굽 사람에게는 이방인이다. 그런데 그들이 왔다고 하자 바로와 그의 신하들이 모두 기뻐했다. 안 그래도 기근인데 저렇게 많은 식솔을 데리고 왔다고 부담스러워하지 않았다. 오히려 기뻐하고 받아들였다. 하나님의 꿈이 성취될 때 나타나는 놀라운 특징이다. 서로를 기뻐하며 받아주고 포용한다.

> "너희 아버지와 너희 가족을 이끌고 내게로 오라. 내가 너희에게 애굽의 좋은 땅을 주리니 너희가 나라의 기름진 것을 먹으리라"(18절).

얼마나 놀라운 약속인가? 애굽 최고의 통치자 바로가 직접 제국의 좋은 땅을 줄 뿐 아니라 이 나라의 기름진 것을 먹을 것이라고 한다. 기름진 것은 직역하면 '이 땅의 기름'(the fat of the land. ESV)

정도가 된다. '기름'(히. 헬레브)은 희생제물의 가장 좋은 부분, 오늘로 말하면 마블링이 되어 있는 최고급 소고기 부위를 지칭하는 단어이다. 하나님께서 요셉의 꿈을 성취하실 때가 무르익자 애굽의 주인 바로가 이들을 기쁨으로 환영하고 포용한다. 그것도 아주 극진한 대우를 하면서 말이다.

> "이제 명령을 받았으니 이렇게 하라. 너희는 애굽 땅에서 수레를 가져다가 너희 자녀와 아내를 태우고 너희 아버지를 모셔 오라. 또 너희의 기구를 아끼지 말라. 온 애굽 땅의 좋은 것이 너희 것임이니라"(19-20절).

"수레를 가져다가 너희 자녀와 아내를 태우고 너희 아버지를 모셔 오라"는 것은 최고급 리무진 승용차를 보내서 가족들을 모시고 오라는 말과 같다. 그러면서 바로는 "너희의 기구를 아끼지 말라"고 한다. 기구는 이들이 사용하던 살림들을 말한다. 이는 애굽에 훨씬 좋은 것들이 많으니 가나안 땅에서 사용하던 자질구레한 살림들은 다 놓고 오라는 말과 같다. 야곱의 식구들이 아무것도 가져올 필요 없이 몸만 쏙 들어오면 되는 최고급 콘도형 리조트가 준비된 것이다.

우리는 요셉의 포용력에도 주목해야 한다.

> "또 그들에게 다 각기 옷 한 벌씩을 주되 베냐민에게는 은 삼백과 옷 다섯 벌을 주고"(22절).

지금도 그렇지만 당시에도 옷은 매우 비싸고 귀했다. 오늘날도 밍크코트, 천연 소가죽 점퍼 같은 옷은 비싸다. 옛날에는 그 가치가 오늘날보다 훨씬 더 했다. 게다가 옷은 당시 그 사람의 신분과 지위를 나타내준다. 하지만 요셉은 단순히 값비싼 옷을 선물한 게 아니다. 요셉과 그의 형제들에게 이 옷은 값비싼 소장품 이상의 의미가 있다. 바로 이 옷 때문에 형제들의 갈등이 시작되었기 때문이다(37:3-4). 요셉에게 옷은 아버지가 보여주었던 사랑의 표현이었지만 동시에 형제들에게는 아버지의 사랑에서 배제되는 시기와 미움을 불러일으키는 상징이었다. 이 옷은 나중에 형제들에게 빼앗기고 갈가리 찢겨 짐승의 피에 묻힌다. 극단적인 배제의 상징이 된 것이다. 그런데 요셉은 이제 이 옷을 화해와 포용의 상징으로 선물한다.

이와 더불어 요셉은 베냐민에게 은 삼백을 준다. 요셉에 애굽으로 팔려올 때 형제들이 받은 액수가 얼마였는가? 은 이십이다(37:28). 요셉이 자기 몸값의 무려 15배를 선물로 주었다. 배제의 대가로 받은 액수의 15배를 포용의 상징으로 돌려준다. 15배의 포용은 요셉이 형제들에게 준 옷에도 나타난다. 요셉이 형제들에게 옷 한 벌씩을 주고 베냐민에게는 다섯 벌을 주었다. 요셉을 제외하고 형제들이 모두 11명, 베냐민을 제외하고는 10명이었으니 총 15벌을 준 것이다. 지금 요셉은 자신이 받았던 아픔과 상처를 15배의 호의와 사랑으로 덮어주고 감싸주고 있다. 그러면서 한마디 더 한다.

> "이에 형들을 돌려보내며 그들에게 이르되 당신들은 길에서 다투지 말라 하였더라"(24절).

이는 돌아가면서 요셉의 일을 아버지께 말할 때 누구 잘못으로 말할 것인가, 누가 죄가 있고 누가 죄가 없고 하는 정죄의 방식, 배제의 방식으로 싸우지 말라는 뜻이다. 더 이상 형제들 간에도 서로를 배제시키지 말고 이제는 포용하고 품으며 나아가라고 권고한다.

하나님의 꿈이 성취될 때 놀라운 포용의 역사가 일어났다. 도대체 어떻게 이런 포용이 가능할 수 있었을까? 여기에는 두 가지 사실을 전제한다. 먼저, 이런 포용은 사람의 능력으로는 불가능하다는 사실이다. 이것은 하나님 은혜의 소식을 받아들일 때 일어난다. 사람은 극단적인 배제를 경험하면 자신도 모르게 배제의 논리 안에 갇혀버리게 된다. 자신이 피해자라는 생각에 사로잡히면 극단적인 선택 가운데 서게 된다. 내가 죽든지 그들이 죽든지 둘 중 하나이다. 그들이 이익을 보고 내가 손해를 보던지, 아니면 내가 이익을 보고 그들이 손해를 보아야 한다. 그들이 살면 내가 죽고 내가 살면 그들이 죽는다. 여기에 선택의 여지가 없다. 이런 와중에 자신이 피해자고 희생자고 약자라는 생각이 들면 더더욱 상황의 역전을 꿈꾼다. 이 인과응보의 논리를 벗어나기가 절대 쉽지 않다. 요셉이 훌륭한 점은 그가 희생자에서 지배자, 해방자가 되었음에도 이전에 자신이 당했던 배제의 논리에 사로잡히지 않고 이 논리를 사랑과 포용의 논리로 극복했다는 점이다.

그래서 이런 포용의 역사가 일어나기 위해 두 번째 전제가 필요한데 그것은 성도는 적대감과 배제의 유혹에 적극적으로 맞서 싸워야 한다는 점이다. 힘이 없던 우리에게 힘이 생길 때, 연약한 우리에게 상대를 배제시킬 수 있고 깔고 뭉갤 힘을 줬을 때 우리는 이것을 쓰고 싶은 유혹과 싸워야 한다. 이 힘을 쓰지 않기로 결단할 수 있어야 한다. 그런데 이것이 쉽지 않다. 왜? 이런 적대감과 배제는 힘 있는 자들이 폭력적인 관행으로 이 사회에 고정시켜 놓았기 때문이다. 이런 지배적인 관행을 거부한다는 일은 사회에서 바보 취급당하는 것과 마찬가지다. "너 바보 아니야? 지금 밟을 수 있을 때 밟아. 그렇지 않으면 나중에 네가 밟힐 거야." 우리는 이런 말을 듣게 된다.

이런 적대감과 배제의 유혹을 이긴다는 일은 결코 쉽지 않다. 그러려면 우리의 정체성이 새롭게 되지 않고서는 불가능하다. 요셉은 하나님이 주신 꿈을 통해 자신이 피해자로 억울하게 20년을 살아온 게 아니라 하나님의 뜻을 이루기 위해 주변의 아픈 손길을 통해 인도함을 받았다는 사실을 새롭게 깨닫게 되었고 자신의 정체성을 재해석했다. 억울하게 당한 피해자가 아니라 하나님의 뜻을 이루기 위한 놀라운 섭리 가운데 쓰임 받았음을 깨달았다. 자신이 더 이상 억울한 피해자가 아님을 깨닫자 그에게는 적대심과 증오와 배제의 유혹을 이길 힘이 생겼다. 오히려 하나님의 뜻을 더욱더 온전히 이루기 위해 형제들을 적극적으로 포용하고 받아들일 수 있게 되었다.

이것은 자기 자존심만 세운다고 될 일이 아니다. 하나님의 손아래 자신의 인생이 새롭게 해석되어야 한다. "그런즉 누구든지 그리스도 안에 있으면 새로운 피조물이라. 이전 것은 지나갔으니 보라. 새 것이 되었도다"(고후 5:17). 우리는 그리스도 안에서 새로운 피조물로 창조되었다. 이전 것은 지나갔다. 복수와 미움과 시기와 적대감의 영향력에서 이제 우리는 벗어나 새로운 하나님의 자녀로 설 수 있게 되었다. 이럴 때 우리는 비로소 이 시대의 지배적인 관행에 맞서 싸울 수 있다. 이 시대가 우리에게 말하는 것이 무엇인가? 미움과 복수와 폭력이다. 그런데 우리가 이런 것을 통해 상대방을 배제시키는 악순환을 또다시 시작하면 우리 안에는 또 다른 두려움과 미움과 불안함이 찾아온다. 결국 이런 배제의 악순환을 끊을 수 없다.

예수님이 세상에 오셔서 가장 먼저 선포하신 메시지가 "회개하라. 천국이 가까이 왔느니라"는 말씀이다. 당시 이스라엘 백성들이 메시아를 열망한 것은 배제의 논리에 사로잡혀 있었기 때문이다. 그래서 그들은 메시아가 나타나 유대인을 억압하는 로마를 쳐부수고 짓밟기 원했다. 그래서 그들은 주후 70년에 반란을 일으켰다가 예루살렘 성의 함락으로 패배했고, 주후 132년에 또다시 바르 코크바라는 지도자를 중심으로 로마에 반란을 일으켰다가 완전히 패망하여 뿔뿔이 흩어져 전 세계를 유랑하는 백성으로 2천여 년을 살게 된 것이다. 그러기에 주님이 말씀하신 회개는 피해자와 가해자의 논리, 증오와 배제의 논리로 치닫는 삶의 방향에서 돌이켜 새로운 삶의 방향을 추구하는 것을 포함한다. 피해자와 가해자의 논리에서 벗어나 새로운 하나님 나라 백성의 마인드 셋을 가지라는 것이다.

'회개'라는 단어는 헬라어로 '메타노이아'다. 이것은 생각 또는 이성을 새롭게 하는 것을 말한다. 즉 이전에 품었던 세계관, 가치관 및 사고방식에서 돌이켜 전혀 새로운 가치관과 세계관을 품으라는 말씀이다. 이전에는 제국의 힘의 논리, 배제의 논리가 자리 잡았다면 이제부터는 하나님 나라의 포용의 가치관, 사랑의 세계관을 품으라는 뜻이다. 또 '회개'라는 단어는 히브리어로 '슈브'이다. '슈브'는 달려가던 방향을 돌이키는 행동의 전환, 즉 삶의 전환을 의미한다. 이는 증오와 배제의 방향에서 돌이켜 이제는 용서와 포용의 방향으로 달려가라는 뜻을 포함한다. 그런데 이것이 쉽지 않다. 사람은 누구나 자신을 정당화하고 방어하기 원하기 때문이다. 따라서 용서는 받은 대로 갚아주고 싶은 이 세상의 논리에 대한 저항이자 싸움이다.

빌립보서 2장 5절은 이렇게 도전한다. "너희 안에 이 마음을 품으라. 곧 그리스도 예수의 마음이니." 우리가 회개하고 품어야 할 마음은 곧 그리스도 예수의 마음이다. 그렇다면 구체적으로 어떤 마음인가? "그는 근본 하나님의 본체시나 하나님과 동등됨을 취할 것으로 여기지 아니하시고 오히려 자기를 비워 종의 형체를 가지사 사람들과 같이 되셨고 사람의 모양으로 나타나사 자기를 낮추시고 죽기까지 복종하셨으니 곧 십자가에 죽으심이라"(빌 2:6-8).

우리는 모두 자존심이 있다. '내가 당신보다 못한 것이 뭐가 있다고 그래? 난 조금도 머리를 숙이고 싶지 않아!' 이렇게 생각한다. 그런데 주님은 그렇게 하지 않으셨다. 주님은 죽기까지 복종하셔서 십자가에 죽으셨다. 놀라운 것은 이 십자가를 통해 배제와 증오의 논리가 부서지고 포용과 사랑으로 사람을 살리는 새로운 하나님의 나라가 일어나게 되었다는 점이다. 이것이 바로 요셉이 보여준 하나님의 꿈이다. 이는 하나님 나라의 비전이 이루어지는 예표이다. 이 비전은 십자가를 지시고 부활하신 예수 그리스도를 통해 본격적으로 시작되었다.

우리는 배제와 미움의 세상 가운데 포용과 용서를 베풀도록 부름받은 사람들이다. 우리가 사는 이 사회를 돌아보라. 서로 자기편 만들고 자기편 가르기에 열심인 세상이다. 내 편이 되지 않으면 적이라고 생각한다. 요즘 미국 군대로 자원하는 우리나라 젊은이들이 늘고 있다. 왜 그런가 하고 봤더니 헬조선을 탈출하기 위해서라고 한다. 헬조선이라고 말하는 논리를 가만히 살펴보면 여기에는 극단적인 배제와 미움의 논리가 들어 있다. 우리가 이 땅에 두 발을 딛고 사는 이유는 이런 배제와 증오의 논리에 사로잡힌 사람들을 용서와 포용으로 품고 이 땅에 그 이상의 놀라운 하나님의 통치가 있음을 보여주기 위해서다. 이 일로 우리는 부름을 받았다. 하나님은 우리를 통해 그분의 꿈이 성취되기를 원하시고, 또 이를 위해 우리를 부르셨다. 나는 이 부르심에 기꺼이 응답할 수 있는가?

89 Chapter 89. Genesis 46:1-7

버텨야 할 가나안 떠나야 할 가나안

1이스라엘이 모든 소유를 이끌고 떠나 브엘세바에 이르러 그의 아버
지 이삭의 하나님께 희생제사를 드리니 2그 밤에 하나님이 이상 중에
이스라엘에게 나타나 이르시되 야곱아 야곱아 하시는지라. 야곱이
이르되 내가 여기 있나이다 하매 3하나님이 이르시되 나는 하나님이
라. 네 아버지의 하나님이니 애굽으로 내려가기를 두려워하지 말라.
내가 거기서 너로 큰 민족을 이루게 하리라. 4내가 너와 함께 애굽으
로 내려가겠고 반드시 너를 인도하여 다시 올라올 것이며 요셉이 그
의 손으로 네 눈을 감기리라 하셨더라. 5야곱이 브엘세바에서 떠날새
이스라엘의 아들들이 바로가 그를 태우려고 보낸 수레에 자기들의
아버지 야곱과 자기들의 처자들을 태우고 6그들의 가축과 가나안 땅

에서 얻은 재물을 이끌었으며 야곱과 그의 자손들이 다함께 애굽으로 갔더라. [7]이와 같이 야곱이 그 아들들과 손자들과 딸들과 손녀들 곧 그의 모든 자손을 데리고 애굽으로 갔더라.

우리가 살아가면서 종종 깨닫는 게 있다. 떠나야 할 것을 떠나고 지켜야 할 것은 지켜야 하는데 정말 깨어 있지 않으면 떠나야 할 것을 떠나지 못하고 지켜야 할 것을 지키지 못한다는 사실이다. 얼마 전 아는 분이 자녀와 놀아준다고 전동휠을 샀다. 아이들에게 전동휠을 타는 법을 알려준다면서 시범을 보여주다가 그만 뒤로 넘어졌는데 이것이 뇌출혈로 이어졌다. 병원에 입원해서 검사해 보니 피가 머리에 고여 수술을 받게 되었다. 두개골에 구멍을 내는 큰 수술이었다. 이 소식을 듣고 나는 '아, 전동휠이 위험하구나. 타지 말아야지. 조심해야지'라고 생각했다.

그런데 얼마 후 어린이날이 찾아왔다. 아들과 대구에 있는 한 마트에 들렀는데 마트 앞에 전동휠을 빌려주는 곳이 있었다. 아들은 타고 싶다고 졸랐다. 순간 고민이 되었다. '어? 저 전동휠 위험할 텐데….' 그런데 아들이 자꾸 조르니까 성화에 못 이겨 전동휠을 빌렸다. 아이가 타는 것을 보니까 곧잘 재미있게 잘 타고 다닌다. 그걸 보면서 내게 든 생각이 무엇일까? '어? 재미있겠다'였다. 아이가 한참 타고는 와서 조금 쉬겠다고 하기에 "아빠도 한 번 타보자" 하고는 전동휠에 올라탔다. 생각보다 전동휠이 잘 움직였다. 그래서 앞으로 계속 전진해갔다. 그런데 아들이 갑자기 뒤에서 "아빠 잡아라" 하고 외

치며 달려오는 것이다. 이럴 때 아빠의 미덕이 무엇인가? 잡혀주어야 한다.

그런데 미련한 아빠는 아이와 같은 수준으로 유치해지면서 절대로 잡히지 않으려고 전동휠을 전속력으로 앞으로 몰았다. 아슬아슬하게 잡힐 듯 말 듯 도망가면서 속으로 '하하하~ 역시 아빠는 빨리 달려. 이번에는 아빠가 이겼다' 라고 생각하며 유치한 미소를 지을 무렵이었다. 갑자기 전동휠의 전원이 꺼지면서 휠이 앞으로 확 기울었다. 순식간에 몸이 앞으로 쏠리면서 전동휠 밖으로 날아갔다. "안 돼!" 하면서 순식간에 든 생각은 '이러다 뇌출혈 걸리는구나' 였다. 다행히 그 와중에 다리를 땅에 디뎌 몇 발짝을 가다가 뒹굴어 뇌출혈은 면했다. 대신 손바닥과 무릎에 훈장 같은 타박상을 입었다. 이 타박상을 보면서 든 생각이 있다. 첫째, 이젠 홑몸이 아니다. 가족들이 있고 교회 성도들이 있다. 사랑하는 사람들을 생각해서라도 이젠 조심조심해야 한다. 만약 머리 먼저 떨어졌다면 뇌출혈 내지는 얼굴에 섬뜩한 상처를 입었을 것이다. 둘째, 정말 깨어 있지 않으면 지켜야 할 것을 지키지 못하고 떠나야 할 것을 떠나지 못한다는 점이다. 정말 깨어 있지 않으면 유혹이 찾아오고 그때 우리 자신을 지켜내지 못하면 크나큰 후회를 맞이하기 쉽다.

하나님께서 우리를 부르실 때 두 종류의 부르심이 있다. 먼저는 우리에게 익숙한 곳을 떠나라고 부르신다. 세상풍조와 죄에 익숙한 삶에 물들어 내가 애착을 갖고 집착하는 것으로부터 떠나라고 부르신다. 이런 부르심은 큰 결단과 내려놓음을 요구한다. 우리가 믿음의 큰 결단을 하고 떠나면 그다음에 우리를 찾아오는 두 번째 부르심이 있다. 그것은 우리로 있게 하신 그 자리를 버텨내고 지켜내라는 부르심이다. 아브라함이 고향 친척 아버지의 집을 떠나(12:1) 약속의 땅에 도착하자마자 곧바로 그를 찾아온 것이 무엇인가? 바로 기근이다(12:10).

아니, 부르신 곳에 순종하고 결단해서 왔는데 웬 기근인가? 황당하지 않겠는가? 그래서 아브라함은 하나님의 허락 없이 애굽으로 내려갔다가 하마터면 그곳에서 아내를 애굽 왕에게 빼앗길 뻔했다. 무슨 말인가? 아브라함이 맞이했던 기근은 피하라는 부르심이 아니라 부르신 곳에서 버티라는 부르심이었다. 이럴 때는 아무리 힘들고 어려워도 어떻게든 버텨내야만 한다. 아브라함 이후 이삭과 야곱에 이르기까지 주어졌던 강력한 도전이 바로 이 버팀으로의 부르심이었다. 어떤 일이 있어도 하나님이 부르신 이 약속의 땅에서 버텨내고 지켜내야 했다.

그런데 이 버텨내는 일이 참으로 어렵다. 그래서 버티는 일을 포기하고 싶은 유혹이 종종 찾아온다. 아브라함의 아들 이삭의 때에 또다시 약속의 땅에 흉년이 찾아왔다. 이때 이삭은 부르심을 저버리고 블레셋의 그랄 왕에게 갔다가 아버지 아브라함처럼 아내를 빼앗길 뻔했다. 아내를 빼앗기는 것은 약속의 후사를 잇지 못하는 치명적인 타격이다. 하나님의 계획을 좌초시키는 암초이다. 이삭의 아들 야곱은 한때 에서로부터 장자권을 속여 빼앗고는 약속의 땅을 떠났다. 그러나 20년 후에 다시 가나안으로 돌아와 남은 생을 그 땅을 지키며 살았다. 사랑하는 아들 요셉을 잃어버렸어도, 기근이 닥쳐와서 더 이상 버티기 힘들 정도가 되었어도 어떻게든 하나님이 할아버지 아버지에게 허락하신 그 땅을 지키려고 애썼다.

그런데 이렇게 힘들게 버티며 지켰던 곳을 내려놓고 떠나야 할 상황이 닥칠 때가 있다. 본문에 나오는 야곱의 상황이 그렇다. 야곱은 3대에 걸쳐 목숨 걸고 지켜왔던 그 땅을 두고 떠나야 했다. 아직 하나님의 비전이 제대로 성취된 것이 아니다. 자손들이 하늘의 별들과 같이 셀 수 없이 많아야 했지만(15:5 참조), 현재 야곱의 자녀는 12명의 아들과 그의 식솔들을 다해서 70명밖에 되지 않았다. 이제 겨우 하나님의 역사가 시작된 것 같은데 전혀 예상하지 못했던 삶의 변수가 그동안 버티며 지켜왔던 야곱의 삶의 방향을 바꾸려 하고 있다. 그것은 온 가족이 애굽으로 떠나는 일이다.

흉년 가운데서도 그 자리를 꿈쩍하지 않고 버티며 지켰던 야곱이 갑작스럽게 마음이 변한 이유가 무엇인가? 바로 자기 생명보다 더 끔찍이 사랑했던 아들 요셉이 살아 있다는 소식을 듣고 그를 보기 위해서다.

"이스라엘이 이르되 족하도다. 내 아들 요셉이 지금까지 살아 있으니 내가 죽기 전에 가서 그를 보리라 하니라"(45:28).

그렇게 완강하게 가나안을 떠나기 거부하던 야곱이 "아들이 살아 있다"는 말에 방향을 전환한다. 이 정도의 강력한 동기부여 요소가 아니면 야곱은 결코 그 땅을 떠나지 않았을 것이다. 게다가 환경적인 이유도 작용했을 것이다. 앞으로 흉년이 몇 년이 더 있을 것이고 이 땅은 더 이상 버티기 힘든 곳이 된다. 게다가 아들들 모두가 이 땅을 떠나는 일에 대해 긍정적이다. 사랑하는 사람이 있고 환경도 우호적이고 주변 사람들도 긍정적이면 우리는 결단하기 쉽다. 그러나 야곱에게는 걸리는 것 한 가지가 있었다. 바로 하나님의 뜻은 무엇인가이다. 지금까지 자신이 이곳에 버티고 있었던 것은 하나님의 부르심 때문이었다. 정말 목숨을 걸고 지키며 살았다. 그런데 아직 하나님의 약속이 1%도 이루어지지도 않은 이곳을 떠난다는 게 사실은 쉽게 내키지 않는 일이었다. 여기서 우리는 하나님의 뜻을 분별하는 중요한 요소들에 대해 생각할 필요가 있다.

먼저는 충돌의 요소들이다. 여기에는 인간적인 욕심, 육체적인 생각, 이기적인 동기, 조급한 마음, 적은 믿음 등이 있다. 인간적인 욕심은 하나님의 영광과 하나님 나라의 유익보다 자신의 영광과 유익을 추구하려는 마음이다. 우리는 하나님을 위한다고 하면서도 은근히 자신이 인정받고 칭찬받으려는 마음을 품곤 한다. 또한 육체적인 생각, 혹은 이기적인 동기가 있다. 이는 하나님의 뜻을 이루는 것보다 자기의 뜻을 이루는 것에 중심을 둔다. 또한 조급한 마음이 있다. 이는 늘 하나님의 때와 충돌한다. 끝으로 적은 믿음이 있다. 하나님이 인도하시고 이루실 것이라는 믿음보다 상황을 신뢰하는 것을 의미한다.

둘째, 고려해야 할 요소들이다. 여기에는 평안, 자기 성장, 환경, 타인에게 미칠 영향 등이 있다. 평안은 아무리 환경과 여건이 어려워도 자신이 이해할 수 없는 위로부터 부어지는 내면의 평강을 의미한다. 자기의 성장은 이러한 인도하심이 내적 성장과 유익을 가져다

주는 것을 의미한다. 하나님의 뜻에는 항상 우리의 영적 유익과 성장이 고려되고 있다. 또한 우리는 우리 앞에 열린 문이 무엇인지 살펴보아야 한다. 우리가 가려는 길에 모든 상황과 기회가 어떻게 순적하게 열리는지, 어떤 경우에 아무리 애써도 열리지 않고 닫히는지를 보아야 한다. 또 여기에는 타인에게 미칠 영적인 유익이 있는지를 살펴야 한다.

그런데 이런 충돌과 고려의 요소를 하나로 묶어주는 요소가 있다. 바로 이러한 것들이 하나님의 뜻과 일치하는가를 살피는 일이다. 이것은 바로 하나님 음성의 영역이다. 우리는 하나님의 말씀과 자신에게 주시는 마음이 일치하는가를 살펴보아야 한다. 내게 주시는 마음이 무엇인가 뿐 아니라 이 마음이 하나님과의 말씀인 성경과도 일치하는가를 또한 살펴봐야 한다.

이런 면에서 본문은 야곱이 하나님께서 있으라고 하신 그 약속의 땅을 지키는 일을 그만두고 새롭게 떠나는 것을 확증하는 매우 중요한 말씀이다. 야곱은 하나님의 말씀을 확증받기 위해 먼저 예배의 자리로 나아간다.

> "이스라엘이 모든 소유를 이끌고 떠나 브엘세바에 이르러 그의 아버지 이삭의 하나님께 희생제사를 드리니"(1절).

야곱은 모든 소유를 이끌고 그동안 머물던 헤브론을 떠난다. 헤브론은 이스라엘의 황무지인 네게브 광야 근처에 있는 남쪽도시다. 아브라함부터 계속해서 머물렀던 중요한 거주지였다(13:18, 23:19,

35:27). 야곱은 모든 소유를 챙겨 헤브론을 떠나 애굽으로 출발한다. 그런데 야곱에게는 애굽으로 떠나는 데 한 가지 꼭 필요한 확신이 부족했다. 그것은 바로 하나님의 음성이었다. 하나님은 어떻게 말씀하시는가를 확인해야 했다. 그래서 야곱은 가나안 땅의 최남단에 있는 마지막 도시 브엘세바를 지날 때 이곳에 머물러 하나님께 예배를 드렸다. 이곳은 대대로 아브라함과 이삭이 하나님을 만나고 예배드렸던 특별한 장소였다(21:33, 22:19, 26:23). 놀라운 점은 바로 이때 수많은 세월 동안, 심지어는 요셉을 잃었을 때조차도 침묵하셨던 하나님께서 야곱에게 나타나 말씀하시는 것이다.

> "그 밤에 하나님이 이상 중에 이스라엘에게 나타나 이르시되 야곱아 야곱아 하시는지라. 야곱이 이르되 내가 여기 있나이다 하매"(2절).

하나님이 야곱을 두 번이나 부르신다. 그동안 하나님께서 믿음의 선조들을 부르실 때는 웬만하면 한 번만 부르셨다. 이렇게 두 번 부르시는 경우가 예외적으로 나오는데 바로 아브라함이 이삭을 제물로 바치려고 칼을 들었을 때다(22:11). 이렇게 볼 때 지금 하나님께서 예배 가운데 야곱에게 주시는 계시의 말씀은 아주 특별하고도 긴급한 말씀이라는 뜻이다.

> "하나님이 이르시되 나는 하나님이라. 네 아버지의 하나님이니 애굽으로 내려가기를 두려워하지 말라. 내가 거기서 너로 큰 민족

을 이루게 하리라. 내가 너와 함께 애굽으로 내려가겠고 반드시 너를 인도하여 다시 올라올 것이며 요셉이 그의 손으로 네 눈을 감기리라 하셨더라"(3-4절).

야곱은 지금 선조들의 약속을 저버리는 게 아닌지 두려워하고 있었다. '혹시 내가 선조들의 약속을 깨는 것은 아닌가?' '혹시 할아버지 아브라함처럼, 또 아버지 이삭처럼 약속을 저버리고 애굽에 가면 아내를 빼앗겼던 것처럼 나의 모든 것을 다 빼앗기는 게 아닌가?' 당연히 이런 고민이 있을 수 있다. 이런 두려움 가운데 있는 야곱에게 하나님은 친히 나타나셔서 두려워하지 말고 담대하게 나아가라고 하신다. 그러면서 "내가 거기서 너로 큰 민족을 이루게 하리라"고 약속하신다.

이 말씀을 통해 야곱은 새로운 사실을 깨닫는다. 이렇게 열두 아들과 나머지 식솔들 합쳐서 70여 명밖에 되지 않는, 아직 성취되지 않은 미완의 약속을 붙들고 약속의 땅을 떠나 애굽으로 가는 것도 하나님의 인도하심이라는 사실이다. 야곱은 자신이 죽고 난 후에도 하나님이 애굽에서 이스라엘의 후손을 지속해서 큰 민족으로 이루실 것을 알게 되었다. 그러고 나서 후손들은 다시 약속의 땅으로 올라올 것이다. 결국 야곱 자신도 하나님이 이루시는 큰 역사의 한 부분이었음을 깨닫게 되었다.

예배 가운데 확증받은 이 하나님의 말씀을 통해 야곱은 그동안 고민했던 모든 문제를 정리하고 기꺼이 애굽으로 나아간다. 나아가는 길도 순적하게 열린다. 야곱은 요셉이 보내준 고급 수레 리무진을 타고 함께 편안하게 내려간다. 그리고 모든 가족도 그렇게 내려가고 가나안 땅에는 약속 자손의 흔적이 잠시 사라진다. 하나님의 인도하심 가운데 이렇게 나아가는 걸음의 특징이 있다. 바로 '설렘'이다. 하나님이 주시는 새로운 땅을 만나는 설렘, 사랑하는 아들 요셉을 만날 설렘, 장차 이룰 수많은 후손에 대한 설렘이다. 바로 이런 감동으로 야곱은 자신이 그동안 지켜왔던 가나안을 내려놓고 또다시 새로운 떠남을 시작한다.

지금 내가 지켜야 할 가나안은 무엇이고, 떠나야 할 가나안은 무엇인가? 혹시 지켜야 할 것을 지키지 못하고 떠나야 할 것을 떠나지 못한 채 엉뚱한 일에 집착하다가 큰 어려움을 겪지는 않는가? 때로는 분노와 열등감 때문에 지켜야 할 것을 지키지 못하고 내려놓고 떠나보내야 할 것을 악착같이 소신처럼 붙들고 있는 이들이 있다. 주님의 뜻을 지혜롭게 분별해야 한다. 이제는 지켜내야 할 것은 지켜내고 떠나보내야 할 것은 떠나보낼 수 있는 결단이 우리에게 있어야 한다.

90 Chapter 90. Genesis 46:8-27

믿음의 명문가문을 이루어가시는 하나님

*8애굽으로 내려간 이스라엘 가족의 이름은 이러하니라. 야곱과 그의
아들들 곧 야곱의 맏아들 르우벤과 9르우벤의 아들 하녹과 발루와 헤
스론과 갈미요 10시므온의 아들은 여무엘과 야민과 오핫과 야긴과 스
할과 가나안 여인의 아들 사울이요 11레위의 아들은 게르손과 그핫과
므라리요 12유다의 아들 곧 엘과 오난과 셀라와 베레스와 세라니 엘
과 오난은 가나안 땅에서 죽었고 베레스의 아들은 헤스론과 하물이
요 13잇사갈의 아들은 돌라와 부와와 욥과 시므론이요 14스불론의 아
들은 세렛과 엘론과 얄르엘이니 15이들은 레아가 밧단아람에서 야곱
에게 난 자손들이라. 그 딸 디나를 합하여 남자와 여자가 삼십삼 명
이며 16갓의 아들은 시본과 학기와 수니와 에스본과 에리와 아로디와*

아렐리요 17아셀의 아들은 임나와 이스와와 이스위와 브리아와 그들
의 누이 세라며 또 브리아의 아들은 헤벨과 말기엘이니 18이들은 라
반이 그의 딸 레아에게 준 실바가 야곱에게 낳은 자손들이니 모두 십
육 명이라. 19야곱의 아내 라헬의 아들 곧 요셉과 베냐민이요 20애굽
땅에서 온의 제사장 보디베라의 딸 아스낫이 요셉에게 낳은 므낫세
와 에브라임이요 21베냐민의 아들 곧 벨라와 베겔과 아스벨과 게라와
나아만과 에히와 로스와 뭅빔과 훕빔과 아릇이니 22이들은 라헬이 야
곱에게 낳은 자손들이니 모두 십사 명이요 23단의 아들 후심이요 24납
달리의 아들 곧 야스엘과 구니와 예셀과 실렘이라. 25이들은 라반이
그의 딸 라헬에게 준 빌하가 야곱에게 낳은 자손들이니 모두 칠 명이
라. 26야곱과 함께 애굽에 들어간 자는 야곱의 며느리들 외에 육십육
명이니 이는 다 야곱의 몸에서 태어난 자이며 27애굽에서 요셉이 낳
은 아들은 두 명이니 야곱의 집 사람으로 애굽에 이른 자가 모두 칠
십 명이었더라.

서울 마포구에 위치한 양화진은 조선 말 무렵 매우 번화했던 나루터다. 전국의 특산물과 진기한 물품들이 한양으로 들어오는데 배로 들어오는 경우는 대부분 양화를 통해 돌아왔다. 뱃길을 통해 한강하구를 통과하여 한양 중심 부근까지 올 수 있기 때문이다. 그런데 바로 이곳에 선교사의 공동묘지가 마련되어 있다. 구한말 우리나라 최초의 병원이었던 제중원의 원장이었던 헤론 선교사가 이질로 별세하여 이곳에 묻힌 후 많은 선교사가 이곳에 묻히는 선교사 묘원이 되었다. 이후 한국인보다 한국을 더 사랑했던 것으로 알려진 헐버트 박사, 세브란스병원을 설립한 에비슨 선교사, 이화학당을 설립한 스크랜튼 선교사, 장로교 선교사 언더우드 등 모두 145명의 선교사가 이곳에 묻히게 되었다. 이들이 묻힌 선교묘역을 돌아보다 보면 한국 개화기에 복음을 위하여 힘쓴 이들이 참 많다는 사실을 깨닫게 된다. 이들을 통하여 복음의 물결을 일으키셨다는 생각을 하게 한다. 특히 언더우드 선교사의 경우 4대에 걸쳐 증손자까지 120년간을 우리나라를 위해 섬기다가 이제 우리나라에는 자신들이 없어도 되겠다는 생각을 하고, 얼마 전 남은 토지와 재산을 모두 기증하고 떠났다.

오늘날 우리 사회는 점점 파편화되어가고 있다. 부부관계도 소원해지고, 자녀도 점점 낳지 않으며, 가족 개념도 점점 희박해지고, 모든 게 개인적인 영역으로 축소되고 있다. 그러다 보니 신앙생활도 나 혼자만 조용히 하는 개인의 영역으로 축소되고 꿈과 목표도 개인적인 영역으로 축소된다. 나를 넘어선 가족과 공동체의 소중함에 대해 외면하고 사는 사회가 되어가고 있다.

그런데 창세기를 읽다 보면 이런 우리에게 다소 생소한 말씀들이 다가온다. 바로 족보이다. 족보를 보면 계속 '누가 누구를 낳고 낳았다' 는 설명이 이어진다. 한두 개가 아니다. 창세기에는 모두 10개의 중요한 족보가 등장한다. 개인적인 삶의 방식에 익숙한 우리가 이런 족보를 보면 당황스럽다. 내용도 난해하다. 그래서 족보를 진지하게 이해하려고 하지 않고 그냥 대충 덮고 넘어간다.

그러나 족보는 그렇게 간단히 넘길 문제가 아니다. 성경에 족보가 등장하는 이유가 무엇인가? 그것은 하나님의 역사가 나 개인의 영역을 넘어 가족과 가문, 더 나아가 신앙 공동체를 통해 아름답게 이어짐을 보여주기 위해서다. 특히 창세기에서 족보는 하나님의 역사가 새로운 세대의 역사로 넘어가는 중요한 전환점 역할을 한다. 많은 젊은이가 서로 간에 좋아하면 결혼한다. 그러나 좋아하는 것을 넘어 이들이 함께 어떤 믿음의 아름다운 유업을 이어갈 것인가에 대해서는 그다지 고민하지 않는다. 아브라함, 이삭, 야곱은 대를 이어가면서 항상 이 고민을 했다. 어떻게 하나님의 언약을 다음세대에 아름답게 이어갈 수 있을까 하는 것이다.

본문에 나오는 야곱 가문의 족보는 창세기에 등장하는 마지막 족보이다. 창세기를 여러 번 읽었더라도 이 부분을 꼼꼼히 살피기가 그리 쉽지 않다. 그러나 본문을 좀 더 자세히 살펴보면 한 개인을 넘어 한 가문을 대대로 사용하시는 하나님의 놀라운 섭리와 계획을 볼 수 있다. 사실 우리의 관심은 대부분 당대가 하나님 앞에 멋지게 쓰임받는 것이다. 그러나 이제는 관심을 나로부터 좀 벗어날 필요가 있다. 나를 넘어 내 자손, 내 손자까지 멋지게 쓰임받는 꿈을 꿀 필요가 있다. 그렇다면 본문의 족보를 중심으로 이를 살펴보자.

첫째, 오늘 본문은 한 가문을 움직이는 힘에 대해 말씀하고 있다.

"애굽으로 내려간 이스라엘 가족의 이름은 이러하니라"(8절).

그동안 꿈쩍도 하지 않던 야곱의 가족이 드디어 애굽으로 내려간다. 무엇 때문에 내려가는가? 물론 아들 요셉을 보러 가기도 하지만, 더 중요한 것은 하나님의 음성 때문이다.

"하나님이 이르시되 나는 하나님이라. 네 아버지의 하나님이니 애굽으로 내려가기를 두려워하지 말라. 내가 거기서 너로 큰 민족을 이루게 하리라"(46:3).

하나님께서 야곱을 큰 민족을 이루겠다고 부르셨다. 만약 요셉을 보러 갈 것 같으면 야곱 혼자 가도 된다. 오가는 길이 위험하다면 아들 몇 명만 데려가도 된다. 그러나 야곱은 큰 민족을 이루겠다는 하나님의 말씀을 이루기 위해 순종하여 가족 전체를 다 데리고 나선다. 야곱에게는 아름다운 믿음의 경건한 자손들로 큰 민족을 이루고 하나님의 통치 아래 살아가는 민족을 이루는 사명이 주어졌다. 이 사명을 위해 움직이는 것이다.

가족을 움직이는 힘은 무엇인가? 우리는 무슨 동기로 이주를 결정하는가? 믿음의 동기인가, 아니면 세상적 기준의 성공인가?

먼저, 우리는 학군 때문에, 좋은 학교로 자녀를 보내기 위해 움직인다. 전에 아파트 엘리베이터에서 늘 인사하던 한 아기 엄마를 만났다. 그런데 곧 이사 간다고 했다. 그래서 이유를 물어보니 아이 학교 때문이란다. 아이는 아직 어린이집에 다닐 어린아이였다. 그래서 아이가 어린데 왜 벌써 이사 가느냐고 물었다. 그러자 엄마가 하는 말이 학교를 보내려면 유치원 때부터 같이 지내다 같은 학교에 가야 적응을 잘하지 그렇지 않고는 왕따를 당한다는 것이다. 이런 부분에 있어서 우리는 참 예민하고 또 철저하다.

또 우리는 직장 때문에 이주를 결정한다. 또 돈이 되면 움직인다. 이렇게 움직이는 일은 어찌 보면 자연스럽다. 그런데 성도가 움직이는 이유가 이것만이어서는 안 된다. 이제 우리는 한 가지를 더 고려해야 한다. 바로 신앙이다. 성도는 은혜를 위해 움직일 수 있어야 한다. 또 사명을 위해 움직일 수 있어야 한다. 미국이 바로 이런 신앙의 기초 위에 세워진 나라이다. 청교도들이 신앙의 자유를 위해 목숨 걸고 찾아오면서 시작되었기 때문이다.

믿음의 명문가문의 족보에는 항상 이런 믿음의 움직임, 사명으로 인한 움직임이 있다. 신약에 처음 나오는 마태복음 족보도 그렇다. 처음 1절은 "아브라함과 다윗의 자손, 예수 그리스도의 계보"라고 등장한다. 아브라함과 다윗의 자손들은 모두 예수 그리스도 복음의 역사를 위해 움직였던 사람들이다. 아브라함은 처음에 부름 받아 하란을 떠나 가나안으로 왔다. 또 다윗 왕 때는 하나님의 전을 건축했던 예루살렘으로 이동했다. 하나님의 부르심을 잊어버리자 바벨론으로 사로잡혀 갔다. 그 후에 이들은 회개하고 스룹바벨 때 다시 돌아오게 되었다. 아브라함과 다윗의 자손은 하나님의 부르심을 동력으로 삼아 움직여왔다. 기억하라. 믿음의 명문가문에는 반드시 사명에 따른 움직임이 있어야 한다. 이들에게는 은혜에 따른, 말씀에 따른 움직임이 있어야 한다. 나는 무엇 때문에, 무엇을 위해 움직이는가? 나는 사명 때문에, 말씀 때문에 움직일 수 있겠는가?

둘째, 본문은 가족의 사명이 무엇을 지향하는지를 잘 보여준다.

"야곱과 함께 애굽에 들어간 자는 야곱의 며느리들 외에 육십육 명이니 이는 다 야곱의 몸에서 태어난 자이며 애굽에서 요셉이 낳은 아들은 두 명이니 야곱의 집 사람으로 애굽에 이른 자가 모두 칠십 명이었더라”(26-27절).

성경에서 70이란 숫자는 특별한 의미가 있다. 7은 완전수를, 10은 많음을 의미한다. 창세기 10장은 노아의 홍수 후에 동서남북 사방으로 전 세계에 흩어진 후손들의 수를 모두 70명으로 기록한다. 이렇게 흩어진 후손들이 나중에 70민족이 되는데 여기서 70이란 숫자는 온 인류를 총체적으로 나타내는 상징적인 의미다. 70은 열방을 나타내는 숫자다. 예수님도 열두 제자를 세우신 이후에 또다시 70명의 제자를 세우셔서 사방으로 복음을 전하게 하셨다(눅 10:1). 본문에서 애굽으로 내려간 야곱의 가족이 70명인 것은 장차 이 가족을 통해 온 열방이 구원을 얻으리라는 하나님의 뜻이 암시적으로 들어 있다. 이 70이라는 숫자는 출애굽기에서 다시 한번 강조된다. “야곱과 함께 각각 자기 가족을 데리고 애굽에 이른 이스라엘 아들들의 이름은 이러하니… 야곱의 허리에서 나온 사람이 모두 칠십이요 요셉은 애굽에 있었더라”(출 1:1,5). 이는 애굽에 있는 70명의 이스라엘 자손을 통해 온 세상이 하나님께서 살아계심을 알게 되고 구원의 기쁜 소식을 들을 것을 암시한다.

오늘날 가장 방향이 없는 공동체 중 하나가 가정이다. 그냥 모여 산다. 왜 사냐고 물으면 웃는다. 그저 엄마 아빠가 좋아서 결혼했는데 이제 그 사랑은 식었고, 그래서 가정은 삐거덕대는데 자녀는 낳았고, 자녀를 키우려면 먹고살아야 하니까 산다. 그러나 이렇게 되면 가정은 모래알같이 된다. 가정을 함께 뭉치게 하는 힘이 없다. 가정에는 사명이 필요하다. 개인에만 필요한 것이 아니다. 사명이 분명하면 이것을 글로 표현할 수 있어야 한다. 바로 가훈이다. 우리 가정은 무엇을 위해 존재하고, 무엇을 추구하고, 이를 위해 어떻게 하나님을 가까이하며 살아갈지, 이웃을 위해 무엇을 해야 할지를 규정해야 한다.

그리고 시간 날 때마다 자녀들에게 말해주어야 한다. "얘들아, 우리 가정은 말이야 이런 것을 위해 존재해! 우리 가정은 이렇게 살아야 해!" 언젠가 자녀들이 커서 부모에게 왜 예배드려야 하냐고 물을 때가 올지도 모른다. 그때 부모는 이것이 바로 우리 가정의 존재 이유라고 당당히 말할 수 있어야 한다. 그러나 가정의 신앙 가훈이 없으면 "그래, 그럼 너 예배드리기 싫으면 드리지 마." 이렇게 말하게 된다. 그러면 얼마 지나지 않아 신앙에서 쉽게 떠나버린다. 힘들더라도 가정의 사명선언문을 꼭 작성해보기 바란다.

1985년에 설립된 영파선교회라는 선교단체가 있다. 이 단체는 특이하게도 매해 여름이나 겨울이 되면 가족 단위로 선교를 떠난다. 영파는 한국기독교부흥협의회 초대회장을 지낸 고 박용묵 목사의 호다. 이 호를 따서 박용묵 목사의 6남 1녀 자녀들이 영파선교회를 조직했다. 평생 10만 명에게 복음을 전하고 결심시킨 것으로 알려진 영파 목사는 유언으로 선교를 당부했다고 한다. 이 뜻을 받들어 자녀들이 함께 선교회를 조직해 해마다 해외로 나가 복음을 전한다. 또 가족들이 수입 일부를 함께 적립해 선교사를 파송하고 선교지에 교회를 세우기도 하였다. 7남매가 다 모이면 50명이 넘는다. 이들이 함께 비행기를 타고 배를 타고 오지에 가서 한 선교팀을 이루어 선교를 다녀온다. 이 중에는 신학교 교수도 있고 병원 의사도 둘이나 있다. 다 자기의 영역에서 하나님의 나라를 위해 최선을 다하다가 매해 복음

전파를 위해 함께 모인다.

가족이 모일 때마다 고스톱 치지 말고 이제는 더욱 아름다운 하나님의 뜻을 위해 달려가는, 사명을 위해 달려가는 가정될 수 있기를 바란다. 사명이 있는 가정은 아름답다. 보석과 같이 귀하다. 이제는 자식 잘되는 것으로 만족하지 말고 함께 감당할 가문의 사명을 놓고 기도하길 바란다.

셋째, 본문의 족보는 부족하고 연약해도 하나님의 사명을 위해 함께 움직이며 쓰임받는 가정의 모습을 보여준다. 70명의 가족이 다 경건해서 쓰임받은 게 아니다. 연약했다. 하자도 많은 인생들이다. 그런데도 하나님의 부르심이 있을 때 모두 한마음으로 함께 움직이고 함께 쓰임받았다. 나는 부족해도 함께 쓰임받는다는 사실이 중요하다.

르우벤을 보라(9절). 르우벤은 윤리적으로 커다란 하자가 있었던 인생이다. 아버지의 첩 빌하와 간음을 행했었다(35:22). 또 10절에 보면 시므온의 아들들이 소개된다. 그런데 시므온은 마지막 여섯째 아들 사울을 히브리 여인이 아니라 가나안 여인을 취하고 그 사이에서 낳았다. 아브라함과 이삭과 야곱이 끝까지 지키려고 했던 것이 무엇인가? 믿음의 배우자를 만나 약속의 유업을 이을 믿음의 경건한 자녀를 두는 일이었다. 그런데 르우벤과 시므온은 다 하자가 있었다. 그나마 셋째인 레위의 아들들인 게르손, 고핫, 므라리의 가정은 온전히 쓰임받는다(11절). 후에 제사장 가문으로 쓰임받지 않는가? 유다 역시 하자가 많았다(12절). 특히 심했다. 유다는 믿음으로 나선 며느리 다말에 의해 믿음의 계보를 이어간다(12절, 마 1:3 참조).

또 여기 보면 세겜 땅에서 하몰의 아들에게 강간을 당했던 디나도 등장한다(15절). 비록 인생에 쓴 아픔이 있었지만 함께 하나님의 가족으로 부르심을 따라 내려갔다. 이 족보에는 누이 세라도 등장한다(17절). 당시 구약의 족보가 대부분 남성중심이었던 것과 비교하면, 여기에 비록 하자 많고 부족해도 믿음으로 순종했던 여인들, 함께 부르심에 응답했던 여인들도 같이 등장한다. 그런 면에서 요셉의 아내도 등장한다(20절). 요셉은 구원의 도구로 쓰임받았지만 그의 아내 아스낫은 애굽 온 제사장 보디베라의 딸이었다. 온의 제사장이면 이방신, 아마도 태양신을 섬겼던 제사장의 딸이다. 그런데 그랬던 여인도 하나님의 부르심으로 한 가족의 사명을 감당하는 도구로 쓰임받는다.

이런 놀라운 역사가 사실 마태복음에 등장하는 예수의 메시아 족보에도 고스란히 반영되어 있다. 여기 보면 유다가 다말에게서 베레스와 세라를 낳았다(마 1:3). 또 살몬은 라합에게서 보아스를 낳았다(마 1:5). 라합은 여리고의 기생 아닌가? 그런데 그런 기생에게서 보아스라는 훌륭한 아들을 낳고, 또 보아스는 모압 지역의 이방여인 룻을 만나 오벳을 낳았다. 이 오벳은 나중에 다윗 왕의 할아버지가 된다. 또 다윗은 어떤가? 다윗은 우리아의 아내에게서 솔로몬을 낳는다(마 1:6). 우리아의 아내가 밧세바이다. 여기서 특별히 밧세바를 우리아의 아내라고 한 것은 그녀가 헷사람 우리아, 즉 이방인의 아내라는 사실을 강조하기 위해서다. 이런 하자 많은 인생들이 하나님의 부르심 앞에 쓰임받아 메시아의 계보를 만들어갔다.

다시 본문의 족보를 보면 베냐민의 아들들이 나온다(21절). 베냐민은 형제 중 가장 막내였다. 그런데 이 베냐민이 모두 열 명을 낳는다. 형제 중 가장 많이 낳는다. 제일 연약한 막내가 제일 많은 자손을 남긴다. 놀라운 점은 이 베냐민 자손과 요셉 자손들을 합하면 모두 14명이 되는데 본문의 족보는 베냐민과 요셉의 자손들을 함께 묶어 라헬이 야곱에게서 낳은 자손들로 통칭한다(22절). 즉 야곱이 제일 사랑했던 아내에게서 낳은 자손들이라는 것이다.

그런데 여기서 14라는 숫자가 메시아의 계보에 의미 있는 숫자로 등장한다. 마태복음 1장의 족보를 보면 14대가 중요한 단위로 변곡점마다 등장한다(마 1:17). 이 숫자는 완전수 7이 두 개, 보다 온전한 완전함을 나타내는 숫자다. 그래서 마태복음 예수님의 족보도 아브라함에서 다윗까지가 완전수 7이 두 개가 있는 14, 다윗부터 바벨론 포로기까지 14, 또 바벨론 포로부터 예수님까지 14대로 소개하고 있다. 이것은 각 세대가 하나님의 뜻과 섭리에 따라 완벽하게 인도되고 붙들린 바 되었음을 상징한다. 이렇게 볼 때 야곱의 가족은 연약해도 순종함으로 정말 멋지게 쓰임받는 믿음의 명문가문으로 부름받는다.

우리는 연약하고 부족하지만, 야곱처럼 믿음의 명문가문으로 쓰임받을 꿈을 품어야 한다. 나 홀로만 쓰임받는 게 아니라 내 후손, 그 후대까지 자자손손 하나님을 경외함으로 복음을 온 열방에 전함으로 귀하게 쓰임받는 복을 얻는 가정을 이루어가야 한다. 신약시대에는 새로운 믿음의 가족이 생겼다. 바로 그분의 몸 된 교회를 중심으로 새롭게 생겨난 하늘나라 가족이다. 우리는 믿음의 명문가문을 교회와 함께 교회를 중심으로 이루어갈 수 있어야 한다. 모두가 아름다운 믿음의 명문가문을 이루고, 아름다운 믿음의 명문교회를 이루어 우리 당대뿐만 아니라 대대손손 귀하게 쓰임받을 수 있기를 소망한다.

91 Chapter 91. Genesis 46:28-34

지금 죽어도 족하도다

[28]야곱이 유다를 요셉에게 미리 보내어 자기를 고센으로 인도하게 하
고 다 고센 땅에 이르니 [29]요셉이 그의 수레를 갖추고 고센으로 올라
가서 그의 아버지 이스라엘을 맞으며 그에게 보이고 그의 목을 어긋
맞춰 안고 얼마 동안 울매 [30]이스라엘이 요셉에게 이르되 네가 지금
까지 살아 있고 내가 네 얼굴을 보았으니 지금 죽어도 족하도다. [31]요
셉이 그의 형들과 아버지의 가족에게 이르되 내가 올라가서 바로에
게 아뢰어 이르기를 가나안 땅에 있던 내 형들과 내 아버지의 가족이
내게로 왔는데 [32]그들은 목자들이라. 목축하는 사람들이므로 그들의
양과 소와 모든 소유를 이끌고 왔나이다 하리니 [33]바로가 당신들을
불러서 너희의 직업이 무엇이냐 묻거든 [34]당신들은 이르기를 주의 종

들은 어렸을 때부터 지금까지 목축하는 자들이온데 우리와 우리 선조가 다 그러하니이다 하소서. 애굽 사람은 다 목축을 가증히 여기나니 당신들이 고센 땅에 살게 되리이다.

본문에는 야곱의 인상적인 고백이 등장한다.

"…지금 죽어도 족하도다"(30절).

영어성경(NIV)에는 "Now, I am ready to die", 즉 "나는 이제 죽을 준비가 됐다"는 표현을 사용한다. 우리 같으면 이런 말을 하기도 쉽지 않고 받아들이기도 쉽지 않다. 왜냐하면 우리에게는 죽음을 적극적으로 수용하고 받아들이기보다는 불편해하고 회피하려는 경향이 있기 때문이다. 우리는 마치 죽음이라는 것을 받아들이면 큰일 나는 것같이 생각한다. '죽으면 끝이다. 절대 죽으면 안 된다.' 이런 생각이 우리에게 있다. 그래서 생의 마지막 순간에 있는 말기환자나 나이 많은 노인의 경우 어떻게든 병원으로 데려가서 살려내려고 하지 그분의 죽음을 자연스러운 생의 한 국면으로 받아들이고, 그분의 마음이 편안하게 죽음을 맞이할 수 있도록 집에서 준비하지 않는다.

의사들도 의대에서 의학을 공부할 때 어떻게든 살리려는 치료중심의 의학을 배우지 죽음이 가까울 때 이것을 기꺼이 받아들이고 죽음을 잘 맞이할 수 있도록 돕는 좋은 돌봄 중심의 치료를 배우지를 않는다(한현우, "[Why] '좋은 죽음' 보다 '마지막까지 좋은 삶'"(〈조선일보〉, 2016.

2. 13.)). 죽어가는 과정에서 고통을 경감시키고 남은 시간을 주변에 있는 사람들과 의미 있는 나눔과 대화를 나눌 여유를 주지 않는다. 오히려 어떻게든 살리려고 몸이 받아들이기도 힘든 무리한 치료를 강행하다 오히려 몸의 저항력을 떨어뜨리고 더 상태를 악화시킨다. 우리 사회에 죽음을 금기시하다 보니 환자가 죽으면 자신이 의사로서 실패했다고 여긴다. 내가 돌보던 환자가 죽었으니 자신을 무능한 의사로 여기는 것이다. 다만 몇 개월이라도 연장시켜야 좋은 의사, 실력 있는 의사로 생각한다. 사회에서도 그렇게 본다. 전에 어떤 국회의원 부인이 말기 암으로 국립암센터에 입원한 적이 있었다. 의사가 진찰해보니 얼마 남지 않았다. 무리한 치료보다는 차라리 남은 시간 죽음을 준비하는 게 좋을 듯했다. 그래서 솔직히 "몇 개월 안에 떠나실 것"이라고 전해주었다. 그러자 국회의원이 흥분하더니 이 의사 선생님의 멱살을 잡고 때리고 말았다.

우리는 지금까지 살아남을 생각만 했기에 죽는다는 것, 떠난다는 사실 앞에선 분노하며 흥분한다. 받아들이는 법을 배우고 수용해야 하는데 수용이 잘되지 않는다. 우리가 죽는다는 사실을 자꾸만 회피해왔기 때문에 우리는 죽음에 대해 친숙하지도 않고 잘 알지도 못한다. 우리가 죽음에 대해 아는 것은 딱 세 가지다. 첫째, 누구나 죽는다. 둘째, 혼자 빈손으로 죽는다. 셋째, 죽는 데는 순서가 없다. 이것 빼고 우리는 죽음에 대해 모른다. 언제 죽을지, 어디서 죽을지, 또 어떻게 죽을지도 모른다.

우리가 살면서 경험하는 것들은 웬만하면 통제 안에 들어온다. 그러나 죽음을 통제 아래 두려고 하다가는 웰 다잉(well dying)이 아니라 고통스러운 죽음(painful dying)이 되기 쉽다. 그래서 우리는 우리 삶에 꼭 필요한 것으로 웰빙(well being), 웰 에이징(well aging)에 이어 웰 다잉(well dying)이라는 사실을 반드시 받아들이고 인정해야 한다. 내 생이 언제든 하나님께서 부르시면 갈 수 있는 생임을 인정하고 준비할 때 우리의 삶에 신비로운 변화가 일어난다. 현재를 더욱 의미 있고 감사하게 받아들이며 충만하게 살 수 있는 은혜를 경험하게 된다.

다시 야곱의 고백 "지금 죽어도 족하도다"로 돌아가보자. 이 말을 할 때 야곱의 나이가 130세였다(47:9). 만약 우리 집에 계신 할아버지가 "이젠 죽어도 족하다. 난 죽을 준비가 되어 있어!" 이런 말을 한다면 우리는 어떻게 응답하는가? "아이고, 참 말씀 잘하셨어요. 제가 생각해도 참 너무 오래 사셨네요." 이렇게 대답하겠는가? 아니다. 대부분 "무슨 말씀을 그렇게 하세요. 건강하게 오래오래 사셔야죠!"라고 대답할 것이다.

여기서 우리가 생각해야 할 두 가지 중요한 점이 있다. 첫째, 우리는 죽음이라고 하면 직면하기보다 재빨리 회피하고자 한다는 것이다. 둘째, "지금 죽어도 좋다!"는 고백은 단순히 '충분히 오래 살았기에' 죽어도 된다는 차원의 고백이 아니라는 점이다. 성도에게 "지금 죽어도 좋다"는 것은 오랜 세월을 건강하게 살아가는 차원(웰 에이징, 웰 다잉)을 넘어선다.

그렇다면 이 문제를 좀 더 구체적으로 파고 들어가보자. 잘 사는 행복한 삶을 웰빙이라 한다. 그런데 사람들의 수명이 점점 늘어나고, 특히 베이비부머 세대들이 대거 은퇴하여 고령화사회가 되어가면서 우리 사회는 웰빙에서 웰 에이징 시대로 넘어가고 있다. 이는 건강하고 행복하게 늙어가는 삶을 말한다. 그런데 우리는 여기까지만 머물려고 하지 "이제 죽어도 좋다"고 고백할 수 있는 죽음, 건강한 죽음, 즉 웰 다잉에 대해서는 그다지 말하지 않는다.

기억해야 할 사실은 본문에 나오는 야곱은 지금 죽어도 좋다고 했지만 이 고백을 하고도 17년을 더 산다. 그러나 이 고백을 하고 난 후 야곱의 삶은 이전에는 예기치 못했던 충만하고 풍성한 노년이었다.

그렇다면 우리는 야곱이 "지금 죽어도 족하도다"라고 고백한 이 고백의 의미가 무엇인가를 깊이 묵상해 보아야 한다. 야곱이 이 고백을 한 것은 단순히 오래 살아서가 아니다. 사랑하는 아들 요셉과의 재회 때문만도 아니다. 야곱은 이 모든 역사를 통해 야곱의 생 가운데 하나님이 행하시는 역사를 보았기에 이런 고백을 할 수 있었다. 그가 조상으로부터 허락받았던 약속, 그리고 자기 아들 요셉의 꿈을 통해 주신 약속이 성취되는 것을 보았다. 또 이 약속이 성취되는 과정에서 형제들이 하나 되는 것을 보았다. 특히 요셉을 팔아넘기는 데 앞장섰던 유다가 완전히 변하여 형제들을 위하여 자신을 내어놓는 데까지 나아간 것을 보았다. 가장 원망스러웠던 아들이, 이제는 가장 신뢰할 만한 아들로 바뀌었다. 본문에서 야곱은 자신이 가는 것을 미리 알리기 위해 유다를 요셉에게 미리 보냈다(28절). 이젠 유다를 신뢰한다는 뜻이다.

그리고 야곱은 약속의 하나님께서 자신의 생을 통하여 이루고자 하시는 일을 마침내 감격스럽게 보고야 말았다.

> “요셉이 그의 수레를 갖추고 고센으로 올라가서 그의 아버지 이스라엘을 맞으며 그에게 보이고 그의 목을 어긋맞춰 안고 얼마 동안 울매”(29절).

이 모든 일을 경험한 야곱은 하나님께서 이제 야곱의 손이 미치지 않는 먼 미래까지 그분의 능력으로 반드시 이루어가실 것을 믿을 수 있었고, 그분을 향한 신뢰와 소망 중에 “이제 죽어도 좋다”라고 고백할 수 있었다.

누가복음에 보면 메시아를 기다리던 시므온에게도 이와 비슷한 고백을 발견할 수 있다. “주재여 이제는 말씀하신 대로 종을 평안히 놓아 주시는도다”(눅 2:29). 표준새번역은 이를 “주님 이제 주께서는 주의 말씀을 따라 이 종이 세상에서 평안히 떠나갈 수 있게 해주셨습니다”라고 번역했다. 시므온은 하나님이 말씀하신 대로 주님의 약속이 이루어지는 것을 보았고, 그랬기에 그는 죽을 준비가 되었음을 고백한다. 그가 이렇게 고백할 수 있었던 것은 이전에 그리스도를 보기 전에는 죽지 않으리라는 성령의 약속을 받았기 때문이다(눅 2:26). 그래서 그는 밤낮 성전에 머물러 기도하며 이 역사가 성취되기를 기다렸다. 그리고 마침내 하나님의 약속이 성취되는 것을 보고는 이제는 세상을 평안히 떠날 수 있게 되었노라고 고백한다. 나이든 시므온의 사명은 그리스도를 위하여 무엇을 하는 것이 아니었다. 그의 사명은 하나님의 약속이 성취되는 것을 보는 일이었다. 이는 84세의 과부였던 여 선지자 안나에게도 마찬가지였다(눅 2:37).

우리의 사명은 하나님을 위해 무엇을 하기 이전에 그 일을 행하시는 하나님을 아는 것이다. 하나님은 "너희는 가만히 있어 내가 하나님 됨을 알지어다. 내가 뭇 나라 중에서 높임을 받으리라. 내가 세계 중에서 높임을 받으리라 하시도다"(시 46:10)고 말씀하셨다. 잠잠히 하나님 됨을 보고 아는 일은 우리가 생의 마무리 시점에 누릴 수 있는 귀한 복이다.

이런 면에서 믿음의 부모, 믿음의 할머니 할아버지가 말년에 하나님께서 우리 가족과 가문에게 허락하신 약속들이 성취되는 것을 보는 일은 큰 은혜이고 복이다. 이것을 볼 수 있기 위해 기도하라. 오래 사는 것도 복이지만 오랜 기다림을 통하여 하나님의 약속이 마침내 성취되는 걸 보는 일이 더 큰 복이다. 믿음의 할머니 할아버지들이 드려야 할 기도가 있다. "하나님, 나로 생전에 주님께서 허락하실 우리 가문의 은혜와 복을 직접 목도하게 하시고 감사함으로 영광 돌리게 하옵소서." 무작정 오래 살자는 게 아니다. 하나님의 약속을 목도하기 위해서 그 약속이 이루어지는 것을 볼 때까지 오래 살 수 있는 은혜를 구해야 한다.

지금은 하늘나라에 가신 어머니께서 늘 새벽마다 간절히 기도하셨던 제목들이 있다. 그것은 "아들을 하나님께서 부르셨으니, 부르신 교회를 아름답게 부흥하게 하시고, 하나님의 귀한 성전을 지어 많은 영혼을 품을 수 있게 해주십시오" 하는 것이었다. 또 "사랑하는 손주를 보게 해주십시오" 하는 기도였다. 늘 힘들게 일하시면서도 새벽이면 피곤한 몸을 일으켜 주님의 전에 나와 간절히 기도하셨다. 그러면서 가끔은 "아니, 하나님은 왜 이 간절한 기도를 안 들어주시는 거야? 빨리 들어주시면 좋을 텐데"라고 말씀하셨다. 하지만 하나님은 이때로부터 몇 년을 더 기다린 후에야 응답을 주셨다. 어머니의 간절한 기도에 응답하신 것이다. 그러나 안타깝게도 어머니의 생전에 볼 수 있는 은혜를 허락해주시지는 않았다. 이 부분이 언제나 참으로 아쉽고 안타깝다.

아름답게 늙어가는 은혜, 웰 에이징(well aging)의 은혜가 바로 여기에 있다. 아름답게 나이 드는 것은 꼭 무엇을 이루어내야 하는 일이 아니다. 꼭 무엇을 열심히 성취하려고 하지 마라. 오히려 나이가 들수록 하나님의 뜻이 이루어지는 것을 기다리며 그 역사를 목도할 수 있기를 사모하라. 하나님의 뜻이 놀라운 신비로 이루어지는 것을 지켜보는 아름다운 나이 듦의 축복을 사모하라. 우리는 하나님께서 나의 제한된 생을 넘어 나와 우리 가문을 인도하시고 자자손손 이어 하나님의 약속을 성취하실 것을 확신해야 한다. 이럴 때 우리는 비로소 웰 에이징을 넘어 웰 다잉, "이제 죽어도 좋다"는 고백까지 나아갈 수 있다. 그리고 이 고백이 있을 때 우리의 삶은 전에 경험하지 못했던 풍성함을 경험할 수 있다.

전에 미국의 한 심리학자가 재미있는 실험을 하나 했다. 공동묘지 안에 있는 사람들 사이에서 노트북을 떨어뜨렸다. 그리고 사람들의 반응을 살펴보았다. 그러고는 공동묘지 밖에 다른 장소로 가서 사람들 사이로 가서 노트북을 떨어뜨렸다. 노트북을 떨어뜨리면 주워주고 도와주지 않겠는가? 그런데 공동묘지에 있는 사람들이 다른 공간에 있는 사람들보다 무려 40%나 더 많이 도와주었다고 했다(윤희영, "공동묘지 걷기: Walking in a cemetery"(〈조선일보〉, 2012. 4. 26.)). 타인을 배려하고 함께 공존하려는 마음이 더 커진 것이다. 왜 더 커졌는가?

바로 공동묘지가 주는 죽음에 대한 자각 때문이다. 죽음에 대한 자각은 다른 사람에 대한 공감과 연민을 키워주고 세상을 이전보다 다르게 보게 해준다.

성도에게는 웰 다잉이 끝이 아니다. 잘 죽고 나면 해보다도 밝은 광명 가운데 우리를 사랑하고 기다리시는 하나님 아버지를 만나게 될 것이고, 또 우리보다 먼저 떠났던 수많은 사랑하는 사람들을 바로 그곳에서 보게 될 것이다. "보라. 하나님의 장막이 사람들과 함께 있으매 하나님이 그들과 함께 계시리니 그들은 하나님의 백성이 되고 하나님은 친히 그들과 함께 계셔서 모든 눈물을 그 눈에서 닦아 주시니 다시는 사망이 없고 애통하는 것이나 곡하는 것이나 아픈 것이 다시 있지 아니하리니 처음 것들이 다 지나갔음이러라"(계 21:3-4).

의학잡지 중에 세계 3대 유명 의학저널로 꼽히는 〈랜싯〉(lancet)이라는 잡지가 있다. 여기에 논문 싣기가 참 어렵다. 그런데 요즘 들어 이 잡지에 죽음 이후의 체험, 즉 임사체험(Near Death Experience)을 다루는 논문이 자주 게재됐다. 예를 들어 어떤 논문을 보면 네덜란드의 여러 병원에서 심폐소생술로 다시 살아난 344명을 조사했다. 그런데 그중 18%인 62명이 근사체험을 한 것으로 보고되고 있다(이인식, "[Why] 죽음 너머의 세계"(〈조선일보〉, 2007. 11. 9.)). 또 다른 자아가 자기 몸을 벗어나서 자기 몸을 보고 긴 어둠의 터널을 지나 강렬한 빛으로 나아가다가 심폐소생술의 강한 충격으로 다시 돌아오는 것이다. 혹시 뇌 기능이 잘못된 거 아닌가 하는 생각을 할 수 있다. 그런데 놀라운 점은 환자가 누웠던 침대 위 수술 등에 놓았던 잡지, 그러니까 누워서는 절대 볼 수 없고 의료진들도 볼 수 없는 잡지의 제목과 색깔을 기억한다는 사실이다. 서서히 죽음 이후의 무엇인가를 인정하는 분위기가 조심스럽게 형성되어 가고 있다. 성경은 우리의 죽음 이후 반드시 계속되는 세계가 있다고 말씀한다. 그것은 하나님의 뜻이 온전히 이루어진 완벽한 천국이다. 그리고 그 천국을 향하여 날마다 우리를 인도하실 것이다.

이스라엘 가족을 향한 하나님의 뜻이 성취되는 것은 신약의 성도에게는 교회의 차원으로도 펼쳐진다. 왜냐하면 이스라엘의 가문은 구약의 교회와도 같기 때문이다. 야곱의 가문은 하나님의 언약을 성취하는 통로였다. 이제는 그 통로가 바로 교회를 통해 이어지고 있다. 야곱의 형제들이 다시 만나고 다시 이스라엘의 영광이 회복되었던 것처럼 성도에게는 잃어버려 흩어졌던 하나님의 백성들이 다시 모여들고 다시 교회의 영광이 회복되는 것, 다시 부흥의 역사가 회복되는 것을 보는 게 은혜이다. 나는 지금 "주님, 이제는 죽어도 좋습니다!"라고 고백할 수 있겠는가? 하나님의 역사하심을 잠잠히 볼 준비가 되었는가?

92 Chapter 92. Genesis 47:1-12

이제는 거룩하게 살라

*1요셉이 바로에게 가서 고하여 이르되 내 아버지와 내 형들과 그들의
양과 소와 모든 소유가 가나안 땅에서 와서 고센 땅에 있나이다 하고
2그의 형들 중 다섯 명을 택하여 바로에게 보이니 3바로가 요셉의 형
들에게 묻되 너희 생업이 무엇이냐. 그들이 바로에게 대답하되 종들
은 목자이온데 우리와 선조가 다 그러하니이다 하고 4그들이 또 바로
에게 고하되 가나안 땅에 기근이 심하여 종들의 양 떼를 칠 곳이 없
기로 종들이 이곳에 거류하고자 왔사오니 원하건대 종들로 고센 땅
에 살게 하소서. 5바로가 요셉에게 말하여 이르되 네 아버지와 형들
이 네게 왔은즉 6애굽 땅이 네 앞에 있으니 땅의 좋은 곳에 네 아버지
와 네 형들이 거주하게 하되 그들이 고센 땅에 거주하고 그들 중에*

> *능력 있는 자가 있거든 그들로 내 가축을 관리하게 하라. 7요셉이 자*
> *기 아버지 야곱을 인도하여 바로 앞에 서게 하니 야곱이 바로에게 축*
> *복하매 8바로가 야곱에게 묻되 네 나이가 얼마냐. 9야곱이 바로에게*
> *아뢰되 내 나그네 길의 세월이 백삼십 년이니이다. 내 나이가 얼마*
> *못 되니 우리 조상의 나그네 길의 연조에 미치지 못하나 험악한 세월*
> *을 보내었나이다 하고 10야곱이 바로에게 축복하고 그 앞에서 나오니*
> *라. 11요셉이 바로의 명령대로 그의 아버지와 그의 형들에게 거주할*
> *곳을 주되 애굽의 좋은 땅 라암셋을 그들에게 주어 소유로 삼게 하고*
> *12또 그의 아버지와 그의 형들과 그의 아버지의 온 집에 그 식구를 따*
> *라 먹을 것을 주어 봉양하였더라.*

문다켈의 「소박한 기적: 마더 테레사의 삶과 믿음」(T. T. 문다켈 저, 황애경 역, 서울: 위즈덤하우스, 2005)에 나오는 마더 테레사의 '인생은 무엇인가?' 라는 제목의 글이다.

인생은 기회다. 그것을 활용하라.
인생은 아름다움이다. 그것을 찬미하라.
인생은 축복이다. 그것을 맛보라.
인생은 꿈이다. 그것을 실현하라.
인생은 도전이다. 거기에 맞서라.
인생은 의무다. 그것을 실천하라.
인생은 부다. 그것을 간직하라.

인생은 사랑이다. 그것을 누려라.

인생은 약속이다. 그것을 지키라.

인생은 모험이다. 그것을 감행하라.

인생은 너무나 값진 것이다. 그것을 훼손하지 마라.

한마디 한마디가 참 의미 있고 깊이 생각할 말들이다. 이 글에 비추어볼 때 내 인생은 어떠한가? 소중한 인생을 나는 어떻게 살아왔는가? 사실 내 인생을 돌아보기도 쉽지 않거니와 내 인생을 이처럼 요약한다는 것 또한 어려운 일이다. 만약 내 인생을 한마디로 요약한다면 무엇이라고 말할 수 있겠는가?

본문은 믿음의 선조 야곱이 제국의 통치자인 바로 앞에서 자신이 살아왔던 지난 세월을 한마디로 고백한다.

"내 나이가 얼마 못 되니 우리 조상의 나그네 길의 연조에 미치지 못하나 험악한 세월을 보내었나이다"(9절).

우리가 그동안 살펴본 야곱의 생을 돌아보면 참으로 파란만장했다. 태어날 때부터 쌍둥이로 태어나서 형의 발꿈치를 잡고 나오고, 어릴 때는 팥죽 한 그릇으로 형에게서 장자권을 속여 빼앗고, 또 눈이 어두운 아버지를 속여 장자권을 가로챈 후 멀리 삼촌 집으로 도망을 갔다. 삼촌 집에서는 두 아내 사이에 편애와 눈물의 가족사가 있었고, 또 라반에게 속아 20년을 뼈 빠지게 일했다. 후에 살기등등한 라반을 피해 몰래 야반도주하다 붙들리기도 했다. 그리고 마침내 가나안 땅에 돌아왔지만 가장 사랑하던 아들 요셉을 잃고 20년을 깊은 상심과 탄식 속에서 살았다. 한마디로 험악한 인생이었다. 그런데 야곱은 이랬던 자신의 삶이 조상들과 비교하며 조상들보다 못 미친 인생으로 평가하며 자신의 생이 험악했다고 고백한다. 여기에는 야곱의 깊은 곳에 감추어진 후회와 깨달음이 반영되어 있다.

어찌 보면 야곱의 인생은 그렇게까지 험악할 필요가 없었다. 태어날 때부터 큰 자가 어린 자를 섬기리라는 하나님의 약속을 받고 태어났으면 그 말씀을 기다리며 하나님의 인도하심에 순종하기만 해도 충분했다. 그런데 야곱은 하나님의 약속을 온전히 신뢰하지 않았다. 여전히 둘째인 자신의 현실을 보며 불안해했고 형제를 속이고 자기 꾀를 부렸다. 결국 이런 것들로 인해 험악한 세월을 보내게 되었다.

이런 자기 꾀와 방법들의 특징이 있다. 현실에서 즉각적인 효과가 있고 한동안 통하는 것 같다는 점이다. 그래서 어떤 분들은 믿음으로 주님을 바라보며 살자고 하면 당신이 세상을 몰라서 그렇다고 한다. 믿음도 가져야겠지만 세상에서는 그것만으로는 안 된다고 한다. 신앙의 논리와 세상에서의 논리가 분리된 것이다. 물론 세상에서 이런 논리도 필요할지 모른다. 이런 논리가 갖는 특징이 있다. 처음에는 어느 정도 통한다. 열심히 하면 그만큼 결과도 있고 거기에 어리바리한 아버지, 형제, 친구, 고객들을 교묘하게 이용하면 플러스알파의 이익과 성공도 따라온다. 그런데 어느 순간이 되면 그동안 잘 통하던 것들이 더 이상 통하지 않는 때가 온다. 결국 하나둘씩 길이 막히다가 마침내는 사방이 완전히 다 막히게 된다.

야곱에게 자기 힘과 자기 꾀로 처세하며 살아가던 삶이 다 막힌 때가 언제였는가? 바로 야곱이 라반을 떠나 가나안 땅에 이르기 전 얍복 강가에 이를 때다. 이때 형 에서는 살기등등한 기세로 400명의 부하를 데리고 빠른 속도로 야곱에게로 다가오고 있었다. 예전에 형은 야곱에게 크게 속고 땅을 치며 후회하며 야곱을 미워했었다. 이제 이런 형에게는 더 이상 속임수가 통하지 않았다. 형의 마음이 회복되지 않으면 그동안 자신이 라반의 집에서 20년간 열심히 일구었던 재산, 가축, 가족, 식솔들을 하루아침에 모두 잃을 수 있는 커다란 위기에 처했다.

가족을 다 떠나보내고 홀로 남은 야곱은 이때 자신을 갑자기 찾아온 하나님과 밤새 씨름을 벌인다. 그런데 이 씨름이 참으로 기가 막힌 씨름이었다. 밤새 씨름을 하는데 놀라운 것은 야곱이 하나님을 이길 것 같은 것이다. 하나님께서 이러다 질 것 같았다. 밤은 새는데 야곱이 하나님을 붙들고 늘어지고 이기려고 한다. 사실 이것은 야곱이 그동안 하나님을 대했던 방식과 정확하게 일치한다. 언제나 야곱은 하나님의 뜻을 앞서갔다. 언약을 이루시기 전에 자기가 먼저 하나님보다 많이 앞장서서 아버지를 속이고 형을 속이고 수단과 방법을 가리지 않고 먼저 일을 만들어내고, 또 꽤 큰 성취도 이루었다. 이런 방식으로 살았던 야곱이었기에 하나님과 씨름할 때도 거침없이 덤벼들어 하나님을 이기려고 하였고, 또 이기는 줄 알았다.

그런데 날이 밝아오자 그동안 밀리는 것 같던 하나님에게 엄청난 힘이 나와 순간 야곱을 강타했다. 하나님께서 순식간에 야곱의 허벅지 관절을 치시니까 곧바로 다리뼈가 나갔다. 마치 아이들이 아빠 이긴다고 씨름하면서 덤벼드는데, 아빠가 져주는 척하다가 순간 아이를 넘어뜨릴 때가 있지 않은가? 아이는 아빠를 이긴다고 생각했었다. 그러나 착각이었다. 아이는 아빠를 절대 이길 수 없다. 아빠는 지금까지 져주는 척했다. 아이의 힘대로 공격하는 게 어디까지 가는지 본 것이다. 이것은 야곱도 마찬가지였다. 야곱은 자기가 이전처럼 악을 쓰고 붙들고 늘어지다 보면 하나님을 이기는 줄 알았다. 그래서 밤새 끈질기게 하나님과 씨름을 겨루며 이겨가고 있었다. 그런데 순식간에 하나님께서 야곱을 치셔서 무릎 꿇게 만드셨다.

어떻게 이런 일이 일어난 것인가? 알고 보니 하나님이 지고 있었던 게 아니라 하나님은 지금까지 힘을 거의 쓰지 않고 계셨다. 그리고 야곱을 기다려주고 계셨다. 이제야 야곱은 깨달았다. '아, 지금까지는 내가 인생을 개척하고 하나님을 앞서가고 이기려고 했는데, 알고 보니 하나님이 지금까지 기다리면서 져주신 것이었구나!' 이때 야곱이 깨달은 게 무엇인가? 내 힘으로 했던 것은 하나님이 치시면 한순간에 훅 갈 수 있다는 사실이다. 내 힘보다 더 중요한 것이 하나님의 은혜에 기대는 일임을 알았다. 내 힘으로 복을 움켜쥐는 게 아니라 하나님께서 복을 주셔야 진짜 복을 얻는 것이었다. 이런 깨달음에 도달하자 마침내 야곱은 하나님께 사정하듯 매달린다. 그러면서 간구한다. "주님, 제게 복을 주십시오. 이제부터 내 인생은 주님이 주시는 복이 아니면 더 이상 나갈 수 없음을 고백합니다!" 야곱은 이때 내 손으로 쌓은 모든 것이 한순간 무너질 수 있는, 마치 모래 위에 지은 집과 같다는 사실을 깨달았다.

야곱은 가나안으로 돌아와 이곳에 정착하며 그동안 자기 힘으로 세웠던 것들이 하나하나 무너지는 것을 경험한다. 전에는 아버지를 속이고 형제를 속여 장자권의 축복을 받았는데 이제는 도리어 아들들에게 속아 사랑하는 아들 요셉을 잃어버린다. 딸 디나는 강간을 당한다. 그토록 집요하게 투쟁해서 얻었던 사랑하는 아내 라헬이 베냐민을 낳다가 죽는다. 삼촌 라반을 속이며 쌓아두었던 재산들을 기근으로 모두 잃어버린다. 급기야 식량을 구걸해야만 했다. 그리고 마침내는 하나님이 약속하셨던 약속의 땅조차 포기하고 애굽으로 가야 하는 상황까지 이른다. 어찌 보면 야곱이 보낸 험악한 세월은 자신이 하나님을 제쳐두고 신념처럼 붙들고 있었던 성공의 기준, 자기 욕심과 세상에서 취한 자기 지혜와 꾀를 포기하는 시간이며 모래 위에 자기 성취를 쌓아 올렸던 시간이었다.

이제 이 모든 세월은 과거가 되었다. 다시 돌이킬 수 없다. 중요한 것은 자신의 세월이 험악했다는 사실을 깨달았다는 점이다. 이런 깨달음 앞에 이제 야곱에게는 자신의 힘, 지혜, 자랑, 경험을 다 내려놓고 전적으로 주님의 은혜만을 의지하여 나아가는 일만 남았다. 이런 삶을 바로 '구별된 삶' 또는 '거룩한 삶' 이라고 한다. 야곱은 바로 이런 마음 상태에서 다시 만난 아들 요셉의 조언을 받아들인다. 그것은 애굽 제국의 중심부 수도에 사는 게 아니라 변방인 고센 땅에서 살아가는 것이다(46:33-34). 고센 땅은 출애굽기에 라암셋으로 등장한다. 라암셋은 애굽의 수도인 카이로에서 북동쪽으로 약 110㎞ 정도 떨어진 곳이다. 왜 고센 땅으로 가기로 했을까? 그것은 애굽의 심장부에서 애굽의 문화와 종교에 물들지 않고 가능한 제국의 눈에 특별히 띄지 않은 채 조용히 여호와 중심의 신앙을 지키며 살아가기 위함이었다. 구별된 백성으로 살기 위함이었다. 그뿐만이 아니었다. 이것은 장차 하나님의 약속대로 이들이 다시 약속의 땅 가나안으로 돌아올 때를 대비해서이기도 했다(46:4).

마침내 형제들은 바로를 만나 인사를 한다. 그러자 바로가 요셉의 형제들에게 묻는다.

> "바로가 요셉의 형들에게 묻되 너희 생업이 무엇이냐. 그들이 바로에게 대답하되 종들은 목자이온데 우리와 선조가 다 그러하니이다 하고"(3절).

목자라는 직업은 농사를 짓는 애굽 사람들이 천시하고 가증이 여기는 직업이었다. 이 대답은 바로가 기뻐하는 대답이 아니다. 이 대답을 듣는 순간 '아, 가까이하는 것보다는 좀 떼어놓는 것이 좋겠네' 하는 생각을 하기 쉽다. 형제들은 지혜로운 요셉의 조언을 미리 듣고는 한술 더 뜬다.

> "그들이 또 바로에게 고하되 가나안 땅에 기근이 심하여 종들의 양 떼를 칠 곳이 없기로 종들이 이곳에 거류하고자 왔사오니 원하건대 종들로 고센 땅에 살게 하소서"(4절).

바로 입장에서는 차라리 그것이 낫겠다는 생각을 하게 하는 제안이었다. 결국 바로는 형제들의 요구대로 호의를 베푼다.

"애굽 땅이 네 앞에 있으니 땅의 좋은 곳에 네 아버지와 네 형들이 거주하게 하되 그들이 고센 땅에 거주하고 그들 중에 능력 있는 자가 있거든 그들로 내 가축을 관리하게 하라"(6절).

바로의 가축을 관리한다는 것은 커다란 보호막을 얻은 것과 같다. 누가 애굽 제국에서 바로의 가축을 치는 이들을 멸시하고 못살게 굴겠는가? 혹시라도 바로의 가축을 상하게 하면 큰 벌을 받을 것이다. 험악한 세월을 보낸 야곱에게는 바로의 눈치를 보지 않고 하나님을 향한 구별된 마음이 있었기에 이제 야곱은 당당하게 바로에게 나아간다.

"요셉이 자기 아버지 야곱을 인도하여 바로 앞에 서게 하니 야곱이 바로에게 축복하매"(7절).

나그네 부족의 한 족장이 바로를 축복한다는 사실은 엄청난 일이다. 그러나 이 모든 험악한 세월을 통해 만복의 근원이 하나님임을 깨달은 야곱은 언약의 자손인 자신을 통하여 세상의 모든 민족에게 복이 전달된다는 사실을 이제는 확신할 수 있었다. 하나님께서 아브라함에게 "땅의 모든 족속이 너로 말미암아 복을 얻을 것이라"(12:3)고 하신 약속이 온전히 성취될 수 있음을 확신한 것이다.

야곱의 축복을 받은 바로는 야곱에게 "네 나이가 얼마냐"(8절)고 묻는다. 단순히 궁금해서 묻는 게 아니다. 한 유목 부족의 연로한 노인이 자신을 축복하는 모습을 보고 궁금했을 것이다. 애굽은 고대로

부터 죽음과 사후에 관한 관심이 상당히 컸다. 그래서 그 큰 피라미드도 세우고 미라도 만들었다. 당시 애굽에서 가장 이상적인 축복받은 장수의 나이를 110세로 여겼다. 그래서 혹시 이 노인이 110세의 장수의 축복에 가까운가 물어본 것이다. 그런데 들려오는 야곱의 대답은 바로의 기대를 훨씬 뛰어넘는 대답이었다.

"야곱이 바로에게 아뢰되 내 나그네 길의 세월이 백삼십 년이니이다"(9절).

애굽 사람들이 가장 이상적으로 살고 싶은 110세를 넘어 130세까지 산 것이다. 아마도 이 대답을 들은 바로의 눈이 커지고 놀라지 않았겠는가? 그런데 이 대답 이후 이어지는 야곱의 설명은 축복받은 130년의 세월이 어떤 세월인지를 요약하고 있다.

야곱이 130세까지 산 것은 할아버지 아브라함, 아버지 이삭과 비교하면 훨씬 못 미친다. 아브라함이 175세, 이삭이 180세였다. 자신이 비록 오래 살았다고 하지만 자신의 생이 축복받은 조상들의 생애에 비하면 훨씬 못 미치고 오히려 지난 자신의 생은 험악한 세월이었다고 대답한다. 이렇게 대답하는 야곱의 마음 이면에는 이제부터는 거룩하게 구별되어 살기 위해 라암셋에서 애굽에 동화되지 않고 하나님을 전적으로 신뢰하며 거룩하게 살아가리라는 결심이 섰을 것이다. 동화되지 않고 구별될 수 있는 것이 능력이다.

일본이 히로시마 원폭의 참상을 그린 여러 문학작품 중에 위대한 작품으로 주목하는 작품이 하나 있다. 바로 나카자와 게이지가 쓴

「맨발의 겐」(김송이 외 역, 서울: 아름드리미디어, 2006)이다. 이 책은 모두 10권으로 된 만화책인데 영화, 오페라, 애니메이션, 드라마 등으로 제작되었고, 미국, 독일, 프랑스 등과 같은 여러 나라에 수출되기도 했다. 이 작품은 저자가 초등학교 1학년 때 경험했던 원폭 피해의 생생한 체험을 옮긴 것이다.

주인공 나카오카 겐은 단란한 가정에 사는데 어느 날 원폭이 떨어지며 그의 모든 것이 바뀐다. 아버지, 누나, 동생은 무너진 집 더미에 깔려 타죽는다. 어머니와 어머니 배 속에 있었던 동생도 원폭 후유증으로 모두 죽는다. 이 정도면 미국을 증오할 만하지 않겠는가? 이 작품이 위대한 점은 여기서부터 시작된다. 겐은 참상의 원인을 미국에 돌리지 않고 도리어 전쟁의 주범인 일본 군국주의와 천황제를 맹렬하게 비판한다. 또 당시에 많은 조선인 원폭 피해자가 있었다는 점을 언급하고 그동안 일본 내에서 자행되었던 일본의 외국인 차별도 비판한다. 원폭 피해의 상처와 고난을 당시 일본 주류의 목소리에 편승하지 않고 구별되어 보다 커다란 반전, 반핵, 평화, 평등에 대한 갈망으로 승화시킨 것이다. 이런 구별 됨이 이 작품을 위대하게 만들었다. 사실 이런 목소리를 내려면 용기가 필요하다. 그리고 그런 용기를 내려면 구별됨에 대한 확고한 가치와 확신이 필요하다.

세계 최강제국 바로 앞에 선 야곱에게 바로 이런 확신이 있었다. 이제는 더 이상 험악하게 살지 않으리라. 이제는 세상의 성공 기준을 따라 세상에서 통하는 꾀로 살지 아니하고 세상과 구별되어 살리라. 하나님께서 내게 위탁하신 사명을 붙들고 끝까지 하나님의 방법으로 하나님의 인도하심에 따라가리라!

여호와를 경외하는 것이 지식의 근본이다(잠 1:7). 따라서 스스로 지혜롭게 여기지 말고 여호와를 경외하며 악을 떠나야 한다(잠 3:7). 내 꾀와 지식을 의지하는 것이 당장에는 통할 듯하고 좋아 보여도, 결국은 내 생각을 내려놓고 여호와를 경외하며 여호와를 의지하고 구별되게 살아가는 삶이 인생을 형통하게 한다.

지금 나의 삶은 어떠한가? 순탄한가? 아니면 험악한 세월을 아직 살아가고 있는가? 어느 정도 통하고 어느 정도 성공했다고 자만하고 있진 않은가? 하나님 앞에서 약게 살지 마라. 하나님께서 아직 허락하지 않으신 것을 움켜쥐려 하고 인도하지 않으신 길을 걸어가려 하다가는, 결국 내 힘에 의지하여 쌓아 올렸던 것을 다 토해내야 한다. 결정적인 순간에 한 번에 날아간다. 그분 앞에 겸손하길 바란다. 내 생각, 내 지혜를 내려놓고 주님만 의지하길 바란다. 그렇지 않고는 하나님께서 원하시는 모습으로 빚어지기까지 우리는 좀 더 험악한 인생을 살아야 한다. 이제는 지난 시간을 지혜롭게 돌이켜보고 하나님을 인정하며 그분 앞에 거룩하게 설 수 있어야 한다.

93 Chapter 93. Genesis 47:13-26

하나님의 말씀에 미래를 투자하라

[13]기근이 더욱 심하여 사방에 먹을 것이 없고 애굽 땅과 가나안 땅이
기근으로 황폐하니 [14]요셉이 곡식을 팔아 애굽 땅과 가나안 땅에 있
는 돈을 모두 거두어들이고 그 돈을 바로의 궁으로 가져가니 [15]애굽
땅과 가나안 땅에 돈이 떨어진지라. 애굽 백성이 다 요셉에게 와서
이르되 돈이 떨어졌사오니 우리에게 먹을거리를 주소서. 어찌 주 앞
에서 죽으리이까. [16]요셉이 이르되 너희의 가축을 내라. 돈이 떨어졌
은즉 내가 너희의 가축과 바꾸어 주리라. [17]그들이 그들의 가축을 요
셉에게 끌어오는지라. 요셉이 그 말과 양 떼와 소 떼와 나귀를 받고
그들에게 먹을 것을 주되 곧 그 모든 가축과 바꾸어서 그 해 동안에
먹을 것을 그들에게 주니라. [18]그 해가 다 가고 새 해가 되매 무리가

요셉에게 와서 그에게 말하되 우리가 주께 숨기지 아니하나이다. 우리의 돈이 다하였고 우리의 가축 떼가 주께로 돌아갔사오니 주께 낼 것이 아무것도 남지 아니하고 우리의 몸과 토지뿐이라. [19]우리가 어찌 우리의 토지와 함께 주의 목전에 죽으리이까. 우리 몸과 우리 토지를 먹을 것을 주고 사소서. 우리가 토지와 함께 바로의 종이 되리니 우리에게 종자를 주시면 우리가 살고 죽지 아니하며 토지도 황폐하게 되지 아니하리이다. [20]그러므로 요셉이 애굽의 모든 토지를 다 사서 바로에게 바치니 애굽의 모든 사람들이 기근에 시달려 각기 토지를 팔았음이라. 땅이 바로의 소유가 되니라. [21]요셉이 애굽 땅 이 끝에서 저 끝까지의 백성을 성읍들에 옮겼으나 [22]제사장들의 토지는 사지 아니하였으니 제사장들은 바로에게서 녹을 받음이라. 바로가 주는 녹을 먹으므로 그들이 토지를 팔지 않음이었더라. [23]요셉이 백성에게 이르되 오늘 내가 바로를 위하여 너희 몸과 너희 토지를 샀노라. 여기 종자가 있으니 너희는 그 땅에 뿌리라. [24]추수의 오분의 일을 바로에게 상납하고 오분의 사는 너희가 가져서 토지의 종자로도 삼고 너희의 양식으로도 삼고 너희 가족과 어린아이의 양식으로도 삼으라. [25]그들이 이르되 주께서 우리를 살리셨사오니 우리가 주께 은혜를 입고 바로의 종이 되겠나이다. [26]요셉이 애굽 토지법을 세우매 그 오분의 일이 바로에게 상납되나 제사장의 토지는 바로의 소유가 되지 아니하여 오늘날까지 이르니라.

1997년 우리나라에 외환위기가 들이닥쳤을 때 많은 기업이 속수무책으로 도산했다. 많은 가장이 직업을 잃고 방황했고 가정들이 큰 충격과 타격을 입었다. 기업마다 쌓아둔 곳간이 텅텅 비었고 그동안 빚을 내서 갖고 있던 자산들을 다 팔아버렸다. 국제통화기금(IMF)의 도움을 받고서야 겨우 위기를 모면할 정도였다. 우리에게는 아직 이런 대기근으로 인한 상흔이 있다.

그런데 이런 금융위기가 닥치기 전, 이런 위기를 예측하는 사람들이 있다. 시대의 흐름을 읽을 수 있는 소수의 전문가다. 이들은 금융위기가 들이닥치기 1~2년 전, 보통 대호황기가 펼쳐지는 시대에 이런 위기가 올 것을 예측하고 알린다. 그러나 종종 이런 목소리는 황금기를 예찬하는 다수의 목소리에 파묻히기 마련이다. 위기가 온다는 말을 듣지만 흘려듣다가 결국 준비하지 못하고는 큰 어려움을 겪는다.

애굽에 들이닥친 기근도 그랬다. 이 기근이 시작되기 7년 전, 이미 요셉을 통해 온 애굽에 위기가 예고된 바 있다. 요셉이 하나님께서 애굽 왕 바로에게 주신 꿈을 해석하여 주면서 나온 예고이다. 그러나 이런 경고는 대풍년의 시기에 사람들의 귀에 잘 들리지 않았던 모양이다. 분명 위기가 선포되었지만 7년간 계속되는 대풍년에 취해 사람들은 제대로 준비하지 않았다.

> "애굽 온 땅이 굶주리매 백성이 바로에게 부르짖어 양식을 구하는지라. 바로가 애굽 모든 백성에게 이르되 요셉에게 가서 그가 너희에게 이르는 대로 하라 하니라"(41:55).

7년간의 대풍년이 그치고 흉년이 시작되자 모든 백성이 큰 고통에 휩싸였고 바로에게 부르짖어 양식을 구했다. 사실 풍년 때 미리 준비를 조금만 했더라면 이렇게까지 당황하며 부르짖지 않았을 것이다. 7년간의 풍년이 계속되었음에도 백성들은 흉년을 대비할 준비를 제대로 하지 못했다. 사방에서 곡식을 달라고 아우성쳤다.

이때 야곱의 가족도 요셉을 찾아와 양식을 얻었다. 그러나 1년을 버티기가 어려웠다. 다음 해에 다시 양식을 구하러 찾아왔으니 본문은 흉년이 시작된 지 약 2년쯤이 지났을 때다. 기근은 더욱 심하여 사방에 먹을 것이 없었다(13절). 곡식 때문에 돈줄까지 마를 정도였다.

"요셉이 곡식을 팔아 애굽 땅과 가나안 땅에 있는 돈을 모두 거두어들이고 그 돈을 바로의 궁으로 가져가니"(14절).

대흉년이 시작된 지 2년 만에 주변 세계의 모든 돈줄이 마를 정도니 풍년의 시대에 흉년 1~2년을 버틸 준비를 한 사람이 아무도 없었다는 사실은 충격적이다. 애굽 사람들에게 예고한 사실임에도 사람들은 왜 미리 준비하지 않았을까? 당시의 정치적 상황을 고려할 때 생각해 볼 수 있는 이유가 있다.

첫째, 당시 애굽 왕조의 특성 때문이다. 요셉이 섬겼던 왕조는 애굽의 제15대 왕조인 힉소스 왕조로 알려졌다. 이 힉소스 왕조는 원래 애굽 왕조가 아니라 다른 나라에서 쳐들어와서 애굽을 점령한 왕조이다. '힉소스' 라는 말은 '외국 땅의 통치자' 라는 뜻이다. 이방 땅의 통치자가 힉소스 왕조였기에 애굽인이 아닌 외부인에 대해서도 관용적인 정책을 취했다. 가나안에서 온 노예이자 이방인이었던 요셉을 제국의 총리로 파격적으로 등용했던 것도 이런 분위기 때문이다. 후에 모세시대에 일어난 애굽 왕조는 힉소스 왕조를 무너뜨리고 애굽 본토에서 일어난 신왕조였다. 이때는 애굽 본토인이 왕이 되었기에 외국인에 대해 배타적이고, 그래서 히브리 사람들을 노예로 삼아 더욱 가혹하게 다스렸다.

자, 이민족을 받아들이고 이들에게 관대한 이방 힉소스 왕조에서 애굽 백성들에게 앞으로 제국에 위기가 닥친다고 조심하라고 한다. 그런데 왕조의 말과는 다르게 해마다 엄청난 풍년이 왔다. 애굽 사람들은 안 그래도 이방 왕조가 들어선 일이 불편한데 제국이 자꾸 위기가 온다고 하니 이것을 헛소문으로 여기기 시작했다. 이것은 자신들을 억누르려는 힉소스 왕조의 음모라고 생각했을 가능성이 크다.

둘째, 풍년의 때에는 각 지방의 토호세력들이 발흥해서 제국에 대항할 만한 힘을 키우기 좋은 때다. 이들에게는 이방 힉소스 왕조를 몰아내고자 하는 열망이 있었을 것이다. 그러려면 군사력도 강화하고, 또 사설 군대를 모집해야 한다. 이들에게는 군량미와 급료를 지급해야 한다. 무리하게 자기 세력을 확장하다 보면 위기 때를 지낼 수 있도록 준비할 여유가 없다. 날마다 군사들의 사기를 격려하기 위해 잔치를 벌이고 사치하며 무기를 준비하다 보면 재정을 지출할 곳이 많아지고 자연스럽게 흉년을 준비하기가 쉽지 않다.

결국 위기의 때를 대비하여 제대로 준비한 것은 요셉이 통치하는 힉소스 왕조뿐이었다. 일반 백성과 토호세력들은 풍년의 시대에 자기 욕심을 확장하느라 흉년을 대비할 준비를 제대로 하지 못했다. 이런 상황에서 요셉은 이런 정치적인 이유에 흔들리지 않고 하나님 말씀에 대한 확신을 갖고 그 말씀에 제국의 자원들을 쏟아부어 준비했다. 요셉으로 인해 제국의 미래를 하나님의 말씀에 투자했던 것이다. 창고를 크게 짓고 곡식을 저장하고 방만한 재정 지출을 줄이고 절약하며 준비했다.

성도가 위기를 이겨낼 수 있는 비결은 하나님의 말씀에 투자하는 데 있다. 그런데 이 말씀에 투자하기가 좀처럼 쉽지 않다. 왜? 이것 말고도 지금 자신이 해야 할 일이 너무도 많고 챙겨야 할 일이 많기 때문이다. 신앙생활을 10년 했는데 성경에 무슨 내용이 있는지 잘 모른다. 성경 말씀을 잘 모르는데 여기에 내 인생을 걸 수는 없다. 성도는 말씀에 투자해야 한다. 시간도 물질도 마음도 여기에 쏟아야 한다. 우리가 이 말씀에 익숙해지고 이 말씀에 우리의 인생을 투자하고 기도하면, 그분의 때에 아름다운 빛을 발하게 하신다.

애굽에서 기근이 온다는 소식을 7년 전에 듣고도 제대로 준비했던 사람이 없다는 사실은 하나님의 말씀에 자기 인생을 의탁했던 사람들이 없었다는 말과도 같다. 깨어서 준비해야 할 때인데 자기 삶을 즐기고 확대하는 데 몰두하다 보니 기근의 때를 준비할 여유가 생기지 않았다. 결국 이런 상태로 살다 기근을 맞이하다 보니 당장 돈부터 떨어졌다. 돈이 다 떨어지면 어떻게 하는가?

> "애굽 땅과 가나안 땅에 돈이 떨어진지라. 애굽 백성이 다 요셉에게 와서 이르되 돈이 떨어졌사오니 우리에게 먹을거리를 주소서. 어찌 주 앞에서 죽으리이까"(15절).

백성들은 돈이 다 떨어졌지만 이렇게 죽을 수는 없으니 먹을 것을 달라고 한다. 그러자 요셉이 무엇이라고 하는가?

"요셉이 이르되 너희의 가축을 내라. 돈이 떨어졌은즉 내가 너희의 가축과 바꾸어 주리라"(16절).

오늘날의 기준으로 보면 요셉이 식량을 무기로 전 세계의 부를 독점적으로 빼앗는 것 아니냐는 생각을 할지도 모른다. 그러나 당시의 상황으로 볼 때 요셉은 7년 풍년으로 부풀어 있었던 이집트의 버블을 빼고 애굽의 경제 체질을 변화시키는 작업을 하고 있었다. 사람들은 다 굶고 있는데 여전히 가축들은 많다. 대 기근 동안은 가축도 살고 사람도 살 수 없는 환경이다. 사람 먹을 식량도 없는데 가축 먹일 식량까지 소비할 수는 없다. 유지할 여력이 되지 않는다. 이럴 때는 과감하게 처분해야 한다. 요셉이 애굽 사람들에게 요구하는 게 무엇인가? 대 기근의 시대에는 이전에 사치하고 쓸데없이 확장했던 경제 규모를 할 수 있는 한 줄이라는 것이다. 줄이지 않고는 버텨낼 수 없다. 자기가 하고 싶은 일을 다 하면서 이 기근의 때를 이겨낼 수는 없다. 그래서 백성들은 가축을 팔기로 결단한다.

"그들이 그들의 가축을 요셉에게 끌어오는지라. 요셉이 그 말과 양 떼와 소 떼와 나귀를 받고 그들에게 먹을 것을 주되 곧 그 모든 가축과 바꾸어서 그 해 동안에 먹을 것을 그들에게 주니라"(17절).

냉정하게 말하면 이집트 백성들은 가축이 있어야 짐만 된다. 키울 여력이 되지 않기 때문이다. 어차피 기근이라 농사에도 사용할 수 없다. 차라리 제국에 의탁하여 키우도록 하는 게 낫다. 그렇지 않으면 가축들이 다 굶어 죽는다. 당장에 사람 먹을 식량도 부족한데 가축들을 먹일 여유가 되겠는가?

이렇게 한 해가 지나고 또 다른 해가 찾아왔다. 기근이 일어난 지 3년째다. 이번에는 백성들이 땅을 처분하기로 결단한다.

> "우리가 어찌 우리의 토지와 함께 주의 목전에 죽으리이까. 우리 몸과 우리 토지를 먹을 것을 주고 사소서. 우리가 토지와 함께 바로의 종이 되리니 우리에게 종자를 주시면 우리가 살고 죽지 아니하며 토지도 황폐하게 되지 아니하리이다"(19절).

"이제는 먹고살 것이 없습니다. 토지를 드립니다. 종자를 주세요. 어떻게든 농사를 지어보겠습니다." 그런데 이것이 자기 욕심처럼 잘 되지 않는다. 애굽에는 나일강 유역을 중심으로 농사가 잘되는 기름진 지역이 있고, 또 상대적으로 농사하기에 그다지 좋지 않은 지역이 있다. 대 기근의 시대에는 정말 잘되는 기름진 지역도 될까 말까다. 그래서 요셉은 이들의 토지를 일단 다 사들인다. 그러고 나서 백성들을 농사와 생존이 가능한 지역으로 재배치한다.

> "요셉이 애굽 땅 이 끝에서 저 끝까지의 백성을 성읍들에 옮겼으나"(21절).

이 흉년의 때가 아니면 애굽의 자원을 효율적으로 재배치하기가 쉽지 않다. 할 수 있는 한 자기 땅을 지키려다 그냥 그곳에서 죽기 쉽다. 생각해보라. 배가 침몰하는데 엊그제 산 고가의 화장품 세트를 챙겨서 탈출하겠는가? 좋은 명품 가방을 챙겨서 탈출하겠는가? 아니다. 위기 때는 자기 몸 하나만 빼고 거추장스러운 것은 다 내려놓아야 한다. 몸 하나만이라도 건져야 한다. 이런 마음으로 백성들이 자기 것을 다 내려놓고 포기하자, 요셉은 애굽 전역의 땅을 사들여 도탄과 위기 가운데 있는 백성들을 재배치하고 종자를 주어 다시 농사를 시작하여 생존할 수 있는 여건을 조성해준다. 백성들이 요셉 앞에 모든 것을 다 내려놓았더니 이제 살길이 보인 것이다.

> "요셉이 백성에게 이르되 오늘 내가 바로를 위하여 너희 몸과 너희 토지를 샀노라. 여기 종자가 있으니 너희는 그 땅에 뿌리라. 추수의 오분의 일을 바로에게 상납하고 오분의 사는 너희가 가져서 토지의 종자로도 삼고 너희의 양식으로도 삼고 너희 가족과 어린아이의 양식으로도 삼으라"(23-24절).

언뜻 볼 때 요셉이 모든 애굽 사람을 착취하고 고생시키는 것처럼 보일 수 있다. 그러나 여기 요셉이 제시하는 세금 비율을 보면 20%이다. 종자를 주면서 추수의 20%는 국가에 세금으로 내고 나머지 80%는 자기 소득으로 삼으라는 것이다. 토지 임대료에 소득세를 합쳐 20%다. 종합소득세율 과세하는 기준으로 봐도 그렇게 큰 편이 아니다. 우리나라도 1년에 종합소득 4천 6백만 원부터 8천 8백만 원까지는 24%의 종합소득세율을, 그 이상은 35%를 적용하고 있다(2017년 기준). 고대 바벨론에서는 농업자금융자를 시행했었는데 이자율이 평균 33.3%에 달했었다. 이런 상황에서 20% 적용은 제국의 안정과 백성의 안정을 동시에 꾀하는 지혜로운 토지정책이라고 할 수 있다. 이러한 정책에 대해 애굽 사람들은 무엇이라고 평가하는가?

"그들이 이르되 주께서 우리를 살리셨사오니 우리가 주께 은혜를 입고 바로의 종이 되겠나이다"(25절).

총리께서 우리를 살리셨으니 우리가 은혜를 입었다고 한다. 그동안 애굽의 백성들과 힘 있는 귀족들은 힉소스 왕조가 이방 통치자라고 마음에 들어 하지 않고 자기 힘을 무리하게 키웠었는데, 이제는 바로를 신뢰하고 온전히 섬길 것을 다짐한다. 왕조의 관대한 정책이 아니었으면 자신들은 모두 죽을 뻔했는데 큰 은혜를 입어 살게 되었다고 고백한다. 당시의 눈으로 볼 때 요셉은 위기의 시대에 지혜로운 통치로 국민의 생명을 건졌을 뿐 아니라 온 국민을 바로를 중심으로 하나 되게 만들었던 셈이다.

이러한 요셉의 정책은 오늘날의 성도들에게 커다란 도전을 준다. 우리의 인생에는 풍년도 오지만 흉년도 온다. 형통한 날도 오지만 곤고한 날도 찾아온다(전 7:14). 그런데도 우리는 주님께서 허락하셨던 과거 7년간의 풍년의 시대만을 그리워한다. 풍년의 시대에 우리는 형통함이 은혜인 줄 모르고 너무 나만을 위하여 살기에 바빴다. 내 삶의 잔가지들이 너무 많이 뻗어 나갔다. 풍년의 때에 하나님의 말씀에 내 인생을 투자하기보다는 눈에 보기 좋고 탐스러운 것들에 우리에게 허락하신 삶의 자원들을 너무 많이 투자했다.

그러나 우리 인생이 언제나 풍년만은 아니다. 풍년이 지나면 흉년의 시대가 오기 마련이다. 이 위기의 시대에 내 영혼은 안전한가? 여전히 돈 벌기에 바쁘고 재미있는 일들을 따라 살며 취미생활에 바쁘지 않은가? 이제는 거룩함에 방해되는 것들을 내려놓아야 한다. 술 취하지 말고 오직 성령의 충만함을 입어야 할 때다. 이따금 "술 취하지 말라"(엡 5:18)는 말씀에 너무나도 큰 위로를 받고 이를 소신처럼 붙드는 분이 있다. "언제 먹지 말라고 했어? 취하지 말라고 했지. 난 마셔도 안 취해." 그런 사람들은 더 취한다. 왜 그런가? 안 취한다고 믿기 때문에 더 마신다. 그럼 묻자. 술을 안 취하려고 마시는가, 취하려고 마시는가? 어떻게든 술이 주는 취기 때문에 마신다.

더구나 뒤에 '오직' 성령의 충만을 받으라고 한 말씀을 보라. '오직'이란 말씀에는 성도들이 술 취함에 의지하지 말고 오직 이것만을 추구하라고 하는 말씀이다. 즉 술 취하지 말고 오직 성령으로 취하라는 뜻이다. 그러니까 이 말씀은 술을 마셔도 된다고 허락하는 말씀이 아니라 아예 생각조차 하지 말고 성령의 충만을 받으라는 의미다. 가끔 성도들 간의 모임에도 술 한잔하자고 하는 분들이 있다. 왜 그런가? 그 마음에 성령의 소욕이 아니라 다른 주(酒)님의 소욕이 일어나기 때문이다. 그 안의 갈망이 오직 성령의 충만을 받지 않았기 때문이다. 다른 주님의 이름은 입으로도 생각조차 하지 말기를 바란다. 우리는 오직 내 영혼을 주님의 성령에 의탁하는 것만이 필요할 뿐이다. 다 버리고 내려놓아야 다시 살 기회가 찾아온다.

애굽 사람들이 결국 요셉 앞에 모든 것을 다 내려놓자 어떤 일이 일어났는가? 다시 살 수 있는 지역으로 재배치되고 다시 씨 뿌리고 농사지을 기회가 주어졌다. 만약 "내 가축은 절대 내려놓을 수 없고 이 땅은 절대 포기할 수 없다"는 식으로 버텼다면 다시 살 기회조차 주어지지 않았을 것이다.

어쩌면 우리는 지금 이 위기의 시대를 풍년의 시대로 착각하며, 하고 싶은 것 다 하고, 즐길 것 다 즐기고, 갖고 싶은 것 다 소유하며 어느 하나도 포기하지 않고 살아가는지 모르겠다. 이렇게 되니 성도에게 마땅히 있어야 할 내려놓음과 헌신이 사라진다. 더 이상 몸 된 교회를 함께 이루어가지 않는다. 그 말씀에 더는 헌신하지 않는다. 이제는 내려놓아야 할 때다. 오직 주님께만 내 모든 것을 의탁하며 주님의 말씀에 내 미래를 걸어야 한다. 하나님 말씀에 미래를 투자하는 성도로 설 수 있어야 한다.

94 Chapter 94. Genesis 47:27-48:7

성공보다 더 중요한 것

*27이스라엘 족속이 애굽 고센 땅에 거주하며 거기서 생업을 얻어 생
육하고 번성하였더라. 28야곱이 애굽 땅에 십칠 년을 거주하였으니
그의 나이가 백사십칠 세라. 29이스라엘이 죽을 날이 가까우매 그의
아들 요셉을 불러 그에게 이르되 이제 내가 네게 은혜를 입었거든 청
하노니 네 손을 내 허벅지 아래에 넣고 인애와 성실함으로 내게 행하
여 애굽에 나를 장사하지 아니하도록 하라. 30내가 조상들과 함께 눕
거든 너는 나를 애굽에서 메어다가 조상의 묘지에 장사하라. 요셉이
이르되 내가 아버지의 말씀대로 행하리이다. 31야곱이 또 이르되 내
게 맹세하라 하매 그가 맹세하니 이스라엘이 침상 머리에서 하나님
께 경배하니라.*

1이 일 후에 어떤 사람이 요셉에게 말하기를 네 아버지가 병들었다
하므로 그가 곧 두 아들 므낫세와 에브라임과 함께 이르니 2어떤 사
람이 야곱에게 말하되 네 아들 요셉이 네게 왔다 하매 이스라엘이 힘
을 내어 침상에 앉아 3요셉에게 이르되 이전에 가나안 땅 루스에서
전능하신 하나님이 내게 나타나사 복을 주시며 4내게 이르시되 내가
너로 생육하고 번성하게 하여 네게서 많은 백성이 나게 하고 내가 이
땅을 네 후손에게 주어 영원한 소유가 되게 하리라 하셨느니라. 5내
가 애굽으로 와서 네게 이르기 전에 애굽에서 네가 낳은 두 아들 에
브라임과 므낫세는 내 것이라. 르우벤과 시므온처럼 내 것이 될 것이
요 6이들 후의 네 소생은 네 것이 될 것이며 그들의 유산은 그들의 형
의 이름으로 함께 받으리라. 7내게 대하여는 내가 이전에 밧단에서
올 때에 라헬이 나를 따르는 도중 가나안 땅에서 죽었는데 그곳은 에
브랏까지 길이 아직도 먼 곳이라 내가 거기서 그를 에브랏 길에 장사
하였느니라(에브랏은 곧 베들레헴이라).

영국 런던에 가면 유명한 책방이 있다. 바로 '워터스톤스' 라고 불리는 서점이다. 이 서점은 총 6층으로 되어 층마다 분야별 서적들을 배치하여 그야말로 책 백화점이라고도 불린다. 이 워터스톤스에서는 해마다 좋은 책들을 선정하여 상을 수여하는데 2016년 어린이 그림책 분야에서 「곰과 피아노」(데이비드 리치필드 저, 김경미 역, 서울: 재능교육, 2016)라는 책이 선정되었다. 책의 내용은 다음과 같다.

어느 깊은 숲속에서 새끼 곰 한 마리가 처음 보는 물건을 발견했다. 어? 이 이상한 건 뭐지? 곰은 뭉툭한 발로 조심스럽게 건반을 건드려봤다. 그러자 '쾅!' 이상하고 끔찍한 소리가 났다. 이 소리에 놀란 곰은 그 자리를 떠났다. 그러고는 얼마 후 다시 찾아왔다. 그리고 와서 조금 건드렸다가 이상한 소리를 듣고 놀라서 떠났다 다시 오고, 그러면서 곰은 점점 자랐다. 그러다 곰은 마침내 아름다운 소리를 내는 법을 독학으로 익혀 이 물건에서 아름다운 소리를 낼 수 있게 되었다. 이 물건은 바로 피아노였다. 이 곰은 피아노를 치면 행복했고 숲속의 많은 곰 친구들도 곰의 연주를 사랑하게 된다.

그러던 어느 날 숲속에 한 여자아이와 아빠가 놀러왔다가 숲속에서 피아노 치는 곰을 발견한다. "야, 너 정말 대단하다!" 이 소녀와 아빠는 곰을 설득해서 곰을 데려간다. 곰은 도시에 가서 멋진 콘서트를 열면서 유명해진다. 연일 언론매체에 대서특필되고 브로드웨이에 진출하고 전 세계 투어도 다녔다. 점점 더 많은 사람이 찾아왔다. 아주 특별히 성공한 곰이 되었다. 그러나 곰의 마음 한구석은 늘 허전했다. 결국 곰은 화려한 성공을 뒤로하고 다시 친구들을 찾아 숲으로 돌아간다. 겉으로 보이는 화려한 성공보다 진심 어린 응원을 건네는 친구들이 훨씬 더 소중했기 때문이다.

우리 주변에도 보면 피아노 치는 곰이 거두었던 그런 종류의 성공에 목마른 사람들이 있다. 그래서 어떻게든 기회를 잡고 성공을 움켜쥐기 위해 열심히 달려간다. 그러나 이렇게 열심히 애써서 성공의 사다리 꼭대기로 올라가면 기대와는 달리 이것이 다가 아니라는 사실을 깨닫는다. 이때 나는 이것이 다가 아니라고 용기 있게 말하고, 이 모든 것을 툭툭 털고 더 소중한 것을 붙들 수 있을까?

본문에 등장하는 야곱의 생을 돌아보면 그는 생의 상당 부분을 하나님이 주신 언약과 사명은 뒤로하고 오직 세상이 부러워할 만한 성공의 틀에 자신을 끼워 넣으려고 전력을 다했다고 할 수 있다. 그러나 야곱은 얍복강에서의 씨름을 통해 이것이 다가 아님을 깨달았고 요셉을 잃었다 다시 만나는 과정을 통해 자신이 붙들려 했던 것들이 헛된 것임을 깨닫게 되었다. 결국 가나안에서 일구었던 평생의 모든 것을 내려놓고 애굽으로 이민을 떠난다. 하지만 그냥 가는 게 아니었다. 아들 요셉의 간곡한 요청도 있었지만 무엇보다 하나님께서 승인하시는 분명한 응답이 있었기 때문이다.

"하나님이 이르시되 나는 하나님이라. 네 아버지의 하나님이니 애굽으로 내려가기를 두려워하지 말라. 내가 거기서 너로 큰 민족을 이루게 하리라. 내가 너와 함께 애굽으로 내려가겠고 반드시 너를 인도하여 다시 올라올 것이며 요셉이 그의 손으로 네 눈을 감기리라 하셨더라"(46:3-4).

야곱은 자기 야망을 내려놓고 오직 하나님의 약속만을 의지해서 갔다. 그런데 요셉을 만나 애굽에 정착했던 야곱의 말년은 그야말로 대박이 났다.

"이스라엘 족속이 애굽 고센 땅에 거주하며 거기서 생업을 얻어 생육하고 번성하였더라"(47:27).

여기 '생업을 얻었다'는 말은 영어성경(NIV)에 보면 '부동산(p-roperty)를 취득했다'는 표현으로 나온다. 야곱은 말년에 땅 부자가 되었다. 또 생육했다(fruitful). 모든 일에 결실이 있고, 많은 열매가 있었으며, 많은 재물을 소유하게 되었다. 또 번성하였다(increased greatly in number). 후손의 숫자가 어마어마하게 증가하였다. 요셉은 말년에 이방 땅 애굽에서 예상치 못한 대단히 큰 성공을 거두었다. 성공을 위해 미리 계획하고 준비한 것도 아닌데 엄청난 성공을 일구었다.

우리 같으면 야, 이 성공에 무슨 비결이 있을까? 알아내고 따라 하려고 하지 않을까? 그랬으면 아마도 「야곱과 함께하는 고센의 미친 부동산 따라잡기」와 같은 책을 썼을지도 모른다. 그러나 따라 해서 될 일 같으면 누구나 성공했을 것이다. 성공은 따라 한다고 그대로 되는 게 아니다. 성도에게 성공은 하나님의 은혜 가운데 머물 때 주시는 부산물이기 때문이다. 그래서 성도의 성공은 모방하기가 쉽지 않다. 부산물이라는 것이 무엇인가? 우선순위에서 뒤로 밀리는 부수적으로 나오는 것이다. 절대적으로 중요한 일이 아니다. 야곱은 하나님의 언약을 신실하게 붙들고 순종했을 뿐 성공을 기획하진 않았다. 본문의 구조도 이를 잘 보여준다. 본문에서 야곱의 성공을 설명하는 말씀은 단 한 구절(47:27)이다. 나머지는 대부분은 하나님의 언약을 두고 씨름하는 내용이다.

우리의 인생도 그렇다. 지금은 우리가 열심히 일해서 돈 잘 벌고, 잘나가고, 많은 사람의 인정을 받고, 그래서 많은 시간을 여기에 쏟아붓고 투자하지만 이게 나중에 가면 인생 이력서에 딱 한 줄짜리밖에 되지 않는다. 더 중요한 것은 29절부터 그 뒤로 계속되는 하나님의 언약을 끝까지 붙들기 위해 씨름하고 몸부림치는 일이다. 이 언약의 말씀을 붙들기 위해 얼마나 몸부림쳤느냐가 우리 인생에 중요하게 기록되는 부분이다. 야곱은 분명 애굽에서 갑자기 불어나는 재산과 늘어가는 가족들 앞에 감사한 마음이 있었을 것이다. 그러나 이러한 복에 대해 야곱은 아무런 언급도 하지 않는다. 왜? 야곱은 지금 자신이 이어가야 할 성공보다 더 중요한 일에 집중하고 있기 때문이다.

"야곱이 애굽 땅에 십칠 년을 거주하였으니 그의 나이가 백사십칠 세라"(47:28).

야곱이 17년간을 거주했다는 언급이 예사롭지 않다. 왜냐하면 이 17년은 야곱이 요셉을 잃어버리기 전 그와 함께했던 시간이기 때문이다. 요셉이 17세에 팔려가고 난 후 하나님은 끝까지 하나님의 언약을 붙든 야곱에게 생애 마지막 17년을 사랑하는 아들과 함께 지내는 은혜를 허락하셨다. 이런 은혜는 아브라함의 인생에도 찾아온 적이 있다. 아브라함은 75세 때 부르심을 받아 하란을 떠났고 100세 때 아들을 낳은 후, 나머지 75년을 약속의 아들과 함께 보냈다. 75세에 부름받아 남은 75년을 은혜로 보낸 것이다. 요셉도 17세에 애굽으로 부름받은 후 아버지의 생애 마지막 17년을 함께 보낸다.

이런 걸 보면 하나님은 우리의 고단한 세월을 아시고 그 세월만큼 위로해주시는 분임을 알 수 있다. 1년의 고난을 1년의 행복으로 바꾸시고, 10년의 고난을 10년의 기쁨으로 바꾸시며, 17년의 고난을 17년의 소망으로 바꾸어주시는 하나님이시다. 지금 힘들고 어려운가? 이것 또한 반드시 지나갈 것이다. 그리고 반드시 좋은 날이 찾아올 줄 믿고 인내하길 바란다.

이렇게 17년을 보내고 이제 야곱의 마지막 때가 가까워져 오고 있었다. 야곱은 자신의 생의 끝자락에 이르렀음을 직감하고 아들을 부른다. 그가 집중하려 하는 부분이 무엇일까?

> "이스라엘이 죽을 날이 가까우매 그의 아들 요셉을 불러 그에게 이르되 이제 내가 네게 은혜를 입었거든 청하노니 네 손을 내 허벅지 아래에 넣고 인애와 성실함으로 내게 행하여 애굽에 나를 장사하지 아니하도록 하라"(47:29).

요셉을 불러 그의 손을 야곱의 허벅지 아래에 넣고 맹세하게 한다. 여기서 허벅지 아래에 넣는다는 것은 성기 아래 손을 대고 맹세하게 하는 행위를 완곡하게 표현한 것이다. 성기는 생명의 근원을 상징한다. 즉 생명을 건 맹세를 하게 했다는 뜻이다. 그 맹세의 내용이 무엇인가? 자신이 죽거든 애굽에 묻지 말고 자신의 시신을 들어 조상의 묘지에 장사하라는 유언이다. 애굽은 장례문화에 관해서는 세계 최고의 기술력을 가졌다. 시신이 부패하지 않고 수천 년씩 보존되는 미라로 처리하고, 또 수십 미터 높이의 최첨단 건축술을 동원하여 피라미드를 지었다. 요셉이 애굽의 총리였기 때문에, 만약 바로에게 부탁한다면 야곱 피라미드를 세워줄 수도 있었을 것이다. 그런데 야곱은 이런 것에 아무런 미련을 두지 않고 애굽에서 자신을 메어다 약속의 땅 가나안에 매장할 것을 유언으로 남긴다.

"내가 조상들과 함께 눕거든 너는 나를 애굽에서 메어다가 조상의 묘지에 장사하라. 요셉이 이르되 내가 아버지의 말씀대로 행하리이다"(47:30).

여기 조상의 묘지는 아브라함이 가나안 땅에 있을 때 헷 족속에게서 은 사백 세겔을 주고 산 막벨라 굴의 묘지를 말한다(23장). 지금 야곱이 남기는 유언에는 중요한 메시지가 담겨 있다. 야곱은 애굽에서 큰 성공을 거두었지만 이 땅에 속한 사람이 아니다. 자신은 약속의 땅에 속한 사람이니 그 땅에 묻혀야 한다. 그뿐만이 아니라 약속의 후손들도 자신을 매장하기 위해 약속의 땅을 한 번은 꼭 밟아야 한다.

야곱은 애굽에서의 성공보다 가나안으로의 부르심을 훨씬 중요하게 여겼다. 한평생 험악한 생을 살아왔던 야곱은 생의 마지막 순간에 더욱 견고하게 자리 잡은 확신이 있었다. 그것은 부와 명성과 성공은 겉으로 보기에 대단하지만 결국 인생에 한 줄로 기록될 가치밖에 없다는 사실이다. 우리는 여기에 많은 시간과 정력을 쏟으며 밤새 고민하지만 결국은 한 줄짜리 이력일 뿐이다. 야곱에게는 이 모든 것을 뒤로하고 오직 하나님의 언약이 이루어지는 것만이 중요했다. 그리고 이 약속이 다음세대까지 대대로 이어지는 것이 중요했다. 이제 이 땅에서의 야곱의 마지막 시간이 다가오고 있었다.

"이 일 후에 어떤 사람이 요셉에게 말하기를 네 아버지가 병들었다

하므로 그가 곧 두 아들 므낫세와 에브라임과 함께 이르니"(48:1).

무엇인가를 직감한 요셉은 두 아들 에브라임과 므낫세를 데리고 아버지를 찾아간다.

"어떤 사람이 야곱에게 말하되 네 아들 요셉이 네게 왔다 하매 이스라엘이 힘을 내어 침상에 앉아"(48:2).

여기 '힘을 내어'(히. 바이트하쩨크)라는 단어는 젖 먹던 힘까지 온 힘을 다한다는 뜻이다. 야곱은 겨우 몸을 일으켜 침상에 앉았다. 야곱이 육체적으로 심히 약해져 있는 상태이다. 그러나 아프고 힘든 야곱의 가슴에는 불타는 소망이 있었다. 바로 하나님의 약속이다. 이 약속이 후손들을 통해 이어져야 하는데 제일 마음에 걸리는 사람이 바로 요셉의 두 아들이었다. 요셉의 아들들 이름이 무엇인가? 첫째는 므낫세고 둘째가 에브라임이다. 므낫세 하면 무슨 뜻인가? 잊어버린다는 뜻이다. 이전의 고생을 잊고 애굽에서의 삶만을 기억하겠다는 뜻이다. 이것은 므낫세에게 이전의 신앙유산이 제대로 전수되지 못할 가능성을 보여준다. 또 에브라임 하면 창성함, 번성함이라는 뜻이 있다. 자칫 현세에서의 복에만 집중할 수 있다.

더구나 창세기에서는 요셉의 아내에 관해 일관되게 침묵한다. 그녀는 태양신을 섬기는 온 제사장의 딸이다. 이 아내가 하나님을 경외하는 여인이었는지는 확실하게 나오지 않는다. 그러나 애굽에서 태양신을 섬기던 가정에서 태어나고 자랐으면 여호와를 경외하는 신앙교육을 제대로 받지 못했을 가능성이 높다. 유대인은 지금도 어머니가 유대인이어야 진짜 유대인이다. 어머니를 통해 신앙의 전수가 이어지기 때문이다. 이렇게 볼 때 요셉의 가정에서는 므낫세와 에브라임에게 신앙 전수가 제대로 이루어지지 않았을 가능성이 크다. 야곱은 이런 상황을 염두에 두고 요셉의 두 아들을 믿음의 양자로 삼는다.

> "요셉에게 이르되 이전에 가나안 땅 루스에서 전능하신 하나님이 내게 나타나사 복을 주시며"(48:3).

여기서 루스는 벧엘을 말한다. 야곱이 형 에서를 피해 도망갈 때 야곱은 벧엘에서 돌베게를 베고 잠을 청했고 하나님은 꿈에 야곱에게 나타나셨다. 야곱은 그때의 기억을 아직 생생하게 하고 있었다.

> "내게 이르시되 내가 너로 생육하고 번성하게 하여 네게서 많은 백성이 나게 하고 내가 이 땅을 네 후손에게 주어 영원한 소유가 되게 하리라 하셨느니라"(48:4).

여기서 야곱은 자신은 믿음의 선조인 아브라함과 이삭이 받았던 언약의 복을 이어가는 사람으로 말한다. 그리고 이런 복을 요셉의 아들들에게도 이어가기를 소망한다.

> "내가 애굽으로 와서 네게 이르기 전에 애굽에서 네가 낳은 두 아들 에브라임과 므낫세는 내 것이라. 르우벤과 시므온처럼 내 것

이 될 것이요"(48:5).

르우벤과 시므온은 야곱의 첫째, 둘째 아들이다. 아들은 아버지의 유업을 잇는 특권을 갖는다. 이런 아들처럼 요셉의 두 아들을 직접 자신의 두 아들로 삼을 것을 선포한다.

"이들 후의 네 소생은 네 것이 될 것이며 그들의 유산은 그들의 형의 이름으로 함께 받으리라"(48:6).

여기서 '이들 후의 네 소생'은 이후로 요셉이 새로 낳는 자녀들을 말한다. 이후에 요셉이 새로 자녀를 갖게 되면 그들은 요셉의 자녀가 되지만, 지금 요셉이 데리고 온 므낫세와 에브라임 이 두 아들은 야곱의 친아들이 되어 형들에게 나누어주는 유업을 각각 받게 될 것을 선포한다. 지금은 아무 변화가 없지만 나중에 이스라엘이 출애굽하여 가나안 땅으로 들어갈 때 가장 큰 땅들을 차지한 지파가 에브라임과 므낫세이다. 에브라임과 므낫세의 후손은 애굽 제사장의 딸 가문으로 이어지는 게 아니라 이스라엘 12지파의 유업을 당당히 차지하는 믿음의 명문가문으로 발돋움한다. 이렇게 믿음을 다음세대에게 끝까지 이어주는 일이 야곱이 감당해야 할 가장 중요한 사명이었다.

지금 나는 다음세대에게 무엇을 전수하고 있는가? 어떤 이는 성공을 전수하려 하고 어떤 이는 부를 전수하려고 한다. 전에 어떤 장례식에서는 할아버지가 돌아가셨는데 손녀딸 하나가 정말 서럽게 울고 있었다. 왜 저렇게 우나 하고 귀를 기울여 보니 손녀가 펑펑 울면서 이렇게 말했다. “할아버지, 이제 할아버지가 돌아가시면 제 주식은 누가 관리해줘요? 엉엉~.” 할아버지가 손녀에게 남겨준 유산은 주식이었다. 평생 그렇게 잘 관리해 주었어도 이 부를 잃어버리는 것은 한순간이다. 주식관리를 해주느라 할아버지는 수많은 시간을 투자하며 손녀의 자산을 불려주었을지 모르지만 결국에는 한 줄짜리밖에 되지 않는다.

지금 나는 무엇을 위해 달려가고 있는가? 지금 내가 붙들고 있는 부르심은 무엇인가? 단순히 세상에서의 성공이 아니라 그 이상 위에서 부르는 부르심에 사로잡혀 있는가? 세상에서의 성공여부에 흔들리지 않을 정도로 나를 향한 하나님의 언약을 굳건하게 붙들고 있는가? 지금 내게 중요한 성공은 무엇인가? 그리고 이 성공보다 더 중요한 일은 무엇인가? 성공을 뛰어넘는 더 중요한 일에 집중하는 거룩한 인생으로 서길 바란다.

95 Chapter 95. Genesis 48:8-22

역전의 하나님
역설의 하나님

8이스라엘이 요셉의 아들들을 보고 이르되 이들은 누구냐. 9요셉이
그의 아버지에게 아뢰되 이는 하나님이 여기서 내게 주신 아들들이
니이다. 아버지가 이르되 그들을 데리고 내 앞으로 나아오라. 내가
그들에게 축복하리라. 10이스라엘의 눈이 나이로 말미암아 어두워서
보지 못하더라. 요셉이 두 아들을 이끌어 아버지 앞으로 나아가니 이
스라엘이 그들에게 입맞추고 그들을 안고 11요셉에게 이르되 내가 네
얼굴을 보리라고는 생각하지 못하였더니 하나님이 내게 네 자손까지
도 보게 하셨도다. 12요셉이 아버지의 무릎 사이에서 두 아들을 물러
나게 하고 땅에 엎드려 절하고 13오른손으로는 에브라임을 이스라엘
의 왼손을 향하게 하고 왼손으로는 므낫세를 이스라엘의 오른손을

향하게 하여 이끌어 그에게 가까이 나아가매 14이스라엘이 오른손을
펴서 차남 에브라임의 머리에 얹고 왼손을 펴서 므낫세의 머리에 얹
으니 므낫세는 장자라도 팔을 엇바꾸어 얹었더라. 15그가 요셉을 위
하여 축복하여 이르되 내 조부 아브라함과 아버지 이삭이 섬기던 하
나님, 나의 출생으로부터 지금까지 나를 기르신 하나님, 16나를 모든
환난에서 건지신 여호와의 사자께서 이 아이들에게 복을 주시오며
이들로 내 이름과 내 조상 아브라함과 이삭의 이름으로 칭하게 하시
오며 이들이 세상에서 번식되게 하시기를 원하나이다. 17요셉이 그
아버지가 오른손을 에브라임의 머리에 얹은 것을 보고 기뻐하지 아
니하여 아버지의 손을 들어 에브라임의 머리에서 므낫세의 머리로
옮기고자 하여 18그의 아버지에게 이르되 아버지여 그리 마옵소서.
이는 장자이니 오른손을 그의 머리에 얹으소서 하였으나 19그의 아버
지가 허락하지 아니하며 이르되 나도 안다. 내 아들아 나도 안다. 그
도 한 족속이 되며 그도 크게 되려니와 그의 아우가 그보다 큰 자가
되고 그의 자손이 여러 민족을 이루리라 하고 20그날에 그들에게 축
복하여 이르되 이스라엘이 너로 말미암아 축복하기를 하나님이 네게
에브라임 같고 므낫세 같게 하시리라 하며 에브라임을 므낫세보다
앞세웠더라. 21이스라엘이 요셉에게 또 이르되 나는 죽으나 하나님이
너희와 함께 계시사 너희를 인도하여 너희 조상의 땅으로 돌아가게
하시려니와 22내가 네게 네 형제보다 세겜 땅을 더 주었나니 이는 내
가 내 칼과 활로 아모리 족속의 손에서 빼앗은 것이니라.

많은 이들이 한국 사회에서 대세를 뒤집는 일은 참으로 어렵다고 한다. 대세가 굳어지면 대세를 따라야지 이것을 뒤집는 일은 계란으로 바위를 치는 일과 같다고 생각한다. 이런 분위기 가운데 나온 말이 '금수저, 흙수저' 로 대표되는 수저계급론이다. 태어날 때부터 정해진 수저 때문에 이것은 따라잡을 수 없다고들 한다. 만약 세상에서 말하는 이런 이야기들을 액면 그대로 받아들이게 된다면 얼마나 마음이 어렵겠는가? 무엇인가가 확 뒤집혀야 할 것 같고 짜릿한 역전 한 방을 갈망하게 된다. 우리나라 사람들이 이런 역전의 통쾌함에 열광하는 일은 어쩌면 우리 사회가 가진 폐쇄적인 분위기 때문이기도 하다.

감사한 일은 성경에서 하나님은 역전의 명수로 등장한다는 사실이다. 기존의 통념과 대세를 순식간에 뒤엎어버리는 하나님이시다. 사무엘의 어머니 한나를 보라. 불임으로 가정과 사회의 루저로 전락할 위기에 있던 그녀가 하나님의 은혜로 사무엘을 낳고 인생이 역전되는 놀라운 경험을 한다.

한나는 하나님께 기도하며 이런 역전의 하나님을 다음과 같이 고백한다. "여호와는 가난하게도 하시고 부하게도 하시며 낮추기도 하시고 높이기도 하시는도다. 가난한 자를 진토에서 일으키시며 빈궁한 자를 거름더미에서 올리사 귀족들과 함께 앉게 하시며 영광의 자리를 차지하게 하시는도다. 땅의 기둥들은 여호와의 것이라. 여호와께서 세계를 그것들 위에 세우셨도다"(삼상 2:7-8). 여기에는 우리의 인생을 역전시키며 역전의 명수로 자신을 드러내신 하나님에 대한 뜨거운 고백이 담겨 있다.

사실 아브라함을 비롯한 믿음의 선조들은 다 이 역전의 하나님을 경험했다. 아브라함을 보라. 하나님은 그를 아는 사람이 아무도 없는 가나안 땅으로 부르셔서 그의 인생을 새롭게 시작하게 하셨다. 아브라함은 믿음으로 순종하여 이 땅에 이주하여 살면서 이 땅을 선물로 주시는 역전의 하나님을 경험했다. 아들 이삭을 제물로 바치라고 하셔서 아들을 잃을 각오로 순종했더니 아들을 살려주시고 그의 인생에 더 많은 복을 쏟아 부어주셨다.

이런 역전의 하나님을 경험하는 일은 이삭도 마찬가지였다. 이삭이 태어날 때는 이미 배다른 형인 이스마엘이 있었다. 태어난 서열로 보면 이스마엘이 첫째, 이삭이 둘째였다. 그러나 하나님의 복은 둘째인 이삭을 통해 이어졌다. 역전의 하나님이 함께하셨던 것이다. 또 이삭의 아들 야곱은 어떠한가? 형 에서가 있었음에도 동생이 장자의 축복을 받았다. 이런 역전의 은혜는 요셉의 인생에서도 마찬가지다. 요셉은 애굽에 노예로 팔려갔다. 그러나 팔려간 제국에서 총리가 되어 제국을 다스리는 통치자가 되었다. 노예에서 총리로 역전시키는 하나님의 은혜를 경험했다. 이렇게 보면 그동안 믿음의 선조들에게 나타나신 하나님은 역전의 하나님이셨다.

이런 하나님을 경험했던 야곱이 이제는 요셉의 두 아들에게 아름다운 신앙의 유산을 이어주려고 한다. 하나님을 잊고 애굽에서의 출세만을 추구하기 쉬운 두 손자를 불러 이들을 친히 할아버지 야곱의 양자로 삼아 신앙유산을 전수하려고 하는 것이다. 신앙유산을 전수하는 일도 중요하지만 더 중요한 일은 신앙의 대상이신 하나님을 전수하는 것이다. 선조들이 경험했던 하나님이 어떤 하나님인지를 전수하는 것이다. 야곱이 전수하는 하나님은 바로 역전의 하나님이셨다.

본문에서 이스라엘, 즉 야곱은 요셉의 아들들을 보고 이들이 누구냐고 묻는다(8절). 당시 야곱의 눈이 어둡기는 했지만 아무리 눈이 어두워도 이들이 누구인지 모르지는 않았을 것이다. 이는 할아버지가 손자를 아들로 입양하기 위한 공식적인 절차를 밟는 것이었다. 공식적인 질문을 통해 손자들의 신분과 순서를 확인하기 위한 것이었다.

이에 대해 요셉은 "하나님께서 주신 아이들"이라는 대답으로, 하나님께 감사하는 말로 입양식을 진행한다. 야곱은 입양식을 위해 두 아이를 이끌어 안고 이들에게 입을 맞춘다. 그리고 이들을 안아준다(10절). 이런 입양의 절차는 고대 바벨론의 함무라비 법전에도 등장하는 내용이다. 함무라비 법전에 따르면 이런 행동은 이 아이들이 자기 아들임을 공식적으로 선포하는 행위이다. 이렇게 입양식이 끝나자 두 손자는 할아버지의 무릎에서 나와 공식적으로 엎드려 절한다.

> "요셉이 아버지의 무릎 사이에서 두 아들을 물러나게 하고 땅에 엎드려 절하고"(12절).

이로써 공식적인 입양 절차가 끝났다. 이제 남은 일은 아버지의 축복이었다. 이들도 자기 아들이 되었으니 이에 합당한 복을 빌어주어야 했다. 요셉은 야곱의 축복을 기대하며 두 자녀를 다시 야곱에게로 보낸다.

> "오른손으로는 에브라임을 이스라엘의 왼손을 향하게 하고 왼손으로는 므낫세를 이스라엘의 오른손을 향하게 하여 이끌어 그에게 가까이 나아가매"(13절).

요셉 쪽에서 볼 때 오른쪽에는 에브라임, 왼쪽에는 므낫세를 붙들고 앞으로 나가게 했다. 야곱 쪽에서 볼 때는 왼쪽에 에브라임, 오른쪽에 므낫세가 서게 한 것이다. 이렇게 한 이유는 야곱이 축복하기 편하게 하기 위해서다. 두 손으로 축복할 때 오른손에는 장자인 므낫세가, 왼쪽에는 둘째인 에브라임이 서게 하였다. 그것은 오른손이 축복과 능력의 손으로 더 큰 축복을 내리는 손이기 때문이다. 그래서 장자에게는 오른손, 차자에게는 왼손으로 축복하는 것이 당시의 관례였다. 요셉이 내민 손에 야곱은 그저 손을 올리고 축복을 하기만 하면 됐다. 그런데 눈이 어두운 야곱이 두 손을 그대로 얹는 게 아니라 두 손을 어긋나게 얹는 것이다!

> "이스라엘이 오른손을 펴서 차남 에브라임의 머리에 얹고 왼손을 펴서 므낫세의 머리에 얹으니 므낫세는 장자라도 팔을 엇바꾸어 얹었더라"(14절).

팔을 엇바꾸어 얹었다는 것은 장남이 받아야 할 축복을 차남이 받게 한다는 뜻이다. 이것이 요셉의 마음을 불편하게 했다.

> "요셉이 그 아버지가 오른손을 에브라임의 머리에 얹은 것을 보

고 기뻐하지 아니하여 아버지의 손을 들어 에브라임의 머리에서 므낫세의 머리로 옮기고자 하여"(17절).

장남은 가정의 기대주다. 장남이 받아야 할 축복은 장남이 받아야지 차남이 가로채면 되겠는가? 요셉은 아버지가 눈이 어두워 착각했나 싶어 엇바꾸었던 아버지의 손을 들어 바로 놓게 하려고 했다.

"그의 아버지에게 이르되 아버지여 그리 마옵소서. 이는 장자이니 오른손을 그의 머리에 얹으소서 하였으나"(18절).

그러자 야곱은 손을 바꾸지 않은 채로 요셉에게 말한다.

"그의 아버지가 허락하지 아니하며 이르되 나도 안다. 내 아들아 나도 안다. 그도 한 족속이 되며 그도 크게 되려니와 그의 아우가 그보다 큰 자가 되고 그의 자손이 여러 민족을 이루리라 하고"(19절).

야곱은 자신을 말리는 요셉의 심정을 안다고 했다. 그러나 지금 야곱이 축복하는 것은 장자 므낫세도 큰 민족을 이루도록 하는 축복이 되겠지만 둘째 에브라임이 더 큰 민족을 이루게 하려는 축복이다. 무슨 말인가? 역전의 축복이다. 이 축복은 야곱이 세상의 통례대로 하는 축복이 아니라 그동안 야곱의 삶에 역전의 은혜를 허락하셨던 하나님께서 특별히 역사하심으로 야곱의 손을 통해 다음세대로 이 역전의 은혜를 이어가시려는 축복이다. 그래서 둘째 에브라임을 첫째 므낫세보다 앞세워 축복한 것이다(20절). 그동안 역전의 축복을 경험했던 믿음의 선조들이 깨달은 점이 무엇일까? 인생은 자기 힘과 공로대로 되는 게 아니라는 사실이다. 은혜가 아니면 무너졌을 인생이 놀라운 은혜의 역전을 경험했다.

이런 관점으로 메시아의 족보(마 1:1-17)를 보면 놀라운 역전의 은혜가 드러난다. 족보의 서론은 "아브라함과 다윗의 자손 예수 그리스도의 계보"로 시작한다. 아브라함은 이미 언급했듯이 역전의 은혜를 경험했던 믿음의 선조이다. 다윗은 어떤가? 그는 이스라엘 최초의 왕이 아니다. 사울 다음으로 세워진 두 번째 왕이다. 그러나 그의 인생은 놀라운 역전의 은혜로 이스라엘의 진정한 왕이 되었다. 다윗은 출생신분으로도 보면 여덟 형제 중 막내가 아닌가? 가장 연약한 인생이 가장 놀라운 역전의 은혜를 경험했다.

아브라함 이후로 나오는 이삭, 야곱은 모두 역전의 은혜를 경험했던 선조들이다. 유다(마 1:3)는 어떤가? 한때 요셉을 미워해서 형제들을 주도하여 요셉을 애굽에 팔았었다. 그런데 그랬던 그가 하나님의 은혜로 자기 목숨을 형제들을 위하여 내놓는 놀라운 변화를 겪게 되었고 믿음의 형제를 대표하는 위치에 서게 되었다. 그의 며느리 다말은 어떠한가? 도저히 아들을 낳을 수 없는 상황에서 은혜로 잉태하게 되었고 믿음의 가보를 이어가게 되었다. 그야말로 역전의 은혜이다.

라합은 어떤가(마 1:5)? 가나안의 기생으로 여리고성이 무너질 때 함께 무너져야 할 운명이었지만 이스라엘의 정탐꾼을 숨겨주고 기적적으로 살아남게 되었다. 그런 라합에게서 보아스가 나왔고 이 보아스가 모압 여인 룻과 결혼한다. 룻은 이방여인으로 자녀 없이 모압에 남을 운명이었지만 스스로 그 운명을 박차고 시어머니를 따라와서 믿음으로 가문을 일으켰다. 결국 이 룻에게서 다윗의 할아버지인 오벳이 나오고 다윗이 나오게 되었다(6절). 이런 면에서 "아브라함과 다윗의 자손"이라는 표현은 역전의 은혜로 가득한 믿음의 가문이라는 의미를 포함하고 있다.

이 역전의 은혜를 가장 극적으로 체험한 분이 예수 그리스도시다. 성경은 우리에게 바로 이 예수 그리스도의 마음을 품으라고 강력하게 권고한다. "너희 안에 이 마음을 품으라. 곧 그리스도 예수의 마음이니"(빌 2:5). 그렇다면 구체적으로 어떤 마음인가? 본래 예수님은 하나님의 본체시지만 하나님과 동등함을 당연하게 생각하지 않고 자기를 비워 종의 모습을 취하여 육신을 입고 이 땅에 우리를 위하여 내려오셨다(빌 2:6-7). 그리고 자기를 낮추어 죽기까지 순종하여 십자가에서 죽으셨다(빌 2:8). 이렇게 되면 비참한 죽음 아닌가? 우리 죄 때문에 이 땅에 와서 비참하게 죽으셨다.

그런데 여기에 놀라운 역전의 은혜가 있다. "이러므로 하나님이 그를 지극히 높여 모든 이름 위에 뛰어난 이름을 주사 하늘에 있는 자들과 땅에 있는 자들과 땅 아래에 있는 자들로 모든 무릎을 예수의 이름에 꿇게 하시고 모든 입으로 예수 그리스도를 주라 시인하여 하나님 아버지께 영광을 돌리게 하셨느니라"(빌 2:9-11).

이런 예수 그리스도를 믿는 우리에게도 신비롭고 놀라운 역전의 은혜가 임한다. "형제들아 너희를 부르심을 보라. 육체를 따라 지혜로운 자가 많지 아니하며 능한 자가 많지 아니하며 문벌 좋은 자가 많지 아니하도다"(고전 1:26). 우리는 조건적으로 보면 지혜로운 자, 능력 있는 자, 문벌, 학벌, 스펙 좋은 자가 그리 많지 않다. "그러나 하나님께서 세상의 미련한 것들을 택하사 지혜 있는 자들을 부끄럽게 하려 하시고 세상의 약한 것들을 택하사 강한 것들을 부끄럽게 하려 하시며 하나님께서 세상의 천한 것들과 멸시받는 것들과 없는 것들을 택하사 있는 것들을 폐하려 하시나니"(고전 1:27-28).

이런 부족한 우리를 택하셔서 지혜 있는 자들을 부끄럽게 하시고 강한 자들, 능력 있는 자들을 부끄럽게 하신다는 것이다. 우리는 약점이 있으면 어떻게든 감추려고 한다. 그러나 이런 연약한 지점이 바로 하나님의 역전의 은혜가 머무르는 곳이다. 세상에서는 이젠 끝이라고, 더 이상 가능성이 없다고 하는 바로 그 지점이 역설적으로 다시 시작하게 하는 놀라운 은혜가 시작되는 곳이다.

사도 바울도 바로 이런 역전의 은혜를 경험하였다. 바울은 자기 육체에 가시가 있었다. 자기 육신에 결정적인 하자가 있었다. 어떤 이들은 이를 바울의 안질로 또는 간질로도 이야기한다. 생각해보라. 복음을 전하다가 간질이 일어나서 거품을 물고 쓰러진다. 사람들이 얼마나 비웃겠는가? 과연 저런 사람이 전하는 복음을 진지하게 받아들이겠는가? 그래서 바울은 하나님께 간절히 이 육체의 가시를 제거해달라고 무려 3번에 걸쳐 집중적으로 기도했다.

그러자 하나님께서 예상하지 못한 방향으로 응답을 주셨다. "나에게 이르시기를 내 은혜가 네게 족하도다. 이는 내 능력이 약한 데서 온전하여짐이라 하신지라. 그러므로 도리어 크게 기뻐함으로 나의 여러 약한 것들에 대하여 자랑하리니 이는 그리스도의 능력이 내게 머물게 하려 함이라"(고후 12:9).

우리가 세상 속에서 스트레스를 받고 힘든 이유가 무엇인가? 힘이 없어서 그렇다. 돈이 없어서 그렇다. 끈이 없어서 그렇다. 능력이 없어서 그렇다. 그런데 우리가 이런 연약한 것들을 솔직히 인정하고 하나님께 "그렇습니다. 내가 이렇게 연약하고 보잘것없습니다. 주여 나를 불쌍히 여겨주소서" 하고 그분의 은혜를 구하며 나아간다면 하나님은 이런 우리의 인생을 뒤집는, 역전시키는 은혜를 주실 것이다.

그렇다면 어떻게 역전시키실까? 그 방법조차도 우리의 예상을 뒤엎는 놀랍고 역설적인 방법으로 인도하실 것이다. 노예로 팔려간 요셉을 총리로 높이 올리신 하나님, 십자가에서 우리 죄를 지고 무참히 죽으신 예수님을 다시 살리고 높이신 하나님, 이 예수님을 보좌 우편에 앉히셔서 모든 이름으로 예수의 이름 앞에 무릎 꿇게 하신 하나님께서 우리의 인생도 그렇게 들어 사용하실 것이다.

따라서 우리가 정말 신경 쓰고 집중해야 할 것은 세상의 수단과 지름길이 아니다. 오직 그분의 은혜와 긍휼을 구하는 것이다. 주께서 내 상황을 역전시키지 않으면 우리는 희망이 없다. 역전의 명수이신 하나님께 적극적으로 나아가 믿음으로 은혜를 구해야 한다. "주여, 은혜를 구합니다. 내 인생을 뒤집어 주시옵소서!"

96 Chapter 96. Genesis 49:1-12

리더십은 현재의 삶에서 결정된다

1야곱이 그 아들들을 불러 이르되 너희는 모이라. 너희가 후일에 당할 일을 내가 너희에게 이르리라. 2너희는 모여 들으라. 야곱의 아들들아 너희 아버지 이스라엘에게 들을지어다. 3르우벤아 너는 내 장자요 내 능력이요 내 기력의 시작이라. 위풍이 월등하고 권능이 탁월하다마는 4물의 끓음 같았은즉 너는 탁월하지 못하리니 네가 아버지의 침상에 올라 더럽혔음이로다. 그가 내 침상에 올랐었도다. 5시므온과 레위는 형제요 그들의 칼은 폭력의 도구로다. 6내 혼아 그들의 모의에 상관하지 말지어다. 내 영광아 그들의 집회에 참여하지 말지어다. 그들이 그들의 분노대로 사람을 죽이고 그들의 혈기대로 소의 발목 힘줄을 끊었음이로다. 7그 노여움이 혹독하니 저주를 받을 것이요 분

기가 맹렬하니 저주를 받을 것이라. 내가 그들을 야곱 중에서 나누며 이스라엘 중에서 흩으리로다. [8]*유다야 너는 네 형제의 찬송이 될지라. 네 손이 네 원수의 목을 잡을 것이요 네 아버지의 아들들이 네 앞에 절하리로다.* [9]*유다는 사자 새끼로다. 내 아들아 너는 움킨 것을 찢고 올라갔도다. 그가 엎드리고 웅크림이 수사자 같고 암사자 같으니 누가 그를 범할 수 있으랴.* [10]*규가 유다를 떠나지 아니하며 통치자의 지팡이가 그 발 사이에서 떠나지 아니하기를 실로가 오시기까지 이르리니 그에게 모든 백성이 복종하리로다.* [11]*그의 나귀를 포도나무에 매며 그의 암나귀 새끼를 아름다운 포도나무에 맬 것이며 또 그 옷을 포도주에 빨며 그의 복장을 포도즙에 빨리로다.* [12]*그의 눈은 포도주로 인하여 붉겠고 그의 이는 우유로 말미암아 희리로다.*

주전 5세기경 지중해의 패권을 두고 당대의 두 강대국 아테네와 스파르타가 전쟁을 벌이고 있었다. 그 와중에 두 나라가 큰 해전을 벌였는데 이것이 바로 아르기누사이 해전이다. 이 해전으로 아테네는 큰 승리를 거두고 스파르타 정복을 눈앞에 두게 되었다. 스파르타는 황급히 도망갔다. 아테네는 일단 큰 승리를 거두자 남은 파괴된 자국 함선과 전투에서 부상한 군사들을 모으고, 또 도처에 죽은 병사들의 시신을 수습하려 했다. 그런데 그때 마침 바다에 큰 태풍이 몰아닥치는 바람에 할 수 없이 빈손으로 자국에 돌아왔다. 하지만 나라의 운명을 가르는 큰 전쟁에서 승리하고 돌아온 그들을 기다리고 있는 건 대중의 거대한 분노였다. 이유인즉 병사들의 시신을 수습하지 않았다는 것 때문이었다.

태풍 때문에 어쩔 수 없었다고 자초지종을 이야기해도 아테네 시민들은 들으려고 하지 않았다. 오히려 유족들은 자기 머리를 쥐어뜯으면서 어떻게 "조국을 섬기다 전사한 조국의 아들들 시신을 수습하지 않을 수 있느냐"며 이들을 법정에 몰아세웠다. 거대한 군중의 성난 함성과 야유 속에 이들은 사형을 언도받고 노련한 아테네의 해군장군들은 모두 다 형장의 이슬로 사라지고 말았다. 결국 아테네 해군을 이끌 리더의 씨가 말라버린 셈이다. 이듬해 스파르타는 전열을 재정비해서 다시 아테네와 전투하기 위해 해군을 이끌고 왔다. 결국 아이고스포타모이 해전에서 아테네는 궤멸되고 지중해의 패권을 스파르타에 넘겨주고 말았다. 이때 스파르타는 포로로 잡혀 온 아테네 병사들을 모두 바다에 던져 수장시켜버렸다. 이 사건은 공동체의 운명을 성난 시민들의 분노에 맡길 때 얼마나 감당 못 할 비극적인 상황이 펼쳐질 수 있는지를 생생하게 보여준다.

얼마 전 스코틀랜드 출신의 유물론적 역사학자인 윌리 톰슨 교수가 「노동, 성, 권력」(우진하 역, 서울: 문학사상, 2016)이란 책을 냈다. 이 책의 부제는 '무엇이 인류의 역사를 바꾸어 왔는가' 이다. 이 책은 마르크스의 유물사관을 바탕으로 해서 인류의 역사를 끌고 가는 추진력으로 노동, 성, 권력에 주목했다. 이 세 요소가 세상의 역사를 끌고 가는 핵심적인 동력이라는 것이다. 사실 하나님을 인정하지 않고 세상에서의 논리만을 따른다면 이 책에서 제시하는 논리 전개는 상당한 설득력이 있다.

그러나 이번 장의 본문은 믿음의 명문가문을 이루어가는 하나님

백성의 추진력은 이러한 요소들에 달려 있지 않음을 생생하게 보여준다. 오히려 이러한 요소들을 추구할 때 하나님의 축복이 아닌 저주가 쏟아지는 것을 볼 수 있다.

본문은 야곱이 이제 생의 마지막에 자손들을 축복하는 내용이다.

"야곱이 그 아들들을 불러 이르되 너희는 모이라. 너희가 후일에 당할 일을 내가 너희에게 이르리라"(1절).

예전에 이삭은 에서만 따로 불러서 축복하려고 했다. 그러나 야곱은 달랐다. 모두를 모아 놓고 말한다. 선포되는 내용을 보면 형제마다 천차만별로 다르다. 아마 이 내용에 못마땅해하는 아들도 있을지 모른다. 그런데도 모두 다 불러놓고 선포한다. 왜 그런가? 축복하는 내용의 출처가 야곱 자신에게서 온 게 아니라 하나님으로부터 온 것이기 때문이다. 야곱은 아들들을 현재의 측면뿐만 아니라 미래적으로까지 축복한다. 이는 예언에 가깝다. 예언은 자신의 힘으로 하는 게 아니다. 위로부터 부어져야 한다. 그렇기에 더욱 담대하게 할 수 있다. 축복의 내용에는 서로의 영적 지위와 위상을 새롭게 규정하는 내용이 나온다. 그렇기에 12명의 형제가 모두 함께한 자리에서 들어야 한다.

야곱의 축복에서 태어난 순서대로 하면 1순위가 르우벤이다. 르우벤은 "보라. 아들이라"는 뜻이다. 야곱이 얻은 첫아들, 얼마나 기대가 크고 자랑스러웠겠는가?

> "르우벤아 너는 내 장자요 내 능력이요 내 기력의 시작이라. 위풍이 월등하고 권능이 탁월하다마는"(3절).

야곱의 장자이자 기력의 시작이고 다른 형제들에 비해 위풍이 당당하고 권능이 탁월했다. 그러나 문제가 무엇이었는가? 그는 성적 유혹에 치명적으로 약했다.

> "물의 끓음 같았은즉 너는 탁월하지 못하리니 네가 아버지의 침상에 올라 더럽혔음이로다. 그가 내 침상에 올랐었도다"(4절).

물의 끓음 같았다는 것은 물이 마치 펄펄 끓는 것 같았다는 의미다. 이는 르우벤 안에 정욕이 물 끓듯 펄펄 끓어올라 여기에 굴복했다는 뜻이다. 결국 르우벤은 정욕에 굴복하여 아버지의 침상에 올라 아버지의 첩 빌하와 동침하여 그 침상을 더럽혔다(35:22).

빌하는 원래 라헬의 여종이었다. 그런데 라헬이 언니 레아와 출산 경쟁을 하면서 자기 종을 야곱에게 주어 계속해서 대를 잇도록 했다. 그래서 빌하는 야곱의 첩이 되고 여기서 태어난 아들들이 단과 납달리다. 이것을 보고 언니 레아는 자기 출산이 끊어지자 이에 맞서 자기 여종 실바를 주어 그 자녀를 이어가도록 했다. 그래서 갓과 아셀이 나온다. 그런데 큰아들 르우벤이 작은 어머니인 라헬이 죽자 그의 여종이었던 서모 빌하를 취한 것이다.

이것은 단순히 성적 욕망으로만 저지른 사건으로 보이지 않는다. 큰아들이 그것도 아버지의 사랑하는 아내의 종이자 첩을 취한다는 것은 아들의 권력에 대한 욕심을 고스란히 드러내는 행위다. 아버지의 침상을 더럽힌 것은 이제 자신이 야곱 가문의 실질적인 실세임을 형제들 앞에서, 주변 사람들 앞에서 공개적으로 선포하는 것과 마찬가지였다. 이것은 고대 근동의 관습이기도 했다.

사무엘하에 보면 다윗의 아들 압살롬이 아버지에게 반란을 일으켜서 예루살렘 성을 침공한다. 그때 아버지는 궁전에 후궁 10명을 남겨놓고 도망간다. 압살롬은 다윗성에 무혈입성한 후 아히도벨의 조언을 받아 다윗의 후궁들을 대낮에 범한다(삼하 16:21-22). 왜 이런 민망한 행동을 했을까? 그것은 이것이 자신이 왕임을 드러내는 또 다른 상징적인 행위였기 때문이다.

열왕기상에도 보면 솔로몬의 형 아도니야가 다윗이 죽자 솔로몬에게 부탁을 하나 한다. 다윗의 후궁이었던 수넴 여인 아비삭을 아내로 삼게 해달라는 것이다(왕상 2:17,21). 물론 아비삭의 미모가 뛰어난 것도 이유였지만 여기에는 자신이 솔로몬을 제치고 이스라엘의 실질적인 왕권을 가진 자임을 드러내려는 권력에 대한 의지였다. 이 이야기를 들은 솔로몬은 노발대발하며 아도니야를 쳐 죽인다(왕상 2:25).

이렇게 볼 때 야곱의 장자 르우벤은 성적 욕망이 끓어오르는 것도 있었지만 이것과 함께 장자의 권력을 추구하려는 의지가 있었음을 알 수 있다. 그렇다면 장자면 그대로 두어도 이어받을 수 있었을 텐데 왜 그랬을까? 아마도 이것은 아버지 야곱이 자기 어머니 레아보다 작은어머니 라헬을 더 많이 사랑하고, 특히 그의 아들 요셉과 베냐민을 끔찍이 아끼고 사랑하는 것을 보면서 위기감을 느꼈기 때문이었을 가능성이 높다. 어떻게 보면 르우벤은 세상적으로 머리가 잘 돌아가는 아들이었다. 어떻게 해야 권력이 손에 들어오고, 어떻게 해야 기회를 놓치지 않는지를 알았다. 문제는 이것을 추구하는 방식이 하나님 앞에 진실된 방식이 아니라 하나님의 역사를 전혀 고려하지 않은 전형적으로 세상의 방식이었기에 문제였다.

윌리 톰슨 교수가 주장한 것처럼 성을 이용하여 권력을 추구하는 것은 전형적인 유물론적 사고방식을 기초로 한 것이다. 유물론적 역사와 반대되는 개념이 관념론적 역사관이다. 관념론은 이상(idea)을 추구하는 역사관이다. 즉 역사에는 목적이 있고 이 목적을 향하여 나아간다. 그러나 유물론적 역사관에는 목적을 철저히 배제하고 현실에서 나타나는 노동과 권력과 성의 투쟁만을 기초로 역사를 본다. 르우벤은 장자의 주도권을 추구할 때 하나님의 역사를 계산에서 배제했다. 철저히 현실적으로만 생각했다.

우리 주위에도 이런저런 일들을 추진할 때 하나님의 역사를 철저히 배제하는 현실적인 유물론자들이 꽤 있다. 하나님의 역사를 인정하고 그분의 뜻을 추구해야 하는데 신앙은 신앙이고 현실은 현실이라는 이분법적인 논리로 다가가려 한다. 이것이 통할 것 같고 옳은 듯하다. 그런데 야곱의 축복과 같은 결정적인 순간에는 이것이 결국 아무것도 아닌 것으로 드러난다. 열심히 노력하고 머리 쓰고 계산했지만 결국 하늘의 축복에서 제외된다. 이스라엘의 장손이 무엇을 의미하는지를 제대로 물어보지 못하고 그냥 충동적으로 정욕에 물든 마음이 움직이는 대로 행동했다.

르우벤을 향한 예언은 언뜻 보기에 저주인 것처럼 보인다. 그러나 이렇게 제외되는 게 르우벤에게는 축복이다. 왜? 이런 마음을 갖고 하늘의 축복을 받으면 유물사관을 갖고 이스라엘 자손들을 엉뚱한 방향으로 이끌어갈 수 있기 때문이다. 이런 방식은 아무것도 아니고 오직 하나님을 경외하는 방식으로 서야 한다는 사실을 깨닫는 게 복이다. 이런 면에서 리더의 자격을 상실하는 게 르우벤에게는 복이다.

두 번째는 시므온과 레위에 관한 축복이다. 시므온과 레위도 내용이 축복 같아 보이지 않는다.

"시므온과 레위는 형제요 그들의 칼은 폭력의 도구로다"(5절).

여기 '칼'(히. 메케라)은 구약성경에서 딱 한 번만 사용되는 단어이다. 그래서 어떤 칼인지는 명확하지가 않은데 양날이 날카로운 칼이나 전지가위처럼 두 날을 맞대어 자르는 도구 같은 것으로 추정된다. 여기 시므온과 레위가 같이 나온 것도 칼에도 양날이 있는 것처럼, 혹은 전지가위의 두 날이 맞닿는 것처럼 시므온과 레위가 함께 죽이 맞아 폭력의 도구로 쓰임받았음을 나타낸다. 분노가 있는 사람들은 서로 쉽게 의기투합한다.

이는 야곱의 딸 디나가 가나안 땅 세겜 지역 추장인 하몰의 아들에게 강간당한 사건을 배경으로 한다(창 34장). 이 둘은 세겜의 추장 하몰이 와서 결혼을 제안하자 이들로 할례를 받게 하고 그날 밤 칼을 차고 세겜으로 가서 남자들을 다 죽여버렸다(34:25). 이것을 배경으로 6절 말씀이 선포된다.

"내 혼아 그들의 모의에 상관하지 말지어다. 내 영광아 그들의 집회에 참여하지 말지어다. 그들이 그들의 분노대로 사람을 죽이고 그들의 혈기대로 소의 발목 힘줄을 끊었음이로다"(6절).

소의 발목 힘줄이면 소의 아킬레스건이다. 이것을 끊으면 소가 걷지를 못한다. 소는 자신을 아낌없이 내어주는 짐승이다. 밭도 갈고 우유도 주고 고기도 주며, 심지어는 혀까지 준다. 그런데 이런 고마운 소의 아킬레스건을 왜 끊을까? 이는 필요 없는 폭력을 과도하게 남용한다는 뜻이다. 시므온과 레위가 벌인 세겜 학살사건은 르우벤이 시도했던 권력과 성의 정치에 폭력의 요소가 더 들어간다. 왜 폭력인가? 이 공격을 통해 세겜 지역의 부를 손쉽게 넣을 수 있었기 때문이다. 당시에는 부를 얻기 위해 흔히 잔인한 폭력을 동원했다. 시므온과 레위는 하나님의 기뻐하시는 뜻을 따르지 않고 세상이 추구하는 방식을 그대로 추구했다. 그렇게까지 하지 않아도 되는 폭력을 과도하게 사용하여 많은 피를 흘리게 했다. 이들이 이렇게 한 원동력이 무엇인가? 분노이다(7절). 분노가 앞서니 쓸데없이 많은 피를 흘렸다. 결국 그 결과가 어떻게 되는가?

"그 노여움이 혹독하니 저주를 받을 것이요 분기가 맹렬하니 저주를 받을 것이라. 내가 그들을 야곱 중에서 나누며 이스라엘 중에서 흩으리로다"(7절).

결과적으로 이들은 흩어짐을 당한다. 분노로 행한 것은 결국 다

흩어지게 되어 있다. 사랑으로 행한 것만이 끝까지 남는다. 시므온 족속의 경우 훗날 유다 지파의 땅을 나누어 받고 지내다가 나중에 유다 지파로 흡수된다(수 19:1,9 참조).

그렇다면 레위 지파는 어떻게 되는가? 자기 땅을 분배받지 못하고 이스라엘 12지파 중에 48개의 성읍으로 흩어져 살게 된다. 그리고 살인을 위해 사용하던 칼을 하나님을 위한 제사를 위해 사용한다. 이렇게 볼 때 흩어짐은 저주라기보다 축복이라 할 수 있다. 여기서 우리는 세상과 다소 다른 개념의 축복을 본다. 세상적으로 잘되고 많이 소유해서 축복이 아니라 하나님 앞에 내가 진실하게 설 수 있는 은혜, 그것이 바로 축복이다. 우리가 예수님을 믿고 건강, 물질, 자녀 등 많은 복을 받는다. 그러나 이것은 주님의 뜻을 따르다 주어진 부수적인 복에 불과하다. 그런데도 우리는 이런 것들을 쉽게 놓지 못할 때가 있다. 그러다 우리는 복 받고 망할 수도 있다. 우리는 더 높은 은혜와 복을 추구해야 한다. 레위와 시므온이 받은 복이 바로 그런 종류의 복이었다.

셋째로 유다를 향한 축복을 살펴보자.

> "유다는 사자 새끼로다. 내 아들아 너는 움킨 것을 찢고 올라갔도다. 그가 엎드리고 웅크림이 수사자 같고 암사자 같으니 누가 그를 범할 수 있으랴"(9절).

유다를 사자 새끼로 표현한다. 여기서 '새끼'는 어린 새끼가 아니라 용맹한 젊은 사자를 말한다. 이런 사자가 한 번 움키면 누구도 빼져나갈 수 없다. 이는 유다의 용맹함과 장악력을 상징적으로 표현한다. 여기서 유다는 실질적인 장자의 축복을 받는다.

> "규가 유다를 떠나지 아니하며 통치자의 지팡이가 그 발 사이에서 떠나지 아니하기를 실로가 오시기까지 이르리니 그에게 모든 백성이 복종하리로다"(10절).

'규'(sceptor)는 통치자가 가진 통치권을 상징하는 봉이다. 그래서 표준새번역은 이것을 '지휘봉'으로 번역했다. 규가 유다를 떠나지 않는다는 말은 유다 지파에서 온 이스라엘을 다스리는 통치자가 끊임없이 나올 것이라는 뜻이다. 언제까지인가? 실로가 오시기까지다. 여기 '실로'라는 말은 몇 가지 의미가 있다.

먼저, 사무엘상에 보면 예루살렘의 성막이 있던 도시이름이 실로다(1-2장). 실로가 온다는 뜻은 하나님의 성전, 즉 새로운 통치시대가 임한다는 의미다. 둘째, 실로는 평강을 의미하는 샬롬과 같은 어근의 단어다. 즉 평강의 왕, 또는 화평하게 하는 자가 오신다는 의미다. 이는 장차 오실 메시아를 상징한다. 셋째, 이 실로는 문자적으로 직역하면 '이것이 그에게 속한 분'이라는 뜻이다. 여기서 '이것'은 문맥상으로 볼 때 '규'를 뜻한다. 다른 말로 하면 새로운 통치자인 메시아를 의미한다. 새로운 메시아가 올 때까지 유다 지파의 영적 권위와 통치의 은혜가 임한다는 뜻이다.

그렇다면 어떻게 이런 은혜가 임할 수 있을까? 여기에는 유다의 변화와 진정성이 고려되었다. 유다는 요셉 앞에서 자기 목숨을 아끼지 않고 내던지며 희생하려는 모습을 통해 진정성 있는 섬기는 종의 모습을 보여주었다(44:14-34). 이러한 모습이 아름다운 신앙의 유산을 잇는 축복의 통로가 된 것이다.

형제들의 축복을 통해 드러나는 점이 있다. 영향력 있는 리더십은 하나님을 경외하는 현재의 진정성 있는 모습에서 결정된다는 사실이다. 리더는 하나님을 경외해야 한다. 그분을 늘 내 인생에서 계산에 넣어야 한다. 르우벤처럼 자기 머리만 믿고 자기 방법대로 권력을 결정하려 해서는 안 된다. 위험한 불장난, 위험한 사랑은 경계해야 한다. 자기 머리만 믿고 세상의 방식으로 내 삶의 자리를 확보하려 하는 사람은 자기 꾀에 넘어지기 쉽다.

또 내 속에 분노가 있지 않은가? 분노로 마음 맞는 사람끼리 의기투합하지 마라. 오직 진정성 있는 모습으로 하나님 앞에 서도록 몸부림쳐야 한다. 이것이 바로 우리를 위해 섬기러 오신 예수 그리스도의 마음이다. "너희 안에 이 마음을 품으라. 곧 그리스도 예수의 마음이니 그는 근본 하나님의 본체시나 하나님과 동등됨을 취할 것으로 여기지 아니하시고 오히려 자기를 비워 종의 형체를 가지사 사람들과 같이 되셨고 사람의 모양으로 나타나사 자기를 낮추시고 죽기까지 복종하셨으니 곧 십자가에 죽으심이라"(빌 2:5-8). 이런 그리스도를 닮아가는 역사가 우리의 삶 가운데 일어나도록 해야 한다.

97 Chapter 97. Genesis 49:13-27

지금 결단하여 축복의 통로를 열라

[13]스불론은 해변에 거주하리니 그곳은 배 매는 해변이라. 그의 경계
가 시돈까지리로다. [14]잇사갈은 양의 우리 사이에 꿇어앉은 건장한
나귀로다. [15]그는 쉴 곳을 보고 좋게 여기며 토지를 보고 아름답게 여
기고 어깨를 내려 짐을 메고 압제 아래에서 섬기리로다. [16]단은 이스
라엘의 한 지파같이 그의 백성을 심판하리로다. [17]단은 길섶의 뱀이
요 샛길의 독사로다. 말굽을 물어서 그 탄 자를 뒤로 떨어지게 하리
로다. [18]여호와여 나는 주의 구원을 기다리나이다. [19]갓은 군대의 추격
을 받으나 도리어 그 뒤를 추격하리로다. [20]아셀에게서 나는 먹을 것
은 기름진 것이라. 그가 왕의 수라상을 차리리로다. [21]납달리는 놓인
암사슴이라. 아름다운 소리를 발하는도다. [22]요셉은 무성한 가지 곧

샘 곁의 무성한 가지라. 그 가지가 담을 넘었도다. [23]활쏘는 자가 그를 학대하며 적개심을 가지고 그를 쏘았으나 [24]요셉의 활은 도리어 굳세며 그의 팔은 힘이 있으니 이는 야곱의 전능자 이스라엘의 반석인 목자의 손을 힘입음이라. [25]네 아버지의 하나님께로 말미암나니 그가 너를 도우실 것이요 전능자로 말미암나니 그가 네게 복을 주실 것이라. 위로 하늘의 복과 아래로 깊은 샘의 복과 젖먹이는 복과 태의 복이리로다. [26]네 아버지의 축복이 내 선조의 축복보다 나아서 영원한 산이 한없음 같이 이 축복이 요셉의 머리로 돌아오며 그 형제 중 뛰어난 자의 정수리로 돌아오리로다. [27]베냐민은 물어뜯는 이리라. 아침에는 빼앗은 것을 먹고 저녁에는 움킨 것을 나누리로다.

세계적인 경영컨설팅기업 중 일반인에게는 그다지 친숙하지 않은 '프라이스워터하우스쿠퍼스'(PwC)라는 기업이 있다. 전 세계 158개국에 771개의 사무실과 17만여 명의 종업원을 고용하고 매출액 기준으로는 세계 1위의 기업이다. 그런데 얼마 전 이 거대한 다국적 기업을 이끄는 미치 코헨 부회장이 그간의 컨설팅 경험을 바탕으로 동료 컨설턴트이자 하버드대학교 경영대학원 교수인 존 스비오클라와 함께 재미있는 제목의 책을 냈다. 「억만장자 효과: 왜 뛰어난 인재는 조직을 등지고 떠나는가?」(김태훈 역, 서울: 쌤앤파커스, 2016)라는 책이다. 여기서 억만장자는 당대에 부를 일으킨 자수성가형 억만장자를 말한다. 스타벅스를 창업한 미국의 하워드 슐츠, 날개 없는 선풍기를 발명한 영국의 제임스 다이슨, 깔끔한 디자인으로 사랑받는

유니클로를 창업한 일본의 야나이 다다시 같은 사람들이다.

코헨에 따르면 억만장자는 중요한 사람이다. 왜? 한 사람이 이 정도 부의 가치를 창출하려면 그만큼 많은 이들을 고용하고 산업을 일으키는 역할을 감당해야 하기 때문이다. 이들이 일으킨 부가 많은 이들의 삶도 풍성하게 하고 긍정적인 역할을 한다. 이 책의 저자들은 그간 자수성가한 억만장자 120명을 연구했다. 그런데 이 연구 중에 놀라운 사실을 발견했다. 그것은 억만장자들이 부를 창출하는 방식이 기존의 통념과 상당히 다르다는 점이다. 일반적으로 생각할 때 새로운 사업을 일으키거나 부의 가치를 창출하려면 전혀 새로운 혁신적인 분야, 즉 블루오션을 개척해야 한다고 생각한다. 페이스북을 창업한 마크 저커버그나 전기자동차 테슬라를 창업한 일론 머스크 같은 기발한 아이디어로 세상에 없는 것을 만들어낸 사람이어야 한다고 생각한다.

그런데 놀라운 점은 자수성가한 억만장자의 80%는 새로운 분야를 개척한 게 아니라 경쟁이 치열한 기존의 포화된 시장에서 부의 가치를 창출했다는 것이다. 스타벅스를 보라. 쉽게 말하면 커피집이다. 스타벅스가 생기기 전에 미국에 커피집이 없었겠는가? 엄청나게 많았다. 날개 없는 선풍기를 개발한 다이슨을 보라. 선풍기가 이미 포화상태에 있는 상황에서 선풍기를 만들어 판다고 하면 비웃지 않겠는가? 유니클로는 어떤가? 이미 치열한 의류시장에 도전해서 또 옷을 판다고 하면 걱정되지 않겠는가? 이미 다른 이들이 다 뛰어들었고 경쟁도 치열했다.

그런데 이들은 그곳에서 새로운 가능성을 보았다. 어떻게 이런 가능성을 볼 수 있을까? 그것은 억만장자들이 가진 태도 때문이다. 이들은 피 튀기게 치열한 시장인 레드오션을 레드오션으로 보지 않고 새로운 기회의 시장인 블루오션이 함께 뒤섞여 있는 일종의 퍼플오션(보라색시장)으로 바라보았던 점이다. 이미 포화된 시장이지만 기존의 시장에서 100% 충족되지 못한 새로운 고객의 욕구를 찾아냈다. 그래서 스타벅스는 커피에 감성을 더해 전 세계적인 성공을 거두었고, 다이슨은 선풍기나 진공청소기를 통해 기존의 불편함을 제거하여 다가가서 큰 반향을 일으켰다.

유니클로는 어떤가? 기존 패션계의 관행을 깨고 패스트 패션이라는 새로운 개념을 도입해서 고객의 요구에 민감하게 다가갔다. 어떻게 이런 차이를 만들어 낼 수 있었는가? 한마디로 현 상황을 바라보는 이들의 태도와 관점이다. 현재를 어떻게 보고 어떤 결단을 내려 그 결단을 실질적으로 추진했느냐가 결국 어마어마한 차이를 만들어 낸 것이다.

이것은 우리의 신앙생활에도 마찬가지다. 하나님께서 우리에게 허락하신 현실이 있다. 우리의 현실은 사실 각박하다. 세상풍조를 따르다 보면 그만큼 체념도 빠르고, 나는 안 된다고, 어쩔 수 없다고 생각하기 쉽다. 레드오션으로 피 튀기는 현실을 볼수록 실망도 크다. 그러나 하나님께서 우리에게 주신 말씀과 약속은 현실 가운데 뒤섞여 있다. 레드오션이 아니라 퍼플오션이다. 그 가운데 하나님의 말씀과 약속을 든든히 붙들고 흔들리지 않고 나아가면 그 속에 엄청난 블루오션이 숨겨진 사실을 발견하게 된다.

본문은 야곱의 축복 가운데 처음 르우벤부터 유다까지의 네 형제 다음에 나오는 잇사갈, 스불론, 단, 갓, 아셀, 납달리, 요셉, 베냐민까지 나머지 요셉의 형제들을 축복하는 내용이다. 이 축복의 내용을 보면 아름다운 소망과 가능성의 기대가 큰 내용이 많다. 그러나 나중에 이들의 후손들이 가나안 땅에 들어가 정착하는 모습을 보면 야곱의 축복 가운데 선포된 말씀대로 그대로 이루어지지 않은 경우가 많다. 무슨 말인가? 축복은 이들이 그동안 살아왔던 모습에 기초하여 선포되지만, 이것이 영원한 축복으로 고정되는 것은 아니라는 뜻이다. 선포된 축복은 이후로 이스라엘 각 지파가 어떻게 결단하고 나아가느냐에 따라 달라진다.

본문은 레아의 여섯째 아들인 스불론부터 시작한다.

"스불론은 해변에 거주하리니 그곳은 배 매는 해변이라. 그의 경계가 시돈까지리로다"(13절).

스불론은 해변에 거주할 것이고 그 경계가 시돈까지 이를 것이다. 시돈은 페니키아 지역 일대를 말한다. 페니키아 일대는 지중해 북쪽으로 있는 악고와 두로까지를 포함하는 경계다. 이후에 이들이 가나안에 들어가 정착한 것을 보자. 이들은 바다까지 진출하지 못했다. 거리상으로 스불론 서쪽 끝에서 지중해까지는 약 16㎞ 정도 된다. 무슨 말인가? 진출할 것이라는 축복을 받았음에도 바닷가까지 진출하지 못하고 바다 없는 땅에 거하게 된다.

그다음에 등장하는 사람이 레아의 다섯 번째 아들인 잇사갈이다.

그런데 이상하다. 잇사갈은 레아의 다섯 번째 아들인데 여섯 번째인 스불론과 축복을 받는데 순서가 바뀌었다. 왜 그런 것일까? 잇사갈에게 주신 축복의 내용을 보면 짐작할 수 있다.

"잇사갈은 양의 우리 사이에 꿇어앉은 건장한 나귀로다"(14절).

건장한 나귀는 힘이 좋고 일을 잘한다. 그런데 문제가 무엇인가? 양의 우리 사이에 꿇어앉았다는 것이다. 나귀는 고집이 세다. 한 번 꿇어앉으면 일어나지 않고 좀처럼 일하지 않는다. 즉 건강하고 능력이 충분히 있음에도 불구하고 게으름으로 인해 하나님이 주신 복을 온전히 누리지 못한다는 뜻이다.

"그는 쉴 곳을 보고 좋게 여기며 토지를 보고 아름답게 여기고 어깨를 내려 짐을 메고 압제 아래에서 섬기리로다"(15절).

그는 쉴 곳을 보고 좋게 여기고 토지를 보고 아름답게 여겼다. 잇사갈 지파가 정착한 땅은 스불론 아래 지역인데 이곳을 이스르엘 평원이라고 한다. 이스르엘 평원은 이스라엘 최대의 곡창지대이자 교통의 요지다. 이집트에서부터 해안길을 따라 아라비아 지역으로 가는 길이 지나가고, 또 여기서 왕의 대로로 가는 길도 있다. 이곳은 지금도 여전히 땅이 비옥하고 이스라엘에서 많은 식량이 생산되는 곳이다.

이 귀한 땅을 분배받았음에도 불구하고 게으르니 어떻게 되는가?

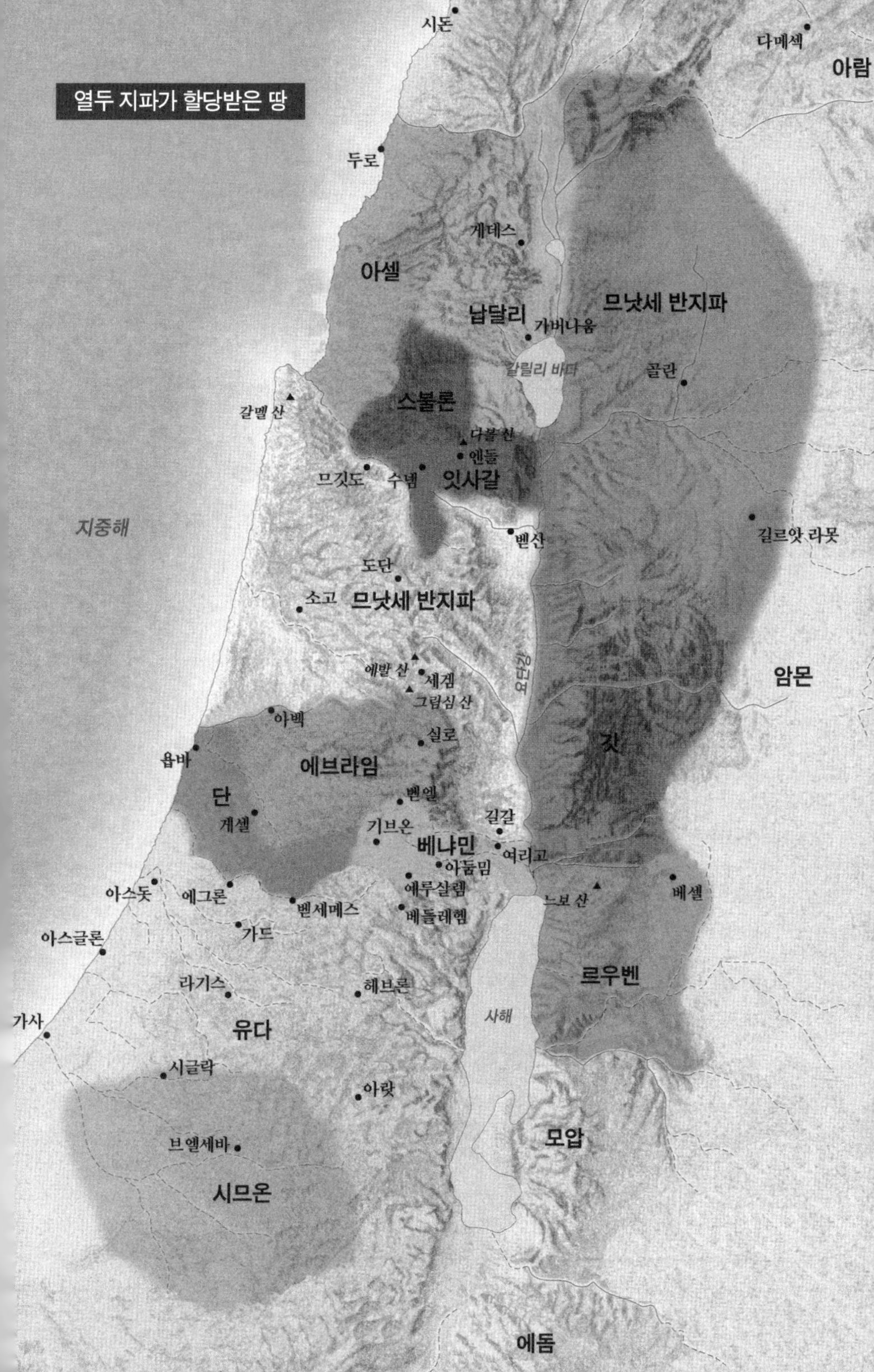

열두 지파가 할당받은 땅
시돈
다메섹
아람
두로
게데스
아셀
납달리
므낫세 반지파
가버나움
갈릴리 바다
골란
갈멜 산
스불론
다볼 산
엔돌
므깃도
수넴
잇사갈
지중해
벧산
길르앗 라못
도단
소고
므낫세 반지파
에발 산
세겜
그리심 산
요단 강
암몬
아벡
실로
욥바
에브라임
갓
단
벧엘
게셀
길갈
기브온
베냐민
여리고
아둘밈
아스돗
에그론
벧세메스
예루살렘
베돌레헴
느보 산
베셀
가드
아스글론
라기스
헤브론
로우벤
사해
가사
유다
시글락
아랏
모압
브엘세바
시므온
에돔

어깨를 내려 짐을 멘다. 나귀가 짐을 메면 자기 짐이 아니다. 남의 짐이고 주인의 짐이다. 주인의 짐이라는 것은 누군가의 지배를 받아 억압당한다는 뜻이다. 그래서 이들은 '짐을 메고 압제 아래에서 섬기게 될 것' 을 말씀한다. 후에 잇사갈 지파는 이 땅을 당당하게 차지하지 못하고 이 좋은 땅을 호시탐탐 노리는 수많은 외세의 침입으로 고통받는다. 결국 잇사갈의 영적 게으름은 원래 순서상 자기 뒤로 와야 할 스불론보다 뒤처지게 된다.

일곱 번째로 라헬의 여종의 아들인 단에 대한 축복이다. 단 지파의 땅은 지중해를 맞닿아 위치하며 욥바 항구를 포함하고, 또 아얄론 골짜기를 통과하여 베냐민 지파의 땅까지 맞닿아 있으며 예루살렘으로까지 가는 길이 있다.

"단은 이스라엘의 한 지파 같이 그의 백성을 심판하리로다"(16절).

나중에 이 단 지파에서 나오는 유명한 심판관, 즉 사사가 바로 삼손이다. 삼손은 나오는 것처럼 길가에 있는 뱀 또는 독사와 같이 블레셋 사람들을 공격하고 치명적인 해를 입힌다(17절). 그러나 말로가 비참하다. 하나님 앞에 쓰임받기는 하지만 늘 아슬아슬한 모습이 이 단 지파에게 있다. 단은 출애굽 이후의 광야시대에 보면 이스라엘 열두 지파 중 두 번째로 인구가 많을 정도로 강성했다. 그러나 하나님의 이름을 망령되이 일컫다가 저주를 받고(레 24:11), 또 무죄한 라이스 주민들을 죽이기도 한다(삿 18:27). 늘 아슬아슬하다. 일곱 번째라는 중요한 축복의 순서에 있음에도 아슬아슬하니 얼마나 야곱의 가슴이 조마조마했겠는가? 그래서 축복을 하다가 잠시 멈추고 야곱은 하나님을 향해 단을 위하여 간구한다.

"여호와여 나는 주의 구원을 기다리나이다"(18절).

여기서 처음으로 '구원'이란 단어가 등장한다. 이 구원은 적이나 원수로부터 물리적으로 살려내고 보호하는 것을 말한다. 여기 구원이란 단어가 히브리로 '예수아'이다. 야곱이 '예수아'를 구하는 기도는 이후 시편 기자나 예언자들에게 간절한 기도의 제목으로 반복해서 등장한다. "여호와여 우리에게 은혜를 베푸소서. 우리가 주를 앙망하오니 주는 아침마다 우리의 팔이 되시며 환난 때에 우리의 구원(예수아)이 되소서"(사 33:2). 여기 보면 여호와를 기다리는 게 예수아를 기다리는 일과 같은 의미로 사용되었다. 이 예수아라는 이름은 나중에 메시아이신 예수의 이름이 된다. 이것은 상당히 심오한 의미가 있다. 야곱은 아슬아슬한 단지파의 상황에서 하나님의 구원, 그리고 장차 이스라엘의 구원자 되시는 예수 그리스도를 바라보았던 것이다.

19절에는 갓에 대한 축복이 여덟 번째로 등장한다. 갓은 레아의 여종 실바의 첫아들이자 야곱의 일곱 번째 아들이다.

"갓은 군대의 추격을 받으나 도리어 그 뒤를 추격하리로다"(19절).

갓은 동쪽으로 암몬, 남쪽으로 모압, 또 북동쪽으로는 아람 왕국

사이에 자리하고 있다. 사방에서 압박을 받는 위치다. 그러나 주님께서 주신 힘을 의지하면 갓은 도리어 그들의 뒤를 추격할 것이라는 축복이다. 그래서 모세의 축복을 보면 이런 갓을 사나운 암사자로 빗대고 있다(신 33:20). 후에 이 갓 지파에서 자기 딸을 번제물로 바친 비운의 사사 입다가 나오기도 한다. 그러나 후에 이 갓은 점점 존재감이 사라지고 이 지역을 암몬에게 내주게 된다.

다음은 아셀에 관한 축복이다. 아셀은 야곱의 여덟 번째 아들이고 실바의 둘째 아들이다.

> "아셀에게서 나는 먹을 것은 기름진 것이라. 그가 왕의 수라상을 차리리로다"(20절).

아셀이 위치한 곳을 보라. 지중해 바닷가와 비옥한 페니키아 지역이다. 이곳에서 아셀 지파는 왕의 수라상을 차릴 것이다. 온갖 산해진미가 나서 나라의 귀중한 이들에게 공급하는 사명을 감당할 것이다. 얼마나 귀한 사명인가? 그러나 실제로 이 예언은 어떻게 이루어질까?

> "아셀이 악고 주민과 시돈 주민과 알랍과 악십과 헬바와 아빅과 르홉 주민을 쫓아내지 못하고 아셀 족속이 그 땅의 주민 가나안 족속 가운데 거주하였으니 이는 그들을 쫓아내지 못함이었더라"(삿 1:31-32).

아셀은 이곳에 원래부터 거주하던 악고와 두로 주민들을 쫓아내지 못했다. 결국 그들과 섞여 살면서 점점 가나안의 우상 숭배에 물들어 가나안화 되어간다. 참 아쉽다. 결국 이들은 이스라엘 왕의 수라상을 차리지 못하고 다른 이방 나라의 왕들을 위한 수라상을 차리게 된다.

그다음이 납달리다.

"납달리는 놓인 암사슴이라. 아름다운 소리를 발하는도다"(21절).

납달리는 빌하가 낳은 둘째 아들이다. 이 납달리가 위치한 지역을 보면 갈릴리 서북쪽으로 레바논 산지가 펼쳐져 있다. 높은 백향목이 쭉쭉 자라는 이곳에서 납달리는 마음껏 뛰노는 암사슴과 같다고 한다. 그러니 노랫소리가 나오지 않겠는가? 아름다운 소리를 발하는도다! 얼마나 여유롭고 풍요롭게 들리는가? 그러나 현실은 어떻게 될까? "납달리는 벧세메스 주민과 벧아낫 주민을 쫓아내지 못하고 그 땅의 주민 가나안 족속 가운데 거주하였으나 벧세메스와 벧아낫 주민들이 그들에게 노역을 하였더라"(삿 1:33).

이렇게 보면 이스라엘의 여러 형제가 참 귀한 복을 약속받았음에도 그 복을 온전히 누리거나 실현시키지 못함을 보게 된다. 이는 중요한 점을 시사한다. 하나님이 주시는 복도 중요하지만 복에 대한 태도가 결정적으로 중요하다는 사실이다. 현실은 암담하고 힘들다. 그러나 이런 현실 속에서 레드오션만을 바라보는 것이 아니라 엄청난 기회와 은혜가 함께 공존하는 퍼플오션을 발견할 수 있는 믿음의 눈이 있어야 한다. 이는 제일 마지막에 나오는 베냐민 지파도 마찬가지다.

> "베냐민은 물어뜯는 이리라. 아침에는 빼앗은 것을 먹고 저녁에는 움킨 것을 나누리로다"(27절).

베냐민은 형제들 가운데 제일 막내고 많은 사랑을 받았다. 그런데 그가 나중에 물어뜯는 이리로 돌변한다. 사사기 20장에 가면 베냐민은 실제로 이스라엘 지파를 물어뜯고 대치하여 전쟁을 치르다가 한 지파 전체가 이지러지고 딱 600명만 남게 된다. 베냐민은 하나님이 주신 가능성으로 형제를 물어뜯느라 주신 복을 소진한다. 이런 걸 보면 하나님이 주시는 복은 고정된 게 아님을 알 수 있다. 하나님은 우리에게 복주길 원하신다(민 6:24-25). 그런 면에서 우리는 요셉의 축복을 주목해볼 필요가 있다.

> "요셉은 무성한 가지 곧 샘 곁의 무성한 가지라. 그 가지가 담을 넘었도다"(22절).

'무성한 가지'는 열매를 풍성하게 맺는 포도나무 가지(a fruitful vine-NIV)를 의미한다. 요셉을 향한 축복은 시편 1편에 나오는 복 있는 사람의 이미지와 많이 겹친다. "그는 시냇가에 심은 나무가 철을 따라 열매를 맺으며 그 잎사귀가 마르지 아니함 같으니 그가 하는 모든 일이 다 형통하리로다"(시 1:3). 요셉이 바로 이런 복을 받을 텐데 그 이유는 그가 샘 곁에 뿌리내리고 있기 때문이다.

그러나 요셉에게 허락된 환경은 그렇게 좋아보이지 않는다.

"활쏘는 자가 그를 학대하며 적개심을 가지고 그를 쏘았으나"(23절).

사수들이 잔인하고도 집요하게 활을 쏘며 요셉을 지치고 탈진하게 만들었다. 이런 환경이면 정말이지 견디기 어렵다. 그런데 요셉의 활은 도리어 굳세며 그의 팔은 힘이 있다(24절). 어찌 된 일인가? 이는 야곱의 전능자이자 이스라엘의 반석인 목자의 손을 힘입었기 때문이다. 주어진 여건은 열악해도 요셉은 이스라엘의 하나님을 특별히 의지하는 믿음이 있었다. 이렇게 하나님을 의지하니 하늘의 복과 땅의 복을 풍성하게 받는다(25절). 아버지의 풍성한 축복이 그의 머리로 돌아올 것이라는 축복을 받는다(26절). 결국 어떻게 되는가? 에브라임과 므낫세의 영토가 어마어마하게 지경을 넓히는 역사로 나타난다.

이런 걸 보면 복 자체보다 이 복을 주시는 하나님에 대한 태도가 중요하다. 아무리 여건이 좋아도 더 이상 하나님을 신뢰하지 않고 그 자리에 주저앉게 되면 잇사갈이나 아셀처럼 그 복을 빼앗기기 쉽다. 반면 복을 허락하신 하나님을 바라보며 아무리 힘들고 척박한 환경이라도 샘 곁에 뿌리박은 포도나무 가지처럼 주님 곁에 든든히 뿌리내리며 나아간다면 축복의 통로를 열어가는 역사를 누리게 된다.

더 이상 세상과 믿음 가운데 갈팡질팡하지 마라. "여호와여, 나는 주의 구원을 기다리나이다"라고 기도한 요셉처럼 우리도 적군의 수많은 불화살 가운데서도 믿음으로 주님을 바라볼 수 있길 바란다. 그럴 때 암담하기만 우리의 현실에 하나님이 주신 새로운 기회가 보일 것이고 부족한 우리를 통하여 영광 받으실 예수 그리스도의 구원 역사가 시작될 것이다. 지금 결단해야 축복의 통로가 열린다. 머뭇거리지 말고 지금 결단하여 축복의 통로를 열라!

98 Chapter 98. Genesis 49:28-50:14

야곱의 마지막 선물 죽음

[28]이들은 이스라엘의 열두 지파라. 이와 같이 그들의 아버지가 그들
에게 말하고 그들에게 축복하였으니 곧 그들 각 사람의 분량대로 축
복하였더라. [29]그가 그들에게 명하여 이르되 내가 내 조상들에게로
돌아가리니 나를 헷 사람 에브론의 밭에 있는 굴에 우리 선조와 함께
장사하라. [30]이 굴은 가나안 땅 마므레 앞 막벨라 밭에 있는 것이라.
아브라함이 헷 사람 에브론에게서 밭과 함께 사서 그의 매장지를 삼
았으므로 [31]아브라함과 그의 아내 사라가 거기 장사되었고 이삭과 그
의 아내 리브가도 거기 장사되었으며 나도 레아를 그곳에 장사하였
노라. [32]이 밭과 거기 있는 굴은 헷 사람에게서 산 것이니라. [33]야곱이
아들에게 명하기를 마치고 그 발을 침상에 모으고 숨을 거두니 그의

백성에게로 돌아갔더라.
[1]요셉이 그의 아버지 얼굴에 구푸려 울며 입 맞추고 [2]그 수종드는 의
원에게 명하여 아버지의 몸을 향으로 처리하게 하매 의원이 이스라
엘에게 그대로 하되 [3]사십 일이 걸렸으니 향으로 처리하는 데는 이
날수가 걸림이며 애굽 사람들은 칠십 일 동안 그를 위하여 곡하였더
라. [4]곡하는 기한이 지나매 요셉이 바로의 궁에 말하여 이르되 내가
너희에게 은혜를 입었으면 원하건대 바로의 귀에 아뢰기를 [5]우리 아
버지가 나로 맹세하게 하여 이르되 내가 죽거든 가나안 땅에 내가 파
놓은 묘실에 나를 장사하라 하였나니 나로 올라가서 아버지를 장사
하게 하소서. 내가 다시 오리이다 하라 하였더니 [6]바로가 이르되 그
가 네게 시킨 맹세대로 올라가서 네 아버지를 장사하라. [7]요셉이 자
기 아버지를 장사하러 올라가니 바로의 모든 신하와 바로 궁의 원로
들과 애굽 땅의 모든 원로와 [8]요셉의 온 집과 그의 형제들과 그의 아
버지의 집이 그와 함께 올라가고 그들의 어린아이들과 양 떼와 소 떼
만 고센 땅에 남겼으며 [9]병거와 기병이 요셉을 따라 올라가니 그 떼
가 심히 컸더라. [10]그들이 요단 강 건너편 아닷 타작 마당에 이르러 거
기서 크게 울고 애통하며 요셉이 아버지를 위하여 칠 일 동안 애곡하
였더니 [11]그 땅 거민 가나안 백성들이 아닷 마당의 애통을 보고 이르
되 이는 애굽 사람의 큰 애통이라 하였으므로 그 땅 이름을 아벨미스
라임이라 하였으니 곧 요단 강 건너편이더라. [12]야곱의 아들들이 아
버지가 그들에게 명령한 대로 그를 위해 따라 행하여 [13]그를 가나안
땅으로 메어다가 마므레 앞 막벨라 밭 굴에 장사하였으니 이는 아브
라함이 헷 족속 에브론에게 밭과 함께 사서 매장지를 삼은 곳이더라.

[14]요셉이 아버지를 장사한 후에 자기 형제와 호상꾼과 함께 애굽으로 돌아왔더라.

몇 해 전 속초에 갑작스럽게 젊은 관광객들이 몰려들어 혼잡했다. 대낮에 서울에서 속초로 가는 고속버스, 시외버스가 계속되는 매진사태를 빚을 정도였다. 아무리 사람들이 몰려드는 성수기라 하더라도 속초에 가는 버스가 낮에 매진되는 경우는 드물었다. 그런데 갑작스럽게 속초에 가는 버스들이 계속해서 매진되었다. 무엇 때문이었을까? 그것은 증강현실 기술을 이용한 '포켓몬고' 라는 게임 때문이었다. 증강현실은 현실세계에 가상의 물체를 집어넣는 기술이다. 포켓몬고는 어린이 만화영화에 등장하는 괴물 캐릭터를 속초 시내 곳곳에 숨어 있는 것처럼 프로그래밍해 놓고는 사용자들에게 스마트폰 게임을 통해 속초에 포켓몬이 나타났다고 알려준다. 게임 사용자들은 속초 시내 구석구석을 누비며 게임이 알려주는 위치를 추적하여 스마트폰을 통해 보이는 숨어 있는 포켓몬을 잡아들인다. 스마트폰으로 비추어보면 마치 엑스레이를 촬영하는 것처럼 현실에선 보이지 않는 괴물이 보인다.

여기에 젊은이들이 열광해서 전국 각지에서 이 포켓몬을 잡아들이기 위해 속초로 몰려든 것이다. 물론 실제로는 이런 괴물은 없다. 그러나 스마트폰을 통해 보면 마치 현실에 있는 것처럼 보인다. 그렇다면 포켓몬고 게임에 수많은 젊은이가 열광한 이유는 무엇일까? 게임을 통해 현실에 없던 것들을 있는 것처럼 강력한 상상력과 믿음을 불러일으켰기 때문이다.

성도의 신앙이 바로 이와 같아야 한다. 신앙이란 현실 가운데 보이지 않는 하나님의 손길을 믿음을 통해 바라보고 경험하는 일이다. "믿음이 없이는 하나님을 기쁘시게 하지 못하나니 하나님께 나아가는 자는 반드시 그가 계신 것과 또한 그가 자기를 찾는 자들에게 상 주시는 이심을 믿어야 할지니라"(히 11:6). 하나님이 보이지 않는 현실 속에 하나님이 살아 역사하심을 믿고 그분께 나아가면 그분을 찾는 자는 반드시 상주겠다고 약속하신다. 우리가 믿음으로 하나님을 찾는 것은 결코 헛되게 끝나지 않는다는 사실이다.

그래서 성도는 하나님께서 은혜의 손길로 우리를 붙들고 인도하신다는 사실을 확신하고 신뢰해야 한다. 그리고 삶의 현장에서 이런 하나님의 역사하심을 구하며 찾고 문을 두드려야 한다. 이런 신뢰가 있는 성도라면 우리의 삶뿐만 아니라 우리의 죽음 또한 자연스럽게 받아들일 수 있는 용기를 가질 수 있다.

본문은 그동안 파란만장했던 야곱 인생의 마지막 부분을 다루고 있다. 한편으로 참 안타깝지만 그런데도 참 복되고 아름다운 모습을 우리에게 남겨주고 있다. 감사한 일은 그는 생의 마지막을 사랑하는 가족들과 함께하며 지난 생을 정리하고 자손들을 축복할 수 있는 충분한 시간을 가질 수 있다는 점이다. 많은 경우 우리는 생의 마지막에 있는 어르신을 어떻게든 병원으로 모시고 가서 그곳에서 어떻게든 살려보려고 온갖 비상치료를 시도한다. 결국 마지막을 품위 있고 아름답게, 그리고 사랑하는 자녀들을 축복하며 갈 수 있는 시간을 온전히 갖지 못하고 다급하고 황망하게 보내드리는 경우가 참 많다. 우리는 그간 죽음을 이기고 극복하려는 법만 배웠지 죽음을 우리 생의 일부로 받아들이는 법을 배우지 못했기 때문이다. 병원에 가도 마찬가지다. 어떻게든 살리려고 하지 잘 죽도록 도와주지 않는다.

하버드 의학대학 교수이자 의학 전문 저술가인 아툴 가완디의 「어떻게 죽을 것인가」(서울: 부키, 2015)라는 책 에필로그에 보면 가완디는 그간 자신의 경험을 토대로 다음과 같은 고백을 한다.

그는 자신을 비롯한 의료계 종사자들은 그동안 자신들이 할 일이 무엇인지에 대해 잘못 생각해왔다고 고백한다. 환자의 건강과 생존을 보장하는 일이 자신들의 주된 임무라고 생각하지만 사실은 그 이상의 일을 해내야 한다는 것이다. 그것은 바로 환자의 행복과 웰빙을 보장해주는 일이다. 가완디에 따르면 행복은 한 사람이 살아야 할 이유와 깊은 관련이 있는데 의료인들은 어떻게든 육체적으로 고쳐주려고만 한다. 하지만 때로 고치지 못하고 단지 임시처방만을 해주고, 심지어는 아무것도 못 해줄 때도 있다. 이럴 때 의사는 깊은 무력감으로 좌절하면서 어떻게든 이런저런 수단을 모색하게 되는데 이때 의사의 개입은 환자로 커다란 희생과 위험을 감수하게 만든다. 그런데 이런 개입은 환자 삶의 목적에 더 크게 기여할 때만 정당화될 수 있다. 가완디는 그렇지 않으면 의료진은 환자에게 축복의 시간이 되어야 할 생의 마지막 시간에 거의 야만적인 고통을 가하며 황폐하게 만든다고 주장한다. 이런 황폐함은 나중에 가족들에게도 고스란히 그 피해를 남긴다.

미국과 같은 나라에서는 의료보험 비용의 25%가 생의 마지막 1

년에 접어든 5%의 환자에게 사용되고 그중 대부분은 거의 아무 효과가 없는 마지막 1~2개월의 치료에 집중된다. 결국 가족들은 막대한 경제적 부담을 지게 된다. 이렇게 고통스럽게 치료받다가 죽을 것 같으면 차라리 자연스럽게 죽음을 받아들이며, 치료받느라 고통받고 탈진할 시간을 의미 있고 충만하게 보내는 게 더 나을 듯하다. 죽음이 가까이 올 때 우리는 잠시 그 죽음을 연기할 수 있다. 그러나 그렇게 하기에는 비용과 피해가 막대하다. 차라리 우리가 죽음 앞에 건강하게 맞이하도록 준비하는 게 낫지 않을까? 그렇다면 우리가 마지막 죽음 앞에 준비하고 붙들어야 할 것은 무엇인가? 그것은 나를 넘어서는, 자신을 초월하는 더 큰 하나님의 뜻이다.

본문에 등장하는 야곱의 마지막 순간을 살펴보자.

> "이들은 이스라엘의 열두 지파라. 이와 같이 그들의 아버지가 그들에게 말하고 그들에게 축복하였으니 곧 그들 각 사람의 분량대로 축복하였더라"(49:28).

여기 보면 열두 아들을 열두 지파로 설명하고 있다. 열두 지파라는 것은 이제 야곱이 그동안 아브라함과 이삭을 이어왔던 족장시대가 끝나감을 선언하는 것이다. 이제는 한 족장이 믿음을 이어가는 시대가 아니라 열두 지파가 민족을 이루어 이 믿음을 계승하는 시대가 온 것이다. 무슨 말인가? 야곱은 지금 자신의 안위만을 걱정하는 족장이 아니라 자신을 넘어선 다음세대를 고민하는 족장이 되었다.

"그가 그들에게 명하여… 내가 내 조상들에게로 돌아가리니 나를 헷 사람 에브론의 밭에 있는 굴에 우리 선조와 함께 장사하라. 이 굴은 가나안 땅 마므레 앞 막벨라 밭에 있는 것이라"(49:29-30).

막벨라 굴은 가나안 땅 가운데 아브라함과 그 후손이 소유한 유일한 땅이다. 이 땅에는 하나님의 언약을 바라며 꿈꾸고 소망하며 묻힌 믿음의 선조들이 있다.

"아브라함과 그의 아내 사라가 거기 장사되었고 이삭과 그의 아내 리브가도 거기 장사되었으며 나도 레아를 그곳에 장사하였노라" (31절).

하나님의 언약을 계승했던 믿음의 선조들이 하나님의 언약이 온전히 성취될 것을 바라보며 묻힌 곳이다. 이제 야곱의 차례가 되었다. 그런데 여기에는 야곱이 사랑했던 아내 라헬이 아니라 언니 레아가 묻혀 있다. 라헬은 베들레헴 가는 길에 장사되었다(35:19). 지금도 이스라엘에 가면 예루살렘 남쪽 10㎞ 정도에 베들레헴으로 들어가는 검문소가 나오는데 여기를 통과하면 거대한 분리장벽들이 나온다. 이 장벽들을 따라 조금만 들어가면 라헬의 무덤이 자리하고 있는 곳이 등장한다. 야곱이 아내를 사랑했기에 아내 곁에 묻혀야 할 것 같다(그래서 그랬는지 야곱은 여기서 레아를 '나의 아내'라고 말하지 않는다). 하지만 야곱은 레아 곁에 묻히기를 선택한다. 그것은 레아가 좋아서라기보다 바로 이 무덤이 아브라함부터 이어져 온 하나님의 언약을 이루는 소망의 장소가 되기 때문이다.

이렇게 가나안의 막벨라 굴에 묻힘으로써 야곱은 장차 이루어질 이스라엘의 열두 지파에게 그들이 살아야 할 곳은 애굽이 아니라 언젠가 하나님께서 허락하실 이 가나안이어야 함을 다시 한번 각인시킨다. 이렇게 묻히고 나면 자손들이 정기적으로 찾아오지 않겠는가? 이것은 장차 애굽에서 태어나서 한 번도 약속의 땅을 밟아보지 못한 후손들에게 끊임없이 하나님의 언약을 기억하고 이곳에 대한 소망을 품고 돌아오기를 꿈꾸도록 하는 교육장치다. 그랬기에 야곱은 가나안에 있는 이 땅은 이미 비용을 치르고 산 이스라엘의 소유임을 다시 한번 강조한다(49:32).

우리의 생은 자신을 뛰어넘을 때 존재 의미를 찾는다. 생이 얼마 남지 않았다고 하면 사람은 누가 하지 말라고 해도 그동안 열심히 추구하던 돈과 명예에 대한 탐닉을 멈추고 자신을 뛰어넘어 주변의 소중한 이들에게 의미 있는 존재로 다가가려 한다.

본문의 야곱은 자신을 넘어 후손의 번영과 축복을 바라고 있다. 그리고 자신도 후손들에게 의미 있는 존재로 남기를 바랐다. 이런 면에서 야곱의 마지막은 정말 행복하고 아름다웠다.

> "야곱이 아들에게 명하기를 마치고 그 발을 침상에 모으고 숨을 거두니 그의 백성에게로 돌아갔더라"(49:33).

야곱 생의 마지막은 축복이었다. 그는 축복을 다하고는 마지막 숨을 거두었다. 정말 복된 인생이었다. 이렇게 마지막을 사랑하는 사람들과 함께하며 축복할 수 있는 인생의 지혜를 라틴어로 '아르스 모르엔디'(ars moriendi)라고 한다. 우리말로 '죽음의 기술'(art of dying)이다. 예전의 선조들에게는 이 아르스 모르엔디가 있었다. 죽음이 다가올 때 어떻게든 벗어나려고 발버둥 친 게 아니라 담담하게 이를 받아들이며 사랑하는 사람들과 마지막 소중한 시간을 함께 보냈다(랍 몰 저, 이지혜 역, 「죽음을 배우다: 아르스 모리엔디」(서울: IVP, 2014)). 이런 면에서 야곱 생의 마지막은 자녀들에게 주는 아름다운 선물이었다. 하나님의 축복을 전해주고 잊지 말아야 할 사명을 일깨워주며 죽어서도 가나안 땅을 반드시 밟아보도록 하는 큰 선물을 주었다.

그뿐만이 아니다. 야곱의 마지막은 장차 일어날 가슴 벅찬 출애굽의 전조를 보여준다. 요셉은 아버지가 죽자 그 시신을 의원에게 명해서 아버지의 몸을 향으로 처리하게 한다. 여기서 향으로 처리한다는 것은 미라를 만들었음을 뜻한다. 당시 미라는 왕족에게 허락된 특권이었고, 특히 이것은 애굽의 사후관과 연관되어서 애굽의 제사장들이 주로 집전하였다. 그런데 여기서 요셉은 종교적 요소를 배제시키고 의원에게 의학적으로만 미리 처리하도록 명령한다. 이렇게 미라 처리를 하는 데 40일이 걸렸다. 그러고 나서 요셉은 30일을 더 애곡하며 모두 70일을 애곡하고서, 드디어 아버지를 가나안 땅에 매장하기 위해 바로의 허락을 구하고 출발한다. 이 길에 요셉과 그의 형제들 집안만이 아니라 애굽 바로의 모든 신하와 원로가 함께 간다.

"병거와 기병이 요셉을 따라 올라가니 그 떼가 심히 컸더라"(50:9).

큰 무리가 가나안 땅으로 대 이동을 했다.

"그들이 요단 강 건너편 아닷 타작 마당에 이르러 거기서 크게 울고 애통하며 요셉이 아버지를 위하여 칠 일 동안 애곡하였더니" (50:10).

이들은 마침내 야곱 선조들의 무덤에 이르러 7일간 통곡을 한다. 그런데 여기 중요한 표현이 들어 있다. 바로 '요단강 건너편'이다. 요단강 건너편이란 지금 요셉의 무리가 요단 동편을 통해 와서 요단강을 건너 요단 서편으로 갔다는 의미다. 이 표현은 11절에도 등장한다. 가나안 사람들은 이들의 큰 통곡을 보고 그 땅 이름을 '아벨미스라임' 이라 불렀다(11절).

이 표현이 중요한 이유는 이 코스가 400년 후 이스라엘 백성들이 출애굽해서 광야에서 40년간의 여정을 마치고 이스라엘로 들어갈 때 밟았던 경로이기 때문이다. 야곱은 죽음으로 출애굽을 가리키고 있었다. 자기 죽음으로 출애굽의 소망을 주었다. 야곱의 죽음은 살아 있을 때보다 더 큰 울림으로 이스라엘의 가슴에 남게 되었다. 이런 야곱의 죽음은 예수님의 죽음을 떠오르게 한다. 예수님처럼 자기 죽음을 아름다운 선물로 준 분은 없다. 그분의 죽음으로 우리는 영생을 얻었고 그분의 죽음으로 우리는 부활의 새소망을 꿈꾸게 되었다.

지금 나의 삶을 돌아보자. 나의 생은 주변 사람들에게 아름다운 선물인가? 아니면 고통인가? 빨리 사라지면 좋을 걸림돌인가? 나만의 좁은 한계를 넘어야 한다. 나의 존재와 삶이 다른 이에게 축복의 선물이 되어야 한다. 이런 귀한 선물로 쓰임받기를 소망하자.

99 Chapter 99. Genesis 50:15-26

성도의 자신감을 회복하라

15요셉의 형제들이 그들의 아버지가 죽었음을 보고 말하되 요셉이 혹
시 우리를 미워하여 우리가 그에게 행한 모든 악을 다 갚지나 아니할
까 하고 16요셉에게 말을 전하여 이르되 당신의 아버지가 돌아가시기
전에 명령하여 이르시기를 17너희는 이같이 요셉에게 이르라. 네 형
들이 네게 악을 행하였을지라도 이제 바라건대 그들의 허물과 죄를
용서하라 하셨나니 당신 아버지의 하나님의 종들인 우리 죄를 이제
용서하소서 하매 요셉이 그들이 그에게 하는 말을 들을 때에 울었더
라. 18그의 형들이 또 친히 와서 요셉의 앞에 엎드려 이르되 우리는 당
신의 종들이니이다. 19요셉이 그들에게 이르되 두려워하지 마소서.
내가 하나님을 대신하리이까. 20당신들은 나를 해하려 하였으나 하나

님은 그것을 선으로 바꾸사 오늘과 같이 많은 백성의 생명을 구원하
게 하시려 하셨나니 [21]당신들은 두려워하지 마소서. 내가 당신들과
당신들의 자녀를 기르리이다 하고 그들을 간곡한 말로 위로하였더
라. [22]요셉이 그의 아버지의 가족과 함께 애굽에 거주하여 백십 세를
살며 [23]에브라임의 자손 삼대를 보았으며 므낫세의 아들 마길의 아들
들도 요셉의 슬하에서 양육되었더라. [24]요셉이 그의 형제들에게 이르
되 나는 죽을 것이나 하나님이 당신들을 돌보시고 당신들을 이 땅에
서 인도하여 내사 아브라함과 이삭과 야곱에게 맹세하신 땅에 이르
게 하시리라 하고 [25]요셉이 또 이스라엘 자손에게 맹세시켜 이르기를
하나님이 반드시 당신들을 돌보시리니 당신들은 여기서 내 해골을
메고 올라가겠다 하라 하였더라. [26]요셉이 백십 세에 죽으매 그들이
그의 몸에 향 재료를 넣고 애굽에서 입관하였더라.

창세기 끝부분인 본문 말씀에는 자신감을 상실해버리고 두려움에 떠는 형제들이 등장한다. 생각 같아서는 한밤중에 그냥 조용히 사라지고 싶을지도 모른다. 그러나 그렇게 했다가 제국의 총리인 요셉이 제국의 군사력을 동원해서 이 잡듯 샅샅이 뒤져 잡아내면 더 큰 후환이 있을 수 있다. 형제들이 이렇게 두려워 떠는 이유가 무엇인가? 그것은 아버지 야곱의 장례식을 치렀기 때문이다. 장례식이 끝나면 슬퍼하며 한마음이 되어야 하는데 오히려 이들은 두려움에 떨고 있다. 형제들의 마음에 찾아든 불길한 의심 때문이다.

> "요셉의 형제들이 그들의 아버지가 죽었음을 보고 말하되 요셉이 혹시 우리를 미워하여 우리가 그에게 행한 모든 악을 다 갚지나 아니할까 하고"(15절).

'요셉이 혹시 우리를 미워하지 않을까?' '그동안 요셉이 우리에게 잘한 것은 그래도 아버지가 살아계셨기 때문이었는데, 이제 아버지도 돌아가시고 없으니 이제부터 본격적인 요셉의 복수가 시작되지 않을까?' 형제들이 이렇게 생각하기 시작하자 그동안 요셉이 형제들에게 잘해준 일이 요셉의 순수한 사랑과 은혜로 베푼 게 아니라는 생각이 들었다. 아버지에게 잘 보이기 위해 했던 것이다. 여기까지 생각이 미치니 얼마나 마음이 불안했겠는가? 그래서 말만 들어도 뻔히 드러날 거짓말을 형제들끼리 꾸몄다. 그러고는 요셉을 찾아가서 말한다.

> "요셉에게 말을 전하여 이르되 당신의 아버지가 돌아가시기 전에 명령하여 이르시기를 너희는 이같이 요셉에게 이르라. 네 형들이 네게 악을 행하였을지라도 이제 바라건대 그들의 허물과 죄를 용서하라 하셨나니"(16-17절).

아버지가 살아생전에 형제들을 용서하라는 명령을 유언으로 남기셨다는 것이다. 명령이면 무조건 요셉이 듣고 따라야 함을 의미한다. 아버지가 돌아가시기 전에 누구보다 아버지를 자주 찾아가고 아버지 곁에 자주 머물던 요셉이었다. 두 아들을 따로 데리고 가서 축복을 받았던 요셉이었다. 만약 아버지께서 명령으로 유언을 내리실 것 같으면 생전에 요셉이 있는 자리에서 말씀하셨을 것이다.

"당신 아버지의 하나님의 종들인 우리 죄를 이제 용서하소서 하매 요셉이 그들이 그에게 하는 말을 들을 때에 울었더라"(17절).

형제들은 요셉에게 아버지가 명령하셨으니 이제 우리를 용서해 달라고 요청한다. 그러자 요셉은 이 말을 듣고 운다. 왜 울까? 억울해서? 복수할 기회를 놓쳐서? 아니다. 안타까워서다. 이미 자신이 형제들을 용서하고 이 모든 게 하나님의 역사하심임을 고백했었는데 그동안 형제들은 요셉의 고백을 여전히 믿지 못하고 벌벌 떨며 두려워했기 때문이다. 하나님께서 이루신 큰 역사를 은혜로 받아들여야 하는데, 은혜를 은혜로 받아들이지 못하니 얼마나 안타까운가? 은혜가 주는 기쁨과 감사를 누리지 못하고 두려움과 공포 속에 떨면서 살아왔던 것이다. 너무나 안타깝다. 그래서 요셉이 아무 말도 하지 않고 우니까 이제 형들은 더 겁에 질렸다.

"그의 형들이 또 친히 와서 요셉의 앞에 엎드려 이르되 우리는 당신의 종들이니이다"(18절).

이제는 겁에 질려 바짝 엎드린다. 형들은 이전에 요셉이 형들에게 주었던 은혜의 선언을 새까맣게 잊어버렸다.

"하나님이 큰 구원으로 당신들의 생명을 보존하고 당신들의 후손을 세상에 두시려고 나를 당신들보다 먼저 보내셨나니 그런즉 나를 이리로 보낸 이는 당신들이 아니요 하나님이시라. 하나님이 나를 바로에게 아버지로 삼으시고 그 온 집의 주로 삼으시며 애굽 온 땅의 통치자로 삼으셨나이다"(45:7-8).

요셉은 형제들을 다시 만난 게 하나님의 큰 구원의 역사라고 고백했다. 이렇게 놀라운 고백을 했음에도 형제들은 이 고백을 믿음으로 받아들이지 못했다. 이 모든 일을 하나님이 하셨다고, 그래서 하나님의 은혜로 용서했다고 해도 받아들이지 못했다. 요셉은 용서했지만 형제들은 자신을 용서받지 못한 사람들이라고 생각했다.

본문에 나오는 형제들의 고백을 보면 특이한 표현이 연속적으로 등장한다. '당신의 아버지'라는 표현이다(16-17절). 성경에 하나님을 나의 하나님, 우리 하나님으로 고백하지 못하고 당신의 하나님으로 고백할 때는 항상 문제가 있었다.

대표적인 인물이 사울이다. 사무엘상 15장에 보면 사울이 아말렉과의 전쟁에서 아말렉을 진멸하라는 하나님 말씀대로 순종하지 않고 좋은 가축들을 자신을 위해 살려두자 사무엘이 사울 왕을 찾아가서 책망한다. 도대체 내 귀에 들리는 저 양과 소의 소리는 어찌 된 것이냐고 묻는다.

그러자 사울은 다음과 같이 대답한다. "사울이 이르되 그것은 무리가 아말렉 사람에게서 끌어 온 것인데 백성이 당신의 하나님 여호와께 제사하려 하여 양들과 소들 중에서 가장 좋은 것을 남김이요 그 외의 것은 우리가 진멸하였나이다 하는지라"(삼상 15:15). 여기 보면

'당신의 하나님 여호와' 라고 한다. 사울에게 하나님은 '나의 하나님' '우리의 하나님'이 아니다. 단지 사무엘의 하나님일 뿐이다.

사무엘이 이런 사울을 책망하자 사울이 벌벌 떨며 말한다. "사울이 이르되 내가 범죄하였을지라도 이제 청하옵나니 내 백성의 장로들 앞과 이스라엘 앞에서 나를 높이사 나와 함께 돌아가서 내가 당신의 하나님 여호와께 경배하게 하소서 하더라"(삼상 15:30). 여기 보면 하나님은 끝까지 '당신의 하나님'이다. 그런데 백성은 누구의 백성인가? '내 백성', 즉 사울의 백성이다.

자신감이 사라질 때 하나님은 나의 하나님이 아니라 당신의 하나님이 된다. 하나님이 보이지 않으면 우리는 사람에게서 확신을 얻으려고 한다. 다른 사람이 나를 왕으로 인정해주어야 자신감이 생긴다. 이렇게 사람의 시선을 자꾸 의식하다 보면 우리에게는 자꾸만 비교의식이 생긴다. 이 사람이 보기에 어떨까? 저 사람이 보기에 어떨까? 자꾸 비교하게 된다.

민수기 13장에서 이스라엘 백성들이 가나안 땅에 들어가기 전에 열 명의 정탐꾼이 하는 부정적인 보고를 듣자 뭐라고 탄식하는가? "거기서 네피림 후손인 아낙 자손의 거인들을 보았나니 우리는 스스로 보기에도 메뚜기 같으니 그들이 보기에도 그와 같았을 것이니라"(33절). 이스라엘은 아낙 거인들의 시선을 자꾸 의식하며 그들과 자신들을 비교하고 있다. 하나님께서 이스라엘을 어떻게 보시는지는 전혀 고려하고 있지 않다. 우리는 하나님께서 우리에게 주신 것을 감사하며 귀하게 여겨야 하는데 자꾸만 다른 이들의 시선을 받아들이면서 하나님이 주신 은혜를 잊어버린다.

주변에서 디즈니 애니메이션 〈겨울왕국〉에 등장하는 엘사 공주 옷을 입고 다니는 여자 어린이들을 종종 볼 때가 있다. 아이들은 이런 옷을 입으면 행복하고 기분이 좋을까? 자신감이 올라갈까? 미국 브리검영대학에서 연구조사한 바에 따르면 겨울왕국의 주인공 캐릭터를 자꾸 접하고 흉내 내다 보면 여자아이들의 외모 자존감을 낮추는 원인이 된다고 발표했다(송혜민, "디즈니 만화 속 공주, 여아의 외모 자존감 낮춰(연구)"(《나우뉴스》, 2016. 6. 27.)). 생각해보라. 영화에서 매력적으로 나오면서 멋지게 "렛잇 고 렛잇 고"를 부르는 엘사 흉내를 낸다고 해서 엘사가 되는가? 아니다. 자꾸 그렇게 하다 보면 외모에 대해 자신감이 없어진다. 그러다 보니 놀이터에서 누가 "너 엘사 하나도 안 닮았어"라고 하면 큰 충격을 받는다. 하나님이 주신 그 모습에 감사하며 자신감을 회복해야 하는데 자꾸 엘사의 시선으로 자기를 보니 자신감이 없어지는 것이다.

프로야구 선수 중에 두산베어스의 유희관이라는 투수가 있다(박소영, "74km '아리랑볼' 유희관, 자신감은 150km다"(《중앙일보》, 2015. 7. 29.)). 이 선수가 3년 연속으로 10승을 따냈다. 이 정도면 상당한 기록이다. 그런데 이 선수는 강속구를 던지는 선수가 아니다. 아무리 빨리 던져도 130㎞ 초반대밖에 나오지 않는다. 변화구를 던지면 90㎞로 떨어진다. 거기다가 아리랑볼을 던지면 74㎞까지 떨어진다. 보통 강속구 투수하면 140~150㎞는 나와야 하지 않는가? 그런데 이 정도는 거의 2군 수준밖에 되지 않는다. 아닌 게 아니라 2군을 한동안 전전했다. 그런데 아무리 볼 속도를 높이려 해도 속도가 높아지지를 않았다. 다른 투수들은 어깨 푼다고 공을 던지는데 자기는 같은 속도로 던지려면 전속력으로 던져야 했다. 이러면 보통 포기하지 않겠는가? 그런데 거기서 포기하지 않고 이런 상태에서 자기가 잘하는 것에 자신감을 갖고 당당하게 준비했다. 그래서 이 투수는 느린 공으로 타자의 타이밍을 뺏는 데 집중했다. 결국 74㎞의 공으로도 승승장구하는 투수가 되었다.

우리는 하나님이 우리에게 은혜로 주신 것들을 있는 그대로 당당하게 받아들이기를 참 어려워한다. 특히 우리의 구원에 관해서는 더욱 그렇다. 지금 이 모습대로는 구원 못 받을 것 같아서 두려워한다. 왜 그런가? 구원의 확신이 하나님의 말씀을 받아들이는 데 있지 않고 자기를 보는 자신의 시선에 있기 때문이다.

성경은 우리가 죄인 되었을 때 하나님께서 우리를 향한 사랑을 확증하셨다고 말씀한다. "우리가 아직 죄인 되었을 때에 그리스도께서 우리를 위하여 죽으심으로 하나님께서 우리에 대한 자기의 사랑을 확증하셨느니라"(롬 5:8). 그렇다면 우리는 어떻게 해야 하는가? 이를 믿음으로 받아들이고 당당하게 즐거워해야 한다(롬 5:11). 왜? 내가 하는 일이 아니라 하나님이 하시기 때문이다. 나는 부족하고 불완전하지만 하나님께서 우리의 구원을 위해 필요한 것을 다 이루어 주셨기 때문이다.

요셉의 형제들은 요셉이 선언한 은혜의 선언을 믿음으로 받아들여야 했다. 왜? 이것은 요셉이 한 일이 아니라 하나님이 행하신 일이기 때문이다. 요셉은 형들이 하나님의 은혜를 받아들이지 못하는 것이 너무 안타까웠다. 그래서 다시 한번 권면한다.

"당신들은 나를 해하려 하였으나 하나님은 그것을 선으로 바꾸사 오늘과 같이 많은 백성의 생명을 구원하게 하시려 하셨나니" (20절).

여기 요셉의 고백을 보라. 형제들이 요셉에게 잘못했던 일은 정직하게 인정한다. 그러나 하나님께서 개입하셔서 악을 선으로 바꾸고 놀라운 구원의 역사를 이루었다고 선언한다. 요셉이 가진 자신감의 근원이 무엇인가? 하나님이다. 모든 것을 합력하여 선을 이루시는 하나님의 손길에 자신감을 갖는 것이다(롬 8:28). 이 자신감으로 하나님의 구원역사에 쓰임받은 것이다.

"요셉이 그의 형제들에게 이르되 나는 죽을 것이나 하나님이 당신들을 돌보시고 당신들을 이 땅에서 인도하여 내사 아브라함과 이삭과 야곱에게 맹세하신 땅에 이르게 하시리라 하고"(24절).

요셉은 자기 죽음을 예고한다. 그러나 하나님께서 결국 형제들과 그 후손들을 돌보시고 이 땅에서 인도하여 내사 믿음의 선조들에게 언약하신 약속의 땅에 반드시 이를 것이라고 확신한다. 이렇게 말하는 걸 보면 요셉의 관심은 하나님의 구원역사에 집중되어 있다. 결코 개인적인 복수혈전에 있지 않다. 요셉은 더 나아가 후손들이 하나님의 구원역사를 위해 해야 할 일을 유언으로 남긴다.

"요셉이 또 이스라엘 자손에게 맹세시켜 이르기를 하나님이 반드시 당신들을 돌보시리니 당신들은 여기서 내 해골을 메고 올라가겠다 하라 하였더라"(25절).

요셉은 애굽의 총리로 애굽에서 죽지만 여기에 뼈를 묻을 생각을 하고 있지 않았다. 믿음의 선조들이 남겨주었던 언약을 붙들고 출애굽을 꿈꾸고 있었다. 아버지 야곱처럼 약속의 땅에 옮겨가서 묻히고 싶은 소망이 있었다. 그래서 자신의 해골을 메고 약속의 땅으로 갈 것을 부탁한다. 이렇게 하면 후손들은 자신들이 머물 땅은 이곳이 아니라 약속의 땅임을 끊임없이 상기시키지 않겠는가?

요셉의 이 유언은 후대에 모세와 여호수아를 통해 이루어진다. "모세가 요셉의 유골을 가졌으니 이는 요셉이 이스라엘 자손으로 단단히 맹세하게 하여 이르기를 하나님이 반드시 너희를 찾아오시리니 너희는 내 유골을 여기서 가지고 나가라 하였음이더라"(출 13:19). "또 이스라엘 자손이 애굽에서 가져온 요셉의 뼈를 세겜에 장사하였으니 이곳은 야곱이 백 크시타를 주고 세겜의 아버지 하몰의 자손들에게서 산 밭이라. 그것이 요셉 자손의 기업이 되었더라"(수 24:32).

요셉은 이스라엘 후손에게 자기 죽음마저도 후손들에게 선물이자 사명으로 내어주고 있다.

"요셉이 백십 세에 죽으매 그들이 그의 몸에 향 재료를 넣고 애굽에서 입관하였더라"(26절).

110세를 일기로 요셉도 미라가 되었다. 애굽에서 110세는 한 사람이 누릴 수 있는 가장 이상적인 생을 상징한다. 당시 오래 살아도 60세를 넘기기 힘들었다. 그런데 제국을 기근 가운데 구하고 큰 은혜를 베풀었던 총리가 가장 오랫동안 장수한 것이다. 이제 요셉이 죽었다. 지금부터 이스라엘 자손들은 애굽에서 장차 일어날 출애굽의 구원역사를 기다려야 한다. 믿음의 선조들이 남긴 하나님 언약을 붙들고 신뢰하며 기다려야 한다. 흥미로운 점은 창세기의 제일 끝 단어가 '애굽'으로 끝난다는 사실이다. 영어성경(NIV)에 보면 마지막이 "그는 애굽에서 입관되었다"(he was placed in a coffin in Egypt)로 되어 있다. 창세기의 마지막이 출애굽의 소망을 가리키는 것으로 마친다.

그동안 우리가 묵상했던 창세기는 하나님께서 창조하신 아름다운 세상을 보여주는 책이었다. 하지만 아름다운 세상에서 타락하고 반역하는 죄악된 인간을 보여주는 책이기도 했다. 그런 가운데 한 사람 아브라함을 부르셔서 새로운 구원의 역사를 펼치셨다. 그 부르심이 이삭, 야곱, 요셉과 그 후손에까지 이어져 출애굽의 소망을 바라보며 여기까지 오게 되었다. 성도의 소망과 자신감의 근거는 하나님이다. 우리는 이 하나님을 신뢰함으로 자신감이 살아나야 한다. 지금이 힘들고 어려워도 합력하여 선을 이루실 하나님의 손길을 믿음으로 바라보기에 담대하게 나아갈 수 있다. 아직 우리 자신을 바라보며 움츠러들고 열등감과 비교의식 때문에 힘들어하고 있지 않은가? 이제는 눈을 들어 우리를 부르신 하나님의 은혜를 확신하며 자신감 있게 나아가야 한다.

| 에필로그 | 마침내 성취되는 하나님 나라를 바라며

창세기의 방대한 여정을 「평신도를 위한 쉬운 창세기」와 함께 마친 독자 여러분께 축하의 박수를 드린다. 본서는 본래 창세기의 흐름을 따라 1~11장까지의 원역사, 12~36장까지의 아브라함, 이삭, 야곱을 다룬 족장사, 37~50장까지의 요셉 이야기의 3부작으로 구상하였다. 하지만 각 장의 내용 분량의 편차가 커서 현재와 같은 3권의 분량으로 재조정하였다. 내용에서도 1권은 원역사와 함께 하나님의 역사가 아브라함을 통하여 시작하는 부분까지, 2권은 언약 성취를 앞둔 99세의 아브라함부터 이삭, 야곱에 이르러 마침내 고향으로 돌아오는 이삭까지의 이야기를, 3권은 야곱이 열두 아들과 함께 약속의 땅에 정착하는 동시에 요셉을 통한 새로운 애굽에서의 구원역사와 하나님의 꿈 이야기를 다루었다.

하나님께서 인류를 구원하려고 시작하셨던 창세기에서의 구원 여정은 요셉과 야곱의 가족이 모두 애굽으로 이주하여 정착함으로써 끝마친다. 하지만 이것이 다가 아니다. 창세기의 구원 여정은 이제 본격적인 시작을 앞두고 있다. 바로 출애굽기를 통해서다. 창세기가 하나님의 백성을 형성하는 이야기였다면, 출애굽기는 그 백성들이 애굽에서 바다의 모레와 하늘의 수많은 별과 같은 한민족을 형성한 후 애굽에서 나와 하나님이 믿음의 조상 아브라함에게 약속하셨던 그 땅까지 다시 들어가는 여정을 다룬다. 그래서 창세기는 출애굽기를 바라보며 마친다. 이는 「평신도를 위한 쉬운 창세기」에 이어 「평신도를 위한 쉬운 출애굽기」를 예고하는 것이기도 하다.

이 모든 언약의 여정 가운데 중요한 점은 보이지 않는 부르심을 끝까지 인내로 붙들며 나아가는 일이다. 아브라함이 보이지 않는 부르심을 붙들고 나아갔고, 이삭이 그랬고, 야곱이 그랬던 것처럼 우리 또한 그리스도 예수 안에 주신 새언약의 약속을 믿음으로 붙들고 나아가야 한다. 여기에는 창세기가 말씀한 것처럼 분명한 우리의 기원과 정체성에 대한 확신을 전제한다. 하나님의 자녀이자 예수 그리스도의 존귀한 핏값으로 구속받은 자녀로서 갖는 확신이 우리에게 있어야 한다. 이런 확신을 바탕으로 우리에게 주신 길을 인내하며 나아가다 보면 마침내 성취되는 하나님의 역사를 보게 될 날이 올 것이다. 이런 역사가 기대되는가? 그렇다면 창세기의 긴 여정을 마친 독자 여러분은 「평신도를 위한 쉬운 출애굽기」를 기대해도 좋다. 「평신도를 위한 쉬운 출애굽기」로 다시 만날 날을 기대한다.

대전도안교회에서

글쓴이 양형주 드림

| 참고 문헌 |

■ 주석류

- 송병헌, 「엑스포지멘터리 창세기」, 서울: 국제제자훈련원, 2010.
- 천사무엘, 「창세기」(대한기독교서회 창립 100주년 기념주석 1), 서울: 대한기독교서회, 2001.
- 목회와 신학 편집부, 「창세기: 어떻게 설교할 것인가」, 서울: 두란노아카데미, 2008.
- 고든 웬함, 박영호 역, 「창세기 1-15」(WBC 1), 서울: 솔로몬, 2001.
- ________, 윤상문 외 역, 「창세기 16-50」(WBC 2), 서울: 솔로몬, 2001.
- 월터 브루그만, 강성열 역, 「창세기」(현대성서주석 1), 서울: 한국장로교출판사, 2000.
- 존 월튼, 김일우 외 역, 「창세기」(NIV 적용주석 1), 서울: 성서유니온, 2007.
- 장미자, 「묵상과 설교, 창세기 1-11:9」, 서울: 성서유니온, 2014.
- 강소라, 「묵상과 설교, 창세기 11:10-24:9」, 서울: 성서유니온, 2014.
- 박유미, 「묵상과 설교, 창세기 24:10-37장」, 서울: 성서유니온, 2014.
- 하경택, 「묵상과 설교, 창세기 38-50장」, 서울: 성서유니온, 2014.
- 크로스웨이 ESV 스터디바이블 편집팀, 신지철 외 역, 「ESV 스터디 바이블」, 서울: 부흥과개혁사, 2014.
- 독일어성서공회, 고덕신 외 역, 「독일어 해설 성경」, 서울: 대한성서공회, 1997.
- Calvin, J. *A Commentary on Genesis*, ed & trans. J.King, London: Banner of Truth, 1965
- Cassuto, U. *A Commentary on the Book of Genesis, Part 1: from Adam to Noah (Genesis 1-6:8)*. trans. by Israel Abrahams, Jerusalem: Magnes, 1961.
- ________. *A Commentary on the Book of Genesis, Part 2: from Noah to Abraham (Genesis 6:9-11:32)*. trans. by Isreal Abrahams, Jerusalem: Magnes, 1964.
- Hamilton, V. *The Book of Genesis*. 2 vols. NICOT. Grand Rapids: Eerdmans, 1990, 95.
- Matthew, K. *Genesis*. 2 vols. NAC. Nashville: Broadman & Holman, 1996, 2005.
- Von Rad, G. *Genesis*. OTL. trans. by J. H. Marks. Philadelphia: Westminster, 1972.
- Westermann, C. *Genesis*. 3 vols. CC. trans. by J. J. Scullion. Minneapolis: Augsburg, 1985.

■ 단행본

- 김진산, 「성경지도」, 서울: 사랑마루, 2015.

- ______, 「하나님의 백성 성경의 땅에 서다」, 서울: 사랑마루, 2016.

- 류영모, 「바이드림」, 서울: 서로사랑, 2008.

- 지유철, 「요셉의 회상」, 서울: 홍성사, 2002.

- 그레고리 K. 비일, 김재영 외 역, 「예배자인가, 우상숭배자인가?
  : 성경신학적으로 바라본 우상숭배와 하나님 형상의 의미」, 서울: 새물결플러스, 2014.

- 앤드루 라우스 편역, 하성수 역, 「교부들의 성경주해 창세기 1-11장」(구약 1),
  서울: 분도출판사, 2008.

- 웨인 그루뎀, 노진준 역, 「조직신학」(상), 서울: 은성, 1997.

- 찰스 스윈돌, 곽철호 역, 「요셉: 순전한 믿음으로 꿈을 이룬 사람」, 서울: 생명의말씀사, 2000.

- 토머스 슈라이너, 강대훈 역, 「성경신학」, 서울: 부흥과개혁사, 2016.

■ 설교집 및 잡지

- 김남국, 「창세기 파헤치기」(2-3권), 서울: 두란노, 2014-2015.

- 김서택, 「창세기 강해설교」(1-10권), 서울: 홍성사, 1997-2000.

- 이동원, 「이동원 목사의 창세기 강해」(1-3권), 서울: 요단, 2003-2005.

- 하용조, 「하용조 목사의 창세기 강해」(1-5권), 서울: 두란노, 1998-2002.

- 제임스 몽고메리 보이스, 문원욱 역, 「창조와 타락」(창세기 1, 1-11장), 서울: 솔라피데, 2013.

- ____________________, 문원욱 역, 「새로운 시작」(창세기 2, 12-36장), 서울: 솔라피데, 2014.

- 양형주, 「큐티진, 창세기 1-4」(2015. 4-9월), 의왕: 도서출판 Young2080, 2015.